Management heute

MANAGEMENT HEUTE

Ein Lesebuch

GABLER

CIP-Titelaufnahme der Deutschen Bibliothek

Management heute : ein Lesebuch. – Wiesbaden : Gabler, 1991   ISBN 3-409-18902-5

Der Gabler Verlag ist ein Unternehmen der Verlagsgruppe Bertelsmann International.

© Betriebswirtschaftlicher Verlag Dr. Th. Gabler GmbH, Wiesbaden 1991
Lektorat: Ulrike M. Vetter

Umschlaggestaltung: Schrimpf und Partner, Wiesbaden
Satz: Satzstudio RESchulz, Dreieich-Buchschlag
Druck: Werbe- und Verlagsdruck Wilhelm & Adam, Heusenstamm
Buchbinder: Osswald & Co., Neustadt/Weinstr.

Printed in Germany

ISBN 3-409-18902-5

Vorwort

Volle Terminpläne und die Überflutung mit Informationen machen es oft
nicht leicht, Zeit und Muße zum Bücherlesen zu finden.

MANAGEMENT HEUTE bietet daher eine Auswahl hervorragender
Managementliteratur zu aktuellen und wichtigen Fragen – eine Kostpro-
be, die vielleicht dazu anregt, sich mit bestimmten Themen intensiver zu
beschäftigen.

Dieses Lesebuch umfaßt 21 Beiträge aus Veröffentlichungen des Betriebswirtschaftlichen Verlags Dr. Th. Gabler. Es gibt einen kompakten
Überblick über die vielfältigen Facetten des Managens und liefert konkretes Management-Know-how.

Schon die Auswahl aus dem eigenen Verlagsprogramm war eine Herausforderung: GABLER ist auf der ganzen Breite der Wirtschaftsfachlite-
ratur verlegerisch aktiv – vom Schulbuch bis zum wissenschaftlichen
Forschungsbeitrag. Praxisrelevante Management-Themen machen nur
einen Teil des Spektrums aus. Und davon konnten wir wiederum nur einen kleinen Ausschnitt hier berücksichtigen. Viele hervorragende Autoren
sind nicht in dieses Buch aufgenommen worden. Das muß so sein – ein
Lesebuch verlangt Auswahl, fordert Schwerpunktsetzung und manch
schmerzhaften Schnitt. Es will beispielhaft Akzente setzen und baut dabei
auch auf das Verständnis derjenigen Autoren, deren Werke oft noch feiner
auf Spezialthemen eingehen und deshalb in diesem Zusammenhang nicht
mehr darstellbar wären.

So mußten wir auch in den hier ausgewählten Beiträgen an manchen
Stellen geringfügige Änderungen gegenüber den Originalwerken vornehmen, um den Sinn-Zusammenhang zu erhalten.

MANAGEMENT HEUTE – das wird für GABLER eine Herausforderung bleiben. Wir wollen dieses Lesebuch regelmäßig herausgeben und
künftig auch Ausschnitte geeigneter Werke aus anderen Verlagen übernehmen.

Wiesbaden, im November 1990

Dr. Hans-Dieter Haenel,
Geschäftsführer und Verlagsleiter des Gabler Verlags
Claus von Kutzschenbach,
Programmbereichsleiter Management-Praxis-Ausbildung
Ulrike M. Vetter, Cheflektorin Management/Praxis

Inhalt

Organisation im Wandel

Innovation und Kreativität

Human Resources

Unternehmensführung

Horst Steinmann/Georg Schreyögg

Unternehmenskultur

*Zauberwort Unternehmenskultur. Zwar wird viel darüber gere-
det, aber es herrscht doch große Verwirrung, um welchen Sachverhalt es sich eigentlich genau handelt. Was Unternehmenskultur ist und was nicht, erklären Dr. Horst Steinmann, Professor
für Betriebswirtschaftslehre an der Universität Erlangen-Nürn-
berg, und Dr. Georg Schreyögg, Professor der Betriebswirtschaftslehre an der Fernuniversität Hagen, im folgenden Beitrag. Der Leser erfährt außerdem, wie Unternehmenskulturen
aufgebaut sind, welche Kultur- und Subkultur-Typen es gibt und
was Unternehmenskulturen bewirken. Der Aufsatz wurde dem
Lehrbuch* Management – Grundlagen der Unternehmensführung
entnommen.

Begriff und Bedeutung von Unternehmenskultur

Unternehmenskultur ist heute zu einem populären Thema geworden – mit der bedauerlichen Folge, daß mehr und mehr Verwirrung darüber entsteht, um welchen Sachverhalt es sich eigentlich genau handelt. Wer heute daran geht, Unternehmenskultur zu definieren, tut deshalb gut daran, erst einmal zu sortieren und zu erläutern, was Unternehmenskultur *nicht* meint.

Unternehmenskultur meint nicht reizvolle Industriearchitektur, schönes Produktdesign, Kunst am Bau oder etwa schöne Gemälde in den Büros. Unternehmenskultur meint auch nicht die Einrichtung anspruchsvoller Werksbibliotheken oder die Veranstaltung von Dichterlesungen im werkseigenen Bildungszentrum. Gemeint sind damit schließlich auch nicht personalwirtschaftliche Maßnahmen wie Qualitätszirkel oder Gewinnbeteiligungsmodelle. Das sind alles mögliche Bestandteile von Unternehmenskulturen, es ist aber keineswegs zwingend, daß eine Unternehmenskultur solche Attribute aufweist.

Es ist auch falsch zu sagen, Unternehmenskultur sei eine Schönwetter-Sache, also eine Sache, die sich ein Unternehmen nur dann leisten kann, wenn es sehr gut verdient. „Kultur" hat ein Unternehmen unabhängig davon, ob es viel verdient oder nicht. Der Begriff Unternehmenskultur verweist auch nicht, wie häufig zu hören, auf externe kulturelle Einflüsse, etwa im Sinne einer typischen deutschen oder einer typisch englischen Firma, dies ist der Gegenstand der Landeskulturforschung und interkultureller Managementstudien.[1]

Was aber bedeutet „Unternehmenskultur" dann?

Das neue und interessante an dieser Sichtweise ist vielmehr, daß sie die Unternehmung im Ganzen als eine Art Kultursystem begreift. Unternehmen, so die Idee, entwickeln eigene, unverwechselbare Vorstellungs- und Orientierungsmuster, die das Verhalten der Mitglieder und der betrieblichen Funktionsbereiche auf wirkungsvolle Weise prägen.

Der Kultur-Begriff ist der Anthropologie entliehen und bezeichnet dort die besonderen, historisch gewachsenen und zu einer komplexen Gestalt geronnenen Merkmale von *Volksgruppen*.[2] Gemeint sind damit insbesondere Wert- und Denkmuster einschließlich der sie vermittelnden Symbolsysteme, wie sie im Zuge menschlicher Interaktion entstanden sind. Die Managementforschung nimmt diesen für Volksgruppen entwickelten Kulturbegriff auf und überträgt ihn auf Organisationen mit der Idee, daß jede

Organisation für sich eine je spezifische Kultur entwickelt, d. h. in gewisser Hinsicht eine eigenständige Kulturgemeinschaft darstellt. Organisationen, so die Idee, entwickeln eigene unverwechselbare Vorstellungs- und Orientierungsmuster, die das Verhalten der Mitglieder nach innen und außen auf nachhaltige Weise prägen.

Ganz ähnlich wie bei dem oben erläuterten Organisationsbegriff[3] gibt es auch bei der Unternehmenskultur *zwei* grundsätzlich unterschiedliche *Ansätze* der Konzeptualisierung.[4] In einem Fall wird Unternehmenskultur als Teil eines übergeordneten Ganzen gesehen; Kultur ist etwas, was eine Organisation *hat*. Kultur steht hier in einer Reihe mit vielen anderen Variablen (Technologie, Planung usw.), die eine Organisation auszeichnen. In der *zweiten Konzeption* wird dagegen die Organisation insgesamt als Kultur betrachtet; die Organisation ist eine Kultur. Organisationen werden als soziale Konstruktionen begriffen, als Lebensgemeinschaften mit ausgeprägten Wert- und Orientierungsmustern. Unternehmenskultur bezeichnet hiernach also eine Art Sinngemeinschaft; sie wird als Grundlage des gesamten organisatorischen Handelns verstanden, die vor und über den konkreten Aufgaben, die eine Organisation zu erfüllen hat, liegt.

Unabhängig von den einzelnen Strömungen[5] gibt es dennoch einige *Kernelemente,* die heute allgemein mit dem Begriff der Unternehmenskultur verbunden werden:

(1) Unternehmenskultur ist ein im wesentlichen *implizites* Phänomen; sie hat keine separate, quasi physische Existenz, die sich direkt beobachten ließe. Unternehmenskulturen sind gemeinsam geteilte Überzeugungen, die das Selbstverständnis und die Eigendefinition der Organisation prägen.

(2) Unternehmenskulturen werden *gelebt,* ihre Orientierungsmuster sind selbstverständliche Annahmen, wie sie dem täglichen Handeln zugrunde liegen. Ihre (Selbst-) Reflexion ist die Ausnahme, keinesfalls die Regel.

(3) Unternehmenskultur bezieht sich auf *gemeinsame* Orientierungen, Werte usw. Es handelt sich also um ein kollektives Phänomen, das das Handeln des einzelnen Mitgliedes prägt. Kultur macht infolgedessen organisatorisches Handeln einheitlich und kohärent – jedenfalls bis zu einem gewissen Grade.

(4) Unternehmenskultur ist das Ergebnis eines *Lernprozesses* im Umgang mit Problemen aus der Umwelt und der internen Koordination.[6]

Bestimmte, kulturell anderweitig vorgeprägte Handlungsweisen werden zu erfolgreichen Problemlösungen, andere weniger. Zug um Zug schälen sich bevorzugte Wege des Denkens und Problemlösens heraus, es wird immer deutlicher, was als „gut" und was als „schlecht" gelten soll, bis schließlich diese Orientierungsmuster zu mehr oder weniger selbstverständlichen Voraussetzungen des organisatorischen Handelns gemacht werden. Unternehmenskultur hat also immer eine Entwicklungsgeschichte.

(5) Unternehmenskultur repräsentiert die *„konzeptionelle Welt"* der Organisationsmitglieder. Sie vermittelt Sinn und Orientierung in einer komplexen Welt, indem sie Muster vorgibt für die Selektion und Interpretation von Handlungsprogrammen. Die Organisationsmitglieder verschaffen sich ein Bild von der Aufgabenumwelt auf der Basis eines gemeinsam verfügbaren Grundverständnisses.

(6) Unternehmenskultur wird in einem *Sozialisationsprozeß* vermittelt; sie wird nicht bewußt gelernt. Organisationen entwickeln zumeist eine Reihe von Mechanismen, die dem neuen Organisationsmitglied verdeutlichen, wie im Sinne der kulturellen Tradition zu handeln ist.

Der innere Aufbau einer Unternehmenskultur

Unternehmenskulturen sind komplexe Phänomene; zu ihr gehören nicht nur die Orientierungsmuster und Programme, sondern auch ihre sichtbaren Vermittlungsmechanismen und Ausdrucksformen. Ein Versuch, die verschiedenen Ebenen einer Kultur zu ordnen und ihre Beziehungen zueinander zu klären, ist das in Abbildung 1 gezeigte Modell von Schein. Um eine Kultur verstehen zu können, muß man sich nach dieser (der Kulturanthropologie entliehenen) Vorstellung, ausgehend von den Oberflächenphänomenen, sukzessive die kulturelle *Kernsubstanz* in einem Interpretationsprozeß erschließen.[7]
    Die Basis einer Kultur als unterste Ebene von Abbildung 1 besteht hiernach aus einem Satz grundlegender Orientierungs- und Vorstellungsmuster („Weltanschauungen"), die die Wahrnehmung und das Handeln leiten. Es sind dies die selbstverständlichen Orientierungspunkte organisatorischen Handelns, die gewöhnlich ganz automatisch, ohne darüber nachzudenken, ja meist ohne sie zu kennen, verfolgt werden. Die Basis-

annahmen ordnen sich nach Kluckhohn/Strodtbeck unabhängig vom Einzelfall in jeder Kultur nach fünf Grundthemen menschlicher Existenzbewältigung:[8]

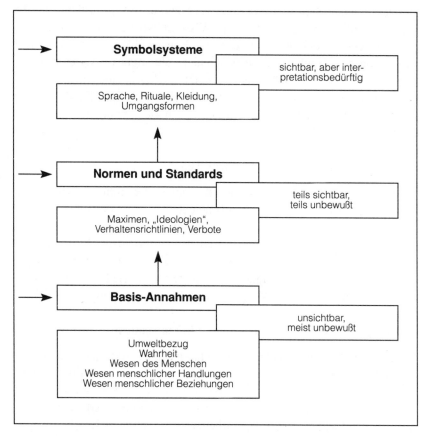

Abbildung 1: Kulturebenen und ihr Zusammenhang

Quelle: Schein, E.H., Coming to a new awareness of organizational culture, in: Sloan Management Review 25 (1984), Nr. 2, S. 4.

- Annahmen über die Umwelt

Wie wird die Organisationsumwelt gesehen? Hält man sie für bedrohlich, herausfordernd, bezwingbar, übermächtig usw.? Wie bereits angesprochen, wird z. B. die Entscheidung, welche Strategie eine Unternehmung wählt, stark von dieser Grundauffassung über die Umwelt geprägt.

● Vorstellungen über Wahrheit

Diese Annahmen geben Antwort auf die Frage, auf welche Grundlage man sich in einer Organisation bezieht, wenn man etwas als wahr oder falsch betrachtet. Ist es die Tradition oder sind es die Autoritäten, auf die man vertraut? Hält man sich an die Wissenschaft oder nimmt man eine pragmatische Haltung ein und macht die Entscheidungen über wahr oder falsch von den Ergebnissen eines Versuchs abhängig („Laßt es uns probieren und sehen, was dabei herauskommt")? Häufig ist es auch der tragfähige Kompromiß, der als „Wahrheitsinstanz" fungiert: „Fünf Gremien haben über die Frage beraten und alle haben sich schließlich auf dieses Ergebnis geeinigt."

● Annahmen über die Natur des Menschen

Dies sind implizite Annahmen über allgemeine menschliche Charakterzüge. Hält man Mitarbeiter im allgemeinen eher für gut oder schlecht? Sind Mitarbeiter tendenziell arbeitsscheu oder sind Mitarbeiter Menschen, die gerne Verantwortung übernehmen und die im Grundsatz Freude an der Arbeit haben? Ferner: Sind Mitarbeiter grundsätzlich entwicklungsfähig oder sind sie durch Veranlagung festgelegt? Diese Annahmen finden zumeist im Bild des „idealen Vorgesetzten" ihre genaue Widerspiegelung.

● Annahmen über die Natur des menschlichen Handelns

Hierunter fallen insbesondere Vorstellungen über Aktivität und Arbeit. Kommt es vor allem darauf an, aktiv zu sein, die Dinge selbst in die Hand zu nehmen oder ist es wichtiger, abzuwarten und sich anzupassen? Und in bezug auf die Arbeit: Wie ist in dem Unternehmen Arbeit definiert? Muß man schwitzen, wenn man arbeitet? Muß man am Arbeitsplatz sitzen?

● Annahmen über die Natur zwischenmenschlicher Beziehungen

Hierzu gehören Vorstellungen über die richtige Ordnung sozialer Beziehungen, z. B. Nach Alter? Nach Herkunft? Oder nach Erfolg? Ein weiterer wichtiger Aspekt ist die Sichtweise von Emotionen in Organisationen. Sind Emotionen zulässig oder unerwünscht? Ist der Privatbereich tabu, oder findet eine Trennung zwischen Dienstlichem und Privatem nicht statt. Desweiteren: welches Grundthema prägt den Charakter der Beziehungen? Wettbewerb oder Kooperation? Teamerfolg oder Einzelerfolg?

Diese meist unbewußten und ungeplant entstandenen Basisannahmen stehen nun allerdings nicht isoliert nebeneinander, sondern bilden zusammen ein Muster, eine mehr oder weniger stimmige *Gestalt*. Wenn man eine Unternehmenskultur verstehen will, muß man deshalb ausgehend von diesen Basisannahmen versuchen, die Gesamtgestalt, das *„Weltbild"*, zu erfassen.

Dieses „Weltbild" findet zu wesentlichen Teilen in konkretisierten *Wertvorstellungen* und *Verhaltensstandards* seinen Niederschlag (Ebene 2 in Abbildung 1). Mit anderen Worten, es formt sich in Maximen, ungeschriebene Verhaltensrichtlinien, Verbote usw. um, die die Organisationsmitglieder in mehr oder weniger breitem Umfange teilen. Manche Unternehmen greifen diese latent vorhandenen Orientierungsmuster auf und formulieren sie zu einer ausdrücklichen *Managementphilosophie* oder zu sog. *Führungsgrundsätzen* aus. Insgesamt bilden die Basisannahmen und die daraus fließenden Verhaltensstandards quasi ein Brennglas, das die Prioritäten für das organisatorische Handeln bündelt, die Wahrnehmung steuert und fremdes und eigenes Handeln interpretiert.

Diese mehr oder weniger unbewußten und unsichtbaren Annahmen und Standards finden schließlich in der dritten Ebene (vgl. Abbildung 1), der Ebene der *Symbole* und *Zeichen,* ihren Niederschlag. Sie haben die Aufgabe, diesen schwer faßbaren, wenig bewußten Komplex von Annahmen, Interpretationsmustern und Wertvorstellungen lebendig zu erhalten, weiter auszubauen und, was besonders wichtig ist, an neue Mitglieder weiterzugeben. Die Symbole und Zeichen stellen den *sichtbaren* Teil der Unternehmenskultur dar, der aber nur im Zusammenhang mit den zugrundeliegenden Wertvorstellungen verstehbar ist.

Zu diesen Vermittlungsmustern gehört z.B. das Erzählen von *Geschichten* und Legenden vom Firmengründer oder anderen wichtigen Ereignissen. Man vermittelt auf diese Weise indirekt, aber plastisch und einprägsam, worauf es in der Organisation besonders ankommt:

Als Beispiel sei hier eine Geschichte aus der Firma Hewlett Packard angeführt. Dort hat man die Politik des offenen Materiallagers, d.h. die Ingenieure haben unbeschränkten Zugang zum Materiallager und können dort Material für das freie Experiment entnehmen. Eine Anekdote berichtet: Bill Hewlett kam an einem Samstag ins Werk und fand das Materiallager verschlossen. Er ging sofort in die Reparaturabteilung, griff sich einen Bolzenschneider und entfernte das Vorhängeschloß von der Tür. Er hinterließ einen Zettel, den man am Montag morgen fand. Auf diesem Zettel stand geschrieben: „Diese Tür bitte nie wieder abschließen. Danke, Bill."[9]

Ein weiterer Teil der sichtbaren Kulturelemente sind die *Feiern* und *Riten* in einem Unternehmen. Man kann sie nach unterschiedlichen Anlässen gliedern.[10] So gibt es etwa Aufnahmeriten für den Eintritt in eine Organisation (Begrüßung durch den Chef, Einführungstag usw.). Ein weiterer Typ sind die sogenannten Entlassungsriten. Hier kommt es z. B. darauf an, ob ein Ausstand gefeiert wird (z. B. Rerservistenfeiern bei der Bundeswehr) oder ob derjenige, der gekündigt hat, isoliert wird. Bekannt sind auch Bekräftigungsriten etwa in Form von Veranstaltungen, in denen der Verkäufer des Monats gekürt wird. Weitere Riten sind Konfliktlösungsriten (z. B. Tarifverhandlungen) oder Integrationsriten wie z.b. Weihnachtsfeiern oder Betriebsjubiläen.

Schließlich gehören zu den sichtbaren Aspekten von Unternehmenskulturen die *Begrüßung* und Aufnahme von Außenstehenden, die *architektonische Gestaltung* der Räume und Gebäude, die *Kleidung,* die *Sprache* (Firmenjargon) u.a.m.[11]

Kulturtypen

Die Aufdröselung der Unternehmenskultur in Ebenen und Elemente legt die Frage nahe, wie diese Faktoren konkret in einer Organisation zusammenwirken und eine „Kulturgestalt" ausprägen. Die Identifikation einer „Kulturgestalt" ist nicht einfach, es gibt keinen systematischen Weg, der sicher dorthin führen würde. Ein Hilfsmittel für dieses Entdeckungsverfahren sind Typologien.

Typologie von Deal/Kennedy

Am populärsten ist die Typologie von Deal/Kennedy[12] geworden – vermutlich deshalb, weil sie in besonders anschaulicher Weise an den Alltagserfahrungen von Organisationsmitgliedern anknüpft.

- Alles oder Nichts-Kultur

Dies ist eine Welt von Individualisten; gefragt sind Stars mit großen Ideen. Im Hinblick auf die Umwelt gilt das Motto: Zeige mir einen Berg und ich werde ihn erklimmen. Hoch geschätzt sind temporeiches Handeln und ein jugendliches, leicht aus dem Rahmen fallendes Erscheinungsbild.

Die Sprache ist unkonventionell und voll von neuen Wortschöpfungen wie z. B. Cash Cows oder Yuppies. Neu Hinzukommende müssen sich schlagen, wenn sie Anerkennung finden wollen. Freundliche Zurückhaltung macht sie uninteressant. Der Erfolg bestimmt alles: Ansehen, Einkommen, Macht. Dementsprechend werden auch Erfolge enthusiastisch gefeiert. Mißerfolge dagegen schonungslos offengelegt. Man kann schnell nach oben kommen, aber ebenso schnell wieder tief fallen. Das Zeigen von Emotionen ist erlaubt, nur nicht solcher des Schmerzes. Männer und Frauen sind gleichberechtigt, denn es gilt das Motto: ein Star ist ein Star. Glücksbringer, Horoskope, und sonstiger Aberglaube spielen eine große Rolle, sie sollen das hohe Risiko reduzieren helfen.

* Brot- und Spielekultur

Hier steht die Außenorientierung im Vordergrund nach dem Motto, die Umwelt ist voller Möglichkeiten, Du mußt sie nur nutzen. Insgesamt wird Wert auf freundliches und ansprechendes Auftreten gelegt. Im internen Verkehr steht die unkomplizierte Zusammenarbeit im Team an erster Stelle. Aktiv sein ist der herausragende Wert. Wer ruhig ist, steht im Verdacht, nichts zu leisten. Es werden viele fröhliche Feste gefeiert und es gibt häufg Auszeichnungen und Preise, wie z.b. der Verkäufer des Jahres oder das beste Schaufenster des Monats. Die Geschichten drehen sich hauptsächlich um schwierige Kunden. Wer es vermag, an Eskimos Kühlschränke zu verkaufen, ist ein Held. Die Firmensprache ist knapp und voller rätselhafter Kürzel (z. B. PAISY oder FIBUS). Die Bilder sind der Sportwelt entnommen: Halbzeit, Rote Karte, Fehlstart etc.

* Analytische Projekt-Kultur

Fehlentscheidungen stellen die große Bedrohung in vielen Firmen dar. Alles ist darauf konzentriert, die richtige Entscheidung zu treffen. Die Umwelt wird vorwiegend als Bedrohung erlebt. Man versucht, sie durch Analysen und langfristige Prognosen einigermaßen in den Griff zu bekommen. Vertraut wird auf die wissenschaftlich-technische Rationalität. Hauptritual ist die Sitzung, sie vereint meist verschiedene hierarchische Ränge, kennt jedoch eine strenge Sitz- und Redeordnung. Die Zeitperspektive ist langfristig, alles will gut und sorgfältig überlegt sein. Hektik und Quirligkeit sind unerwünscht. Das Ideal ist vielmehr die gesetzte, reife Persönlichkeit. Ist jemand 3 Jahre bei dem Unternehmen, gilt er immer noch als Neuling. Karriere wird schrittweise gemacht, Blitzkarrieren gibt es nicht. Ältere Herren haben in der Regel Schützlinge, denen sie auf dem Weg nach oben helfen. Helden sind Leute, die mit unerschütterlicher Zähigkeit eine große Idee verfolgt haben; dies auch dann noch, als sie die Firmenleitung längst aufgegeben hatte – notfalls im eigenen Kellerlabor. Die Kleidung ist korrekt und unauffällig. Sprache und Umgangsformen sind sehr höflich. Das Zeigen von Emotionen ist streng verpönt.

- Prozeß-Kultur

Alles konzentriert sich auf den Prozeß, das Gesamtziel spielt eine untergeordnete Rolle. Perfekter und diskreter Arbeitsvollzug steht an erster Stelle der Werte. Fehler darf man nicht machen. Alles wird registriert, jeder kleinste Vorgang dokumentiert. Mißtrauen und Absicherung sind die vorherrschenden Orientierungsmuster. Man muß jederzeit damit rechnen, daß einem irgend jemand von außen oder innen einen Fehler nachweisen möchte, und für diesen Fall muß man gerüstet sein. Helden sind Leute, die selbst dann noch fehlerfrei arbeiten, wenn die Umstände äußerst widrig sind, etwa nach Schicksalsschlägen oder nach ungerechtfertigter Behandlung durch die Geschäftsleitung. Das Zusammenleben orientiert sich an der hierarchischen Ordnung; sie bestimmt einfach alles: die Kleidung, den Kreis der Kontaktpartner, die Umgangsformen, das Gehalt etc. Bei einer Beförderung weiß jeder Mitarbeiter, welche Privilegien er dazugewinnen wird: eigenes Telefon, Teppichboden, größere Fenster oder sonstiges. Diese Statussymbole werden höher geschätzt als der finanzielle Zugewinn. Beförderungen sind auch ein beliebtes Gesprächsthema. Um sie ranken sich permanent Gerüchte und Intrigen. Feste und Feiern spielen keine sehr große Rolle. Wichtig sind lediglich die Jubiläen, wie z. B. 25jährige Betriebszugehörigkeit. Die Sprache ist korrekt und detailbesessen. Emotionen werden als Störung empfunden.

Typologie von Kets de Vries/Miller

Abbildung 2 zeigt eine andere Typologie; sie ist an *Systempathologien* orientiert und von vornherein enger auf die Basis-Annahmen zugeschnitten.

Wie auch immer konstruiert, eine solche Typologie ist ein Hilfsmittel, mit dem man auf die Suche gehen und die Alltagserfahrung in einem ersten Schritt sortieren kann. Ohne Zweifel ist eine Typologie immer eine grobe Vereinfachung, darin liegt ihr Wert, aber eben auch ihre Gefahr. Es ist nicht sehr zweckmäßig, die ganze Organisationswelt gewaltsam auf

Typen	Paranoide	Zwanghafte	Dramatische	Depressive	Schizoide
Kulturen					
Charakteristika	Mißtrauen und Angst, permanente Bereitschaft, Angriffe zurückzuschlagen; hochsensitiv für Bedrohungen jedweder Art; ständige Suche nach versteckten Absichten anderer; hoher Aktivitätspegel; kalt	Perfektionismus und Detailbesessenheit; alles muß seine Ordnung haben; die schlimmste Bedrohung geht vom Chaos aus: Beziehungen werden nach Überlegenheit oder Unterlegenheit geordnet. Überraschungen sollen um jeden Preis vermieden werden; nichts darf dem Zufall überlassen sein; alles wird vorbedacht und geregelt; Emotionen sind völlig unerwünscht.	Alles dreht sich um die charismatische Führungsfigur, die sich selbst grandios in Szene setzt; die Mitarbeiter idealisieren sie und geraten in starke Abhängigkeit zu ihr; alle wesentlichen Entscheidungen liegen bei der Führungsfigur. Die Arbeitsmethode vertraut auf Spontaneität und Intuition; Strukturen und Regeln werden als störend empfunden; neue Projekte werden wagemutig angegangen, Erfolge enthusiastisch gefeiert.	Pessimistische Prognosen und die Angst, es nicht zu schaffen, sind das Grundthema; man ist den Schicksalskräften ausgeliefert und sucht Schutz bei anderen; man erhofft Initiative von außen; alles nimmt seinen gewohnten Lauf; Routine bestimmt das Verhalten; Macht ist breit verteilt, aber ohne große Bedeutung.	Distanz, Zurückgezogenheit und die Scheu, sich auf etwas einzulassen, bestimmen die Haltung der Spitze; Indifferenz herrscht vor, es gibt weder Zorn noch Enthusiasmus; die zweite und die weiteren Managementebenen füllen das Machtvakuum, daher gibt es viele Konkurrenzkämpfe, Koalitionen, Taktiken usw.; Prestige und Karrierestreben sind hier dominant.
Leitmotiv (der Unternehmensspitze)	Ich kann niemandem trauen; es existieren viele Kräfte, die mir ans Leder wollen; ich muß auf der Hut sein.	Ich möchte nicht von irgendwelchen Zufällen abhängig sein; ich muß mein ganzes Umfeld unter Kontrolle haben.	Ich möchte von allen Leuten bewundert und bestaunt werden. Ich bin ein Genie.	Ich kann am Lauf der Dinge ohnehin nichts ändern, dazu wäre ich auch nicht kompetent genug.	Ich will mit anderen Menschen nicht viel zu tun haben, der Umgang mit ihnen könnte mich verletzen.

Abbildung 2: Kulturtypen nach Kets de Vries/Miller

Quelle: Kets de Vries, M.F.R./Miller, D.: Personality, culture and organization, in: Academy of Management Review 11 (1986), S. 266–279 (zusammengefaßt und übersetzt d. d. Verfasser)

bestimmte Typen zu reduzieren. Eine Unternehmenskultur zu verstehen,verlangt mehr als eine bloße Subsumption. Typologien, wie die von Deal/Kennedy oder Kets de Vries/Miller, zeigen aber beispielhaft, wie man die verschiedenen Facetten einer Unternehmenskultur zu einer kommunizierbaren „Gestalt" verdichten kann.

Starke und schwache Kulturen

Die Diskussion um die Kultur von Organisationen war von Anfang an geprägt von der Idee, daß bestimmte Kulturen in besonders intensiver Weise das organisatorische Handeln beeinflussen, ja daß sie in bestimmten Fällen die eigentlich treibende Kraft für herausragende Organisationsleistungen sind. Dies wird in besonderem Maße für sog. starke Kulturen vermutet. Zur Beurteilung, ob eine Kultur „stark" oder „schwach" ist, werden in der Literatur unterschiedliche Dimensionen herangezogen.[13] Die drei folgenden scheinen die bedeutsamsten zu sein:

(1) Prägnanz
(2) Verbreitungsgrad
(3) Verankerungstiefe

(1) Das erste Kriterium unterscheidet Unternehmenskulturen danach, wie klar die Orientierungsmuster und Werthaltungen sind, die sie vermitteln. Starke Unternehmenskulturen zeichnen sich demnach dadurch aus, daß sie ganz klare Vorstellungen darüber beinhalten, was erwünscht ist und was nicht. Eine solche klare Vorstellungswelt setzt zweierlei voraus. Zum einen müssen die einzelnen Werte, Standards und Symbolsysteme relativ konsistent sein, so daß in nur wenigen Fällen Konfusion darüber entsteht, welchem Orientierungspfad nun gefolgt werden soll. Zum anderen setzt dies voraus, daß die kulturellen Orientierungsmuster relativ umfassend angelegt sind, so daß sie nicht nur in einigen speziellen, sondern in vielen Situationen den Maßstab setzen können.

Der Kulturinhalt als solcher, also welche Werte von einer Kultur vertreten und transportiert werden, spielt für die Beurteilung der Stärke keine Rolle. Der Unternehmenskultur-Ansatz versteht sich grundsätzlich „wertfrei" insofern, als er keine Bewertung des jeweils virulenten Wertsystems anstrebt, außer natürlich der Frage, ob es für die Erfolgsträchtigkeit der Unternehmung funktional oder dysfunktional ist. Ob das mit einer Unternehmenskultur transportierte Wert- und Orientierungssystem, also der Kulturinhalt, anspruchsvoll („kulturell hochstehend"), als moralisch oder unmoralisch einzustufen ist, bleibt für die Bestimmung der „Stärke" in aller Regel außer Betracht. Dies ist eine genuine Frage der Unternehmensethik.[14]

Bisweilen wird der Kulturinhalt aber dennoch zum Gegenstand der Bestimmung der Stärke gemacht, dann jedoch in anderer Weise und ohne den eigentlich vorgegebenen instrumentellen Rahmen zu verlassen. Einbezogen wird die Begeisterungskraft der Inhalte. Visionen und Orientierungsmuster können mehr oder weniger geeignet sein, Enthusiasmus und Engagement auszulösen. Starke Kulturen zeichnen sich – folgte man diesem Vorschlag – also nicht nur durch Prägnanz und hohe Prägungsdichte aus, sondern geben darüber hinaus stimulierende, begeisternde Impulse.

(2) Das zweite Unterscheidungskriterium „Verbreitungsgrad" stellt auf das Ausmaß ab, in dem die Mitarbeiterschaft die Kultur teilt. Von einer starken Unternehmenskultur spricht man dementsprechend dann, wenn das Handeln sehr vieler Mitarbeiter, im Idealfall aller von den Orientierungsmustern und Werten geleitet wird. Eine schwache Unternehmenskultur zeichnet sich in diesem Sinne dann dadurch aus, daß die einzelnen Unternehmensmitglieder an weitgehend unterschiedlichen Normen und Vorstellungen orientiert sind.

Unternehmen mit ausgeprägten Subkulturen, also Gruppen mit deutlich unterschiedlichen Wert- und Orientierungsmustern (z. B. Vertrieb versus F&E), können somit nach Voraussetzung keine starke (Gesamt-)Kultur haben. Daraus folgt, daß sich starke Kulturen aufgrund ihres hohen Verbreitungsgrades zugleich auch durch ein hohes Maß an Homogenität auszeichnen. Die Existenz einer Vielzahl unterschiedlicher Orientierungsmuster, Paradigmen und Verhaltensnormen, also kulturelle Heterogenität, weist dagegen auf eine schwache Kultur hin.

Bisweilen wird kulturelle Homogenität mit Konsens gleichgesetzt. Dies erscheint jedoch problematisch. Der Begriff Konsens stammt aus der Dialog-Theorie; Konsens zwischen Gruppenmitgliedern wird dort durch Angabe und Prüfung von Gründen, also durch Argumentation, gewonnen.[15] Die Homogenität einer Kultur entwickelt sich auf verschiedene Weise (Sozialisation, Zeremonien, Imitation usw.), aber in der Regel gerade nicht durch Argumentation. Dazu kommt, daß ein argumentativ erzielter Konsens immer labil insoweit ist, als er durch jedes neue und bessere Argument zerstört werden kann und soll. Kulturelle Homogenität soll aber ein hohes Maß an Kontinuität durch symbolisch abgestützte Beständigkeit auszeichnen.

(3) Das dritte Kriterium „Verankerungstiefe" stellt schließlich darauf ab, inwieweit die kulturellen Muster internalisiert, also zum selbstverständlichen Bestandteil des täglichen Handelns geworden sind. Dabei ist zu differenzieren zwischen einem kulturkonformen Verhalten, das bloßes Ergebnis einer kalkulierten Anpassung ist, und einem kulturkonformen Verhalten, das Ausfluß internalisierter kultureller Orientierungsmuster ist. Nur letzteres läßt die Stabilität, Vertrautheit und Fraglosigkeit im täglichen Umgang entstehen, wie sie für starke Kulturen gelten sollen. Als logische Konsequenz gehört zur Verankerungstiefe die Persistenz als weiteres Merkmal, d. h. die Stabilität der kulturellen Gestalt über längere Zeit hinweg.

Unternehmenskulturen und Subkulturen

Mit der Idee starker Unternehmenskulturen verknüpft ist die Vorstellung einer mehr oder weniger stimmigen Ganzheit, eines integrierten kohärenten Gebildes. Im Gegensatz dazu steht das Bild von Unternehmenskultur, das sich aus den Arbeiten zur Stellung und Bedeutung organisatorischer *Subsysteme* ergibt, die eigene kulturelle Orientierungsmuster („Subkulturen") entwickelt haben.[16] In dieser Perspektive treten die potentiellen Widersprüche zwischen Subkulturen in den Vordergrund; Widersprüche, die sich entweder zwischen den verschiedenen hierarchischen Ebenen (Arbeiterkultur, Angestelltenkultur, Managerkultur o.ä.) oder zwischen unterschiedlichen Funktionsbereichen herausbilden (z. B. Marketingkultur, F&E-Kultur, Buchhaltungskultur). Aus dieser Perspektive erscheinen Unternehmenskulturen eher als pluralistische Gebilde, die sich aus einer Vielzahl von Subkulturen zusammensetzen und für die sich nur mühsam ein gemeinsamer, alles umspannender Rahmen finden läßt. Die Besonderheit organisatorischer Kulturen ist dann mehr die spezifische Mischung von Subkulturen denn die Ausprägung eines spezifischen Wert- und Orientierungssystems. Im Lichte der dargestellten Stärke-Dimensionen sind Organisationen mit ausgeprägten Subkulturen aufgrund der daraus resultierenden Heterogenität – wie erwähnt – dann logischerweise eher schwache Kulturen.

Wirkungen von Unternehmenskulturen

Die Wirkungen von Unternehmenskulturen werden primär an starken Kulturen im oben erläuterten Sinne studiert. Entgegen der Schönfärberei in der anfänglichen Euphorie haben starke Unternehmenskulturen für die Funktionstüchtigkeit von Systemen jedoch keineswegs nur positive, sondern z. T. auch ausgeprägt negative Wirkungen.

Ein einfacher Zusammenhang zwischen Leistungsniveau und Stärke der Unternehmenskultur – wie häufig behauptet – läßt sich nicht nachweisen. Die Wirkungspfade sind verwickelter und die funktionalen Bezüge sehr viel ambivalenter. Die wichtigsten Aspekte seien nachfolgend kurz zusammengestellt.

Positive Effekte

• Handlungsorientierung

Starke Unternehmenskulturen vermitteln ein klar geschnittenes Weltbild und machen damit die „Welt" für das einzelne Unternehmensmitglied verständlich und überschaubar. Sie erbringen so eine weitreichende Orientierungsleistung, weil sie die verschiedenen möglichen Sichtweisen und Interpretationen der Ereignisse und Situationen reduzieren und auf diese Weise eine klare Basis für das tägliche Handeln schaffen. Diese Handlungsorientierungsfunktion ist vor allem dort von großer Bedeutung, wo eine formale Regelung zu kurz greift oder gar nicht greifen kann.

• Reibungslose Kommunikation

Die Abstimmungsprozesse gestalten sich durch die einheitliche Orientierung wesentlich einfacher und direkter. In starken Kulturen existiert ein komplexes Kommunikations-Netzwerk, das sich auf homogene Orientierungsmuster abstützen kann. Signale werden so sehr viel zuverlässiger interpretiert und Informationen sehr viel weniger verzerrt weitergegeben, als dies typischerweise bei formaler Kommunikation der Fall ist.

• Rasche Entscheidungsfindung

Eine gemeinsame Sprache, ein konsistentes Präferenzsystem und eine allseits akzeptierte Vision für das Unternehmen lassen relativ rasch zu einer

Einigung oder zumindest zu tragfähigen Kompromissen in Entscheidungs- und Problemlösungsprozessen vorstoßen.

● Zügige Implementation

Entscheidungen und Pläne, Projekte und Progamme, die auf gemeinsamen Überzeugungen beruhen und sich deshalb auf breite Akzeptanz stützen, können schnell und wirkungsvoll umgesetzt werden. Bei auftretenden Unklarheiten geben die fest verankerten Leitbilder rasche Orientierungshilfe.

● Geringer Kontrollaufwand

Der Kontrollaufwand ist gering, die Kontrolle wird weitgehend auf indirektem Wege geleistet. Die Orientierungsmuster sind verinnerlicht, es besteht wenig Notwendigkeit, fortwährend ihre Einhaltung zu überprüfen.

● Motivation und Teamgeist

Die orientierungsstiftende Kraft der kulturellen Muster und die gemeinsame, sich gegenseitig fortwährend bekräftigende Verpflichtung auf die zentralen Werte („Vision") der Unternehmung lassen eine hohe Bereitschaft entstehen, sich für das Unternehmen zu engagieren („intrinsische Motivation") und dies auch nach außen hin unmißverständlich zu dokumentieren.

● Stabilität

Ausgeprägte, gemeinsam geteilte Orientierungsmuster reduzieren Angst und bringen Sicherheit und Selbstvertrauen. Es besteht deshalb wenig Neigung, ein solches kohärentes System zu verlassen oder dem Arbeitsplatz fern zu bleiben (geringe Fluktuations- und Fehlzeitenrate).

Alle diese Aspekte zusammen ließen die These entstehen, daß Organisationen mit starken Unternehmenskulturen *effizienter arbeiten* und bei marktgerechter Zielsetzung eine *höhere Rentabilität* erzielen.

Negative Effekte

• Tendenz zur Abschließung

Tief internalisierte Wertsysteme und die aus ihr fließende Orientierungs-
kraft können leicht zu einer alles beherrschenden Kraft werden. Kritik,
Warnsignale, usw., die zu der bestehenden Kultur im Widerspruch stehen, drohen verdrängt oder überhört zu werden. Fest eingeschliffene Tra-
ditionen und Rituale verstärken diese Tendenz. Starke Kulturen laufen
deshalb Gefahr, zu „geschlossenen Systemen" zu werden.

• Blockierung neuer Orientierungen

Starken Unternehmenskulturen sind Veränderungen suspekt, sie lehnen
sie vehement dann ab, wenn sie ihre Identität bedroht sehen. Unangeneh-
me, dem herrschenden Weltbild zuwiderlaufende Vorschläge werden
frühzeitig blockiert oder gar nicht registriert.[17]

• Implementationsbarrieren

Selbst wenn neue Ideen in den Entscheidungsprozeß Eingang gefunden
haben, erweist sich eine starke Unternehmenskultur bei ihrer Umsetzung
tendenziell als starker Hemmschuh. Solange es um die Umsetzung von
mit der bisherigen Geschäftspolitik verwandten Ideen geht, sind – wie
oben dargelegt – starke Kulturen überlegen. Von dem Moment an aber,
wo es um einen grundsätzlichen Wandel, etwa um eine strategische Neuorientierung, geht, muß ein stabiles und stark verfestigtes Kultursystem
zum Problem werden. Der Grund ist einsichtig. Die Sicherheit, die starke
Kulturen in so hohem Maße spenden, gerät in Gefahr, und die Folge ist
Angst und Abwehr. Der Umgang mit dem Ungewöhn-lichen ist nicht geübt. Auch die „Helden" selbst haben ja ein Interesse daran, daß alles so
weitergeht wie bisher, denn das ist ja die Quelle, aus der sich ihr „Hel-
dentum" speist.

• Fixierung auf traditionelle Erfolgsmuster

Starke Kulturen schaffen emotionale Bindung an bestimmte gewachsene
und durch Erfolg bekräftigte Vorgangsweisen und Denktraditionen. Neue
Pläne und Projekte stoßen damit auf eine argumentativ nur schwer zu-
gängliche Bindung an herkömmliche Prozeduren und Vorstellungen.

• Kollektive Vermeidungshaltung

Die Aufnahme und Verarbeitung neuer Ideen setzt ein hohes Maß an Offenheit, Kritikbereitschaft und Unbefangenheit voraus; starke Unternehmenskulturen sind aufgrund ihrer emotionalen Bindungen wenig geeignet, diese Voraussetzungen herzustellen. Ja, sie laufen Gefahr, sich dem hier notwendigen Prozeß der Selbstreflexion in einer Art kollektiver Vermeidungshaltung[18] zu versagen, kritische Argumentation auf subtile Weise für illegitim zu erklären.

• „Kulturdenken"

Starke Kulturen neigen dazu, Konformität in gewissem Umfang zu „erzwingen". Konträre Meinungen, Bedenken usw. werden zurückgestellt zugunsten der kulturellen Werte. Die Motivation, den kulturellen Rahmen zu erhalten, übertrifft tendenziell die Bereitschaft, Widerspruch zu artikulieren. In Analogie zum Phänomen des „Gruppendenkens"[19] kann man hier von „Kulturdenken" sprechen.

• Mangel an Flexibilität

Die geschilderten Effekte bringen in der Summe das Problem der Starrheit und mangelnder Anpassungsfähigkeit mit sich. Lorsch bezeichnet deshalb starke Unternehmenskulturen als „unsichtbare Barrieren" für organisatorischen Wandel.[20] Er verweist dabei insbesondere auf die Problematik, die sich hieraus speziell für strategische Entscheidungsprozesse ergibt. Unternehmen sind in einem zunehmenden Maße mit strategischen Herausforderungen konfrontiert, die ein Verlassen der traditionellen Unternehmensstrategie unumgänglich und die Umstellungsfähigkeit zu einer für das Überleben kritischen Ressource machen. Im Hinblick auf diese Anforderung kann sich eine allzu starke Unternehmenskultur nur als hinderlich erweisen.

Starke Unternehmenskulturen und Innovation

Nimmt man alle diese Probleme zusammen, so verweisen sie auf die Gefahr, daß starke Unternehmenskulturen zu starren „Palästen" werden können. Diese Feststellung steht im Widerspruch zu anderen Thesen; gewöhnlich werden starke Unternehmenskulturen in einem Atemzug mit innovativen Unternehmen genannt, basierend auf der Annahme, daß eine starke Unternehmenskultur ein herausragender Faktor für die innovative Potenz einer Unternehmung ist. Wie ist dieser Widerspruch einzuschätzen?

Grundsätzlich gilt es festzustellen, daß es zweifellos Unternehmen mit fest verankerten Werten gibt, die einer Innovation förderlich sind. Es wäre unsinnig in Abrede zu stellen, daß der Inhalt einer Unternehmenskultur für die Innovationsfähigkeit und -freudigkeit von großer Bedeutung ist. Der hier entscheidende Punkt ist aber: Diese Grundhaltungen, die zu innovationsfreudigem Handeln ermuntern, lassen sich jedoch nicht schlüssig als Ausdruck starker Kulturen begreifen – auch dann nicht, wenn diese Grundhaltungen „tief verankert" sind. Dies aus mehreren Gründen:

Innovationsfördernde Grundwerte sind grundsätzlich kein Nährboden, der eine starke Kultur gedeihen ließe, ja man kann fast sagen, sie ersticken eine erstarkende Kultur im Keim. Dies wird unmittelbar deutlich, wenn man sich die typischen Werte vor Augen hält, die eine organisationsfreudige Haltung stimulieren. Wie soll mit Werten wie „Freude am Widerspruch", „Abneigung gegen Konformismus", „Freude am Experimentieren und am Ausprobieren neuer Wege" eine starke Kultur entwickelt werden? Sie laufen den eingangs konstatierten Merkmalen starker Kulturen offenkundig zuwider. Sie fördern nicht Homogenität, sondern Diversität, sie geben keine Sicherheit in der Orientierung, sondern sie verunsichern eher, sie reduzieren nicht (Binnen-) Komplexität, sondern erhöhen sie eher und überlassen es dem Individuum und der kleinen Gruppe, problemspezifisch die Komplexität zu absorbieren.

Gegen diese Überlegungen könnte eingewandt werden, innovative Organisationen böten ja auch Homogenität, nämlich im Hinblick auf die innovationsfördernde Grundhaltung durch Einhelligkeit in der Meinung, daß verschiedene Perspektiven gelten sollen, und sie böten auch Orientierungssicherheit und -prägnanz, nämlich im Hinblick auf die Unumstößlichkeit dieser Prinzipien.

Dieser Einwand trägt jedoch offensichtlich nicht weit, denn diese Grundhaltungen sind eben ihrem Charakter nach rein *formal* (Prozeßregeln), sie können weder ein prägnantes Weltbild vermitteln, das der Einzelhandlung Richtung und Sinn geben könnte, noch sind sie geeignet, den Handlungsraum weitläufig abzudecken und zu homogenisieren. Es sind einige für den innovativen Gesamtprozeß durchaus wichtige Minimalregeln, sie allein können aber natürlich in keiner Weise ein dichtes Werte- und Regelsystem abgeben, wie es für starke Kulturen gelten soll.

Man wird sich deshalb von der Idee trennen müssen, daß bedeutsame Wirkungen nur von sehr starken Kulturen ausgehen können. Auch in der Summe schwache Kulturen können in einem bestimmten Bereich für das Verhalten der Organisationsmitglieder sehr relevant sein, etwa im Sinne eines Kanons von Mindestregeln, der die diversen Strömungen und konkurrierenden Gruppen zusammenbindet.[21]

Das Ziel, eine starke Unternehmenskultur zu haben, erscheint im Lichte dieser Überlegungen als zweischneidiges Schwert. Auf dem Hintergrund einer zu einseitigen und zu kurzfristigen Sichtweise wurde Kulturentwicklung allzu häufig nur als Aufbau und Förderung starker Kulturen begriffen. Im Hinblick auf die Flexibilität eines Systems sollte man jedoch die Blickrichtung umdrehen und die Kulturentwicklung auch als einen reflexiven Prozeß verstehen, eine allzu starke Kultur aus ihrer Verklammerung zu lösen, um Freiraum für das Neue und das vorher Unbegreifbare zu schaffen.

Kulturwandel in Organisationen

Trotz ihrer stark beharrenden Züge sind Unternehmenskulturen Wandlungsprozessen unterworfen. Empirische Studien, die verschiedene Kulturwandlungsprozesse in Betrieben zum Gegenstand hatten, zeichnen den in Abbildung 3 wiedergegebenen typischen Verlauf.

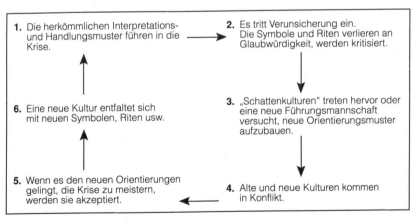

Abbildung 3: Typischer Verlauf eines Kulturwandels

Quelle: Dyer, W.G. jr., The cycle of cultural evolution in organization, in: Kilmann, R.H. u.a., Gaining control of the corporate culture, San Francisco 1985, S. 211

Ausgangspunkt war immer eine Konfliktsituation. Die herkömmlichen Interpretations- und Handlungsmuster führen in die Krise, sind nicht mehr erfolgreich. Es tritt Verunsicherung ein. Die Symbole und Riten verlieren an Glaubwürdigkeit und Faszination. Sie werden kritisiert. *Schattenkulturen*, d. h. latent vorhandene, aber bislang nicht wahrgenommene Muster treten hervor, oder aber eine neue Führungsmannschaft versucht quasi von außen, *neue Orientierungsmuster* aufzubauen. Nun kommen alte und neue Kulturen in Konflikt; es gibt einen Machtkampf. Wenn es gelingt, die Krise zu meistern, und die Organisationsmitglieder schreiben diesen Effekt der neuen Orientierung zu, wird diese akzeptiert. Das ist in vielen Fällen nicht sehr einfach, denn mit einer neuen Kultur geht in der Regel auch eine *Umverteilung von Ressourcen* einher. Die Begünstigten der alten Kultur entfalten zumeist eine starke Gegenwehr und unterminieren das neue „Weltbild" so weit als möglich. Wird trotz allem das Problemlösungspotential der neuen Orientierung anerkannt, entfaltet sich eine neue Kultur und findet in neuen Symbolen und Riten ihre Verfestigung. Dies solange, bis wiederum eine Krise auftritt, und der Kreislauf beginnt dann von neuem. Der Anstoß für einen solchen Wandlungsprozeß kommt meist aus der Umwelt. Nicht selten ist es ein Wertewandel der übergreifenden Gesellschaft oder anderer externer Referenzgruppen, die die beschriebenen Anpassungsprozesse in Gang setzen.[22]

Dies sind im wesentlichen evolutorische Ausgangsprozesse gewesen. Die gravierenden (negativen wie positiven) Wirkungen von Unternehmenskulturen werfen jedoch die Frage auf, ob und gegebenenfalls wie die Unternehmenskultur zum Gegenstand eines *geplanten Wandels* gemacht werden kann. Zu dieser Frage werden in der Literatur äußerst unterschiedliche Positionen bezogen.

Den einen Pol bilden die „Kulturingenieure". Diese Position geht davon aus, daß man Kulturen ähnlich wie andere Führungsinstrumente gezielt einsetzen und planmäßig verändern kann.[23]

Dieser instrumentalistischen Sichtweise völlig ablehnend steht die Gruppe der „Kulturalisten" gegenüber. Sie betrachten die Unternehmenskultur als eine organisch gewachsene Lebenswelt, als Welt vor dem Begriff, die sich jedem gezielten Herstellungsprozeß entzieht.[24] Die kulturalistische Position verknüpft sich häufig mit einer hohen Wertschätzung intakter lebensweltlicher Gemeinschaften und weist dann dementsprechend nicht nur das Ansinnen, eine Unternehmenskultur zu „machen", als naiv zurück, sondern erhebt gegen ein solches Vorhaben auch starke normative Bedenken.[25] Man sieht in der Unternehmenskultur ein kostbares

Traditionsgut, das vor dem profanen Zugriff einer ingenieurmäßigen Gestaltungsrationalität zu bewahren ist. Darüber hinaus wird auf die Gefahr verwiesen, daß mit dem Vorhaben der Kulturplanung auf unkontrollierte Weise Einfluß genommen werden soll. Symbolische Kommunikation, wie sie allenthalben zum Kulturwandel empfohlen wird, ist verschlüsselte Kommunikation und deshalb zweifellos anfällig für Manipulation. Programme zur Kulturgestaltung könnten zu einem unfaßbaren Beherrschungsinstrument ausgeformt werden.[26]

Eine dritte Position läßt sich mit dem Stichwort „Kurskorrektur" umreißen.[27] Sie akzeptiert die Idee des geplanten Wandels im Sinne des Initiierens einer Veränderung in einem grundsätzlich offenen Prozeß. Auf der Basis einer Rekonstruktion und Kritik der Ist-Kultur sollen Anstöße zu einer Kurskorrektur gegeben werden.

Der erste und wichtigste Schritt einer solchen Kulturentwicklung ist die Beschreibung und die Bewußtmachung der bestehenden Kultur. Nachdem es sich im wesentlichen um unsichtbare Größen handelt, ist hierzu – wie eingangs bereits dargelegt – eine umfängliche Deutungsleistung zu erbringen. Die besondere Schwierigkeit dieser Deutungsleistung besteht darin, daß nicht einzelne Handlungen zu deuten sind, sondern eben ein ganzer Handlungskomplex. Erst eine solche Rekonstruktion macht es möglich, den interessierenden Teil einer Unternehmenskultur zu analysieren und in seinen Normstrukturen zu diskutieren.

Eine vollständige Beschreibung einer Unternehmenskultur ist allerdings – das ist wichtig zu sehen – nicht möglich; denn Unternehmenskulturen weisen nicht nur unscharfe Randqualitäten auf, sondern sind ihrem Charakter nach komplex. Aus diesem Grunde ist es auch prinzipiell nicht möglich, eine vollständige neue Kultur zu konstruieren und Schritt für Schritt zu implementieren.[28] Diese Vorstellung ist viel zu mechanistisch und verkennt den netzartigen Charakter kultureller Beziehungen.

Was man tun kann, ist jedoch, Anstöße zu eben einer „Kurskorrektur" zu geben. Dazu gehört vor allem die Möglichkeit, verkrustete Muster durch den Verweis auf ihre problematischen Wirkungen als solche deutlich zu machen und gegebenenfalls für neue Werte zu plädieren und ihre Fruchtbarkeit zu demonstrieren.

Es ist augenscheinlich, daß ein solcher Prozeß nicht angeordnet werden kann. Neue Werte lassen sich nicht befehlen. Solange sich die Umorientierung, die Assimilation neuer Annahmen und Sichtweisen nicht in den Köpfen der Organisationsmitglieder vollzieht, ist jede Anstrengung wertlos. Die Organisationsmitglieder müssen – mehr noch als bei jedem anderen organisatorischen Wandel – davon überzeugt sein, daß ein Wandel notwendig ist, und motiviert sein, etwas Neues auszuprobieren. Deshalb ist eine Kulturänderung nur über eine breite Partizipation möglich und letztlich aus ethischer Sicht auch nur in dieser Weise vertretbar. Einer planerischen Neugestaltung sind jedoch ebenso wie einer Totalbeschreibung unübersehbare Grenzen gesetzt. Der Entwicklungsprozeß als solcher ist nur bedingt steuerbar. Aufgrund des komplexen Charakters organisatorischer Kulturen ergeben sich aus Anstößen zur Kulturerneuerung häufig völlig überraschende ungeplante Wirkungen. Fehlentwicklungen sind aber registrierbar, diskutierbar und jedenfalls versuchsweise revidierbar. Unternehmenskulturen sind keine Naturgewalten, sie existieren nur als Schöpfung menschlichen Handelns. Und es war von jeher sinnvoll, den Weg der Schöpfung sozialer Praxis nachzuvollziehen und kritisch zu begleiten.

Anmerkungen

1 Vgl. z. B. HOFSTEDE, G.: Cultures consequences: International differences in work-related values, Beverly Hills 1980.
2 Vgl. KLUCKHOHN, F.R./STRONDTBECK, F.L.: Variations in value orientations, Evanston 1961.
3 Vgl. STEINMANN, H./SCHREYÖGG, G.: Management, Wiesbaden 1990, S. 358 ff.
4 Vgl. SMIRCICH, L.: Concepts of culture and organizational analysis, in: Administrative Science Quarterly 28 (1983), S. 339–358.
5 Zu weiteren Ausdifferenzierungen vgl. ALLAIRE, Y./FIRSIROTU, M.E.: Theories of organizational culture, in: Organization Studies 5 (1984), S. 193–226; EBERS, M.: Organisationskultur – ein neues Forschungsprogramm? Wiesbaden 1985.
6 Vgl. SCHEIN, E.H.: Organizational culture and leadership, San Francisco 1985.
7 Zu den methodischen Problemen vgl. OSTERLOH, M.: Unternehmensethik und Unternehmenskultur, in: Steinmann, H./Löhr, A. (Hrsg.): Unternehmensethik, Stuttgart 1989, S. ISSff.
8 Vgl. KLUCKHOHN, F.R./STRODTBECK, F.L.: a.a.O.
9 Nach PETERS, T.J./WATERMAN, R.H.: Auf der Suche nach Spitzenleistungen, 6. Auflage, Landsberg a.L. 1984, S. 283 f.
10 Vgl. NEUBERGER, O./KOMPA, A.: Wir, die Firma, Weinheim/Basel 1987.
11 Zu praktischen Beispielen aus deutschen Firmen vgl. den Gabler-Videofilm, „Unternehmenskultur", Wiesbaden 1989.
12 Vgl. DEAL, T.B./KENNEDY, A.A.: Corporate cultures, Reading /Mass. 1982, Die Autoren ordnen die vier Typen nach zwei Situationsmerkmalen: Dauer des Feedbacks und Höhe des Risikos. Nachdem diese Dimensionen für die

Typologie nicht sehr bedeutsam sind, wird darauf im Text nicht weiter eingegangen.

13 Vgl. SATHE, V.: Implications of corperate culture, in: Organizational Dyna-
mics 12 (1983), Nr. 2, S. 5 ff.

14 Zur Beziehung von Unternehmensethik und Unternehmenskultur vgl. OSTER-
LOH, M. a.a.O.

15 Vgl. drittes Kapitel.

16 Vgl z.B. GREGORY, K.L.: Native view paradigms, in: Administrative Science
Quarterly 28 (1983), S. 359–376; BLEICHER, K.: Strukturen und Kulturen der
Organisation im Umbruch, in: Zeitschrift Führung + Organisation 55 (1986),
S. 97–106.

17 Vgl. KIESER, A.: Die innovative Unternehmung als Voraussetzung der internationalen Wettbewerbsfähigkeit, in: WiSt 14 (1985), S. 354–358.

18 Vgl. JANIS, I.L./MANN, L.: Decision making, New York 1977.

19 Vgl. STEINMANN, H./SCHREYÖGG, G.: Management, Wiesbaden 1990, S. 475 ff.

20 Vgl. LORSCH, J.W.: Managing culture: The invisible barrier of strategic
change, in: California Management Review 28 (1986), Nr. 2, S. 95–109.

21 Vgl. HEDBERG, B.T./NYSTROM, P.C/STARBUCK, W.: Camping on seesaws:
Prescriptions for a self-designing organization, in: Administrative Science
Quarterly 21(1976), S. 41–65.

22 Vgl. ALVESSON, M./SANDKULL, B.: The organizational melting pot, in: Scan-
dinavian Journal of Management 4 (1988), S. 135–145.

23 Vgl. etwa ALLEN, R.F./KRAFT, C.: The organizational unconscious. Engle-
wood Cliffs/N.J. 1982. PÜMPIN, C./KOBI, J.M./WÜTHRICH, H.A.: Unternehmenskultur. Die Orientierung, Nr. 85, Bern 1985.

24 Vgl. etwa SMIRCICH, L. a.a.O.

25 ULRICH, P.: Systemsteuerung und Kulturentwicklung, in: Die Unternehmung
38 (1984), S. 303–325.

26 Vgl. etwa SANDNER, K.: Das Unbehagen an der Organisationskultur, in: Die
Betriebswirtschaft 47 (1987), S. 242–244.

27 Vgl. etwa SCHEIN, E.H. a.a.O.; SCHREYÖGG, G.: Kann und darf man Unternehmenskulturen ändern? in: Dulfer, E. (Hrsg.), Organisationskultur, Stuttgart 1988, S. 165 f.

28 Vgl. dazu auch WILCINS, A.L./PATTERSON, K.J.: You can't get there from he-
re: What will make culture change projects fail, in: Kilmann, R.H., et al.,
Gaining control of the corporate culture, San Franciso 1985, S. 262–291.

Herbert A. Henzler

Vision und Führung

Strategisches Denken und Handeln ist keine Aufgabe, die an Stäbe delegiert werden kann. Die Unternehmensleitung selbst muß aktiv werden, sie muß Neues gestalten, Ideen und Visionen kreieren und formen. Darüber, was „Strategische Führung" ausmacht, gibt das Handbuch Strategische Führung *einen umfassenden Überblick. Persönlichkeiten mit herausragender Managementerfahrung sowie bekannte Wissenschaftler und Unternehmensberater bringen ihre Arbeitsergebnisse und ihre persönlichen Erfahrungen ein. Der Herausgeber des Handbuchs, Dr. Herbert A. Henzler, Chairman von McKinsey & Company, Inc., macht in seinem Beitrag deutlich, daß Vision und Führung komplementär und widersprüchlich zugleich sind.*

Verfolgt man die gegenwärtige Renaissance der „Leadership"-Diskussion in den USA, so fällt auf, daß die Neuorientierung von Unternehmen, das „corporate renewal", meist eng an die Vision eines Unternehmensführers gebunden ist. Wie stark einzelne Visionäre und Führungspersönlichkeiten die Entwicklung eines Unternehmens prägen – das läßt sich noch am ehesten am konkreten Beispiel vermitteln. Und herausragende Beispiele sind zweifellos Heinz Nixdorf, Reinhard Mohn und Marvin Bower.

Als Ende der 60er Jahre Heinz Nixdorf mit seinen Rechnern der mittleren Datentechnik auf den Markt kam, wurde er von den Großen des Computergeschäftes milde belächelt. In der Computerbranche grassierten die Flops. Sie trafen selbst so renommierte US-Unternehmen wie RCA, Singer und General Electric.

Der Vision von Heinz Nixdorf, die elektronische Datenverarbeitung „an den Menschen anzupassen, statt den Menschen in das abstrakte System zentraler Rechner zu zwingen", gab kaum jemand eine Chance. Dagegen setzte Nixdorf konsequent auf anwenderorientierte Problemlösungen und technische Ideen, Gespür für kommende Märkte und die Fähigkeit, beides in zukunftsträchtige Verfahren und Produkte umzusetzen. Aus seinem Labor für Impulstechnik wurde ein Unternehmen, das 1987 mehr als 5 Mrd. DM Umsatz erzielte.

Reinhard Mohn (1986) verwirklichte in der Bertelsmann-Gruppe seine Vision vom „partnerschaftlichen Unternehmen". Es sollte „liberal und fortschrittlich sein. Es strebt an, in eigener Verantwortung moderne gesellschaftliche Lösungen, die dem Menschen dienen, zu entwikkeln".

Als Mohn in vierter Generation das Verlagshaus Bertelsmann übernahm, hatte das Gütersloher Unternehmen mit dem Druck evangelischer Gesangbücher kaum über den ostwestfälischen Raum hinaus Bedeutung erlangt. Erst die Gründung des Buchclubs mit seinem quasi garantierten Umsatzvolumen und die Übernahme des damals maroden Zeitschriftengeschäftes von Gruner + Jahr verhalfen dem Verlag zu einer breiteren Palette von Aktivitäten, aus denen sich seither eines der größten Medienunternehmen der Welt entwickelt hat. Als wesentliches Element dieses Erfolges sieht der Konzerngründer sein Führungskonzept – manchmal als „Bertelsmann-Betriebswirtschaft" bezeichnet: das filigranartige Zusammenspiel zwischen nationalen und internationalen Märkten, Medienherstellern und -vertreibern, zentralen Funktionen und weitgehend verselbständigten Profit-centern.

Wie viele große unternehmerische Visionen hat dieses Führungsmodell Bestand: Auch nach dem Wechsel von Reinhard Mohn in den Aufsichtsrat bildete es die Basis für die jüngsten Expansionen in den USA.

Ähnliches, wenngleich in einem anderen Bereich und anderer Größenordnung, gelang Marvin Bower, dem Spiritus rector von McKinsey&Company. Als ehemaliges Mitglied einer Anwaltskanzlei hatte Bower (1966, 1979) die Vision, Top-Management-Beratung mit ähnlicher Professionalität zu betreiben, wie sie führende Rechtsanwälte auszeichnete. Seine Vision dieser unabhängigen und professionellen Managementberatung ist unter seiner Führung umgesetzt worden und heute in der „mission" und den „guiding principles" des Unternehmens kodifiziert.

Die „mission" verbindet zwei Elemente: den Klienten eine nachhaltige Verbesserung ihrer Leistung ermöglichen und eine „Institution" schaffen, die hochmotivierte und talentierte Mitarbeiter anzieht. Jeder einzelne dieser Mitarbeiter muß bis heute die fünf Grundsätze (guiding principles) der professionellen Beratung „verinnerlichen": Dominanz der Klienteninteressen über das Firmeninteresse, Beachtung hoher ethischer Standards, absolute Wahrung der Vertraulichkeit, Unabhängigkeit des Beraters und solide Sachkenntnis.

Alle drei Unternehmer verliehen ihrer Vision von Anfang an besondere Kraft durch ihre ausgeprägte Führungsfähigkeit. Die Kombination von visionärer Vorstellung – d. h. Aussagen über die künftige Beschaffenheit der Realität – mit kunstvoller Lenkung des Ressourceneinsatzes durch den Unternehmensführer brachte überragende Leistungen zustande.

Auch wenn keineswegs unwiderlegbar bewiesen ist, daß Unternehmen mit Visionen erfolgreicher sind: Es gibt viele Beispiele, die zeigen, daß man erfolgreichen Unternehmen üblicherweise Visionen zuordnen kann, während sie bei weniger guten Wettbewerbern häufig fehlen. Bei vielen Spitzenunternehmen scheint es, daß eine überzeugende Vision die Bündelung des Ideenpotentials und die Freisetzung zielgerichteter Energien bewirkt hat. Ohne Vision hätten viele Unternehmen die strategischen Herausforderungen durch rasch veränderte Markt- und Wettbewerbsbedingungen kaum bestehen können.

Was die Diskussion über Vision und Führung schwierig und verschwommen macht, sind die unterschiedlichen Inhalte, die mit den beiden Begriffen in Verbindung gebracht werden. Mit den folgenden acht Thesen soll der Versuch unternommen werden, die Inhalte einzugrenzen, Verbindungen zwischen ihnen aufzuzeigen und die Relevanz von Vision und Führung für Unternehmen zu beleuchten.

Vision ist ein Bild künftiger Unternehmensgeschichte

Wenn, nach Friedrich Schlegel, der „Historiker ein rückwärts gekehrter Prophet" ist, dann muß folgerichtig der Visionär ein vorwärts gerichteter Historiker sein. Die drei eingangs angeführten Beispiele geben einer solchen Deutung recht: Ihre Vision wurde zu realer Unternehmensgeschichte.

Was macht nun eine solche Unternehmens-„Vision" im einzelnen aus – wie unterscheidet sie sich von politischen, sozialen und anderen Formen von Vision, die man in Literatur und Geschichtsschreibung kennt?

Meyers Lexikon definiert Vision als ein „in jemandes Vorstellung besonders in bezug auf die Zukunft entworfenes Bild". Ernst Jünger spricht von einem „Bild von hoher Macht und Klarheit". Wenngleich für ein Unternehmen in diesen Formen nicht brauchbar, so liefern diese allgemeinen Definitionen doch wichtige Hinweise auf konstitutive Elemente einer Vision: den Zukunftsbezug, die bildhafte Darstellung und die Bindung an eine Person. Wenn im folgenden von Vision die Rede ist, so soll darunter die Vorstellung von der zukünftigen Rolle eines Unternehmens in bezug auf Unternehmenszweck, -ziel und -selbstverständnis verstanden werden. Peter G. Peterson (1987), langjähriger Chairman von Lehman Brothers, befand: „True vision requires the forging of a farsighted and realistic connection between our present and our future. It means recognizing in today's choices the sacrifices all of us must make for posterity".

Solche Visionen erfordern antizipatives Denken, Denken über Entwicklungen, über Zustände, über Werte, über Wechselwirkungen, die eventuell weit in der Zukunft liegen. Diese Visionen haben auf der Ebene von Unternehmen nur dann Bestand, wenn sie eine Reihe von Bedingungen erfüllen:

– Die Vision muß erreichbar sein, sie darf keine Utopie sein. Die Visionen von Henry Ford über „Autos für jedermann" und von Max Grundig über das „Radio (Volksempfänger) in jedem deutschen Haushalt" hatten einen klaren Realitätsbezug. Visionen, die – wie häufig in der Literatur – in der Nähe von Träumen angesiedelt sind, taugen nicht für das Unternehmensgeschehen. Visionen über das unfallfreie Auto, die rückstandsfreie Verbrennung, Arzneimittel ohne Nebenwirkungen, vollständige Versorgung der Menschheit mit „sanften" Energiequellen können in überschaubaren Zeiträumen nicht realisiert werden.

- Die Vision spiegelt die persönliche Überzeugung eines Unternehmensführers wider. Heinz Nixdorf, Thomas J. Watson/IBM (1963) oder
  Gottlieb Daimler waren Visionäre, die unbeirrt durch Zweifler und
  „Beweise der Unmöglichkeit" den Computer am Arbeitsplatz (Nixdorf), die vermietete Hardware (IBM) und die technische Perfektion
  von Kraftfahrzeugen (Daimler-Benz) Wirklichkeit werden ließen.

- Die Vision muß einen bisherigen Zustand nachhaltig verändern. Sie ist
  eine Aussage oder eine Philosophie, die zusammenfaßt, wohin ein Unternehmen sich entwickeln will. Bertelsmann: vom Gesangbuchverle-
  ger zum Medienunternehmen; adidas: vom Fußballschuh- zum Sport-
  artikelhersteller.

- Die Vision muß eine Wettbewerbsarena mit wirtschaftlichem Erfolg-
  spotential aufzeigen. Eine Vorstellung darüber, in welchem Wettbe-
  werbsfeld sich ein Unternehmen zukünftig bewegen will und welche
  Position es dort einnehmen will, sollte den Hintergrund einer Unternehmensvision bilden. Details des Produktspektrums, der Marktseg-
  mente, des Ressourcenbedarfs und der Cash-flows können dann der
  strategischen Planung überlassen werden.

Ein gutes Beispiel ist hier die Vision von NEC-Chef Kobayashi,
„Future World Leader in Communications and Computers". Sie hat das
Terrain und das Tätigkeitsspektrum des einstigen Hoflieferanten der
staatlichen Nippon Telegraph & Telephone Corporation zukunftsweisend verändert.

Visionen können Voraussetzung des wirtschaftlichen Handelns sein
(als künftiges Weltbild), Durchsetzungsinstrument von Führungsmaxi-
men und schließlich konkretes Ergebnis (als Produkt- oder Unterneh-
mensprofil). In Abgrenzung zu verwandten Begriffen wie Unternehmenskultur und unternehmerisches Selbstverständnis gilt als wesentliches
Merkmal einer Vision, daß sie primär zukunftsgerichtet ist. Selbstverständnis oder Unternehmenskultur werden dagegen überwiegend gegen-
wartsbezogen verstanden.

Dennoch bestehen Wechselwirkungen zwischen Selbstverständnis und
Vision. Beeinflußt auf der einen Seite das Selbstverständnis eines Unternehmens die Vision – als Brücke zwischen Gegenwart und Zukunft –, so
muß eine neue Vision auch in das unternehmerische Selbstverständnis
überführt werden, denn nur dann können die Vielzahl zu treffender Entscheidungen bzw. die Summe der Tätigkeiten in einem Unternehmen an
der Leitidee, der Vision, ausgerichtet sein. In Großunternehmen tragen

Visionen häufig dazu bei, die Regelungsdichte der operativen Planung und Steuerung zu vermindern.

Daraus folgt automatisch die Frage nach dem Verhältnis der Unternehmensvision zur strategischen Planung. Während die strategische Planung detailliert festlegt, auf welchem Weg und mit welchem Ressourceneinsatz ein nachhaltiger Wettbewerbsvorteil in einem Markt erreicht werden soll, ist die Vision diesem Planungsprozeß vorgelagert und übergeordnet. Ausfluß der Vision könnten „eherne Planungsgrundsätze" für die strategische Planung sein.

Obwohl teilweise sehr vage formuliert und von außen kaum nachvollziehbar, haben Unternehmensvisionen sehr starken Einfluß auf die Planung des Ressourceneinsatzes (beispielsweise auf die Fertigungstiefe), das Eingehen von Partnerschaften, den Know-how-Aufbau, das Verhältnis zu Mitarbeitern und die funktionale Umsetzung (beispielsweise auf Geschäfte, die man macht und – noch wichtiger – solche, die man nicht macht, auf die Art der Erfolgsmessung und Honorierung); eine Vision wirkt im Unternehmen oft als impliziter Schiedsrichter für das Handeln in Grenzsituationen. Oder, in einem anderen Bild: Unternehmensvisionen sind der „Kompaß" für die ständige Auswahl besserer Alternativen bzw. die laufende Korrektur fehlgeleiteter Entwicklungen.

Feste Regeln für die Ausgestaltung gibt es nicht

Wie konkret Visionen formuliert und innerhalb des Unternehmens in Leitsätzen, Planungsprämissen oder auch nur in anspruchsvollen Anekdoten weitergegeben werden, scheint sehr stark von Unternehmensgeschichte und Unternehmensgegenstand bestimmt zu sein.

Der Welt größter Pneumatikhersteller, Festo (1987) in Esslingen, gab sich beispielsweise vor seiner jüngsten Expansionsphase ein tiefgegliedertes Modell, in dem Unternehmensvision, langfristige Zielsetzung und strategische Rahmenbedingungen festgelegt wurden. Nachdem dieses zur Unternehmensverfassung erklärt wurde, ging man dann in den letzten zehn Jahren daran, weitere 15 Tochtergesellschaften zu errichten.

Angesichts wachsender Produktvielfalt und der Erschließung neuer geographischer Märkte sollte der Konkretisierungsbedarf nicht unterschätzt werden. In diversifizierten Konzernen mit relativ eigenständigen Tochtergesellschaften bzw. Geschäftsgebieten kann die Vision etwas vager bzw. unverbindlicher sein als in homogeneren Unternehmen – ein völliges Fehlen einer Unternehmensvision muß allerdings auch in diversifizierten Unternehmen als Mangel empfunden werden. Häufig hat ein Unternehmer nur eine Vision während seiner aktiven Führungsphase.

Besonderen Nutzen wird ein Unternehmen von einem visionären Entwurf immer dann haben, wenn eine grundlegende Veränderung – eine Neuorientierung – gefordert ist. Dann müssen Unternehmensvisionen ähnlich antizipativ und mutig wie politische Visionen geprägt werden. Zum Beispiel wie die von Ludwig Erhard, der in den Aufbaujahren nach dem Zweiten Weltkrieg trotz vielfältiger Warnungen die Wirtschaft der Bundesrepublik „dem freien Spiel des Marktes auslieferte". Er setzte das Modell der sozialen Marktwirtschaft so wirkungsvoll gegen Widerstände innerhalb und außerhalb der eigenen Reihen durch, daß die Gedanken schon bald Allgemeingut wurden und selbst ehemalige Gegner zu entschiedenen Verfechtern wurden.

Leider fehlt es vielen Unternehmensführern heute an ähnlich gestalterischer Vorstellungskraft und vielleicht auch an Mut, Signale aus der Öffentlichkeit in ihre Unternehmensvision einzubeziehen – so zum Beispiel das weitverbreitete Unbehagen über die Umweltbelastung, das Waldsterben (und die Bereitschaft einer breiten Öffentlichkeit, zu dessen Bekämpfung auch materielle Opfer zu bringen) oder das wachsende Interesse an gesundheitsbewußter Ernährung.

Hier besteht noch Raum für kreative Ausformulierung von Visionen. Obwohl die Komplexität der Zusammenhänge und die individualpsychologischen Bedürfnisse und Empfindlichkeiten der Mitarbeiter im Verlauf der letzten Jahrzehnte zugenommen haben, sind Visionen – möglicherweise anders als früher formuliert – unverändert wirksam.

Der Anstoß von der Spitze ist entscheidend

Entstehen kann eine unternehmerische Vision sowohl durch den Anstoß von der Unternehmensspitze als auch durch Impulse von der Basis, die von der Unternehmensführung aufgegriffen werden. Obwohl Visionen keineswegs das natürliche Vorrecht großer Führer sind, spricht einiges dafür, daß in der Regel einzelne Führungspersönlichkeiten für Entwicklung und Gestaltung einer Vision entscheidend sind. Dies findet seinen Niederschlag unter anderem darin, daß häufig die Unternehmensgeschichte in Epochen von Führungspersönlichkeiten und deren Visionen eingeteilt wird.

Ein Beispiel ist die Geschichte der Siemens AG. Ihre erste Epoche war geprägt von dem genialen Fernsprechingenieur Werner von Siemens (1940) mit seiner Vision, Fernsprechleitungen über den ganzen Erdball technisch realisierbar zu machen. Mit dem Vorsitzenden Gerhard Tacke verbindet sich in den 60er Jahren die Ära der Internationalisierung und die Neuorganisation des Gesamtunternehmens, mit Bernhard Plettner in den 70er Jahren das enorme Wachstum aller Unternehmensbereiche sowie die Eingliederung von Osram und der Kraftwerk Union. Karlheinz Kaske steht in den 80er Jahren für den Aufbau einer starken regionalen Basis in den USA und den Vorstoß in das technologische Neuland der Megachip-Entwicklung.

Für die Deutsche Bank hat Alfred Herrhausen die Vision von „einer der größten und wichtigsten globalen Banken", die er mit dem Motto „verläßlicher Partner in aller Welt" nach innen und außen kommuniziert. Eine überzeugende Vision, die an der Unternehmensspitze entwickelt und formuliert wurde, kann selbst in diversifizierten, tiefgegliederten Unternehmen als Leitbild für die künftige Gestalt des Gesamtunternehmens wirken. Edzard Reuter hat als Chef von Daimler-Benz in jüngster Zeit mehrere Beispiele für die intensive Beschäftigung mit der Vision des neu zu formierenden Technologiekonzerns gegeben. Er verwendete einen guten Teil seiner Kommunikation nach innen und außen auf diese Vision, und er signalisierte dem Unternehmen durch ausgewählte bereichsübergreifende Forschungsprojekte und personelle Besetzungen, wie er die Vision zu realisieren gedenkt. Der Chef seiner PKW-Sparte, Professor Werner Niefer, steuert dazu die Vorstellung vom „Auto 2000" bei, das „heute schon auf dem Bildschirm konstruiert wird: fortschrittliche Technik, die Mensch und Natur entlastet und höchste Ansprüche an Stil und Ästhetik erfüllt".

Häufig geben Unternehmensvisionen einen Rahmen und Ansporn für eigenständige Sparten und Töchter ab. Große ausländische Töchter oder große verselbständigte Sparten haben die Visionskraft ihrer jeweiligen Länder- bzw. Spartenchefs zu erheblicher Geschäftsausweitung und – nicht selten – zur weitgehenden Unabhängigkeit von der Unternehmenszentrale genutzt. Die erfolgreiche Rexroth-Vision von der intelligenten Fertigungsautomatisierung innerhalb des diversifizierten Mannesmann-Konzerns oder die länderspezifische Daimler-Vision eines quasi eigenständigen Nutzfahrzeugherstellers (Daimler-Vorstand Liener: Prinzip der integrierten Autonomie), der Mercedes-Benz do Brasil, sind dafür Beispiele.

Unternehmensführer sind mehr als gute Manager

Wirksame Visionen haben oft die Zeit der Führungspersönlichkeiten, die sie geprägt hatten, überdauert. Eine Vision zu formulieren reicht jedoch nicht aus: Sie kann ihre Wirkung als Leitidee nur entfalten, wenn sie durch Führung umgesetzt wird.

In der älteren Führungsliteratur, aber auch im allgemeinen Sprachgebrauch, wird Führung – sehr generell – häufig im Sinne von „Voransein", „Außerordentlichkeit", „an der Spitze stehen" gebraucht. Mit Max Weber (1972) lassen sich drei abstrakte Typen von Führertum unterscheiden: die traditionelle Herrschaft, deren Inhaber durch unverrückbare Nachfolgeregelungen bestimmt ist, die charismatische Herrschaft des durch Führungsgabe Ausgezeichneten und die bürokratische Herrschaft des unter rationalen Kompetenzgesichtspunkten ausgewählten Verwalters. In den Unternehmen findet man naturgemäß alle drei Typen, teilweise in unterschiedlichen Kombinationen. In deutschen Großunternehmen scheint sich in jüngster Zeit wieder die stärkere Betonung der charismatischen Führungspersönlichkeiten abzuzeichnen. Einen anderen Aspekt betonen die psychologisch ausgerichteten Führungstheorien. Sie konzentrieren sich sehr stark darauf, die Rolle des Führers in einer Gruppe auszuleuchten. Nach Freud (1921) ist der Führer eine Person, auf die andere ihre Macht- und Sicherheitsbedürfnisse projizieren und mit der sie sich dann identifizieren können.

Auf die Unternehmensorganisation bezogen, grenzt sich Führung deutlich vom Begriff des „Management" ab: Der Manager bewahrt und optimiert, der Führer stellt in Frage und erneuert.

Im angelsächsischen Raum gibt es seit Jahren unterschiedliche Versuche, Führung von Management abzugrenzen („leadership versus management"). Angeregt wurde die Diskussion durch die grundlegenden Arbeiten von Abraham Zaleznik (1966), der zu dem Ergebnis kam: Führer formen Ideen, anstatt auf sie zu reagieren, schaffen Anregungen für die „Geführten", gestalten ihre Beziehungen zu Personen in intuitiver und persönlich idolhafter Weise.

Im deutschen Sprachraum ist die Diskussion über Führung aus historischen Gründen vorbelastet. Wortschöpfungen wie „Führungspersönlichkeiten", die abstrakte „Unternehmensführung" oder „Geschäftsleitung" oder gar „Leader" werden verwendet, um den Unternehmensführer zu umschreiben. Hier soll kein Versuch gemacht werden, das unselige „Führerprinzip" aus der Mottenkiste zu holen – aber ein eindeutiges Plädoyer für die unabdingbare Rolle des oder der einzelnen ist angebracht. Stellvertretend für „Visionäre", strategische Denker und Entwickler von Führungskräften sei hier der amerikanische Organisationswissenschaftler Robert Greenleaf (1973) zitiert: „Nothing in the world happens except for the initiative of a single individual".

Die gestalterische Kraft des Führers steht auch im Mittelpunkt der „Leadership"-Untersuchungen von John W. Gardner (1984). Nach seiner Auffassung denkt der Führer langfristig, schaut über den Tellerrand der von ihm geführten Organisation hinaus, beeinflußt über die organisatorischen Grenzen hinweg das Denken und Handeln vieler Menschen, betont in seinen persönlichen Prioritäten Visionen, politische Fähigkeiten und Erneuerungsdenken.

Im Manager sehen sowohl Zaleznik als auch Gardner mehr den Funktionsträger und weniger die Identifikationsfigur, mehr den kurzfristigen Optimierer als den langfristigen Baumeister, mehr den Controller als den innovativen Investor. Oder mit den Worten Gardners (1986): „A certain number of the men and women holding top posts in organizations are simply chief bureaucrats or custodians".

Ein guter Manager ist nicht automatisch auch ein guter Führer; dagegen sind gute Führer häufiger auch gute Manager.

Die zentrale Führungsaufgabe ist Verstetigung des Wandels

Ebenso, wie sich eine Vision im Laufe der Zeit – erst schemenartig, dann konkreter werdend – entwickelt, wird eine Führungspersönlichkeit eine Reifezeit der Führungserfahrung brauchen, um ihre „Handschrift" in konkreten Entscheidungen spürbar zu machen, ihren Stil zu finden und ihr Führungsteam zu formen. Ausgehend vom Selbstverständnis des Unternehmens und den jeweils gültigen kurzfristigen Zielen (z. B. Sanierung), muß sie dabei vor allem daran arbeiten, die Bewältigung von Wandel zum Dauerzustand zu machen. Die wesentlichen Elemente dieser Aufgabe sind die Entwicklung der Unternehmenskultur, die Mobilisierung der Organisation und die Sicherung der Balance zwischen Bewahrung und Erneuerung auf allen Ebenen (Peters/Waterman, 1982).

Die Ausprägungen der Unternehmenskultur sind zu wenig faßbar, als daß eine nachvollziehbare Entwicklung möglich wäre, aber es ist unbestritten, daß Führungserfahrung für die Diagnose und Pflege dieser Kultur ganz entscheidend ist.

Die Weiterentwicklung der Unternehmenskultur geht erfahrungsgemäß sehr langsam vonstatten. Zwar können Ziele und Geschäftspraktiken für das Unternehmen bzw. einzelne Teilgebiete häufiger geändert werden, das gesamte Führungssystem mit seinen „harten" und „weichen" Elementen (Strategie, Struktur, Systeme sowie Stil, Selbstverständnis, Stammpersonal, Spezialkenntnisse) ändert sich dagegen nur wenig.

Bei der Mobilisierung der Organisation bedient sich der Unternehmensführer einer Vielzahl von Instrumenten wie Unternehmensleitsätze, Unternehmensverfassungen, Planungs- und Kontrollsysteme, formelle und informelle Regelungen. Für die Unternehmensspitze bedeutet dies nicht selten einen extensiven Kommunikationsbedarf innerhalb und außerhalb des Unternehmens. Zu bewältigen ist das nur, wenn nach Rod Carnegie, dem langjährigen Chairman des australischen CRA-Konzerns, die „Balance gefunden wird zwischen nicht zu vielen kritischen Fragen an die nachgeordnete Ebene, die als Anweisungen mißverstanden werden können, und nicht zu vielen kritischen Fragen an die übergeordnete Instanz (Aufsichtsrat), die als Illoyalität mißverstanden werden können".

Nicht selten verbinden Unternehmensführer außergewöhnliche Entscheidungen mit ihrem Namen, um so der Organisation zu zeigen, in welche Richtung mit welchem Ressourceneinsatz die Organisation bewegt werden soll. SAS-Chef Jan Carlzon übernahm die persönliche Verantwortung für die Einrichtung der „SAS Business Class", das neue Servicekonzept und die Auswahl des neuen Fluggeräts. Die Organisation reagierte sehr nachhaltig, und die Entwicklung der SAS zu einer der besten Fluglinien der Welt ist untrennbar mit seinem Namen verbunden.

Die Balance zwischen Bewahren und Erneuern zu finden ist besonders wichtig, aber auch besonders schwierig in einer komplexen Welt, in der die externen Veränderungsprozesse eher sprunghaft verlaufen als sich verstetigen. Der Führer an der Unternehmensspitze braucht dann ein gutes Gespür dafür, wann der Zeitpunkt für Veränderungen, für Beschleunigungen des Fortschritts oder für die Einleitung/Steuerung von Wandlungsprozessen gekommen ist. Des weiteren müssen Art, Intensität und Gegenstand der Anpassungsprozesse fein aufeinander abgestimmt sein – erstarrte Ordnung und überbordendes Chaos sind gleichermaßen von Übel (Peters, 1987).

Im praktischen Fall kann es bei solchen Anpassungen um Akquisition in anderen Geschäftsgebieten gehen (z. B. Daimler-Benz: MTU, Dornier,

AEG; General Electric: Finanzdienstleistungen) oder auch um Besetzungen von Schlüsselpositionen (z. B. Metro-Jacobi), Umstrukturierungen der Ressourcenbasis (z. B. durch strategische Partnerschaften wie Conti/ General Tire-Toyo Tire, Yokohama Rubber) oder Veränderung der Risikokomponenten (z. B. Reduzierung des Stahlanteils bei Thyssen).

Hier, wie überall beim Bemühen um Verstetigung von Wandel, ist das A und O des Erfolges die praktische Handlungsweise. Die Erklärung, daß Produktinnovationen wichtiger werden, kann durch nichts sinnvoller unterstrichen werden als durch die Aufmerksamkeit, die das Top-Management diesem Thema in Sitzungen, Gesprächen, sichtbarem Zeiteinsatz „vor Ort" und täglichen Entscheidungen gibt. Aufrufe wie „Mit neuen Produkten zur Spitze" oder „Innovation und Fortschritt" als Motto bleiben wirkungslos, wenn die Unternehmensspitze diese Priorität nicht mit sichtbaren Aktionen unter Beweis stellt.

Die ganze Persönlichkeit ist gefordert

Über die Frage, welche Merkmale das Führen bzw. den Führer ausmachen, gehen die Auffassungen weit auseinander. Die Eigenschaftstheorie der Führung besagt, daß ein Führer sich durch bestimmte persönlichkeitsspezifische Eigenschaften und Merkmale auszeichnet. Funktionstheoretische Ansätze versuchen, Führung über die von einem Individuum wahrgenommenen Funktionen innerhalb von Gruppen zu erklären.

Ohne die wissenschaftliche Diskussion an dieser Stelle zu vertiefen, lassen sich einzelne Merkmale identifizieren, die den Unternehmensführer auszeichnen. Führung fordert die ganze Persönlichkeit – denn der Führer bezieht seine Autorität aus seiner Fachkompetenz und seiner persönlichen Führungsfähigkeit. Titel und Statussymbole können helfen, reichen aber keinesfalls aus; oft können gerade sie sogar negativ wirken.

Die Führungspersönlichkeit muß es verstehen, die Entwicklungen und Reaktionen der wichtigen Marktteilnehmer ebenso ins Kalkül zu ziehen wie die eigenen Möglichkeiten. Und in Zukunft werden stärker als bisher auch die öffentlichen Entscheidungsträger und kulturelle Entwicklungen zu berücksichtigen sein. Diese herkulische Aufgabe – die Umwelt in ihren vielfachen Facetten, Aktionen der Marktteilnehmer und die eigenen Voraussetzungen richtig einzuschätzen und auf wenige Einflußfaktoren zu reduzieren – verlangt von der Führungspersönlichkeit eine harte, konsequente und systematische Arbeit. „Management-by"-Theorien und

„zehn Regeln", wie man ein Unternehmen zu führen hat oder eine „challenging vision" entwickelt, reichen hier nicht.

In den persönlichen Eigenschaften muß die Führungspersönlichkeit zwar eindeutiger „Spielführer" – „Captain" – sein, gleichzeitig aber auch „Teamplayer". Die Welt ist pluralistisch angelegt, und sie verlangt das Teamverhalten auch vom Spielführer. Richtige, situationsbezogene Führung umfaßt eine Individual- und eine Kollektivrolle.

Hinzu kommen müssen im persönlichen Bereich enorme Energie und physische Robustheit. Die Praxis fordert den Unternehmensführer fast „rund um die Uhr", um der Organisation laufend Impulse zu geben, Schaden vom Unternehmen abzuwenden, wesentliche Entscheidungen zu treffen und den Ressourceneinsatz zu optimieren. Im Zeiteinsatz unterscheidet sich der Unternehmensführer kaum vom hochrangigen Politiker.

Zu der Rolle des gestaltenden Führers gehört auch ein breites Interessenspektrum. In Ergänzung zur herrschenden Lehre sei hier ein Plädoyer für den Generalisten an der Unternehmensspitze gehalten. Gefragt ist eine Ausbildung oder Bildung, die über die Wirtschafts- und Sozialwissenschaften hinaus in die Natur- und Geisteswissenschaften – oder umgekehrt – hineinreicht. Ein Generalist, der aufgeschlossen ist für interdisziplinäre Entwicklungen, der die technischen Inhalte seiner Produkte und Dienstleistungen versteht, mit internationaler Ausrichtung – möglichst Auslandserfahrung – ist an der Spitze sicher geeigneter als der Spezialist, der zwar sämtliche Unternehmensinterna kennt, aber dessen Horizont an den Unternehmensgrenzen aufhört.

Führerpersönlichkeit kann aber auch nur der sein, der gleichzeitig ein guter Zuhörer ist. Hinzu kommen muß, daß er in der Lage ist, sowohl rational als auch intuitiv zu handeln, bei vorgetragenen Sachverhalten nach emotionalen und rationalen Aspekten zu trennen, die persönlichen Interessen von sachlichen Zielen zu unterscheiden.

Bestehende Unternehmensstrukturen blockieren Führungspotential

Neben den Eigenschaften der Führerpersönlichkeit selbst müssen die Bedingungen im Unternehmen dazu beitragen, daß die Führungsaufgabe wirksam wahrgenommen werden kann.

Dabei ist keineswegs ausschließlich an die Unternehmensspitze zu denken, sondern in jedem Unternehmen gibt es eine Vielzahl von Führungsrollen. Außer den hierarchisch nachgeordneten Führern von Unternehmens-, Geschäfts- und Produktbereichen nehmen Fachreferenten oder hochgradige Spezialisten eine intellektuelle Führungsrolle ein.

In einem privatwirtschaftlich organisierten Unternehmen, das seine Raison d'être in der Erzielung eines wie auch immer definierten Ergebnisses sieht (Gewinnmaximierung in der ursprünglichen Lehrbuchform reicht sicher nicht mehr aus), sind klar umrissene Aufgaben/Erwartungshorizonte die wesentliche Voraussetzung für praktische Führung. Die Aufgabenzuordnungen und die daraus resultierende Führungspyramide bzw. die „Inseln der Kompetenz" sind von Unternehmen zu Unternehmen unterschiedlich; falsch wäre es jedoch, mechanistisch Kontrollspannen (1:7) oder Gleichungen wie Aufgabe = Befugnis/Kompetenz = Verantwortung = hierarchische Einordnung festzuschreiben. Der Satz des ehemaligen Chief Executive Officer von Texas Instruments, Patrick Haggerty, daß gerade beim Führungsnachwuchs die Verantwortung sehr viel größer sei als die Autorität und hierarchische Einordnung, gilt sicher unverändert.

Daneben muß berücksichtigt werden, daß Führung auch eine soziale und eine Erziehungsaufgabe ist, bei der Akzeptanzfragen sowie kurz- und langfristige Wirksamkeiten mit zu bedenken sind. Führer und Führungsqualitäten müssen sich entwickeln können. Zu den wesentlichen Voraussetzungen dafür gehören funktions- und personenbezogene Entwicklungsziele und -möglichkeiten, Verantwortlichkeit für einzelne Bereiche bzw. Aktionen, Feedback-Mechanismen mit konstruktiven Möglichkeiten der Korrektur, planmäßiger Wechsel zwischen Individual- und Teamverantwortung, Einsatz in Stab und Linie, Inland und Ausland, allgemein ein Klima, in dem Führung auf vielen Ebenen bzw. in vielen Aufgaben praktiziert werden kann.

In der Praxis läßt die Realisierung der Führungsvoraussetzungen viele Wünsche offen. Da gibt es die weithin beklagte allgemeine Führungskrise, die spezifisch deutsche Problematik der kollektiven Führung und schließlich die Komplexität der praktischen Steuerungs- und Kontrollprozesse im Unternehmen.

Zur „Leadership"-Krise in Politik, Wissenschaft und Wirtschaft – dem Mangel an herausragenden Führungspersönlichkeiten – stellt Gardner (1986) fest: „We shall have to ask ourselves why there appears to be a chronic shortage of leaders". In Europa hat die öffentliche Diskussion eine Reihe von Gründen dafür ausgemacht, daß immer weniger Menschen bereit sind, ihr Führernaturell zu entwickeln und zu demonstrieren: die

Größe und zunehmende Komplexität der Unternehmen, die sukzessive Angleichung von Status/Vergütung der Unternehmensspitze an nachgeordnete Positionen, die wachsende Spezialisierung, besonders in den letzten 20 Jahren durch alle Universitäten stark gefördert, und schließlich die verbreitete Kritik an Führungsleistung und Führungsrolle.

Speziell in der Bundesrepublik kommt hinzu, daß die Profilierung eines Unternehmensführers duch die aktienrechtlichen Regelungen beeinträchtigt wird. Mit dem Aktiengesetz von 1965 verabschiedete man sich vom „Führerprinzip", dem Alleinentscheidungsrecht des „Vorstandsvorsitzers", wie es im Aktiengesetz von 1937 verankert war. An seine Stelle trat das Kollegial- oder Demokratieprinzip: Der „Vorsitzer" wurde zum „Vorsitzenden", er wurde als Primus inter pares zugelassen, aber in der teleologischen Gesetzesauslegung wurde er zu einer schieren Koordinationsinstanz; er konnte nicht mehr gegen die Mehrheit seiner Mitglieder entscheiden. Der Gesetzgeber wollte pluralistische Vorstände. Bei aller zugelassenen Individualverantwortung der einzelnen Mitglieder sollte die Kollektivverantwortung für die Führung des gesamten Unternehmens im Vordergrund stehen. Der Gewinn an Teambildung und Einbindung pluralistischer Erfahrungen ist unbestreitbar gegeben. Andererseits kann nicht verkannt werden, daß in der gegenwärtigen Zeit, in der die Komplexität der Entwicklungen zunimmt und in der sehr häufig rasches, entschlossenes Handeln der Unternehmensspitze verlangt wird, dieses Gebot gelegentlich nicht mehr zweckmäßig ist.

Was in nahezu allen industrialisierten Gesellschaften möglich ist, nämlich die eindeutige Führung des Unternehmens durch einen Chairman bzw. Chief Executive Officer, und was nach dem GmbH-Recht auch in der Bundesrepublik zulässig ist, nämlich die Bestimmung einer eindeutigen „Nummer eins" an der Spitze, müßte eigentlich auch in den Aktiengesellschaften praktikabel sein. Gefragt sind Persönlichkeiten an der Unternehmensspitze, mit denen sich die Mitarbeiter, Kunden und auch die Öffentlichkeit identifizieren können. Bemerkenswerterweise hat die Öffentlichkeit ja sehr häufig schon diesen Weg vollzogen. Hinweise auf den VEBA-„Chef", Siemens-„Chef" oder BP-„Chef" setzen sich über die juristische Tatsache hinweg, daß es sich auch in diesen Fällen „nur" um den Primus inter pares eines Vorstandes handelt.

Die praktische Wahrnehmung von Führung ist darüber hinaus durch die Komplexität der Steuerungs- und Kontrollprozesse erschwert. Hier scheint die Zeit reif, unnötigen Ballast in der Entscheidungsaufbereitung und der Art, wie die Führungsaufgabe bewältigt wird, abzuwerfen. Obwohl längst erkannt ist, daß Menschen üblicherweise nicht mehr als zwei bis drei Ziele im Kopf behalten können, wird die Verfolgung von ganzen – teilweise konfliktären – Zielkatalogen gefordert. Die Verfolgung von „Zielbündeln" ist kaum machbar: Ein übergeordnetes Ziel mit Nebenbedingungen entspricht der menschlichen Zielorientierung eher.

Die Organisation läßt der Unternehmensspitze immer mehr Informationen zukommen, statt die notwendige Filterfunktion wahrzunehmen. Klagen der Führungskräfte über zu viel Informationen haben bisher kaum zu Konsequenzen geführt. Vor allem stellt man bei Analysen fest, daß Führungspersönlichkeiten sehr häufig noch mit Informationen bedacht werden, wie sie auch schon die Unternehmergeneration vor ihnen erhielt: Man meldet Umsatzzahlen, sagt aber nichts über Marktanteile bzw. insbesondere über verlorene Aufträge. Man gibt Eigen- und Fremdkapitalanteile bis zur dritten Stelle hinter dem Komma bekannt, ohne die Garantieverpflichtung oder andere Finanzierungsreserven anzusprechen. Führer von heute brauchen eine neue Form sowie eine intelligente Filterung von Informationen.

„Informed opportunism" ist die Verknüpfung zwischen dem Zufall und den rationalen Informationen. Waterman (1988) nennt sie die verborgene Energie, die es den Unternehmen ermöglicht, sich fortlaufend zu erneuern. Es gibt zahlreiche Beispiele dafür, daß „mehr zu wissen" als die Wettbewerber nicht nur Aggregation quantitativer Fakten bedeutet, sondern die kreative Verbindung mit persönlichen Eindrücken und Erfahrungen – d. h. mit der oft wichtigeren qualitativen Information; sie beweisen immer wieder aufs neue, daß der richtige Umgang mit Informationen das wesentliche Element der Führung ist. Der „informed opportunism" macht erfolgreiche Unternehmensführer zum Herrn ihres Informationsspeichers und -verarbeitungszentrums. Die Klärung, was dazugehört, wie sich der „Code" der einzelnen Führungskräfte unterscheidet, wie die persönlichen Lernprozesse ablaufen, bietet der wissenschaftlichen Forschung noch ein weites Feld.

Vision und Führung sind komplementär und widersprüchlich zugleich

Vergleicht man die Überlegungen zur Unternehmensvision mit den hier angesprochenen Thesen zur Führung, so zeigt sich eine eigenartige Widersprüchlichkeit. Die Kraft zum „großen visionären Entwurf" ist rar, und Visionen gedeihen besonders in Zeiten, in denen das Unternehmen eine durchaus akzeptable Leistung hervorbringt und somit einen Paradigmenwechsel verkraften kann. Führung hingegen zeigt sich häufig in der Krise, in der Katharsis, in turbulenten Zeiten, in denen es dem Unternehmen schlecht geht und in denen man sich auch mit kurzfristigen Erfolgen bzw. mit spektakulären Sanierungsleistungen profilieren kann. Das Sprichwort „events create leaders", und nicht umgekehrt, ist so zu verstehen (Abbildung 1).

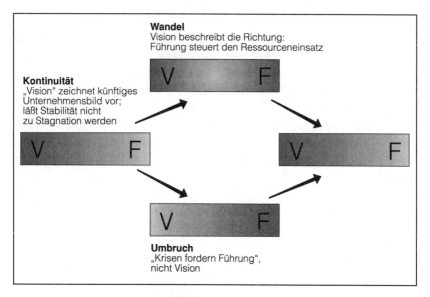

Abbildung 1: Verhältnis von Vision (V) und Führung (F)

Visionen von Führerpersönlichkeiten gehen selten aus der Krise hervor. Auf der anderen Seite haben die relativ ruhigen Zeiten, in denen Visionen entwickelt werden können, häufig nicht die Führerpersönlichkeiten hervorgebracht, die diese Visionen dann mit Langzeitwirkung über mehrere Generationen umsetzen konnten.

Dort, wo Führungspersönlichkeiten die Kraft von Visionen erkannten und umsetzten, haben sie oft aus ihren Unternehmen bleibende Institutionen gemacht, mit überzeugenden Produkt- bzw. Servicephilosophien, die den Tag überdauerten und die Energien der Organisation bündelten. Mit anderen Worten: Institutionen, die attraktiven Führungsnachwuchs anzogen und ihm kontinuierliche Entwicklungschancen boten; Institutionen, die schwierige Zeiten einfacher als andere Wettbewerber bestanden und die ihre Zukunft nicht im Mittelmaß, sondern in Spitzenleistungen sahen.

Bei diesen Unternehmen paarten sich herausfordernde Visionen und herausragende Führungspersönlichkeiten zum Positiven für alle Mitarbeiter und nicht zuletzt auch für Kunden, Lieferanten, ja die Öffentlichkeit schlechthin. Auf die Gefahr hin, grob zu vereinfachen, kann man sagen, daß in der Bundesrepublik die Automobilindustrie, die Elektrotechnik, die Chemie, die Pharmazie und – bemerkenswerterweise – auch die Textilindustrie allesamt Beispiele dafür liefern, daß Visionen in den letzten 20 Jahren erhebliche Wachstumspotentiale in internationalen Märkten erschlossen haben. Die objektiven Möglichkeiten für die gestalterische Kraft von Visionen in anderen Branchen waren eher begrenzt; Lebenszyklen von Industrien und Techniken spielen hier sicher eine Rolle.

Bleibt zu hoffen, daß es uns in Zukunft gelingt, bei einer stärkeren Hinwendung auf einzelne Unternehmerpersönlichkeiten in Großunternehmen Visionen zu entwickeln und diese umzusetzen. Es gibt keinen Grund zu der Annahme, daß die gestalterische Kraft des einzelnen keine Chance mehr hätte.

Literatur

BOWER, M.: The Will to Manage. Corporate Success through Programmed Management, New York 1966.

BOWER, M.: Perspective on McKinsey, New York 1979.

FESTO: Der Weg zum Ganzen. Ein Essay zum 50. Geburtstag von Dr. Wilfried Stoll, Esslingen 1987.

FREUD, S.: Massenpsychologie und Ich-Analyse, Wien 1921.

GARDNER, J. W.: Excellence: Can we be equal and excellent too? New York 1984.

GARDNER, J. W.: The Nature of Leadership, Leadership Papers 1–7, Washington/D.C. 1986.

GREENLEAF, R. K.: The Servant as Leader, Newton/Mass. 1973.

MOHN, R.: Erfolg durch Partnerschaft. Eine Unternehmensstrategie für die Menschen, Berlin 1986.

PETERS, T.: Thriving on Chaos. Handbook for a Management Revolution, New York 1987.

PETERS, T./WATERMAN, R. M.: The Search of Excellence. Lessons from America's Best-run Companies, New York 1982.

PETERSON, P. G.: The Morning After, in: The Atlantic Monthly, October 1987, S. 43–58.

SIEMENS, W. VON: Mein Leben. Die Entwicklung der Siemenswerke bis zur Gegenwart, Zeulenroda 1940.

WATERMAN, R. H., JR.: Leistung durch Innovation, Hamburg 1988.

WATSON, T. J.: A Business and Its Beliefs. The Ideas that Helped Built IBM, New York 1963.

WEBER, M.: Wirtschaft und Gesellschaft, 5. Aufl., Tübingen 1972.

ZALEZNIK, A.: Human Dilemmas of Leadership, New York 1966.

Jörn F. Voigt

Die vier Erfolgsfaktoren

*Hinter der Vielfalt der Erscheinungen erfolgreicher Unterneh-
men sind nach Dr. Jörn F. Voigt lediglich vier Faktoren tatsächlich erkennbar und wirksam: Adaption, Funktion, Kommunikation und Motivation. Diese schlichte und provokante These ist
die Essenz aus Voigts Erfahrungen als Unternehmensführer und
-berater von Firmen unterschiedlichster Branchen, Größenord-
nungen und Ertragslagen. In seinem Buch* Die vier Erfolgsfaktoren des Unternehmens *erläutert er die Interdependenz dieser
vier Faktoren in leicht nachvollziehbaren Beispielen in der Un-
ternehmenspraxis; im folgenden Auszug beschreibt er kurz, was
er unter Adaption, Funktion, Kommunikation und Motivation
versteht.*

Unternehmensführung ist mehr als die Anwendung von Faktoren oder Regeln. Sie ist eine von Menschen geübte sozialökonomische Kunst, bei der die Anwendung von Regeln nicht schon der Erfolg selbst, sondern erst Voraussetzung des Erfolges ist – nicht mehr und nicht weniger. Die Feststellung bedeutet also eine gewollte Relativierung. Der Maßstab erfolgreicher Unternehmensführung sind der Cash-flow und natürlich Survival (Überleben).

Da Unternehmensführung eine Kunst ist, ist sie unabhängig von gut oder ausreichend bestandenen Universitätsexamen. So mancher erfolgreiche Unternehmensführer hat noch nie eine Universität von innen gesehen. Aber man täusche sich nicht: erfolgreiche Unternehmensführer arbeiten hart und wissen und beherrschen viel – auch im Detail – über ihr Unternehmen und die Umwelt. Die Kunst der Naiven ist eine Kunstrichtung in der Malerei, nicht eine von Unternehmensführern, weder im Wissen noch im Tun. Zwar haben Malerei und Unternehmensführung das Gestalten und auch das Geldverdienen gemeinsam, aber Unternehmensführung ist zusätzlich die Ausübung von Herrschaft. Und das Instrument der Herrschaft ist nicht der Pinsel, sondern die Macht.

Die zentrale These lautet: Vier Hauptfaktoren müssen langfristig und gleichzeitig verwirklicht sein, damit ein Unternehmen Erfolg hat:

1. *Adaption:* aktive und passive Anpassung an gegenwärtige und zukünftige Entwicklungen und Notwendigkeiten in Wirtschaft, Gesellschaft, Politik.
2. *Funktion:* die Fähigkeit zur wirtschaftlichen Leistungserstellung im Betrieb.
3. *Kommunikation:* zeitgerechter, flexibler Austausch von relevanten Informationen zwischen Menschen, Systemen, Institutionen.
4. *Motivation:* Beweggründe von Menschen für zielorientiertes Denken und Verhalten.

Die These der vier Faktoren zum Unternehmenserfolg bricht mit der Auffassung, daß es nur einen Grund für Unternehmenserfolg gibt. Die radikale Vereinfachung, daß es für ein Ereignis nur eine Ursache gibt, läßt sich nicht halten: Falsch ist der Standpunkt, alles Böse dieser Welt sei dem Kapitalismus oder Kommunismus zuzurechnen, der Künstler lebe nur von der Inspiration und das Unternehmen nur durch Innovation.

Andererseits lebt die These der vier Faktoren eben nicht davon, daß Unternehmenserfolg durch gleichrangige Beachtung von 1000 Einzelheiten zustande kommt, wie es so manche altkluge Checkliste vermuten läßt.

Mit diesen Checklisten und 1000 Punkten darin wird so mancher Berater als Zauberlehrling auf ein Unternehmen losgelassen. Da stehen dann alle Hinweise in den Papieren, vom Hinweis, Personal nicht vorzeitig zu entlassen, über den Hinweis, Skonti besser zu nutzen, bis zum Rat, einen geeigneten Führungsstil einzuführen und aufgeblähte Zahlen zu reduzieren – was immer das heißen mag.

Die These der vier Faktoren resultiert auch nicht aus der Beobachtung einer kleinen Zahl von gewinnbringenden Unternehmen. Insofern gebe ich hier auch keine Rezepte, die eben nur auf eine kleine Zahl von Unternehmen in einer besonders günstigen Situation passen. Denn methodisch ist es falsch und sachlich ist es naiv, die aus der vorübergehenden Gewinnsituation weniger Unternehmen gezogenen Schlüsse als gültige Erfolgswegweiser auf die Vielzahl aller Unternehmen in verschiedenen Situationen zu übertragen.

Die hier beschriebenen vier Erfolgsfaktoren des Unternehmens resultieren aus verschiedenen Unternehmen in unterschiedlicher Situation. Wendet beispielsweise ein Unternehmen die Erfolgsfaktoren in bestimmter Mischung in der Krise an, so ist die Mischung der Erfolgsfaktoren im Aufschwung eine andere.

Die vier Faktoren sind eine Mischung aus formaler und inhaltlicher Betrachtung. Formale Dinge sind etwa formale Kommunikationssysteme wie die Produktionssteuerung, aber mindestens genau so wichtig oder wichtiger sind Inhalte, wie die richtige Technologie und ein marktfähiges Produkt.

Die Vermeidung von rein formalen Gründen für Unternehmenserfolg und das Ausschließen der „Es gibt nur einen Grund"-Theorie läßt natürlich beliebte, gängige und leicht merkbare Feststellungen wie diese nicht zu: „Der Erfolg eines Unternehmens ist allein abhängig vom dynamischen Unternehmer". „Es herrscht der Primat des Handelns." „Der Erfolg ist eine Funktion der Entscheidungsfähigkeit oder der Innovationsfreude".

Die Erfahrungen zeigen jedoch: So wichtig Handeln ist, es gibt auch Dynamik des Leerlaufes, Handeln kann reine „Gschaftlhuberei" sein – wie man in Bayern sagt; es gibt nicht nur richtige, sondern auch falsche Entscheidungen. Und Innovation allein ist kein Kriterium. Das Unternehmen mit dem höchsten dauerhaften Cash-flow (über 20 Prozent der Betriebsleistung), das ich kenne, ist nicht innovatorisch, sondern imitatorisch tätig.

Das heißt: Voraussetzungen für Unternehmenserfolg sind weder ein einzelner Faktor noch rein formale Faktoren, sondern eine Mischung von mehreren, nämlich

– Funktion,
– Adaption,
– Motivation,
– Kommunikation.

Die Reduzierung auf nur einen Faktor und die Vernachlässigung von Inhalten erinnert stark an die alte Geschichte: Ein Unternehmer hat Sorgen und geht zum weisen Guru. Er fragt den Guru, was seinem Unternehmen fehlt. Der Guru überlegt und antwortet: „Ihr Unternehmen ist krank." „Aha", sagt der Unternehmer, „und wie wird es gesund?" Antwortet der Guru: „Bitte belästigen Sie mich nicht mit Einzelheiten."

Adaption: Unternehmen und Politik ...

Immer wieder überrascht es mich, wie wenig in den Lehrfibeln über Unternehmensführung die politische Verknüpfung, also die notwendige Adaption des Unternehmens an die Umwelt, insbesondere an die politische Umwelt gesehen wird. Hier sei für das notwendige Gegenteil Iacocca genannt. Iacocca übernahm als oberster Unternehmensführer den konkursreifen Automobilkonzern Chrysler und sanierte ihn, was kaum einer für möglich gehalten hatte. Iacocca schreibt in dem Buch „Eine amerikanische Karriere": „Die Chrysler-Sanierung war nur in der Ära Carter möglich. In der Ära Reagan hätte Chrysler keine öffentliche Hilfe und keine Chance zum Wiederaufstieg erhalten."

Man sieht: Unternehmen sind abhängig von der Großwetterlage der Politik und von Politikern – was keinen Praktiker der Unternehmensführung überrascht. „Nur-Berater" und „Nur-Professoren", in gebührender Entfernung vom „Policy-making-level" schreibend, wissen anscheinend wenig darüber, wie sehr sich eine Konzernspitze mit politischen und Machtfragen in der Tagesarbeit beschäftigen muß. Das gilt auch für den mittelständischen Unternehmer, der – wenn das Konzept stimmt – eine Landesbürgschaft schneller erhält, weil er auch in guten Tagen den Kontakt zum Kreisdirektor und zur Ministerialbürokratie pflegt, als wenn er sich erst lange bekannt machen muß. Denn der Zeitfaktor kann durchaus entscheidend sein für die Fortexistenz des Unternehmens – insbesondere bei Unternehmenskrisen.

Funktion: E > A

Die Funktion, das heißt die Fähigkeit zur wirtschaftlichen Leistungserstellung, ein Hauptmoment in den betriebswirtschaftlichen Lehrbüchern,
ein Neben- oder Nullfaktor in einigen Bestsellern, ist auch für mich ein
Hauptfaktor des Erfolges. An der Leistungserbringung, wirtschaftlich und
zeitgerecht dem Bedarf der Abnehmer entsprechend, kommt kein Unternehmen vorbei. Schauen wir uns eine Uhr an: Die Funktion einer Uhr ist
es nicht, ein goldenes Zifferblatt zu haben. Ihre Funktion ist es auch
nicht, zu schnell oder zu langsam zu gehen, ihre Funktion, ihre Leistung
ist das Anzeigen der richtigen Zeit. Die marktwirtschaftliche Leistung eines Unternehmens zeigt sich nicht an der glänzenden Fassade, nicht in
markigen Interviews und Selbstdarstellungen, sondern stets dann, wenn
E > A (E = Einnahme; A = Ausgabe). Denn ohne E > A ist alles nichts.

Unmittelbar mit der Leistungserstellung verknüpft ist in einem Unternehmen, das ja eine soziale Veranstaltung ist, die Grundregel über den
Umgang miteinander. Diese Grundregel heißt Sozialverträglichkeit.

Ein Unternehmen arbeitet sozialverträglich, wenn insbesondere „ver-
trauensvolle Zusammenarbeit" verwirklicht ist. Nach meiner Auffassung
ist der Erfolgsfaktor Funktion erfüllt, wenn ein Unternehmen seine Funktion Leistung bringt und sozial-verträglich arbeitet. Sozialverträglichkeit
ist nicht dasselbe wie Harmonie oder Streik- und Streitlosigkeit. Im Gegenteil: spannungsvolle, aber ritualisierte Auseinandersetzung um den besten Weg fördern Leistung und Sozialverträglichkeit.

Kommunikation: Alles, was die Welt bewegt?

Am dritten Erfolgsfaktor, der Kommunikation und den Kommunika-
tionssystemen, scheiden sich die Geister. Für die einen ist Kommunikation das, was die Welt bewegt. Andere, auch renommierte Berater, erwäh-
nen diesen Faktor als Erfolgsmittel gar nicht. Einige sehen in Kommunikation gleich schon die Nähe zur Entartung in bürokratische Superstruk-
turen, die keinem anderen Zweck mehr folgen, als durch Überkommunikation sich und andere zu lähmen, die eigene Unentbehrlichkeit zu sichern und gleichzeitig von wichtigsten Aufgaben abzuhalten. Natürlich
gibt es die Gefahr der Überkommunikation und der tatsächlichen Aufblä-
hung von Bürokratien. Auch Kommunikation muß unter dem Gesichts-
punkt der Verhältnismäßigkeit gesehen und ausgeübt werden. Unterbin-

det man notwendige Kommunikationssysteme, Informations- und Kontrollsysteme, können Chaos, unermeßliche Folgekosten und Verluste an Umsatz entstehen. Das Unternehmen verpaßt vielleicht seine Marktchancen. Zeitnahe, professionelle, flexible Kommunikationssysteme sind unerläßlich. Ein zeitnahes Kommunikationssystem wie Controlling oder Qualitätssicherung verbessert nach aller Erfahrung die Umsatzgewinnrate eines Unternehmens um mehrere Prozentpunkte. Ein Kommunikationssystem kann nicht nur nach seinen Kosten und seiner Leistung beurteilt werden. Ein Maßstab seiner Rechtfertigung ist stets auch die Frage: Welche Risiken entstehen dem Unternehmen, wenn man ein Kommunikationssystem, beispielsweise im Bereich der internen Revision, wegrationalisiert?

Motivation: Nötig, aber oft verdeckt

Motivation, der vierte Erfolgsfaktor – man ist sich einig – ist nötig. Aber die Motivation ist häufig verdeckt. Wer kennt und nennt schon seine eigene Motivation? Motivation ist nicht immer das, was Befragte als Motivation nennen. Denn der Zweck der Befragung und der Befrager erzeugen häufig die Begründung für Motivation der Befragten. Der Zweck der Befragung verändert das Ergebnis der Befragung. Man denke nur an die Befragung leitender Angestellter, die noch Karriere machen wollen. Der in einem Bestseller genannte Hauptmotivationsgrund „Jeder darf den Unternehmer im Unternehmen spielen" ist nach meiner Ansicht oft weder zutreffend noch im Interesse des Unternehmens für jeden Mitarbeiter wünschbar.

„Gutes Betriebsklima" (häufig interpretiert als Harmonie und hohe Gehälter) und hohe Leistungsbereitschaft sind im übrigen nicht dasselbe. Es gibt Betriebe mit hoher Leistungsbereitschaft sowohl bei gutem wie bei schlechtem Betriebsklima.

Ekkehard Kappler

Unternehmenskontinuität

Unternehmenskontinuität bedeutet nicht jahrelanges Festhalten an einmal getroffenen Entscheidungen. Die einzige Konstante in einem Unternehmen ist die Entwicklung und die damit verbundene Veränderung. Kontinuität verlangt sogar Brüche, argumentiert Dr. Ekkehard Kappler, Professor für Unternehmensführung und -entwicklung an der Privaten Universität Witten/ Herdecke. Er verfolgt in diesem Beitrag die Frage der Organisierbarkeit von Unternehmenskontinuität und zeigt, wie Schwierigkeiten beim Übergang von einer Ordnung zur anderen zu meistern sind (aus Gablers Magazin 7/90).

Vor zehn Jahren habe ich im Vorwort der Festschrift für einen Unternehmer geschrieben: „Sie haben dem Unternehmen seine heutige Struktur gegeben. Als Konstante geben Sie allerdings Schwierigeres vor: Ihre Konstante heißt Entwicklung." So ist es.

Vergleicht man das Unternehmen von damals und heute, so gibt es noch einige Gemeinsamkeiten. Es ist noch immer auch ein Druck- und Verlagshaus, auch wenn es sich heute gern und genau als Medienhaus bezeichnet.

Die Eigentümer haben gewechselt. Mitarbeiter sind ausgeschieden und neue hinzugekommen. Der Unternehmer hat an seine Söhne übergeben. Die Rechtsform ist anders. Die Unternehmenskultur hat sich verändert. Ein neuer Berater ist im Haus. Das Unternehmen ist in mehrere Unternehmen aufgespalten. Natürlich gibt es noch viele alte Kunden, aber eben manche – aus unterschiedlichen Gründen – auch nicht mehr, und andere sind gewonnen worden. Die Unternehmensstruktur kann nicht mehr mit der von vor zehn Jahren verglichen werden. Unternehmenskontinuität? – Unternehmenskontinuität!

Eines Tages rief mich ein Unternehmer an und erkundigte sich über Studienmöglichkeiten und mögliche Studienzeiten bis hin zur Promotion. Seine Tochter, so sagte er, mache gerade das Abitur und wolle, wie der Sohn, der schon tüchtig im Betrieb mitarbeite, aber erst sechzehn sei und in die elfte Klasse ginge, Betriebswirtschaftslehre studieren, möglichst bis zur Promotion. Beide sollten dann das Unternehmen übernehmen. Ich ließ dahingestellt, in welcher Zeit dies nach einem Studium möglich wäre, erläuterte die Mindeststudienzeiten, spekulierte über die zu erwartende Zeitüberziehung und nannte meinem Gesprächspartner am Telefon dann – ceteris paribus – ein so denkbares Abschlußjahr. Die relativ unwirsche Rückfrage lautete: „Wie stellen Sie sich das vor?! Dann bin ich zweiundsiebzig."

Was sollte ich antworten? Ich stellte mir gar nichts vor. Schließlich war ich nicht für die Organisation seiner Familienplanung verantwortlich. Die meines Erachtens einzig sinnvolle Antwort wollte er nicht akzeptieren: „Nun gut, wenn Sie nicht bis zweiundsiebzig weitermachen wollen, dann müssen Sie sich eben etwas einfallen lassen. So paßt Ihr Ziel jedenfalls nicht zu den von Ihnen formulierten Nebenbedingungen." Die Praxis hat ihm die Zustimmung doch abgezwungen – aber bis dahin war unnötig Zeit verstrichen.

Lassen Sie mich ein drittes Beispiel hinzufügen. Ein junger Mann übernimmt von seiner Mutter die Geschäftsführung des Unternehmens.

Die Mutter scheidet aus, behält aber ihr Büro im Firmengebäude. Der neue Geschäftsführer will vieles ändern. Die Kostenrechnung soll eingeführt, ein Controllingsystem installiert, die Auftragsabwicklung EDV-gestützt durchgeführt werden. Der Führungsstil soll sich von matriarchalisch-autoritär zu partizipativ-kollektiv ändern. Delegation von Entscheidungsbefugnis und Verantwortung sollen die Grundlagen einer neuen Unternehmenskultur werden.

Die Mitarbeiter sind verwirrt. Sie fragen die alte Chefin. Natürlich bekommen sie Antworten. „Was soll das denn?!" – „Nein, nein, das kann ja nicht gehen. Machen Sie das ruhig mal so weiter wie bisher. Ich werde mit meinem Sohn reden."

Der Sohn ist dabei, das Handtuch zu werfen. Da er aber kreativ ist, entwickelt er einen Plan. Er geht mit seiner Mutter ins Theater, schenkt ihr Konzertkarten und achtet darauf, daß sie sie nutzt, erinnert sie an Urlaubsorte und Bekannte, macht sie auf Bücher aufmerksam, die sie immer schon mal lesen wollte, und auf Hilfsorganisationen, denen sie bisher keine Zeit opfern konnte. Diskontinuitäten ziehen in das Leben der Mutter (wieder) ein, zumindest Diskontinuitäten, verglichen mit ihrer Geschäftsführertätigkeit im Unternehmen. Immer seltener ist sie in ihrem Büro. Nach rund anderthalb Jahren gibt sie es ganz auf. Sie hat zu viel zu tun. Resozialisierung als Organisationsentwicklung.

Aus dem Produktionsbetrieb kann nun ein Handelsunternehmen werden, in dem die Mitarbeiter die Planungsinstrumente nicht mehr missen wollen. Umsatz und Gewinn steigen. Organisation der Unternehmenskontinuität? – Als nach einem Rekordjahr die Chinaunruhen einer Bank Angst machen und sie die bereits getätigten neuen Geschäfte mit der Volksrepublik nicht vorfinanzieren will, geht die Firma – in Erwartung eines neuen Umsatz- und Gewinnrekords – in Konkurs. Die Konkursabwicklung ist im Endeffekt problemlos. Alle Gläubiger werden voll befriedigt. Für die Firma interessiert sich ein EG-Wettbewerber, der Jahre vorher auch schon anfragen ließ.

Kontinuität verlangt Brüche

Eigentlich behandelt der letzte Fall zumindest zwei Beispiele: Kontinuität verlangt Brüche. Und: Nicht alle Maßnahmen zur Erhaltung der Kontinuität des Unternehmens sind organisierbar.

Natürlich spielt sich das Thema Unternehmenskontinuität nicht nur auf der Ebene der Unternehmensnachfolge und ihrer Organisation ab. Untersucht man die Bruchstellen der Kontinuität, so fällt doch auf, daß es letztendlich darum geht, Kontinuität und Diskontinuitäten zu „organisieren", wenn ein Unternehmen auf Dauer erfolgreich sein will.

Kontinuität und Diskontinuitäten müssen der Balance des Ein- und Ausatmens nachempfunden werden. Aber: Ein- und Ausatmen ist eine Bewegung, kein Ergebnis.

Lange bevor das Desaster bei AEG nicht mehr zu verheimlichen war, haben Wirtschaftsmagazine, Bilanzanalytiker oder Branchenbeobachter ihr Verwundern geäußert über eine ganze Reihe unverständlicher unternehmenspolitischer Entscheidungen. Der Vorstand erhielt keine guten Noten. Nach Jahren des Erfolges – und es war relativ leicht, in den sechziger Jahren Erfolg zu haben, und deshalb gefährlich, sich diesen Erfolg allzu persönlich zuzurechnen – schien die vorherrschende Strategie: Mehr von dem Guten.

Dies ist in der Regel keine Strategie. Das Ergebnis ist bekannt. Auch wenn heute die AEG wieder angesehen dasteht: Welche AEG ist das? Außer den drei Buchstaben dürfte kaum etwas an die alten Zeiten erinnern. Was soll denn auch „aus (schlechter) Erfahrung gut" sein? Oder ist der Lernprozeß gemeint, der heute die gemachte Erfahrung bzw. das unreflektierte Berufen auf Erfahrung als schlecht erkennen ließ? Ist Unternehmenskontinuität dann nicht ein leeres Wort? Für die fünfzigtausend Beschäftigten, die ihren Arbeitsplatz verloren haben, ist das keine Frage mehr.

Es war einmal ein erfolgreiches Unternehmen, das produzierte mechanische Rechenmaschinen. Als die Anlagen nicht nur abgeschrieben, sondern auch hinreichend abgenutzt waren, machte sich der Vorstand Gedanken über Neuinvestitionen. Er beschloß den Bau einer großen neuen Fabrik. Das mittlere Management hörte von diesem Beschluß und wagte einen Vorschlag: Inzwischen kämen immer mehr elektronische Rechenmaschinen auf den Markt, und sie hätten den Eindruck, daß die Entwicklung ins Galoppieren käme. Ob die Firma nicht in diese Entwicklung investieren wolle, da die Gefahr bestünde, daß der Markt für mechanische Rechenmaschinen zusammenbräche.

Die Antwort war nicht unhöflich, aber bestimmt. Sie sollten sich nicht um die Unternehmenspolitik, sondern um ihre Aufgaben kümmern. Dazu gehöre es auch, den Markt zu machen. Es verwundert vermutlich niemanden, daß die Halle gebaut wurde. Als sie fertig war, gab es keinen Markt mehr für mechanische Rechenmaschinen. Der erneute Vorstoß des mittleren Managements wurde abgeschmettert mit dem Hinweis, erst müßten nun die Abschreibungen verdient werden.

Das Unternehmen überlebte. Ein amerikanischer Konzern übernahm es unmittelbar vor dem Konkurs, feuerte – gemäß der richtigen Erkenntnis, daß der Fisch im Kopf zu stinken beginne – den Vorstand, beförderte die führenden Leute aus dem mittleren Management, machte eine Sonderabschreibung auf die neue Fabrik und stieg in die Entwicklung und Fertigung elektronischer Rechenmaschinen ein. Organisation der Unternehmenskontinuität: Bewußter Bruch mit der Vergangenheit, Verhinderung weiterer falscher beruflicher Sozialisation.

Wer würde heute an einem Beispiel aus der ehemaligen DDR vorbeigehen! Im Fall des hier zu behandelnden Themas muß der Verweis freilich lapidar bleiben: Diskontinuität ist das Gebot der Stunde! Gleichwohl: Auch bei bestem Wollen wird der Lernprozeß durch diese Diskontinuität lang und schmerzlich sein.

Zur Kontinuität des Unternehmens gehören, obwohl nicht eindeutig aufeinander abstimmbar, eine gewisse Korrespondenz zwischen dem Innen und dem Außen der Unternehmung. Sie stellt sich praktisch über Lernprozesse ein, wenn diese Lernprozesse mit der Entwicklung im Umfeld der Unternehmung Schritt halten. Bei den Unternehmen in der ehemaligen DDR treten nun aber zur gleichen Zeit Anforderungen bezüglich der Änderung der Unternehmenskultur und revolutionäre Veränderungen des Umfeldes auf, ohne daß die inneren und die äußeren Änderungen hinreichend aufeinander abstimmbar wären.

Die unvermeidbare Überbestimmtheit der Beziehungen wird so zu vielerlei Verwerfungen führen. Entlassungen, Pleiten, Schließungen, Fusionen und Neuanfänge werden über das marktwirtschaftliche Alltagsmaß hinaus bis zu einem „sicheren" Austausch zwischen Innen und Außen den Entwicklungspfad begleiten. Das bisherige Topmanagement dürfte weitgehend ersetzt werden müssen. Umschulungen auf die Anforderungen einer Marktwirtschaft werden häufig nur geringen Erfolg haben. Am aussichtsreichsten erscheint das Anlernen neuer Verhaltensweisen vor Ort in der Bundesrepublik, ähnlich den Lernprozessen für ausländische Manager bei deutschen Muttergesellschaften. Die unverzichtbare Steigerung der Arbeitsproduktivität wird aber auch zu Verhaltensänderungen bei allen anderen Unternehmensmitgliedern führen müssen.

Bei revolutionärem Umbruch gibt es keine Verhaltenskontinuität und – da das neue Verhalten noch nicht hinreichend klar ist – auch nur begrenzt Verhaltenssicherheit.

Nicht erst seit dem 9. November 1989 ist für die Unternehmen in der ehemaligen DDR die Komplexität der Umwelt groß. Sie war es auch schon in den Zeiten der Planwirtschaft, in denen die Illusion der Zentralplanung die praktischen Folgen solcher Komplexität für das Unternehmensmanagement und die Volkswirtschaft zu mindern versprach.

Das Platzen dieser Illusion führt nun zu Instrumenten, die marktwirtschaftlich genötigte Unternehmen anwenden, um den Folgen des Wettbewerbs entgehen zu können, ihm auszuweichen oder sich rechtzeitig anzupassen.

Werden solche Instrumente lange genug benutzt, finden sie auch in betriebswirtschaftliche Lehrbücher Aufnahme. In den letzten Jahren waren das zum Beispiel die Divisionalisierung, Prognoseverfahren, die Tools des strategischen Managements, die Frühwarn- und Früherkennungssysteme, die Quality Circles, das Controlling. In manchen Fällen und für einige Zeit haben diese Verfahren und Aktionen geholfen. Sie nachzubilden erscheint auch gegenwärtig noch vielen als die eigentliche Organisation, die Unternehmenskontinuität zu sichern vermag. Ich meine, daß das Erlernen und Einführen solcher Techniken nicht schlecht ist, daß es aber dem Problem nicht radikal genug genügt.

Im strengen Sinne ist es nicht zu erklären, warum VHS sich gegen PAS durchgesetzt hat – wenngleich im nachhinein natürlich unzählige Legenden eindeutige Geschichten erzählen. Auch die erstaunlichen Berichte von Michael Porter oder anderen Schreibern der strategischen Managementliteratur erzählen auf ihre Weise Gedanken nach, die sich auch ganz anders erzählen lassen – und von den Beteiligten nur allzuoft auch ganz anders erzählt werden. Für die Unternehmenskontinuität folgt daraus, daß die über die strategische Planung niedergeschriebenen Sätze nicht sinnlos, aber letztendlich auch nicht hinreichend sind.

Aus der Praxis läßt sich lernen, daß die Unternehmen überleben, die entweder ihr Umfeld nach ihrem Maß bestimmen oder die dem Umfeld adäquat begegnen. Die Aussage leuchtet ein. Leider geht es mit ihr so wie mit den meisten einleuchtenden Aussagen, sie provozieren die Frage: Und was bedeutet dies? Im Fall der Bestimmung des Umfeldes liegt die Antwort nahe: Das Unternehmen muß Macht haben. Geld, ein kluges und glückliches Management, ein hoher Anteil von Forschungs- und Entwicklungsaufwendungen, Ideen, qualifizierte Mitarbeiter, all dies, sich substituierend oder alles zusammen, wird nicht schlecht sein.

Kontinuität durch Entwicklung und Wandel

Die Zukunft ist auf keinen Fall vorhersehbar, und der Komplexität des Umfeldes ist nicht durch verfahrenstechnische Schließung, sondern nur durch systematische Öffnung zu begegnen.

Andererseits haben Unternehmen, die in den letzten Jahren fusioniert haben (Machtvergrößerung), und erst recht die Elefantenhochzeiten gezeigt, daß sie in aller Regel für längere Zeit eine Schwächung der Ertragskraft, einen Rückgang ihrer Aktienkurse, erhebliche Fusionskosten (z.B. Kosten der Kulturanpassung) und andere Schwierigkeiten in Kauf nehmen mußten.

Nicht selten ist darüber hinaus zu beobachten, daß große Unternehmen kleine erfolgreiche Unternehmen kaufen und im Prozeß der Eingliederung genau die Wettbewerbsvorteile zerstören, die das kleine erfolgreich gemacht haben. Auf diese Weise wird eine ganz andere Dimension der Unternehmenskontinuität durch Organisationsmaßnahmen zerstört, als dies die Rechtsform oder die Organisation der selbständigen wirtschaftlichen Einheit erahnen lassen.

Soll Kontinuität als Weiterbestehen in der Zeit beschrieben werden, so sind angesichts einer komplexen Umwelt statt formaler Frühwarn- oder Früherkennungssysteme inhaltlich signifikante Prozesse der Selbstreflexion zu organisieren, mit der Frage: Was hindert uns daran, die Gegenwart sensibler wahrzunehmen?

In dem Sinnmodell der zukunftsfähigen Organisation bilden Handlungsfähigkeit, Lernfähigkeit, die Fähigkeit zur Wahrnehmung und Berücksichtigung der Berechtigung der Interessen anderer sowie die ästhetische Fähigkeit, das heißt die Wiedergewinnung aller Sinne zur Wahrnehmung der Befindlichkeit in Umwelten ein Dimensionenbündel notwendiger Fähigkeiten. Leistungsbereitschaft, Kooperationsbereitschaft, die Bereitschaft zum Suchen und die Offenheit zum Finden spannen die Dimensionen der Bereitschaft und des Wollens auf.

Bereits diese einfache Mehrdimensionalität – sie bildet nur wenige Dimensionen des Innen und kaum eine des Außen sowie der Beziehungen zwischen der Unternehmung und ihrem Umfeld ab – hat zur Folge, daß weniger den vermeintlichen Gesetzmäßigkeiten und ihren abstrakten Verallgemeinerungsmythen gefolgt, als vielmehr die Verallgemeinerung (das heißt die gemeinsame Einsicht in das zu Erkennende, zu Tuende oder zu Unterlassende) durch Vergegenwärtigung gesucht und gefunden werden muß, soll Kontinuität gelingen.

Kontinuität gelingt nicht im Versuch, die Zukunft zu übertölpeln, sondern erarbeitet sich die Bedingungen ihrer Möglichkeit in der Vergegenwärtigung der Gegenwart. Die Handlungsform solcher Vergegenwärtigung heißt Kommunikation. Kommunikationsentwicklung heißt deshalb der notwendige Organisationsprozeß.

Die moderne Physik ist zu der Einsicht gelangt, daß die Welt chaotisch organisiert ist und die Naturwissenschaftler nicht ihre Gesetze erkennen (wie im Maschinenmodell Newtons), sondern Muster in das Chaos legen, die für die praktischen Möglichkeiten mehr oder weniger lange ausreichen. In diesem Sinne tanzen die Meister der modernen Physik mit der Welt. Unternehmer und Manager, die mit der Kontinuität des Wandels erfolgreich tanzen, können uns lehren, daß die Angst, die aus den Lehrbüchern erwächst, die undurchschaute Angst der Leere ist. Diese entsteht aus einem Mythos, der wenig nach Sinn für Gegenwart und Realität fragt, vorgibt, die Zukunft vorhersehen oder austricksen zu können, Probleme nicht bei den Betroffenen beläßt, abstrakte Repräsentativität der konkreten Direktheit vorzieht und so Unreife perpetuiert. Auch wenn sich dies nicht wie ein Rezept liest, es ist eines: Die Organisationsform der Unternehmenskontinuität ist der Tanz, der aus der Befreiung vermeintlicher Gesetzmäßigkeiten folgt. Tanzen Sie ihn!

Strategie 2001

Heinz Benölken/Peter Greipel

Strategische Optionen

*In immer mehr Branchen sind Dienstleistungen der Schlüssel
zum Unternehmenserfolg. Wo Produkte austausbar sind, kommt
es auf den Zusatznutzen an, den ein Anbieter für den Kunden be-
reitstellt. Welche strategischen Eckpunkte sollen zum Beispiel
industrielle Dienstleiter beachten, um im Wettbewerb die Nase
vorn zu haben? Dieses Kapitel aus dem Buch* Dienstleistungs-
management *von Heinz Benölken und Peter Greipel gibt Tips
für den richtigen Service, der das Produkt in sinnvoller Weise
unterstützt. Fallbeispiele zeigen die Anwendbarkeit in der Praxis. Dr. Heinz Benölken ist geschäftsführender Partner der strategischen Unternehmensberatung Dr. Benölken & Partner
GmbH in Düsseldorf. Dr. Peter Greipel ist Projektleiter bei der
IBB – Internationale Betriebs Beratung GmbH in Köln. Die Autoren beschreiben, was Dienstleistung in den verschiedensten
Branchen heute schon bewegt und welche Trends noch zu erwarten sind. Eine differenzierte Darstellung der strategischen
Erfolgspositionen schließt das Buch ab.*

Optionen industrieller Dienstleister

Jedes Industrieunternehmen erbringt heute schon eine Vielzahl von Dienstleistungen, bei der nur die Frage offen ist, ob sie auch strategisch sinnvoll sind. So beschäftigt es Kantinenpersonal, Reinigungskolonnen, Hausmeister, unterhält Fuhrparkbetriebe, Wartungspersonal für technische und elektrische Einrichtungen. Es handelt sich durchweg um Dienstleistungen, die das Unternehmen funktionstüchtig halten, die aber nicht unbedingt etwas mit den konkreten Produkten des Unternehmens zu tun haben, mit denen es sich in strategisch gewählten Zielgruppen positioniert hat oder positionieren will. Deshalb gliedern zunehmend Unternehmen ihren Dienstleistungsbereich aus. Hierbei handelt es sich im Rahmen der Volkswirtschaft der Bundesrepublik Deutschland um ein riesiges Potential: Man schätzt, daß 12 bis 15 Prozent aller Leistungen, die in einem Unternehmen durch Mitarbeiter erbracht werden und die letzten Endes durch den Umsatz aus den verkauften Produkten finanziert werden, nur auf den Bereich interner Dienstleistungen entfallen. Es handelt sich also um ein Potential im zweistelligen Milliardenbereich.

Basisoptionen

Vor diesem Hintergrund lassen sich für ein Industrieunternehmen folgende drei strategische Basisoptionen formulieren:

- Option 1

Das Unternehmen erbringt grundsätzlich alle Dienstleistungen in eigenem Haus, kauft kaum etwas hinzu. Mögliche Schwachstelle: Über die Eigenproduktion von irgendwie benötigten Dienstleistungen kann der Zweck des Unternehmens, nämlich ganz spezifische Produkte zu produzieren und dafür Käufer zu gewinnen, beeinträchtigt werden.

- Option 2

Das Unternehmen gliedert konsequent alle Dienstleistungen aus, von denen es eigentlich – gemessen am Spezialisten – weniger versteht, und überträgt sie Spezialisten gegen Entgelt. Die dadurch freigesetzten Ressourcen spart es entweder ein oder widmet sie um für den eigentlichen Produktionsprozeß. Das Unternehmen konzentriert sich also ausschließlich auf seine ureigensten Produkte. Das bedeutet unter Umständen eine gewisse Abhängigkeit, die sich aber bei der gegebenen Konkurrenz von professionellen Dienstleistungsanbietern heute praktisch nicht stellt. Diese Option bietet die Chance der Konzentration auf seine Kernprodukte, kann so der Kosteneffizienz dienen und auch der damit verbundenen mentalen Konzentration des Unternehmens (bis hin zu Arbeitnehmervertretern in den Betriebsräten).

- Option 3

Das Unternehmen konzentriert die freigewordenen Energien darauf Dienstleistungs-Management rund um das Produkt aufzubauen, um damit seine eigenen Produkte qualitativ immer weiter zu verbessern. Und diese Option bietet die Chance, daß damit im ureigensten unternehmerischen Betätigungsfeld das Unternehmen gegenüber seinen Wettbewerbern relative Vorteile aufbauen kann, weil es die eigenen guten Produkte durch einen hervorragenden Service ergänzen kann: Qualitäts-Management rund um das Produkt par excellence.

Es ist offensichtlich, daß im Rahmen einer arbeitsteiligen Wirtschaft, die sich im Übergang von der industriellen zur postindustriellen Gesellschaft befindet und damit zusätzliche intellektuelle Anforderungen stellt, die erste genannte Option keine strategisch zukunftsträchtige sein kann. Und es leuchtet ohne weiteres ein, daß das Unternehmen sich besonders hervorragend im Markt positionieren kann, dem es gelingt, geschickt die Optionen 2 (Abschütteln von Ballast und auch von überflüssigen Kosten in dem Maße, in dem Eigenproduktion teurer ist als Fremdbezug) und 3 (Nutzung der Dienstleistungskapazität des Unternehmens rund um das Produkt im Sinne eines professionellen Qualitäts-Managements) zu verbinden. Hier ist häufig „weniger" auch „mehr". So stellte sich für den Geräte-Hersteller Miele die grundsätzliche Frage, zur Verbreiterung der Absatzbasis unter dem gleichen Markennamen ein Billigprodukt zum Vertrieb über Verbrauchermärkte aufzubauen. Das Problem ist offensichtlich: Entweder wird gespart am technischen Produkt oder am Service, und beides läßt sich mit dem Image des Markenartikels wie etwa einer „Miele"-Waschmaschine nicht vereinbaren. Der Konsument investiert bewußt auch einige Hunderter mehr für das Bewußtsein, ein hochwertiges Miele-Produkt gekauft zu haben. Deshalb wurde von einer solchen Billiglinie abgesehen.

Beispiele

Ein weiteres Beispiel dafür ist etwa die multinationale Zementgruppe HOLDER-BANK, die über eine DV-Tochtergesellschaft eine Software entwickelte, welche es dem Verkäufer mit Hilfe eines tragbaren Computers erlaubt, einem Verwender von Zement oder Beton vor Ort Lösungsvorschläge für Bauprobleme zu entwickeln: Mit Hilfe einer Software und einer Beratungsleistung wird also für das undifferenzierbare Produkt Zement ein signifikanter Wettbewerbsvorteil realisiert (Bircher, 1988, S. 57). Die Intensivierung der Kundenbindung ist regelmäßiges Ziel der Dienstleistungsstrategie um das industrielle Produkt herum. Sie ist dort besonders erfolgreich, wo es gelingt, durch Dienstleistungen die Distanz zum Endkunden zu reduzieren. So hat SARNA, ein Hersteller von Kunststoffdichtungsfolien, in der Schweiz und in der Bundesrepublik Deutschland, eine bedeutende Erhöhung der Marktanteile und eine dominierende Marktposition im schwierigen Baumarkt dadurch erlangt, daß er ein integrales Verlegesystem für die Folien entwickelt hat; es umfaßt nicht nur Werkzeuge und Know-how, sondern auch Seminare und Kurse, an denen ausgewählte Sanitärinstallateure zu Exklusivpartnern ausgebildet werden. So ist es gelungen, nicht nur bezüglich der Produktqualität führend zu werden, sondern auch bisherige Handelstiefen zu eliminieren.

Ein anderes Beispiel: Ein Versicherungsunternehmen, das sich ein Image als qualitativ hochwertiger Versicherer mit hoher Service-Kompetenz aufgebaut hat (dazu kann man nicht nur den Marktführer Allianz und manchen bekannten großen Privatversicherer, sondern auch manchen Regionalversicherer zählen), würde über eine Billig-Versicherung etwa durch einen zusätzlichen kostengünstigeren Direktvertrieb seine Stammprodukte kannibalisieren. Wer die Assekuranz von innen kennt, denkt sofort an gravierende Konsequenzen für den Vertrieb: Letzterer gerät in die Gefahr, daß die besten Agenten zuerst die Abstimmung mit den Füßen wählen, weil es unter Kommunikationsgesichtspunkten heute nicht mehr möglich ist, Märkte abzuschotten: Kunden des Billig-Produktes und des hochpreisigen Produktes von ein und demselben Anbieter würden sich potentiell abends am gleichen Stammtisch gegenseitig informieren.

Man kann für dieses Paradoxon Unternehmen aus allen Branchen finden, sei es aus dem Automobilbereich, sei es im Bereich der Studienreisen-Veranstalter, für die sicherlich ein Billig-Angebot (z. B. 3 Wochen Mallorca zum Preis von 2 Wochen, zum Super-Spartarif von 499,- DM, selbstverständlich mit Vollpension) kontraproduktiv sein könnte, für die

Beratung durch qualifizierte Anlage-Vermögensberater, die nur über den relativ teuren, aber effizienten Vertriebsweg Kundenbetreuung im eigenen Umfeld oder in den eigenen vier Wänden Erfolg verspricht u. a. m. In jedem der vorstehend genannten Fälle bestünde zudem die Gefahr, daß durch die vermeintliche Diversifikation das Unternehmen durch Image-Irritationen mehr verliert, als es durch das zusätzliche Angebot gewinnen kann.

Der umgekehrte Weg, nämlich aus der Position des preiswerten Anbieters zu versuchen, mit dem vorhandenen Kundenpotential durch Trading-up auch Geschäfte im hochpreisigen Genre zu tätigen, ist natürlich grundsätzlich vorstellbar. Dies ist aber ein mühsamer Weg, wie am Beispiel einer Reihe von Unternehmen belegbar: Versandhäuser sind zum Beispiel zunächst primär über den Parameter Preis im Markt erfolgreich gewesen. Aufgrund der zunehmenden Konkurrenz von preiswerten günstigen Anbietern im stationären Vertrieb nicht nur in Ballungszentren, sondern auch in ländlichen Gebieten verloren sie jedoch den wesentlichen Vertriebsvorteil, daß sie jedes Produkt auch in entlegenen Gegenden problemlos anbieten konnten. Insofern war es konsequent, daß sie versuchten, sich neu im Markt zu positionieren. *Otto* ist das im Zuge einer Langfriststrategie sowohl mit der erfolgreichen Umsetzung der Option Globalisierung als auch anspruchsvolles Produktangebot im gehobenen Bereich (z. B. Wohnmöbel) gelungen, während Quelle mehr auf die Karte Diversifikation in andere Bereiche (Finanzdienstleistungen, Reiseangebote) setzt. Neckermann blieb im Rahmen der Betätigung eines Versandshandels in der Stuck-in-the-middle-Position und mußte deshalb die Anlehnung an einen anderen Handelsriesen, nämlich an Karstadt suchen, wobei nur der NUR-Teil relativ unverändert in das neue strategische Gesamtkonzept übernommen werden konnte.

Wer die Geschichte der einst unangefochten führenden Dortmunder Bierbrauereien kennt, hat vielleicht mit Wehmut registriert, daß auf der gesamten Linie das Trading-up der Marken, zum Beispiel durch Premium-Biere, nicht so recht gelungen ist. Selbst im nationalen Bereich spielen Dortmunder Biere heute nur noch eine nachrangige Rolle, weit abgeschlagen hinter den bekannten Premiummarken wie Warsteiner, Bitburger, König-Pilsener, Veltins, Jever (der Hersteller, der meint, er gehöre auch hier hin, sich hier aber nicht wiederfindet, möge wegen der gebotenen Kürze des Buches nachsichtig sein). Und daneben reüssieren zunehmend die Anbieter von Spezialitäten, wie Weizenbiere, obergärige Biere: eine Dortmunder Marke ist kaum dabei.

Vorprogrammierungsfaktor produktionstechnische Sachzwänge

Insbesondere industrielle Anbieter sind in ihren Bewegungsspielräumen sehr häufig beschränkt: haben sie sich dafür entschieden, ein profiliertes Image in einem spezifischen Marktsegment aufzubauen, stehen riesige Investitionsentscheidungen oft in Milliardenhöhe ins Haus. Diese sind dann für mindestens ein halbes Jahrzehnt nicht mehr reversibel. Eine besonders anschauliche Branche ist die der Automobilhersteller, so daß folgende Beispiele hieraus gewählt sind: VW hatte traditionell bis weit in die 70er Jahre hinein das Image des preiswerten Anbieters technisch zwar nicht sehr aufwendiger, aber vollkommen unkomplizierter Produke. Der Slogan „Der Käfer rollt und rollt und rollt" besitzt selbst heute noch geflügelten Charakter. Die strategisch prekäre Lage, in der sich der *VW-Konzern* Anfang der 70er Jahre befand, resultierte aus dem veränderten Kundenverhalten: Kunden wollten zwar auch nach wie vor preiswert kaufen, aber die persönliche Imagekomponente mußte befriedigt werden. Diesen Trend verstanden Wettbewerber wie *Opel* (Kadett als Angebot) oder auch BMW mit kleinen BMW-Reihen (3er Reihe) früher für sich zu nutzen. In der Wahl zwischen Selbstaufgabe aufgrund des Herausdriftens aus dem Publikumsgeschmack und der Gefahr, Milliarden fehl zu investieren, gelang dem VW-Management das schier Unfaßbare: Es wurde ein neuer technischer Star, so revolutionär wie der Käfer in den 30er Jahren, unter dem Namen *Golf* am Markt durchgesetzt, der inzwischen auch in Millionenstückzahl produziert wurde, sich durch progressive Technik auszeichnet (Frontantrieb, auch teilweise Allradantrieb, und das alles aus der Situation eines traditionellen Heckantrieblers).

Wie schon angedeutet, hätte ein Mißerfolg des *Golf* wegen der Milliardenkosten für die Transferstraßen mit Sicherheit den Ruin des Konzerns bedeutet. Bereits in den 60er Jahren gelang *BMW* eine ähnlich neue Erfolgspositionierung mit mehreren Modellreihen, die in ihrer Grundkonzeption auch weitgehend heute noch im Markt vorhanden sind. Und erst Anfang der 80er Jahre, als sich *Daimler-Benz* abgehängt sah, mußte ebenfalls ein neues progressiveres Image aufgebaut werden, die entsprechenden Investitionen getätigt werden, wie man heute beurteilen kann, durchaus erfolgreich.

Warum diese Beispiele hier interessieren, hat den Grund „Service": Alle genannten Hersteller zählen nicht zu den Billig-Anbietern, sondern sind eindeutig teurer als vergleichbare ausländische Produkte. Aber sie stehen in dem Ruf, über ihr Vertragswerkstättensystem einen fairen, umfassenden und problemlosen Service anzubieten, so daß die Autofahrer (und die Autoren rechnen sich selbst dazu) das subjektive Gefühl haben, man sei eigentlich mit dem Produkt „Auto" nie verlassen, es würde nie zum operativen Engpaß für wichtige Termine. Daß aber auch die Betonung der Komponente Service allein nicht ausreichend ist, mußte Mitte der 60er Jahre schmerzlich das Werk Borgward erfahren: Ein entsprechend dem technischen Standard der 60er Jahre nahezu perfektes Auto mit gehobener Zielgruppenansprache und adäquatem Service erreichte trotzdem nicht die für die Amortisierung der Investitionen notwendigen Absatzzahlen. War es primär ein Kommunikationsproblem? Vertrauten die Hersteller zu blind auf ihr im Wettbewerbsvergleich fantastisches Produkt und vergaßen darüber, den Konsumenten als zumindest teilweise irrationales Wesen in ihre strategischen Dispositionen einzubeziehen?

Das Unternehmensleitbild steht vor der strategischen Option

Die Beispiele zeigen, daß die Wahl der grundsätzlichen strategischen Optionen eines Unternehmens und der darauf aufbauenden strategischen Positionierung sowie die daraus resultierenden Investitionsentscheidungen bereits intellektuelle Vorläufer hatte. Die erfolgreichen Unternehmen wußten, in welchem Markt sie grundsätzlich ihr Geld verdienen wollten, nämlich entweder im gehobenen Zielgruppenbereich, wo Qualität und Service eine große, der Preis aber eine eher nachgeordnete Rolle spielt, oder im preisgünstigen Bereich, ohne dabei aber andere wesentliche Faktoren zu vergessen. Man kann es auch so ausdrücken: Die Unternehmen hatten für die Schwerpunkte ihrer unternehmerischen Betätigungen ein Leitbild, daß zur Richtschnur für die Selektion strategischer Optionen und für die Strategieauswahl und Maßnahmenplanung wurde. Durch ihr Leitbild hatten sie damit einen Kompaß, der sie davor bewahrte, relativ wahllos unterschiedliche strategische Optionen zusammenzufügen, die insgesamt kein konsistentes Image ergaben. Damit wird auch deutlich, daß der harte Kern des Leitbildes eine strategische Weichenstellung beinhaltet und nicht, wie heute durch mancherlei Strategie-Moderatoren verkauft, es sich primär um soziokulturelle Aspekte des Unternehmens handelt. Selbstverständlich können auch Fragen der Unternehmenskultur, wie Führungsgrundsätze in einem Leitbild ihren Platz finden.

Serviceoptionen industrieller Hersteller

Service – in diesem Fall also primär Kundendienst – galt früher sowohl in der Investitionsgüter- als auch in der Konsumgüterindustrie als Nebenleistung, die eigentliche Hauptleistung waren technische Anlagen, Systeme und andere „anfaßbare" Güter. Heute schon und in der Zukunft noch verstärkt steht nicht mehr das Produkt im Vordergrund, sondern die durch eine kontinuierliche Betreuung sichergestellte dauerhafte Nutzung etwa einer Maschine. Sie wird zunehmend höher bewertet als Anschaffungspreis und Besonderheiten in der Ausstattung. „Die Service-Leistung beginnt, die Hauptleistung zu überflügeln".

Wettbewerbsprofilierung über den Kundendienst ist also mehr als die Gewährung versteckter Rabatte etwa über kostenlose Installation und Inspektionsleistungen. Service kann vielmehr auch im industriellen Bereich durchaus etwas kosten, denn – das beweist der Markt – die Kunden sind zunehmend bereit, kreative und nützliche Dienstleistungen rund um das Produkt auch zu honorieren. Dadurch erweitert sich das Optionsspektrum industrieller Hersteller entscheidend: Die Service-Dienstleistung wird zum eigenen Produkt mit eigenem Markt.

Erfolgreiche Industrieunternehmen haben erkannt, daß sie sich auf diesem Markt wesentlich besser gegenüber der Konkurrenz profilieren können, als das in ihrem angestammten Produktmarkt der Fall ist. Denn hier haben sich gerade im Invesitionsgüterbereich die Qualität und Technik der Geräte immer mehr angeglichen.

Die Profilierung auf dem „Service-Markt" unterstützt in jeder Phase das Hauptprodukt. Eine Schlüsselfunktion hat der eigene Kundendienst:

- als Informations- und Kommunikationskanal zwischen Hersteller und (potentiellem) Kunden, denn die Service-Truppe hat im Durchschnitt achtmal so oft Kundenkontakt wie der Verkauf;
- als offensives Verkaufs- und Wettbewerbsinstrument im Neukundengeschäft;
- als entscheidendes Instrument zur Kundenbindung und Sicherung des Ersatzbedarfes („Die erste Maschine verkauft der Verkauf – die zweite verkauft der Kundendienst").

Oft sind es kleine Innovationen und kreative Ideen, die den Service entscheidend verbessern, weil sie die Leistungsfähigkeit oder die Qualität des Kundendienstes erhöhen oder eine besondere Signalwirkung beim

Kunden haben können und dadurch auch langfristig als Imagefaktor wirken. Beispiele dafür sind etwa:

- Die Einführung von Incentives im Kundendienst (Mettler Instrumente GmbH)
- Zentralisierung und EDV-mäßige Steuerung des Techniker-Einsatzes (Nashua Copygraph)
- Auftragsgebundene Ersatzteilversorgung der Fachhändler über Btx (AEG)
- Ersatzteilversorgung der Monteure über Kurierdienst (Lansing GmbH)
- Entwicklung einer Schulungssystematik im Kundendienst (Heraeus Holding GmbH)
- Vermeidung von Zweitfahrten im Instandsetzungsfall (AEG).

Eine besondere strategische Option besteht darin, den Kundendienst („after sales service") mit einer Optimierung der Vertriebsorganisation („pre sales service") zu kombinieren. Ein Unternehmen, das diese Kombi-Option exzellent verwirklicht und sich auf diese Weise eine echte strategische Erfolgsposition aufgebaut hat, ist die Hilti AG. Das Liechtensteiner Unternehmen ist in nicht mehr als zehn Jahren seit seiner Gründung 1960 zum absoluten Weltführer im Bereich Befestigungstechnik geworden. Von entscheidender Bedeutung für diesen Erfolg war zweifellos eine von Anfang an verfolgte, innovative strategische Idee und ihre konsequente Umsetzung. Hilti hatte nämlich klar erkannt, daß sich komplizierte Technik nur direkt am Bau und mit entsprechendem Service verkaufen läßt. Das Ergebnis war der Hilti-Servicewagen, der – bislang einmalig für diese Branche – in ein weltweites Direktvertriebssystem integriert ist und dem Kunden maßgeschneiderte Problemlösungen garantiert.

Service wird auch in der Investitionsgüterindustrie zunehmend zum absoluten „Essential"; vor diesem Hintergrund stellt sich für viele industrielle Hersteller die grundsätzliche Alternative: „Make or buy?". Der Servicemarkt befindet sich im Umbruch. Servicepotentiale werden neu verteilt zwischen Betreibern, Herstellern und freien Service-Unternehmen, den „Third part maintenance-Unternehmen". Besonders signifikant ist dieser Trend hin zu den herstellerunabhängigen Serviceunternehmen in der Computerbranche. Die Bundesrepublik Deutschland hinkt zwar bisher hinter der internationalen Entwicklung her, aber das soll und wird sich ändern. Denn seit Anfang 1988 hat die 1983 aus der Entflechtung des früheren US-Telefonmonopolisten hervorgegangene Bell Atlantic Corp. (Umsatz 1987: rund zehn Milliarden Dollar) mit einem Ableger der

1985 vollständig übernommenen Sorbus Inc. auch in Deutschland Fuß
gefaßt (asw-Report 1/89, S. 43). Im Sorbus-Heimatland, den USA, liegen
bereits rund zwanzig Prozent des EDV-Servicemarktes bei den „freien"
Dienstleistern. Die industriellen Hersteller – auch in anderen Branchen –
sind also gewarnt: Der Zug fährt ab, ohne zu läuten; schnell sind so einige Service-Optionen und damit unschätzbare Synergieeffekte für das
Hauptprodukt verloren.

Diversifikationsoptionen am Beispiel von Automobil-Herstellern

Die Automobilhersteller haben sich in der Bundesrepublik bisher besonders signifikant in anderen Märkten engagiert, wenn auch ihr Engagement im Vergleich zu den USA noch eher rudimentär ist. Am Beispiel
von US-Automobilherstellern sollen deshalb zunächst strategische Hand-
lungsoptionen aufgezeigt werden.

Die Finanzdienstleistungsangebote der US-Unternehmen sind beein-
druckend. Teilweise werden die Aktivitäten von General Motors (GM)
auf dem Finanzdienstleistungsmarkt als signifikanter als zum Beispiel die
des immer wieder zitierten Unternehmens Sears, Roebuck angesehen. So
stieg zwischen 1978 und 1988 GMs Marktanteil bei den Autokrediten
von 13 auf 30 Prozent, während der der Banken von 60 auf 41 Prozent
fiel. 1985 erbrachte die GM-Finanzdienstleistungstochter General Motors
Acceptance Corporation GMAC etwa ein Viertel des GM net income und
1986 bereits über 40 Prozent. Beim weiteren Finanzdienstleistungsausbau
bietet sich nach GMAC-Chairman Robert F. Murphy das Hypothekenge-
schäft an, denn „granting a loan for a car is very similar to a mortgage for
a home". Dementsprechend kaufte GMAC 1986 zwei mortgage firms und
wurde damit zum größten Hypotheken-Anbieter der USA. Daneben bietet
GMAC auch „mortgage insurance" und Kreditkarten an, und es gibt Pläne, das Versicherungsgeschäft auszubauen (Eisenstein, S. 60).

Fords primäres Ziel des signifikanten Engagements im Finanzdienstleistungsbereich ist es, die Einnahmen des Gesamtunternehmens zu verstetigen. Um den Finanzdienstleistungsbereich auszubauen, unternimmt
Ford große Anstrengungen. So hat die im Dezember 1985 akquirierte renommierte First Nationwide Financial Corporation seit der Übernahme
durch Ford ein enormes Einnahme-Wachstum zu verzeichnen. Zusammen mit Ford Credit brachten die Finanzdienstleistungen 1986 knapp 20

Prozent des net income von Ford ein (Heins, S. 60). Daß besonders bei den nichttraditionellen Finanzdienstleistern die Finanzdienstleistung stark mit traditionellen, aber auch anderen neuen Produkten vernetzt werden kann und somit zu einem neuen Kemprodukt wird, zeigt die Abbildung 1 am Beispiel des Fleet Management Systems der Ford Bank Deutschland.

Chrysler hat sich mit der Akquisition der E. F. Hutton Credit Corporation und einer BankAmerica-Tochtergesellschaft ebenfalls stark im Finanzdienstleistungsbereich engagiert. Lee Iacocca meint sogar: „Chrysler became, in effect, a financial house", da dieses Geschäft profitabler als das Stammgeschäft sei (Halberstam, S. 36). Das Automobilkreditgeschäft kommt auch dem Investment-Banking-Bereich der Unternehmen zugute. So brachte Chrysler 1987 eine auf etwa eine Milliarde Dollar ausgelegte Anleihe, und damit eine der größten Nicht-Banken-Anleihen überhaupt, auf den Markt, die mit „automobile loan securities" abgesichert war. Auch Chrysler plant, das Versicherungsgeschäft auszubauen (McGoldrick, S. 175 ff.).

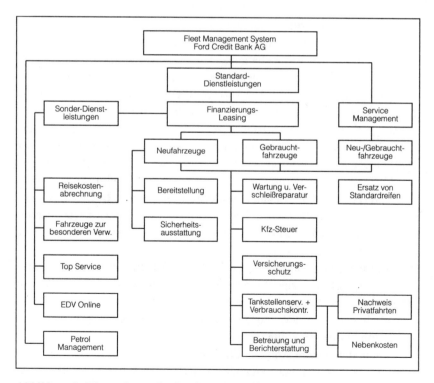

Abbildung 1: Ein umfassendes Service-System auf Finanzdienstleistungsbasis

Die wirtschaftliche Zukunft des Stammgeschäftes legt auch für die deutsche Automobilindustrie Diversifikationen nahe, denn: Die Industrie bleibt aufgrund immer schnellerer Modellwechsel, die von den vielen ausländischen Konkurrenten vorgelebt werden, auf einer hohen Anzahl von Auslaufmodellen „sitzen", so daß eine Verstetigung von Umsatz und Ertrag primär durch Diversifikationen erreichbar ist. Hier bildet die Absatzförderung über Sonderkonditionen für Autokredite das Vehikel in den Finanzdienstleistungsbereich, wo die Branche nach US-Vorbild offensichtlich Vorreiter ist. Angebote von Krediten mit effektiven Jahreszinsen von unter drei Prozent sind keine Seltenheit mehr. Solche Zinsen können nur durch kalkulatorischen Ausgleich mit den Stammprodukten oder anderen Finanzdienstleistungsprodukten zustande kommen, da selbst sich günstig refinanzierende Banken Teilzahlungskredite zu solchen Zinssätzen nicht annähernd bieten können. In Frankreich sind daher aus wettbewerbsrechtlichen Gründen Zinsen, die unter den Refinanzierungssätzen liegen, verboten, und auch in der Bundesrepublik gibt es eine starke Bankenlobby gegen derartige „Subventionen".

Das Autofinanzierungsvolumen (Kredit und Leasing) durch die Autohersteller ist schon heute relativ groß und ansteigend. Selbst das in diesem Bereich bisher zurückhaltende Unternehmen Daimler Benz hat inzwischen eine eigene Bank gegründet und ist in das Autofinanzierungsgeschäft eingestiegen. Der Konkurrent BMW hat seine Kredit Bank und Leasing GmbH jüngst konsolidiert, um schlagkräftiger zu sein.

Einige deutsche Autohersteller verstärken auch ihr sonstiges Finanzdienstleistungsangebot. Während der Mercedes-Versicherungsdienst Versicherungen vorwiegend an Mitarbeiter des Konzerns vermittelt, betreibt der VVD die Versicherungsvermittlung professionell und steigt auch im Ausland stärker in den Finanzdienstleistungsmarkt ein: In Großbritannien werden auch Hypotheken, Lebens-, Kranken- und Pensionsversicherungen verkauft. Banken und Assekuranz, so wird verkündet, sollen dabei kräftig unterboten werden.

Natürlich bieten sich noch andere Diversifikationen an, wobei natürlich Synergieeffekte zum Stammgeschäft („benachbarte" Produkte und/ oder Zielgruppen") gegeben sein müssen. Das Beispiel Triumph-Adler ist sicherlich über den VW-Konzern hinaus ein lehrreiches Beispiel, „wie man es nicht machen sollte".

Verschlafen andere Anbieter die Entwicklung?

Neben der Autobranche engagieren sich in der Bundesrepublik aus der Industrie nur die Möbel- und Unterhaltungselektronikbranchen im Privatkunden-Absatzfinanzierungsbereich, wobei bei letzteren die Finanzierungen bei größeren Geräten bis zu 45 Prozent vom Umsatz ausmachen. In allen genannten Branchen werden die Absatzfinanzierungen sowohl von den Herstellern als auch teilweise in eigener Verantwortung von Händlern angeboten.

Anders sieht es in den USA aus. Für die General Electric Credit Corporation gilt, daß sie sogar ohne Kidder, Peabody und Co. und Employer Reinsurance Corp. als größtes diversifiziertes US-Finanzdienstleistungsunterneh-men gilt, allerdings mit dem Schwerpunkt Firmenkundenfinanzierung. Zudem ist GE Credit mit einem return on equity von mehr als 20 Prozent in den letzten Jahren viel erfolgreicher als die meisten Banken.

Der diversifizierte Konzern Gulf and Western öffnete 1980 die erste auf bestimmte Konsumentengruppen spezialisierte Non-Bank. 1985 war dieser Geschäftsbereich der profitabelste im Konzern. Ähnliches gilt für Transamerica mit der Occidental Life Insurance Company und seit neuestem mit der Borg Warner Acceptance Corporation. So erbrachte 1984 das Versicherungsgeschäft für Transamerica 22 Prozent des operating income und der Finanzierungsbereich 28 Prozent. 1987 gab es bei Transamerica nur noch diese beiden Geschäftsbereiche, wobei die jüngsten Rekordergebnisse auf die Umstrukturierung des Konzerns zurückgeführt werden.

Die Gründe für den Ausbau des Finanzdienstleistungsbereiches liegen hauptsächlich in dem zunehmendem Druck durch ausländische Konkurrenz auf das Stammgeschäft. Der private Finanzdienstleistungsmarkt bietet sich als Zielmarkt an, da die meisten Industrieunternehmen durch ihre Captive Finance Companies in diesem Markt schon einige Erfahrung sammeln konnten, sie bei Kreditvergabe sowieso Bonitätsprüfungen der Kunden durchführen, dadurch auch interessante Adressen und wichtige Kundeninformationen bekommen und der Markt als sehr zukunftsreich angesehen wird. Außerdem hat zumindest GM in einem anderen potentiellen Zielgebiet, nämlich der Informationsverarbeitung, schon schlechte Erfahrungen gemacht und ein 1984 gekauftes EDV-Unternehmen 1987 wieder verkauft.

Der Markt der Firmenkunden bietet sich dabei nicht unbedingt als Zielmarkt an, da diese erheblich höhere Erwartungen an ihre Financial-Services-Anbieter stellen als Privatkunden. Das bedeutet für potentielle Anbieter hohe Investitionen in Personal, Soft- und Hardware und wenig Standardisierungspotential. Andererseits ist hierfür kein Aufbau eines neuen Vertriebsweges notwendig.

Vor allem solche Anbieter werden zusätzlich Finanzdienstleistungen anbieten oder tun dies bereits, die teure Investitionsgüter verkaufen, die von ihren Kunden in der Regel sowieso finanziert werden müssen. Dies ist zum Beispiel bei großen Bauprojekten schon heute selbstverständlicher Teil jeden Angebotes. Allerdings bestehen die meisten dieser Angebote nur in der Vermittlung von Bank- und Versicherungsleistungen. Inwieweit hier in der Zukunft verstärkt eigene Leistungen angeboten werden, ist sehr schwer abzuschätzen.

Die erfolgreichen Unternehmen des Maschinenbaus haben andere Strategien: Sie konzentrieren sich vor allem auf ihre angestammten Märkte und versuchen dort, im Weltmaßstab die Besten zu sein. Um mit der starken internationalen Konkurrenz mithalten zu können, investieren sie vor allem in modernste Technologie und hervorragenden, internationalen, produktgebundenen Service, der schwer nachzuahmen und zu generalisieren ist.

Auch die Unternehmen der Elektro- beziehungsweise Elektronik-Branche können in der Regel in ihren angestammten, internationalen Märkten zur Genüge wachsen und rentabel genug operieren, ohne sich in anderen Branchen engagieren zu müssen. Gleiches gilt für die Chemie- und Pharma-Industrie, die zudem über keine direkte Privatkundschaft verfügt.

Erstaunlicherweise sind, im Gegensatz zu den Entwicklungen in den USA und dem Vorbild B.A.T. in Großbritannien, Holdings nicht im Finanzdienstleistungsbereich engagiert. Dies liegt wohl vor allem daran, daß der bundesdeutsche Markt für nennenswerte und profitable Akquisitionen aufgrund der schon angesprochenen Anteilseignerstruktur im Finanzdienstleistungsmarkt sehr beschränkt ist. Und Holdings sind im Gegensatz zu fast allen anderen Branchen auf Akquisitionen angewiesen, da Eigenentwicklungen signifikanter Finanzdienstleistungsangebote ausgehend von oft relativ kleinen und vielfach isoliert arbeitenden Beteiligungsunternehmen kaum zu erwarten sind. Andererseits gibt es eine Reihe von Beteiligungen der Holdings an Immobilienunternehmen, die, wiederum der Tradition der angelsächsischen Länder folgend, dazu prädestiniert sind, auch Finanzdienstleistungen anzubieten.

Eine Analyse der Erfolgsfaktoren für diese Branchen würde hier zu weit führen. Sicher würde sich ergeben, daß einige der Anbieter durchaus über große Erfahrung im Finanzdienstleistungsmarkt, zum Beispiel in Form sehr leistungsstarker Corporate-Finance-Bereiche, verfügen. Die in diesen Bereichen erbrachten Leistungen könnten durchaus auch anderen

Abnehmern als dem eigenen Unternehmen zugute kommen. Die meisten Anbieter haben jedoch vor allem eine Firmen- oder staatliche Kundschaft, dadurch sind economies of scale durch Leistungsstandardisierung kaum zu erreichen. Auch ist zweifelhaft, ob diese Kunden oder auch Zulieferer durch Kontrolle der Finanzbeziehungen noch stärker an die Hersteller gebunden werden sollten. Politische Überlegungen stehen diesen Erwägungen gegenüber, ganz zu schweigen von teilweise ausgeprägten rechtlichen Barrieren.

Literatur

BECKER, J.: Marketing-Konzeption, 2. Aufl., München 1988

BENÖLKEN, H.: Der tiefgreifende Strukturwandel ist eine Herausforderung an das Management, in: Handelsblatt Nr. 106 vom 06.06.1988

BENÖLKEN, H./GREIPEL, P.: Sonnige Aussichten für die Touristikbranche?, in: Blick durch die Wirtschaft vom 13 .04.1988

BEMHARDT, P./MAXIMOW J., Strategisches Marketing im Handel, in: Wieselhuber, N./Töpfer, A. (Hrsg.): Handbuch Strategisches Marketing, 2. Aufl., Landsberg a. Lech, 1985

BIRCHER, B.: Dienste um die Produktion, in: Afheldt H. (Hrsg.), Erfolge mit Dienstleistungsinitiativen für neue Märkte, Prognos Forum, Poeller Verlag 1988, S. 55–70

BRUHN, M. (Hrsg.): Marketing-Erfolgsfaktoren im Handel, Frankfurt/New York 1987

DELFMANN, W.: Distributionsstrategien des Handels im 21. Jahrhundert, in: Schwarz, C. (Hrsg.), Marketing 2000, Wiesbaden 1987, S. 72 ff.

DREXEL, G.: Strategische Unternehmensführung im Handel, Berlin 1981

EISENSTEIN, Paul A.: Setting the Rules in Finance, in: United States Banker, 47. Jg., 8/1986, S. 39– 42

HALBERSTAM, D.: The Reckoning, New York 1986, S. 36

HEINS, J.: A Ford in Your Financial Future, in: Forbes, 22.09.1986, S. 57–60

McGOLDRICK, B.: The Carmakers that would be Bankers, in: Institutional Investor, 20. Jg., 2/1986, S. 175–177

MEFFERT, H.: Erfolgsfaktoren im Einzelhandelsmarketing, in: Bruhn, M. (Hrsg.), Marketing-Erfolgsfaktoren im Handel, Frankfurt/New York 1987, S. 13–47

MEFFERT, H.: Marketing-Strategien der Warenhäuser – Wege aus der Krise?, in: Harvard Manager 1985

POSNY, H.: Mit der Bankverbindung an das Versicherungsgeschäft kommen, in: Die Welt, 16. 5.1988, S. 14

REICHARDT, R.M.: Die Zukunft des Einzelhandels, in: Absatzwirtschaft, Nr. 1/ 1988, S. 70 ff.

TIETZ, B., Option bis 2030, Stuttgart 1984

Lutz Wicke

Umweltmanagement

Nach wie vor betreiben viele Unternehmen eine „defensive Umweltpolitik". Sie erkennen nicht, daß durch ein offensives Umweltschutz-Management nicht nur Image-Verbesserungen möglich sind, sondern auch erhebliche Kosten eingespart werden können. Professor Dr. Lutz Wicke, wissenschaftlicher Direktor im Umweltbundesamt, zeigt, wie man den Umweltschutz als betriebswirtschaftliches Instrument nutzen kann und welche Schritte notwendig sind, um ein offensives und gewinnorientiertes Umweltschutz-Management im Unternehmen durchzusetzen (aus Gablers Magazin 5/88).

Zweifellos ist in den letzten Jahren bei fast allen Betrieben die Einsicht in die Notwendigkeit eines verstärkten Umweltschutzes deutlich gestiegen. Dennoch: Noch immer ist der Umweltschutz – vor allem, wenn er teuer ist oder auf andere Art „weh tut" – für die allermeisten Betriebe zunächst und zuallererst ein betriebswirtschaftliches Ärgernis, das den normalen Produktionsprozeß nur stört.

Die Betriebe werden – vor allem seit der letzten Legislaturperiode mit ihrer deutlich verschärften Umweltpolitik – in immer größerem Umfang auf vielfältige Art und Weise vom Umweltschutz tangiert durch:

– umweltbezogene Auflagen vor und bei dem Bau und beim Betrieb von umweltbedeutsamen Anlagen,
– nachträgliche Anordnungen zur umweltbezogenen Verbesserung früher genehmigter oder erlaubter Anlagen,
– Vorschriften über die umweltbezogenen Eigenschaften von Produkten, Einsatzstoffen und Energieträgern,
– Haftungsrisiken bei umweltgefährdender Produktion oder durch umweltgefährdende Produkte,
– Druck der Öffentlichkeit und der Nachbarschaft auf besonders umweltfreundliches Verhalten oder auf das Unterlassen tatsächlich oder vermeintlich umweltbeeinträchtigender Anlagen,
– Nachfrage der Konsumenten nach umweltfreundlichen Produkten und durch viele andere umweltbezogene Beeinträchtigungen und Beschränkungen.

Diese Aufzählung ist nur ein kleiner Ausschnitt aus dem Problemkreis „Betrieb und Umweltschutzanforderungen". Es ist kein Wunder, wenn beispielsweise Betriebe, die Probleme bei der Erfüllung von Lieferfristen, Liquiditätsengpässen, Absatzprobleme oder großen Ertragsdruck durch starke Konkurrenz haben, im Regelfall diesen Anforderungen sehr reserviert gegenüberstehen und den Umweltschutz als fünftes Rad am Betriebswagen betrachten.

Denn: Zu den „normalen" betrieblichen Problemen treten nun weitere management- und personalbindende und – zumindest auf den ersten Blick – kostenerhöhende externe (Umweltschutz-)Anforderungen hinzu. Die Betriebe können auf diese Anforderungen mit einem defensiven oder einem offensiven Umweltschutzmanagement reagieren.

Der Versuch, so weit dies irgend geht, sich vor diesen „neuen" Anforderungen abzuschotten und sich nicht noch mehr Probleme als unbedingt erforderlich aufzuladen, hat bis dato sehr häufig zu einem rein reaktiven oder defensiven Umweltschutzverhalten der Betriebe geführt (Abbildung 1). Dabei können die Betriebe auf die verschiedenen Umweltschutzanforderungen der Behörden oder des Marktes

– mit umweltbelastendem defensivem Verhalten,
– mit der Erfüllung von Mindestanforderungen und
– mit einem defensiven Umweltschutzmarketing

reagieren.

Defensives Verhalten bei Umweltschutzanforderungen

In der betrieblichen Praxis ist sehr häufig zu beobachten, daß die Betriebe weder ausreichend über ihren Schadstoffausstoß und über die insgesamt durch ihre Produktion und Produkte entstehenden Umweltbeeinträchtigungen informiert sind noch die für sie zutreffenden umweltpolitischen Gesetze, Verordnungen und Richtlinien im notwendigen Umfang kennen.

Vermeidungs- oder Verzögerungsstrategien können nicht möglich oder erschöpft sein, wenn zum Beispiel der Betrieb unter massiven „Vollzugsdruck" gerät, beziehungsweise der Betrieb kann solche Strategien aus Umweltüberzeugung der Betriebsleitung oder aus Imagegründen ablehnen. Dann entscheidet sich der Betrieb sehr häufig für die Erfüllung der Umweltschutz-Mindestanforderungen, insbesondere dann, wenn die staatliche Umweltpolitik keinen Anreiz bietet, mehr als unbedingt nötig für den Umweltschutz zu tun.

Bei einem reaktiven/defensiven Umweltschutzkonzept, nach dem die Umweltanforderungen bei Produktion und Produkten – wenn überhaupt – nur entsprechend dem erforderlichen Mindestmaß erfüllt werden, kann und wird der Betrieb im Regelfall sowohl beim Marketing als auch bei der Öffentlichkeitsarbeit nur eine defensive Strategie anwenden: Dieses in Abbildung 1 skizzierte Umweltschutzmanagement der Betriebe kann man zwar als nicht umweltbewußtes Verhalten des Betriebes aus Umweltsicht beklagen, es kann dennoch (in einer marktwirtschaftlichen Ordnung) ein durchaus rationales Verhalten sein. Der Beitrag für eine Umweltverbesserung durch ein umweltbewußtes Verhalten und insbesondere der (Umweltverbesserungs-)Nutzen für ihn ist in aller Regel sehr gering. Demgegenüber kann der mögliche „Verlust" in Form von Gewinnvermin-

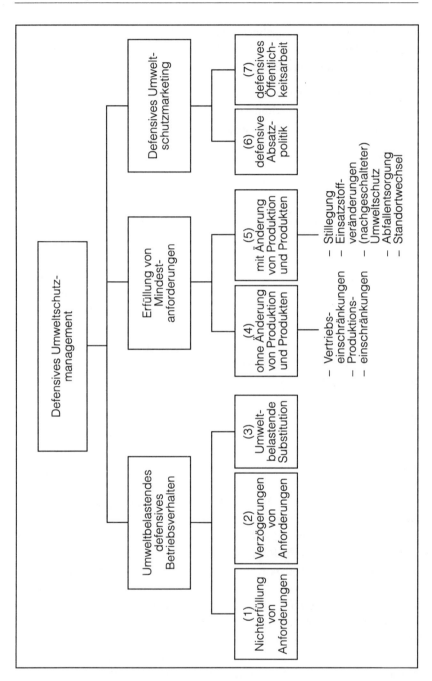

Abbildung 1: Defensives Umweltmanagement

derungen durch umweltschutzbedingte Kostenerhöhungen recht beträchtlich sein. Sofern nicht noch „teurere" staatliche Sanktionen oder Schadenersatzandrohungen von Dritten oder hohe Versicherungskosten drohen oder Imageschädigungen wirtschaftlich riskant werden oder Umweltschutz nicht auf andere Art und Weise „sich rechnet" (zum Beispiel durch Vermeiden einer hohen Abwasserabgabe), besteht unter der Zielsetzung der langfristigen Gewinnmaximierung für den Betrieb kein Grund, sich „freiwillig" teuren Umweltschutzanforderungen zu unterwerfen.

Soweit den Betrieben kostensenkende oder umsatzsteigernde Chancen durch ein „offensives Umweltschutzmanagement" nicht bekannt sind, können die Betriebe nicht wegen dieses defensiven Verhaltens kritisiert werden. Die Kritik muß sich vielmehr gegen die (für eine marktwirtschaftliche Ordnung) ineffiziente, weil nicht (genügend) das marktwirtschaftliche Eigeninteresse der Betriebe am Umweltschutz weckende Umweltpolitik wenden. Diese müßte durch positive oder negative Anreize (Verkauf von überobligationsmäßigen Emissionsminderungen beziehungsweise Erhebung von Umweltabgaben) oder Erhöhung der Haftungsrisiken dafür sorgen, daß es für den Betrieb wirtschaftlicher und damit zugleich „rational" ist, sich umweltfreundlicher zu verhalten.

Solange dies aber in den allermeisten Bereichen der Umweltpolitik nicht oder in zu geringem Umfang der Fall ist, kann das defensive Verhalten der Betriebe nicht kritisiert, sondern nur konstatiert werden.

Allerdings lassen die Betriebe bei einem solchen Verhalten sehr häufig – zumindest mittel- und langfristige – Chancen zur Kostensenkung oder zur Umsatz- und Erlössteigerung aus, die sie durch ein im folgenden dargestelltes „offensives Umweltschutzmanagement" realisieren könnten.

Umweltschutz als betriebswirtschaftliches Instrument nutzen

Im Gegensatz zum eben dargestellten defensiven oder reaktiven Umweltschutzkonzept der Betriebe werden Betriebe bei einer vollständigen Anwendung eines offensiven Umweltschutzkonzeptes versuchen, in allen betrieblichen Bereichen und Funktionen die Umweltschutzanforderungen, die vom Staat oder vom Markt ausgehen, in die betrieblichen Abläufe offensiv zu integrieren. Zielsetzung ist es in diesem Zusammenhang nicht nur, diese Anforderungen „nur" zu erfüllen, sondern sie geradezu

als betriebswirtschaftliches „Instrument" zu benutzen, um möglichst alle
denkbaren Vorteile eines umweltbewußten Verhaltens für den Betrieb zu
erhalten. Mit einem „offensiven Umweltschutzkonzept" wird also versucht, sowohl die betrieblichen Ziele, etwa das der langfristigen Gewinnmaximierung, als auch die Umweltverbesserungsziele gemeinsam zu erreichen. Entscheidet sich die Betriebsführung für ein solches Vorgehen,
dann kann sie dies auf den in Abbildung 2 dargestellten Wegen in praktische Betriebs„politik" umsetzen. (Die folgenden Numerierungen (1) bis
(12) entsprechen denen in Abbildung 2.)

(1) Grundvoraussetzung für das breite Gelingen eines solchen Umweltschutzkonzeptes ist nicht nur eine „einsame" Führungsentschei-
dung des Top-Managements, sondern auch die Überzeugungsarbeit
über die betriebswirtschaftliche Sinnhaftigkeit eines solches Vorge-
hens bei den einzelnen Sparten-, Bereichs- und Abteilungsleitern
(Motivation). Diesen muß klargemacht werden, daß ein „offensives" Umweltschutzkonzept auch im Sinne ihrer jeweiligen betrieblichen Bereiche ist oder sein kann: Personalleiter können durch
den Beitrag einer betont umweltbewußten Unternehmensführung
zur Verbesserung der Arbeitsbedingungen und der -motivation der
Mitarbeiter, Verkaufsleiter durch die Absatz-, Image- und Werbe-
wirkung, technische Leiter durch einen eventuellen neuen Motivati-
onsschub für das Vorschlagswesen, der Leiter der Materialwirt-
schaft durch die Verminderung der Entsorgungsprobleme und der
Leiter des Finanz- und Kostenwesens durch die Möglichkeiten der
Kostenersparnis/Kostenneutralität für ein offensives Umweltschutzkonzept gewonnen und dazu motiviert werden. Ein offensives Umweltschutzkonzept des Betriebes wird häufig auch die vor-
fristige oder qualitätsmäßige (Über-) Erfüllung von Umweltschutzanforderungen bedeuten. Dieses Verhalten ist – rein einzelwirt-
schaftlich auf den Betrieb bezogen – ohne Beachtung sonstiger
Image- oder Absatzeffekte (siehe Punkt 11) nur sinnvoll, wenn vorhandene Kosteneinsparmöglichkeiten genutzt werden. Dies kann
durch die Anwendung von kostensenkenden betrieblichen Umweltschutzmaßnahmen oder durch die Ausnutzung von (öffentlichen)
Finanzierungshilfen für Umweltschutzmaßnahmen geschehen. Bei
den kostensenkenden und umweltschonenden Umweltschutzmaßnahmen der Betriebe wird es sich vor allem um den sogenannten
integrierten Umweltschutz (Maßnahmen 2–5) handeln.

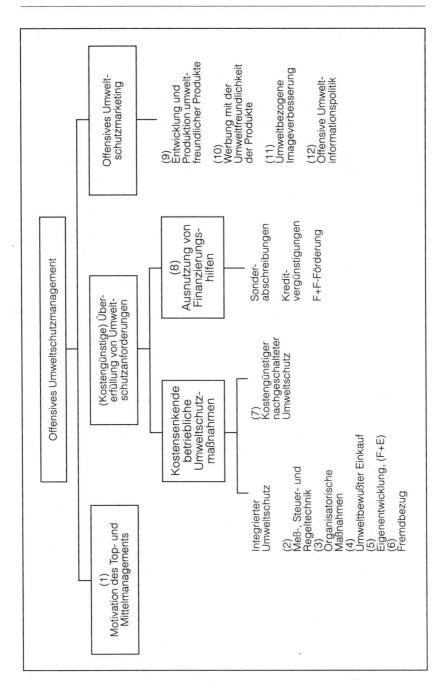

Abbildung 2: Offensives Umweltmanagement

(2) Durch Ausnutzung der modernen Verfahren der Meß-, Steuerungs-
und Regeltechnik können häufig die Umweltschutzanforderungen
erfüllt oder übererfüllt und gleichzeitig erhebliche betriebswirtschaftliche Kostensenkungen erreicht werden. Bei jeder betrieblichen Heizungsanlage können durch entsprechende Regelungs-,
Steuerungs- oder Wartungsmaßnahmen der Energieverbrauch auf
das notwendige Minimum gesenkt und gleichzeitig mit einer Senkung des Kohlenmonoxidausstoßes auch der Wirkungsgrad der
Energieerzeugung (Strom und/oder Wärme) gesteigert und somit
die betrieblichen Energiekosten vermindert werden.

(3) Durch eine verbesserte Organisation des Betriebsablaufs können
Kosten gesenkt und die Umwelt geschont werden: Hochwertige
(graphische) Altpapiere und bestimmte Abfallstoffe können gesammelt und an Abfallverwerter als Sekundärrohstoffe verkauft statt
kostenaufwendig als Abfall beseitigt werden. Durch eine gezielte
organisatorische Maßnahme wie eine planvolle meßtechnische Ei-
genkontrolle können roh-, hilfs- und betriebsstoffvergeudende
„Lecks" im Betriebsablauf aufgespürt und dadurch nicht nur Kosten gespart, sondern auch Umwelthaftungsrisiken und (kostenstei-
gernde) Sanktionen der Behörden vermieden werden.

(4) Häufig sind umweltschonende Produkte für den allgemeinen Ge-
schäftsbedarf (Papier auf Altpapierbasis), aber auch umweltfreundlichere Roh-, Hilfs- und Betriebsstoffe nicht teurer oder kostengünstiger als herkömmliche Vorprodukte. Eine solche bewußt umweltfreundliche Beschaffung ist ebenfalls ein typisches Beispiel für die
Anwendung eines offensiven Umweltschutzkonzeptes.
Beobachten die Betriebe die umweltpolitische und technische Entwicklung und stellen sie fest, daß ihre Produktionsanlagen deutlich
hinter den Anforderungen an neue Anlagen – dem „Stand der
(Luftreinhalte-) Technik" oder den „allgemein anerkannten Regeln
der (Wasserreinhaltungs-)Technik" zurückbleiben, so werden Betriebe, die ein offensives Umweltschutzkonzept haben, nicht eine
„Vogel-Strauß-Politik" betreiben und warten, bis die Behörden
(schnelle) umwelttechnische Verbesserungen verlangen, sondern
rechtzeitig im Rahmen der betrieblichen Investitions- und Erneuer-
ungsplanung sich auf die neuen Anforderungen einstellen. Denn
dann müssen nicht überhastete Entscheidungen „unter Vollzugsdruck" gefällt werden, sondern es können kostengünstige oder ren-

table umwelttechnische Alternativen entwickelt oder am Markt erworben werden.

(5) Häufig zeigt es sich, daß umwelttechnische Lösungen „von der Stange" aufgrund spezieller technisch-organisatorischer Verhältnisse im Betrieb unter Kostengesichtspunkten nicht optimal sind. Mit betrieblichen Eigenentwicklungen können Lösungen gefunden werden, die den jeweiligen Produktionsverhältnissen viel besser entsprechen. Oft entstehen dabei auch vermarktungsfähige Umweltschutzprodukte oder -speziallösungen.

(6) Allerdings können umweltbewußte Betriebe häufig auch am Markt Investitionsgüter (mit integriertem Umweltschutz) erwerben, die gegenüber umwelttechnisch veralteten Anlagen wesentlich rentabler (weil kostensenkend) sind. So können mit modernen galvanotechnischen Anlagen (Stichwort „geschlossene Wasserkreisläufe") teure Rohstoffe wesentlich besser genutzt, Frischwasser und Energie eingespart und die Abwasserabgabenzahlung gesenkt werden.

(7) Auch der Übergang auf (relativ) kostengünstigere, umwelttechnisch verbesserte nachgeschaltete Umweltschutzanlagen kann für die Betriebe zur Senkung der Umweltschutzkosten führen. Zum Beispiel kann in Drahtziehereien bei der Drahtherstellung die anfallende Eisenoxidschicht auf mechanischen Wegen sehr viel umweltfreundlicher und kostengünstiger beseitigt werden als mit dem weitverbreiteten chemischen Verfahren.

(8) Vor allem für nachgeschaltete Umweltschutzanlagen, die zumindest zu 70 Prozent dem Umweltschutz dienen, bestehen Steuer-, das heißt Sonderabschreibungs-, aber auch Kreditvergünstigungen. Außerdem können und sollten die Betriebe die Möglichkeiten der staatlichen umwelttechnischen Forschungs- und Entwicklungsförderung in Anspruch nehmen, um alle Chancen zum kostensenkenden oder gewinnbringenden Umweltschutz im Rahmen des offensiven Umweltschutzkonzeptes zu realisieren.

Neben der Motivation der verschiedenen Management-Bereiche und der kostensenkenden Übererfüllung der Umweltschutzanforderungen ist ein offensives Umweltschutzmarketing der dritte Haupt-Baustein eines offensiven Umweltschutzkonzeptes, weil dadurch betriebswirtschaftliche Vorteile erlangt werden können. Dafür kann das gesamte Bündel aller Marketinginstrumente eingesetzt werden. Am wichtigsten erscheinen folgende Möglichkeiten:

(9) Die Entwicklung und die Produktion besonders umweltfreundlicher Produkte ist aufgrund einer immer stärker werdenden Nachfrage (Privathaushalte, Betriebe und öffentliche Beschaffungsstellen) für Betriebe, die Produkte mit Umweltrelevanz herstellen und vertreiben, von großer Bedeutung. So dürften beispielsweise Hersteller von Farben und Lacken ihren Umsatz kaum halten können, wenn in ihrem Sortiment nicht auch lösemittelarme oder -freie Farben und Lacke enthalten sind.

(10) Hat der Betrieb (relativ) umweltfreundliche Produkte – seien es Konsum- oder Investitionsgüter – im Sortiment, sollte diese „Produkteigenschaft" vor allem dann herausgestellt werden, wenn die potentiellen Kunden dies als wichtig erachten oder wenn der Betrieb ein „Bedürfnis" nach dieser Eigenschaft beim Kunden wecken kann. Die Information über die Umweltfreundlichkeit der Produkte kann durch Werbebotschaften, Informationsblätter und -broschüren oder über die „Auszeichnung" des Produkts mit Umweltqualitätstestaten, insbesondere mit dem blauen „Umweltengel" geschehen. Bei letzterem können die Kunden „auf einen Blick" die (relative) Umweltfreundlichkeit („umweltfreundlich, weil ...") des Produkts erkennen und entsprechende Kaufentscheidungen treffen.

(11) Neben den eben genannten direkten absatzfördernden Marketingmaßnahmen gehören zu einem offensiven Umweltschutzmarketing auch die indirekt absatzfördernden Maßnahmen zur Verbesserung des Images des Betriebes in der Öffentlichkeit. Durch Betonung des Anstrebens und der (partiellen) Verwirklichung eines offensiven Umweltschutzkonzeptes, der Übererfüllung der Umweltanforderung bei Produktion und Produkten, des Angebots an besonders umweltfreundlichen Produkten können der Betrieb und die von ihm hergestellten Produkte ein besonders positives Umweltimage erhalten, was den Gesamtabsatz mittel- und langfristig verbessern hilft. Aus diesem Grunde können auch kurzfristig „unrentable" (weil kostenerhöhende), umweltfördernde Umweltschutzaktivitäten der Betriebe sich mittel- und langfristig durchaus als rentabel und betriebswirtschaftlich sinnvoll erweisen.

(12) Um die Glaubwürdigkeit eines offensiven Umweltschutzkonzeptes und eines solchen Marketing nicht zu gefährden, ist es bei umweltbezogenen Produktions- und Produktrisiken und bei eventuellen Unglücks- oder Störfällen unbedingt erforderlich, entsprechende Informationen und Warnhinweise der Öffentlichkeit schnell und zügig zu geben und im Einzelfall – freiwillig (auch unter eventueller ausdrücklicher Nicht-Schuld-Anerkenntnis) – Entschädigungs- oder Kompensationszahlungen zu leisten. Integraler Bestandteil eines offensiven Umweltschutzmanagements und -marketings muß also eine offensive Umwelt-Informationspolitik sein.

Vorteile eines gewinnorientierten, offensiven Umweltmanagements

Es erscheint als ein gravierender Managementfehler, wenn – wie das im Chemiesektor der Fall ist – die Firmen und der Verband zwar berechtigterweise auf sehr hohe Umweltschutzanstrengungen und -kosten hinweisen können und dies auch der Öffentlichkeit zwecks „Imageverbesserung" „verkauft" wird, dann aber die „teuer erkaufte" Glaubwürdigkeit durch eine äußerst ungeschickte Umweltinformationspolitik bei Chemieunfällen größerer und kleinerer Art wieder verspielen.

Das eben dargestellte Beispiel zeigt, welche betriebswirtschaftlich verheerenden Folgen eine völlig verfehlte defensive Umweltinformationspolitik und damit ein defensives Umweltschutzmanagement haben kann. Dieses Managementfehlverhalten der großen Chemiefirmen und des Chemieverbandes wird die Chemieindustrie Hunderte von Millionen, wenn nicht gar Milliarden kosten:

– Der politische Einfluß der Chemieindustrie ist drastisch zurückgegangen (Stichwort: „Rausschmiß" aus der Störfall-Kommission);
– Die „Wiedergutmachungskosten" zur Erlangung eines Mindestmaßes an umweltpolitischer Glaubwürdigkeit sind unerhört hoch (sehr teure Anzeigen- und Werbespotserien);
– Die nach den Chemieunfällen angekündigte Verschärfung der Umwelthaftung und die Einführung einer obligatorischen Umwelthaftpflichtversicherung wird ebenfalls sehr, sehr teuer werden.

Und auch das folgende Beispiel zeigt, daß sich kurzfristig eingesparte Umweltschutzkosten nicht lohnen.

Wurde einem Betrieb vor langer Zeit eine luft- oder wasserbeeinträchtigende Anlage genehmigt, die inzwischen aber seit langem nicht mehr dem modernen Stand der Schadstoffvermeidungstechnik entspricht, so kann der Betrieb – was in der Realität sehr häufig geschieht – die übliche „Vogel-Strauß-Politik" betreiben, indem er das Umweltproblem der entsprechenden Anlage „verdrängt". Das heißt der Betrieb informiert sich oft nicht über den tatsächlichen Schadstoffausstoß seiner Anlage und auch nicht über die neueren Anforderungen und die Vermeidungstechniken oder neuere Produktionsverfahren, die zum Teil nicht nur umweltschonender, sondern auch (durch Energie- und Materialeinsparung) betriebswirtschaftlich rentabler sind.

Früher oder später wird er aber mit einer entsprechenden behördlichen „Auflage" zur Schadstoffreduzierung konfrontiert. Dann gerät der Betrieb unter „Vollzugsdruck", denn betriebswirtschaftlich sehr bedeutsame Investitionsentscheidungen müssen unter Zeitdruck wegen der Notwendigkeit der Erfüllung der Auflage innerhalb einer bestimmten Zeit erfüllt werden. Die notwendigen Informationen über technisch und betriebswirtschaftlich optimale Lösungen sind oft nicht in kurzer Zeit zu beschaffen. Daraus resultieren häufig betriebswirtschaftliche Fehlentscheidungen, weil unnötig teure Schadstoffminderungsmaßnahmen ergriffen werden. Dies können nachgeschaltete Anlagen zur Reinigung der Abluft oder des Abwassers oder zur Lärmminderung sein, weil diese technisch „naheliegendste" Lösung gerade die behördliche Auflage erfüllt. Hätte hingegen der Betrieb rechtzeitig seinen Schadstoffausstoß gemessen, durch Blick in die Technische Anleitung Luft oder in die allgemein anerkannten Regeln der (Wasserreinigungs-)Technik ermittelt, welche Anforderungen an seine Anlage gestellt werden, so hätte im Rahmen der betrieblichen Planung rechtzeitig nach kostengünstigen, umweltfreundlichen neueren Produktionsverfahren gesucht werden können, die den unter Vollzugsdruck „auf die Schnelle" gefundenen Maßnahmen weit überlegen sein können. Es hat sich bei empirischen Untersuchungen gezeigt, daß das defensive Umweltschutz-„Vogel-Strauß-Management" gegenüber dem offensiven Umweltschutzmanagement tatsächlich sehr oft wichtige betriebswirtschaftliche Nachteile beinhaltet.

Wie kann ein offensives Umweltschutz-management durchgesetzt werden?

Wie diese und weitere Beispiele zeigen, spricht vieles dafür, daß das offensive Umweltschutzmanagement gegenüber dem defensiven Umweltschutzkonzept häufig betriebswirtschaftlich günstiger sein wird. Dennoch ist es selbstverständlich für jeden Betrieb mit der Zielsetzung, eine langfristige Gewinnmaximierung zu betreiben, erforderlich, die Vor- und Nachteile beider Konzepte emotionslos abzuwägen und die auch betriebswirtschaftlich richtige Entscheidung zu treffen. Zumeist dürfte die Entscheidung darin bestehen, in bestimmten Bereichen offensiv (etwa im Marketing), in anderen Bereichen hingegen sich eher defensiv zu verhalten. Denn eines ist sicher: Ein sofortiges totales „Umsteuern" in allen betrieblichen Bereichen auf ein „offensives Umweltmanagement" ist angesichts (zumindest kurzfristiger) betriebswirtschaftlicher Probleme bei der Einführung eines solchen Konzeptes kaum durchsetzbar. Entscheidend ist aber, daß sich die Betriebsleitung mehr und mehr der Chancen in Form von Kostensenkungen, Imagesteigerungen, Umsatz- und Gewinnerhöhungen, die durch ein betont umweltbewußtes Verhalten für die Betriebe entstehen können, bewußt werden. Sind diese Chancen erst einmal erkannt, dann ist es nur eine Frage der Zeit, bis mehr und mehr Betriebe in immer mehr betrieblichen Bereichen den vom Markt und von den Behörden ausgehenden Umweltschutzanforderungen offensiv begegnen.

Unabhängig davon: Insbesondere in Betrieben, die von Umweltschutzanforderungen in nicht zu vernachlässigendem Ausmaß betroffen sind, sind Führungs- und Richtungsentscheidungen für ein (eher) reaktives oder (eher) offensives Umweltschutzkonzept des Betriebes erforderlich. Solche Führungsentscheidungen können nur die prinzipielle Richtung des Betriebes im Hinblick auf seine Haltung zum Umweltschutz festlegen. Die eigentliche Durchsetzung eines solchen Konzeptes muß in einem längerfristigen, stufenweisen Planungs- und Gestaltungsprozeß geschehen.

Zunächst benötigt der Betrieb die relevanten Informationen über die gesetzlichen Anforderungen und über die entsprechenden umweltbezogenen Marktdaten – und zwar unabhängig vom beabsichtigten Umweltschutzkonzept. Umweltschutzbezogene gesetzliche Anforderungen und die Anforderungen und Daten des Marktes sind Rahmenbedingungen für den Betrieb, die – neben der Einstellung der Betriebsleitung und den sonstigen nicht-umweltbezogenen Nebenbedingungen – starken Einfluß darauf ausüben, ob sich der Betrieb des Umweltschutzes reaktiv/defensiv „erwehrt" oder den Umweltschutz „offensiv" als Chance ergreift.

Für diese Grundentscheidung und für die Politik und Gestaltung der betrieblichen „Umweltpolitik" sind vorgeschaltet folgende zwei Schritte erforderlich:

1. Schritt

Ermittlung der betrieblichen Chancen und Risiken aufgrund externer staatlicher Vorgaben und von Marktdaten (externe Umweltfaktoren). Dafür benötigt der Betrieb insbesondere Informationen über umweltpolitische Gegebenheiten und voraussichtliche Entwicklungen, die

– direkt den Produktionsprozeß des Betriebes beeinflussen (Verschärfung des Wasserhaushalts- und Bundesimmissionsschutzgesetzes und von Verordnungen zu diesen und weiteren Gesetzen),
– für die Produkte/das Verhalten der Abnehmer neue Rahmendaten setzen (verschärfte Produzenten-Haftung für Produkte und (Produkt-)Abfälle),
– die ökonomischen Rahmenbedingungen des Betriebes verändern (Erhöhung der Abwasserabgabenzahlung bei Einleitung von gewässerbeeinträchtigenden Schadstoffen, obligatorische Umwelthaftpflicht mit Versicherungsprämien in Abhängigkeit vom umweltbezogenen Risikopotential des Betriebes).

Außerdem werden Informationen über betriebs- und umweltbedeutsame Veränderungen der Marktsituation wie

– die allgemeine Veränderung, insbesondere die Verstärkung des Umweltbewußtseins der Öffentlichkeit mit der Möglichkeit, dies durch betriebliche Marketingaktivitäten in entsprechendes Nachfrageverhalten umzusetzen,
– die umweltbedeutsame Veränderung des Umweltbewußtseins der Abnehmer (nur Einstellungs- oder auch Verhaltensänderungen?),
– die umweltbezogenen Aktivitäten der Konkurrenten (Einführung neuer umweltfreundlicher Konkurrenzprodukte, offensives Umweltmarketing der Konkurrenten),
– die Möglichkeiten des Erwerbs (neuer) umweltverbessernder Vorprodukte, umwelttechnischen Know-hows (Lizenzen), des Erwerbs von

rentableren Anlagen mit integriertem Umweltschutz oder von kostengünstigeren nachgeschalteten Umweltschutzverfahren (Informationen über den Umweltschutzgütermarkt) benötigt.

2. Schritt

Vor Festlegung des umweltschutzbedeutsamen Managementkonzeptes müssen aber auch noch die betriebsinternen Umweltfaktoren, das heißt die diesbezüglichen Stärken und Schwächen des Betriebes analysiert werden. Dazu gehört die Beantwortung folgender Fragen:

– Wie flexibel sind die leitenden Angestellten und die übrige Belegschaft beim eventuellen „Umschalten" auf ein umweltbewußtes Management?
– Welche finanziellen Möglichkeiten bestehen, umweltverbessernde Investitionen oder umwelttechnische Eigenentwicklungen vorzunehmen?
– Ist das bestehende Produktionsprogramm umweltrelevant, und können bisherige Produkte durch umweltfreundlichere substituiert und/oder das Produktionsprogramm auf betont umweltfreundliche Produkte umgestellt werden?
– Können auf den bisherigen Vertriebskanälen umweltbewußte Abnehmergruppen angesprochen und als Kunden gewonnen werden?

Hat sich der Betrieb diese Informationen verschafft, kann die Entscheidung über die einzuschlagende betriebliche Umweltschutz-Strategie gefällt werden.

Fällt der Betrieb eine prinzipielle Entscheidung über die Anwendung eines offensiven Umweltschutzkonzeptes, so kann dies nicht in einer großen Kraftanstrengung erfolgen, sondern sie muß mit einer Schritt-für-Schritt-Strategie/-planung realisiert werden:

– Wie bereits erwähnt, ist der erste Schritt die Überzeugungsarbeit und Motivation der (leitenden) Mitarbeiter, die dann dazu führen soll, diese von der prinzipiellen Richtigkeit eines offensiven statt eines defensiven Umweltschutzmanagements zu überzeugen, denn ein solches Umschalten führt in den einzelnen Abteilungen sicher auch zu (wirtschaftlichen) Nachteilen und Umstellungsproblemen.

Die betriebswirtschaftliche Sinnhaftigkeit kann den einzelnen Abteilungen/Betriebsbereichen und ihren Leitern – wie bereits erwähnt – am besten durch direkte Vorteile der einzelnen Abteilungen/Bereiche klargemacht werden.

– Selbst die allerbeste psychologische Motivation des Führungsteams und der (leitenden) Mitarbeiter für ein offensives Umweltmanagement wird – zumindest am Anfang – kaum dazu führen, ein allgemeines Einverständnis zu rein „altruistischen" Umweltschutzmaßnahmen, die den Betrieb nur Geld kosten und den Gewinn mindern (ohne erkennbare sonstige positive Effekte zu haben), zu erreichen.

Deshalb kann im Regelfall ein offensives Umweltschutzkonzept nur in folgenden Stufen durchgeführt werden:

– Aufspüren und Verwirklichen von umweltschützenden Maßnahmen, die zu Kosteneinsparungen/Gewinnerhöhungen führen,
– Erfüllung und zum Teil Übererfüllung von gesetzlichen Umweltschutzanforderungen,
– kosten- und gewinneutrale Umweltschutzmaßnahmen und
– (unter Ausnutzung eventueller Imagevorteile) Umweltschutzmaßnahmen, die das Unternehmen belasten.

Ein gewinnorientiertes offensives Umweltmanagement ist sowohl aus betriebsindividuellen, aber auch aus gesamtwirtschaftlichen Aspekten in der Tat die Aufgabe einer zukunftsgerichteten Unternehmensführung!

Rudolf Mann

Das visionäre Unternehmen

Vision ist mehr als ein Modewort. Rudolf Mann sieht Vision als Bindeglied zwischen Lebenssinn und Unternehmensgewinn: sie trägt dazu bei, die Lebensfähigkeit des Unternehmens zu sichern und die Lebensqualität der Mitarbeiter zu steigern. In dem Buch Das visionäre Unternehmen *zeigt er konkret, wie man mit einem Führungsteam in einem Zwölf-Stufen-Programm eine Unternehmensvision entwickeln kann, die dann von allen getragen wird, weil die Mitarbeiter einbezogen werden. Der Autor leistet jenen Hilfestellung, die sich aus eingefahrenen und veralteten Denkschemata lösen wollen, weil sie spüren, daß das lineare mechanistische Management keine Zukunftsperspektive mehr bietet. Im folgenden Auszug präzisiert der Autor, was eine Vision kennzeichnet, und beschreibt das neue Bild der Unternehmensführung. Dr. Rudolf Mann ist geschäftsführender Gesellschafter von Unternehmenserfolg, Praxis für ganzheitliche Unternehmensführung, Mannheim.*

Das Neue Bewußtsein im Unternehmen

Im letzten Jahrzehnt unseres Jahrtausends stehen wir vor einem Umbruchprozeß, von dem wir alle betroffen sind. Internationale und nationale Politik, Gesellschaft, Wirtschaft und jeder von uns persönlich. Ob wir den Wertewandel in uns Menschen sehen oder die internationale Abrüstung, die Globalisierung der Märkte, die Umweltkatastrophen oder die rasanten Entwicklungen in der Technologie betrachten, ob wir unseren Blick auf den HIV-Virus (Aids) und den Eppstein-Barr-Virus (Chronische Erschöpfung) richten oder ob wir die Offenbarung des Johannes lesen, Weissagungen von Nostradamus, Jakob Böhme oder Svedenborg. Überall das gleiche Bild. Wir können uns aber auch darauf beschränken, jeden Tag eine Viertelstunde die Nachrichten im Fernsehen anzusehen. Es ist auch das gleiche Bild. Nicht nur Neuigkeiten im alten Sinne, sondern dramatische Veränderungen, unerwartete Situationen, Turbulenzen und Bestürzung. Unsere Erde ist im Umbruch. Und alle Systeme, wirtschaftliche, gesellschaftliche und politische auch. Weil wir Menschen im Umbruch sind. Diese Umwandlung ist Bedrohung und Chance zugleich.

Hinsehen, was ist

Überall, wo wir aufmerksam hinsehen, in Politik, Gesellschaft und Wirtschaft, können wir die ungeheure Herausforderung spüren, die dieser Wandel mit sich bringt.

Ob es die Veränderung im Gesundheitsbewußtsein ist, wenn immer mehr Menschen ihre Eigenverantwortung für ihre Gesundheit entdecken, ob es um die Frage geht, was nach den Autos kommt, wenn Autobahnen, Straßen und Städte verstopft sind, oder um die Rolle der Rüstungsindustrie, wenn wir durch Abrüstung unsere Feindbilder verlieren; wo wir auch hinschauen, der Veränderungsprozeß verlangt neue Antworten.

Wie sieht das neue Bild aus, in dem Unternehmen in Harmonie mit ihrer Umwelt leben? Wo innere Kündigung wieder durch Sinnhaftigkeit bei den Mitarbeitern ersetzt wird, wo Arbeiten täglich Spaß und Freude macht. Was ist die Konsequenz aus der EG-Öffnung und der Globalisierung der Märkte, was kommt, wenn wir nicht mehr aus der Sicht deutscher Zentralverwaltungen denken? Wie verändert sich die Energie-Landschaft nach der Aufgabe von Wackersdorf als Konsequenz des Unwillens der Bevölkerung, nachfolgende Generationen durch unsere nuklearen Rückstände zu vergiften? Wo führt der Weg hin, wenn neue Technologien, Mikroelektronik, Gentechnologie, ständige Vernetzung, Internationalisierung des Wettbewerbs, Wertewandel und Veränderungen des Verbraucherverhaltens immer neue Entscheidungen verlangen in einer ständig komplexeren Welt?

Unternehmen sind unsere geistigen Geschöpfe, weil sie alle einmal aus einem Vorstellungsbild entstanden sind. Wir Menschen tragen für sie Verantwortung. Deshalb dürfen wir sie auch ändern, umformen, gestalten, so, wie wir unsere Wirtschafts-Welt in der Zukunft wünschen. Am Anfang steht die neue Vision, das positive Vorstellungsbild einer neuen Zukunft, deren Schöpfung aus unserer Initiative erfolgt.

Gerade in einer Zeit, in der es der Wirtschaft gut geht, in der Unternehmen durch hohe Gewinne verlockt werden, die bisherigen Maßnahmen und Vorgehensweisen für die Zukunft festzuschreiben, ist die Versuchung groß, wegzusehen und zu verdrängen. Aber in jeder Branche werden einige die Ersten sein, Vorbilder und Vorreiter für das, was kommt.

Es ist sicher kein Zufall, daß gerade 1989 die drei größten Chemie-Unternehmen der Bundesrepublik mit Stolz verkündet haben, daß sie den höchsten Gewinn seit ihrem Bestehen erreicht haben. Hätte man nicht besser geschwiegen und den größten Teil des Gewinns investiert in die Entwicklung umweltfreundlicher Produktion mit naturverträglichen Abfallstoffen?

Einer der Vorstände der gleichen Unternehmen hat offen beklagt, daß immer mehr Mitarbeiter in Unternehmen die Lust und Freude an der Arbeit verlieren, sich krank melden. Daß sie sich vor diesen Arbeiten drücken, weil sie in ihrer Familie in Druck geraten.

Der Gewinn eines Unternehmens ist gleichzeitig

- ein Signal, ob wir gut gewirtschaftet haben,
- die Manifestation unseres Denkens in Zahlen und
- ein Hinweis, ob wir auf dem richtigen Weg sind.

Aber das ist nur die Oberfläche. Es gibt immer eine Zeitverzögerung zwischen einem neuen Bewußtseinszustand, dem geänderten Verhalten und der Widerspiegelung in Zahlen. Die Zahlen sind nur die Schatten der Vergangenheit, sie berücksichtigen nicht die Herausforderungen der Zukunft. Deshalb ist der Gewinn ein Verführer, er will uns einflüstern, wir bräuchten nur so weitermachen. Das ist lineares Denken, es setzt eine konstante Außenwelt voraus.

Klippe 1: Der Gewinn verführt uns.

Hohe Gewinne sagen uns, daß wir in der Vergangenheit öko-
nomisch erfolgreich waren. Und sie erwecken den Eindruck,
daß wir auf dem richtigen Weg sind. Hier liegt die Gefahr.
Denn unsere Umwelt und die Rahmenbedingungen ändern sich
schneller als die Reaktionszeit wirtschaftlicher Ergebnisse.

Das Ende des mechanistischen Managements

Mit den Erfolgsrezepten der letzten vierzig Jahre, mit den Management-
Techniken und den betriebswirtschaftlichen Erkenntnissen sind wir in einer Sackgasse gelandet: Alles funktioniert nicht mehr so wie früher, die
operativen Steuerungsmechanismen sind weitgehend ausgereizt, die Ma-
nagement-Regeln greifen nicht mehr so, wenn wir sie einsetzen. Das
lineare Denken hilft uns nicht mehr weiter. Die einfachen „Wenn-dann-
Beziehungen" sind ein Trugschluß. Spiralförmige Entwicklungen, vernetzte Konsequenzen mit Rückwirkung auf das eigene Entscheidungsob-
jekt, komplexe Zusammenhänge, die wir mit unserem Verstand nicht
mehr voll erfassen können, und die beschleunigten Veränderungen haben
ein Ende gesetzt für das, was sich bisher bewährt hat. Das heißt nicht, daß
alles bisher falsch war, sondern nur, daß es in Zukunft nicht mehr funktionieren wird.

Es ist das Dilemma an unserer Umbruch-Situation, daß gerade das, was
bisher als bewährt galt, was uns Erfolg brachte und uns half, nach den
Kriegsjahren die Wirtschaft wieder aufzubauen, jetzt nicht mehr richtig ist,
sogar schaden kann. Aber unser Leben ist kein lineares System, in dem alles so weitergeht, wie es bisher war. Und zur Zeit sind wir eben an einem
Wendepunkt. In der Kurve heißt „auf Kurs bleiben" nicht geradeaus wei-
terfahren, sondern abbiegen; im Wendepunkt heißt es sogar umkehren.

Aus der Sicht am Standpunkt der Wende gibt es typische Merkmale
des bisherigen Management-Verhaltens:

(1) Es beginnt bereits bei dem Wort „Management", das uns die Illusion vermittelt, wir könnten diese lebendigen Organismen, die wir
Unternehmen nennen, beherrschen, im Griff behalten. Wir könnten
genau überschauen, was durch jede einzelne Handlung oder Entscheidung geschieht. Unternehmen sind aber offene Systeme, in denen immer ein Ausweichen möglich ist, insbesondere bei Druck.

(2) Mit dem Management-Verständnis ist eng die Vorstellung verbunden, ein Unternehmen sei vergleichbar mit einer Maschine. Es genüge, an einigen richtigen Knöpfen zu drehen, um auf der anderen Seite der Maschine den richtigen Output in Qualität und Quantität zu bewirken. Dieses Vorstellungsbild ist noch in uns, auch wenn es uns gar nicht bewußt ist.

(3) In diesem Maschinen-Bild ist der Mensch ein Teil der Maschine. Ein Rädchen. Ein Rädchen, an dem man drehen kann, das man verstellen kann, das bestimmbar ist, das so funktioniert, wie wir es wollen. So sind die meisten „Motivations-Instrumente" entstanden, wenn sie uns glauben machen wollen, daß – wie die Suppe durch etwas Salz schärfer wird – der Mensch mit einem bißchen mehr Geld auch mehr oder besser arbeitet.

(4) Auch die Art, wie man Kunden behandelt, gehört in dieses Bild. Seit wir den Begriff „Zielgruppe" erfunden haben, ging die Nähe zum Kunden verloren. Sie sind keine Menschen mehr, sondern eine objektiv bestimmbare Masse, die wir nur richtig einschätzen müssen, um sie zu „gewinnen". Sie wurden vom Subjekt zum Objekt. Sie werden namenlos, anonym, unbekannt, damit analysierbar, erforschbar, sonderbar, gliederbar, sortierbar, reparierbar, isolierbar, lösbar, dadurch zwangsweise manipulierbar, lenkbar, beeinflußbar, anspornbar, beherrschbar, verführbar, beschwatzbar, anziehbar und einseifbar. (Die Armen!)

(5) In dieser Sicht steht uns die Natur als unendliche Ressource zur Verfügung. Ihr gegenüber haben Unternehmen nur Rechte, keine Pflichten. Wir dürfen alles haben, was sie uns bietet. Aber das, was wir zurückgeben (die Abfälle), ist eben nur Abfall. Wir lassen es fallen. Wir übersehen, daß die Abfälle, die die Natur selbst produziert, immer wieder in ihren Kreislauf einfließen, ohne „End-lagerung".

(6) In diesem Denkschema gibt es ein dominierendes Ziel: quantitatives Wachstum. Es ist der Maßstab für Erfolg, weil es dadurch am leichtesten ist, zwangsweise wachsende Kosten zu verkraften. Und wenn das Wachstum so leicht nicht mehr kommt, machen wir ganz einfach die Produkte oder die Leistungen etwas schlechter. Wir sparen an Kosten, wir vermindern den Wert in der Hoffnung, daß es niemand merkt. Und Dienstleistungen, die früher unseren Produkten ihren Wert gaben, schaffen wir einfach ab.

(7) Der Erfolg verführt uns, linear so weiterzumachen wie bisher. Auch wenn wir bisherige Erfolge nicht durch die gleichen Maßnahmen in der Zukunft wieder erreichen können. Weil sich alles verändert. Weil die Bedingungen unseres Lebens im Umbruch sind.

(8) In unserem persönlichen Leben übertragen wir diese Erfahrungen durch Suche nach Macht, persönliche Eitelkeit und Bindung an Eigentum. Auch wenn uns diese Gefahren sehr schnell unsere Freiheit rauben können. Das geschieht immer dann, wenn wir nicht mehr über diesen Dingen stehen, sie nicht haben, sondern von ihnen gehabt werden.

(9) Noch immer glauben wir an die All-Macht unseres Intellekts, obwohl der Verstand nur ein Bruchteil der Kapazität ist, die uns für unser Denken zur Verfügung steht. Unser Unterbewußtsein und unser Überbewußtsein haben nicht nur mehr Übersicht und eine wesentlich höhere Kapazität, mit ihnen denken wir auch ganzheitlich. Wir erfassen gleichzeitig die Gesamtzusammenhänge mit allen Konsequenzen unserer Entscheidung. Wir begreifen so die gesamte Komplexität, statt sie analytisch mit dem Verstand zu reduzieren.

(10) Das alte Management ist geprägt von Zahlen. Von dem Glauben, durch Zahlen sei alles meßbar. Zahlen sind aber nur Schattenbilder der wirklichen Realität, Teile des Ganzen, Auswirkungen und Manifestationen unseres Handelns. Nur wenn wir hinter die Zahlen sehen, erkennen wir die eigentlichen Ursachen von Erfolg und Mißerfolg. Dann sehen wir die Beziehungen, die Hintergründe, die Ursachen, an denen wir ansetzen müssen, wenn wir nicht nur Symptome kurieren wollen.

(11) Letztlich spiegelt sich dieses mechanistische Management-Denken in einem Rollenbild des Managers wider, das ihm eine unmenschliche Maske aufzwingt. In diesem Bild ist der Manager ein Mann (!) ohne Gefühle, ohne Zweifel, ohne Angst und nie unter Druck. Alles, was er entscheidet, ist richtig, und das bleibt es auch in der Zukunft. Er hat ständig die Lösung aller Probleme im Kopf, er ist voller Vertrauen auf seine Fähigkeiten, da er ohnehin nie einen Fehler macht. Er trägt die volle Verantwortung auch für das, was er nicht weiß. Alles, was er sagt, entscheidet, ist rational bis ins letzte Detail begründet und abgesichert. So ist er reich an Manager-Tugenden und gleichzeitig arm an Menschlichkeit.

Klippe 2: Alles ist beherrschbar.

Solange wir glauben, mit dem Verstand und den Management-techniken alles beherrschen zu können, erleben wir zunehmend mehr Überraschungen und Turbulenzen, auf die wir nicht vorbereitet sind.

Das neue Bild der Unternehmensführung

Neues Bewußtsein in der Wirtschaft bedeutet nicht nur, einige Dinge anders machen. Ein bißchen umdenken. Es ist ein totaler Wandel in ein neues Bild, zu einem neuen Selbstverständnis. Es ist ein fließender Prozeß, den wir heute nur skizzenhaft in den Konturen erkennen, der Offenheit von uns verlangt, uns anzupassen und dazuzulernen.

Das Paradigma eines Neuen Bewußtseins in der Wirtschaft zeigt uns dann die folgenden Aspekte:

(1) Unternehmen sind Organismen. Unternehmen sind Lebewesen, Leib-Seele-Geist-Einheiten wie wir Menschen selbst. Das ist das Gegenteil von Maschinen, wo man nur an einem Knöpfchen drehen muß, damit auf der anderen Seite das richtige Ergebnis herauskommt.

(2) Ethik, Ökologie und Ökonomie sind vereinbar. Die scheinbaren Gegensätze heben sich auf. Der Gewinn ist die Belohnung für den Nutzen, den wir unseren Kunden bieten. Nutzenvorteile entstehen aus der Differenzierung vom Wettbewerb durch Entfaltung persönlicher Einzigartigkeit in Harmonie mit der Umwelt. Wer gegen die Natur handelt, schadet sich selbst.

(3) Unternehmen sind Spiegel zur Selbstentfaltung. Gleiches zieht Gleiches an. Alles was uns im Unternehmen stört, nehmen wir wahr, weil die Störung in uns ist. So ist das Unternehmen unser Diagnose-Bild und unser Heiler, gleichzeitig die Chance, heilend danke zu sagen.

(4) Potentiale liegen in Menschen. Nicht Maschinen, Anlagen, Standorte und Programme sind die Gewinnchancen der Zukunft, sondern nur die Menschen, wenn wir ihre Entfaltung unterstützen und damit potentielle Energien freisetzen. Wenn wir tun, was wir gerne tun, müssen wir erfolgreich sein.

(5) Gewinn ist der Lohn für Einzigartigkeit. Austauschbare Leistungen tendieren zur Umsatzrendite von Null. Einzigartigkeit entsteht nur aus Menschen, denen wir die Chance zur Selbstentfaltung geben.

(6) Kunden wollen geliebt werden. Kundennähe gewinnt Bedeutung, weil sich Bedürfnisse immer schneller verändem. Kleine Losgrößen und flexible Verfahren ersetzen Massenproduktion. Mit diesem Problemlösevorsprung entstehen neue Partnerschaften, in denen beide Seiten gewinnen.

(7) Lebensenergie ist der Motor. Wir alle haben Zugang zu unendlicher universeller Energie. Sie steht uns zur Verfügung, wenn wir in unserer Mitte sind, weil sich dann unser inneres Selbst im äußeren erfüllen kann. Sie gibt uns Vorstellungs-, Entscheidungs- und Umsetzungskraft und sie beseelt das Unternehmen.

(8) Konsens heißt alle einbeziehen. Unternehmen sind Ganzheiten. Menschen im Unternehmen sind Teile der größeren Ganzheit. Durch Einbeziehung aller schaffen wir Sinn und Harmonie, bündeln wir die Kräfte zum gemeinsamen Ziel, das immer in uns ist.

(9) Schöpfung geschieht durch Vision. Unsere Unternehmen sind menschliche Schöpfungen. Ihr Ursprung ist die Vision. Sie ist das geistige Bild, wie wir uns das Unternehmen wünschen, in dem wir leben. Wenn wir sie aus den Augen verlieren, fehlt uns die Orientierung.

(10) Dezentralisierung und Selbstorganisation halten lebensfähig. Zentralisierte Großunternehmen werden aussterben. Wie Saurier. Die Übertragung von Verantwortung und Entscheidung auf möglichst viele Teileinheiten ermöglicht Selbstverantwortung und Selbstentfaltung, sie schützt vor Turbulenzen.

Klippe 3: So tun als ob.

Die Verlockung ist jetzt groß, einfach mitzuspielen, ohne daß sich wirklich etwas ändert. Das Neue Bewußtsein in der Unternehmensführung propagieren, darüber reden, ohne es zu leben. Aber die Mitarbeiter spüren deutlich, ob wir es ernst meinen oder nur eine neue Maske aufsetzen.

Die Gegenüberstellung in Abbildung 1 zeigt den Umbruch, der sich in der Unternehmensführung vollzieht.

**Der Wandel zum Neuen Bewußtsein
in der Unternehmensführung**

Altes Bild	Neues Bild
Unternehmen sind wie Maschinen steuerbar	Unternehmen sind lebende Organismen
Ökonomie, Ethik und Ökologie sind Gegensätze	Ökonomie, Ethik und Ökologie sind vereinbar
Unternehmen sind Objekte, getrennt von uns selbst	Wir selbst sind ein Teil des Unternehmens, es lebt aus uns
Menschen sind Kostenfaktoren, das Ziel ist Einsparung	Menschen sind Träger der Unternehmenspotentiale, das Ziel ist Entfaltung
Gewinn ist das Ergebnis eines richtigen Ertrags- und Kostenmanagements	Gewinn ist die Belohnung der Marktwirtschaft für akzeptierte Einzigartigkeiten
Kunden gehören zu Zielgruppen, die man systematisch akquirieren muß	Kunden sind Menschen, die – wie wir selbst – lieben und geliebt werden wollen
Klare Entscheidungen und konsequente Durchsetzung, notfalls mit Druck, bringen den Erfolg	Die Lebensenergie des Unternehmens fließt nur durch Sog über die Mitarbeiter aus der universellen Quelle
Führung heißt: Ziele vorgeben, entscheiden und kontrollieren	Führen heißt, Konsens suchen durch Einbeziehen aller
Unternehmen sind das Ergebnis von Markt, Umfeld und Management	Unternehmen sind so, wie unsere Visionen sie erschaffen
Groß, zentral und straff ist das Erfolgsbild eines zukunftsorientierten Unternehmens	Klein, überschaubar und dezentral autonom sein sichert das Überleben bei Turbulenzen

Abbildung 1: Das Paradigma in der Führung im Neuen Bewußtsein

Die Vision als Sinngebung

Wie alle Begriffe, die in unserer Zeit in Mode kommen, ist auch das Wort „Vision" bisher uneinheitlich gebraucht und in der Gefahr, verwässert zu werden. Nun möchte ich präzisieren, was ich damit meine. Mit dieser Abgrenzung zeige ich gleichzeitig ein Angebot von Alternativen, so daß sich jeder seinen Begriff heraussuchen kann. Für Sie als Leser ist dabei wichtig, das WAS zu kennen, bevor ich dann das WIE beschreibe.

Standort im Unternehmenskonzept

Eine Vision ist kein Unternehmenskonzept, Strategiekonzept, kein Vertrag und keine Werbebroschüre; sie ist eher ein Glaubensbekenntnis.

Innerhalb eines ganzheitlichen Unternehmenskonzeptes hat die Vision einen festen Platz. Aus meiner persönlichen Erfahrung hat sich für die Entwicklung ganzheitlicher Unternehmenskonzepte die Gliederung bewährt, die in Abbildung 2 wiedergegeben ist.

Aus dieser Gliederung geht hervor, daß die Vision ein Teil der Zielsetzung ist, die sich von anderen Teilen unterscheidet. Anstelle der Vision kann ein Unternehmen auch eine qualitative Zielsetzung, ein Leitbild oder ein Credo haben, aber das ist dann etwas anderes. Deshalb grenze ich im folgenden ab, wo die Unterschiede liegen.

Eine Vision ist eine qualitative Zielsetzung, die den Zustand beschreibt, zu dem wir hinwollen, als wären wir bereits dort. Sie ist damit das „Dach", der rote Faden, unter den sich Strategien, Absichtserklärungen, Projekte und Maßnahmen im Unternehmenskonzept unterordnen.

Abgrenzung zu quantitativen Zielen

In der Vision haben Zahlen keinen Platz. Weder betriebswirtschaftliche Zahlen noch zeitliche Daten. Im Gegensatz zur quantitativen Zielsetzung, die immer einen Zeitraum umfaßt und einen spätesten Zeitpunkt der Zielerreichung festlegt, ist die Vision zeitlich offen. Es kann sein, daß sie sich in diesem Jahrzehnt erfüllt, vielleicht auch im gleichen Jahr, vielleicht auch in einem Quartal. Es kann aber auch sein, daß sie nie ganz erfüllt wird (das ist der wahrscheinlichste Fall), weil sie durch neue Erkenntnisse, neue Menschen im Unternehmen und die Veränderung des Bewußtseins überarbeitet wird, bevor sie sich voll erfüllt hat. Denn eine Vision, die erfüllt ist, hat keine Kraft mehr. Der Sog ist weg.

1.0 Ausgangslage
  1.1 Selbstverständnis
  1.2 Potentiale
  1.3 Engpaß

2.0 Zielsetzung
  2.1 quantitativ
  2.2 Strategische Lücke
  2.3 Leitbild, Credo, Vision
  2.4 Stellung zur Umwelt

3.0 Wachstum
  3.1 Wachstums-Schwelle
  3.2 qualitativ, quantitativ
  3.3 Diversifikation, Konzentration

4.0 Produkt-Markt-Strategien
  4.1 Portfolio, Sortiment, Problemlösungen
  4.2 Zielgruppen, Kundenstrukur
  4.3 Absatzwege, Absatzermittler
  4.4 Absatzregionen, Absatzländer
  4.5 Basis-/Einzel-Strategien
  4.6 absatzpolitisches Instrumentarium
  4.7 Segmentsstrategien

5.0 Funktionsstrategien
  5.1 Innovation, F + E
  5.2 Produktion
  5.3 Organisation, EDV, Information
  5.4 Beschaffung
  5.5 Personal, Führung
  5.6 Finanzierung, Investition

6.0 Umsetzung
  6.1 Projekte, Maßnahmen
  6.2 Strategische Kosten
  6.3 Absatz, Umsatz
  6.4 Eckwerte Cash, Ergebnis

7.0 Absicherung
  7.1 Interne Risiko-Faktoren
  7.2 externe Prämissen
  7.3 Strategischer Plan-Ist-Vergleich
  7.4 Sofortmaßnahmen
  7.5 Revisions-Regelung
  7.6 Verpflichtung, Vertraulichkeit

Abbildung 2: Gliederung eines ganzheitlichen Konzepts

Um das deutlich zu machen, zeige ich ein Beispiel einer quantitativen Zielsetzung. Diese bezieht sich immer auf einen mittelfristigen Zeitpunkt von drei bis fünf Jahren, wobei die Eckwert-Planung im Unternehmenskonzept (Punkt 6.4 meines Gliederungsbeispiels) konkret sagt, in welchen Schritten die quantitative Zielsetzung erfüllt werden soll.

Es besteht heute Einigkeit, daß „Gewinnmaximierung" kein quantitatives Ziel ist. Denn quantitative Ziele müssen so präzise in Höhe und Zeitpunkt sein, daß man auch weiß, wann man dort angekommen ist. Gewinnmaximierung, weil sie immer oder nie erreicht ist, je nach dem, wie man's sieht, ist kein brauchbares Ziel.

In meiner Arbeit haben sich folgende Zielkomponenten einer quantitativen Zielsetzung bewährt:

(1)   das Volumen, ausgedrückt in Umsatz (Wert) oder Absatz (Menge), zum Beispiel: Wachstum von 100 auf 150 Millionen DM;

(2)   die Rendite, ausgedrückt in der Umsatz-Rendite oder einer Kapital-Rendite, zum Beispiel: von 1 auf 5 Prozent Umsatzrendite;

(3)   Markt-Ziele, die üblicherweise als Markt-Anteile oder Distributionskennzahlen formuliert werden, zum Beispiel: Marktanteil von 10 auf 14 Prozent;

(4)   Leistungsziele als Produktivitäts- oder Output-Zahlen, zum Beispiel: Umsatz pro Mitarbeiter von 150 000 DM auf 210 000 DM;

(5)   Kostenziele, etwa als Gemeinkosten-Anteil vom Umsatz, zum Beispiel: Gemeinkosten bezogen auf den Umsatz sinken von 42 Prozent auf 39 Prozent;

(6)   Struktur-Ziele, die etwa im Eigenkapital-Anteil, im Kapital-Umschlag oder in Finanzierungsregeln ihren Ausdruck finden, zum Beispiel: Umschlag der Vorräte von 2,5 auf 3,5 mal p.a.;

(7)   Branchenabhängige Kennzahlen, wie etwa Umsatz pro Beschäftigte, Kosten pro Tonne, Deckungsbeitrag pro Hektoliter, zum Beispiel: Stuhlumsatz in der Gastronomie steigt von 40,– DM auf 60,– DM am Tag.

Quantitative Ziele sind operative Ziele, auf die wir unser Planungs-System, unser operatives Controlling-System und unser Berichtswesen ausrichten. Dagegen sind qualitative Ziele verbal formulierte Vorstellungsbilder, die man nicht in Zahlen ausdrücken kann.

Der Unterschied zum Leitbild

Leitbilder sind – wie auch die Vision – qualitative Ziele, in denen festgelegt ist, was man will und was man nicht will. Wozu ein Unternehmen da ist und wozu nicht. Es definiert die Unternehmensaufgabe und grenzt ab, was nicht dazugehört.

Es hat sich bewährt, die Leitbild-Formulierung über eine Abfrage-Checkliste vorzubereiten, wie es beispielhaft in der Abbildung 3 gezeigt wird. Für die zehn Punkte, die nach Unternehmenssituation leicht variiert werden können, werden in der Ist-Spalte die derzeitigen Verhältnisse eingetragen. In der Spalte „Fragen für die Zukunft" werden alle Alternativen aufgelistet, über die in der Vergangenheit nachgedacht wurde oder über die nach derzeitigem Stand der Meinungen einmal nachgedacht werden müßte. Damit entsteht eine Stoffsammlung, die nach Durcharbeit und Entscheidung über die möglichen Alternativen Grundlage ist für die Formulierung eines Leitbildes.

Bei der endgültigen Formulierung werden selbstverständlich nicht alle zehn Checkpunkte in einem qualitativen Leitbild festgelegt, sondern nur jeweils die Punkte, auf die es ankommt. Leitbilder zeigen gewollte Veränderungen vom Ist-Zustand im Sinne von „Wir wollen …", „Unsere Aufgabe ist …" oder „Wir sehen unsere zukünftige Position …".

Die Differenz von der Ist-Situation zu dem, was im Leitbild ausgedrückt wird, ist das Spannungsfeld, der Maßstab an Handlungsbedarf für die Weiterentwicklung des Unternehmens.

Abgrenzung zum Wunschbild

Leitbilder entstehen auf der rationalen Ebene unseres Denkens. Sie sind das Produkt unseres gemeinsamen Denkens, sie bringen unsere Absichten, unser Wollen zum Ausdruck. Im Gegensatz dazu sind im Wunschbild unsere Wunschvorstellungen wiedergegeben. Und wünschen können wir uns alles, was wir uns zutrauen. Die Wünsche gehen in der Regel über die Leitbild-Formulierungen hinaus. Weil Wünsche etwas mit unseren Gefühlen zu tun haben, mit unseren Träumen, mit unseren Idealbildern und mit unseren inneren Bestrebungen.

Es gibt ein Gesetz: „Was Du Dir wünschst, das hast Du schon." Das gilt, weil das, was wir uns wünschen, als geistiges Bild schon vorhanden ist. Wie wir noch genauer sehen werden, beginnen alle menschlichen

		Was wollen wir, was nicht?	

Nr.		Heutiger Ist-Stand	Fragen für die Zukunft
1	Firma, Rechtsform		
	Ort		
2	Leistung		
3	Produkte		
	Problem-lösungen		
4	Qualität		
5	Preislage		
6	Marke		
7	Vertriebs-organisation		
8	Absatzmittler		
9	Vertriebsregion		
	Länder		
10	Zielgruppe Verbraucher		
	Verwender		

Abbildung 3: Checkliste als Vorbereitung für die Leitbild-Entwicklung

Schöpfungsprozesse in geistigen Bildern. So steht in der Bibel „Am Anfang war das Wort", wobei das „Wort" vom griechischen „Logos" übernommen wurde, was eigentlich die „Idee" bedeutet.

Wenn wir Wünsche entwickeln, können wir jede Situation, die uns heute nicht gefällt, verändern. Denn in allem, was wir bemängeln und beklagen, ist insgeheim ein Wunsch enthalten, wie wir es gerne hätten. Sonst könnten wir gegen das, was ist, gar keinen Widerstand haben.

Das Wunschbild ist ein Vorstellungsbild, das aus dem Bereich unserer Gefühle, unserer Träume und unserer Ideal-Vorstellungen entstammt. Wenn wir in uns schauen, können wir entdecken, daß wir immer Wunschbilder mit uns herumtragen. Aber Wunschbilder finden nur selten Anwendung in der Unternehmenszielsetzung, weil wir sie als „abgehoben", „unrealistisch" oder als „Phantasiebilder" empfinden. Diese Empfindung kommt vor allem daher, daß wir verlernt haben, über Gefühle und Träume miteinander zu kommunizieren. Und wenn dann ein Mitarbeiter im Unternehmen einmal wagt, darüber zu reden, ist er sofort in den Augen der anderen ein Phantast.

Das Besondere an der Vision

Nachdem wir alles abgegrenzt haben, was nicht Vision ist, bleibt nur noch die Frage: Was ist denn das nun, was wir Vision nennen?

Zuerst einmal müssen wir noch die Form betrachten, in der eine Vision ihren Ausdruck findet. Es gibt drei Varianten:

- Manche Unternehmen begreifen ihre Vision als ein Wort oder einen Satz. Ich würde das lieber als „Credo" bezeichnen.
- Andere formulieren ihre Vision in fünf bis sieben Sätzen so, daß sie auf eine DIN-A4-Seite paßt,
- und andere verstehen die Vision als ganze Firmen-Broschüre, die intern und auch für alle Partner des Unternehmens Verwendung findet.

Meine persönliche Erfahrung hat gezeigt, daß der mittlere Weg der beste ist. In einer Vision soll etwas mehr gesagt werden als ein Grundgedanke, damit sie eine breitere Identifikationsbasis bietet. Die Beziehungen zu den Partnern innerhalb und außerhalb des Unternehmens sollten zum Ausdruck kommen, weil damit Gefühle verbunden sind, die den Sog erzeugen für die Lebensenergie des Unternehmens.

Somit ist es sinnvoll, über den Zweck des Unternehmens, die Produkte und Leistungen, die Beziehungen zu Kunden, Mitarbeitern und Partnern, die Sicherheit von Unternehmen und Arbeitsplätzen und die Stellung zur Umwelt eine Aussage in der Vision zu treffen.

Die Alternative der Broschüre überschreitet meiner Auffassung nach die Funktion einer Vision. Die Vision dient in erster Linie der internen Orientierung, um die internen Energien auf einen Punkt zu bündeln. Um Sinn zu geben und die freiwillige Ausrichtung der Mitarbeiter in eine Richtung zu ermöglichen. Damit wieder alle in einem Boot sitzen, an einem Strang ziehen. (Und das auch noch in die gleiche Richtung.)

Die Botschaft nach außen hat erst in zweiter Linie Bedeutung. Dabei ist es nicht unbedingt notwendig, daß der exakte Wortlaut der Vision wiedergegeben wird. Es kann sein, daß in der Vision Dinge stehen, die man als Anspruch nach außen nicht in der gleichen Weise formulieren möchte. Deshalb empfiehlt es sich, die Vision erst einmal mit dem Blick nach innen zu entwickeln. Und in einem zweiten Schritt zu überprüfen, ob und in welcher Form die Grundgedanken der Vision auch nach außen für Außenstehende Verwendung finden sollen.

Aus meinen persönlichen Erfahrungen weist die Vision folgende Merkmale auf:

(1) Sie wird von einem Team entwickelt und nicht von einer Einzelperson.

(2) Alle Mitarbeiter des Unternehmens werden miteinbezogen. (Die Form, in der das geschieht, werde ich später beschreiben.)

(3) Die Vision ist nicht nur eine sachliche Information, sie bringt auch Gefühle zum Ausdruck, zum Beispiel: Freude, Stolz, Spaß an der Arbeit, Liebe zum Produkt und zum Kunden. Weil Gefühle Energien zum Fließen bringen.

(4) Sie ist positiv, konstruktiv, lebensbejahend. Sie läßt gewinnen, ohne daß andere verlieren. Die Vision zeigt, welchen positiven Beitrag das Unternehmen für die Entwicklung der Erde und ihrer Menschen leisten will.

(5) Die Vision klärt die Beziehungen, den Umgang miteinander, sowohl intern in der Führung als auch innerhalb des Unternehmens.

(6) Die Formulierung geschieht als Aussage, als seien wir schon dort, wo wir hinwollen. Es ist ein geistiges Bild des Zustandes, den wir erreicht haben, wenn wir unser Ziel erfüllt haben.

(7) Vision ist ein Spannungsfeld zwischen Himmel und Erde, zwischen der Ist-Situation, die wir heute erleben, und unserem Vorstellungsbild in der Zukunft.

(8) Damit steht sie mit festen Beinen auf der Erde, was nur möglich ist, wenn wir aufmerksam beobachten, was heute wirklich ist und geschieht.

(9) Aber sie hat eine Perspektive, die sich vom Heute entfernt. Ein geistiges Bild, ein gewollter und gewünschter Zustand, der gerade soweit weg ist vom Heute, daß wir ihn noch für erreichbar halten.

(10) Letztlich ist die Vision visionär. Das klingt zwar trivial. Aber es will sagen, daß die Vision neue Perspektiven eröffnet, innovativ und kreativ ist, an die Grenzen des Unmöglichen herangeht und Spannung erzeugt für das Abenteuer, das auf dem Weg zur Erfüllung auf uns zukommt.

Das Wichtigste aber ist, daß eine Vision Vertrauen voraussetzt. Ein tiefes, stabiles Urvertrauen des Führungsteams, daß sich die Vision erfüllen wird. Ihre Umsetzung ist ein metaphysischer Vorgang, kein Netzplan des eigenen Handelns. Es geschieht von selbst. Wenn man in der Lage ist, loszulassen.

Nach diesen Überlegungen definiere ich:

> Eine Unternehmens-Vision ist ein gemeinsam geschaffenes positives Vorstellungsbild über einen zukünftigen Zustand, der sich selbst erfüllt.

Es ist etwas ganz Besonderes, gemeinsam eine Vision zu entwickeln. Ein Schöpfungsvorgang, der Beitrag des Menschen zum göttlichen Schöpfungswerk. Und gerade deshalb ist es wichtig, den Begriff der Vision nicht zu verwässern und alles, was einem in den Kopf steigt, „Vision" zu nennen.

Klippe 4: Die Vision ist kein Modegag.

Ein Unternehmen, das leichtfertig Zukunftsbilder als Vision zeichnet oder ohne ausreichende Vorbereitung eine Vision entwickelt, verbaut sich den Weg für die echte Vision. Oft müssen dann Jahre vergehen, bevor der Fehler korrigiert werden kann.

Marketing

Heribert Meffert

Marketing-Strategien

Für das Überleben von Unternehmen ist die längerfristige Ak-
zentsetzung der Unternehmensaktivitäten von zentraler Bedeu-
tung. Fragen der strategischen Unternehmens- und Marketing-
planung werden deshalb seit einigen Jahren intensiv diskutiert.
Tiefgreifende Veränderungen im Wettbewerbsumfeld, in der tech-
nologischen Entwicklung, in den Einstellungen und im ökolo-
gischen Bewußtsein der Konsumenten prägen den Bedingungs-
rahmen des Marketing und der Unternehmensführung. Profes-
sor Dr. Heribert Meffert, Direktor des Instituts für Marketing an
der Universität Münster und bekannt als einer der kompetente-
sten Vertreter seines Faches, beschäftigt sich in seinem Buch
Strategische Unternehmensführung und Marketing *mit den*
unterschiedlichsten Sichtweisen dieser Thematik und gibt einen
systematischen Einblick in die Vielfalt der relevanten Problem-
bereiche. Im folgenden Auszug zeigt der Autor Entwicklungs-
perspektiven der marktorientierten Unternehmensführung auf.

Marketingstrategien im Spannungsfeld zwischen Kunde, Handel und Wettbewerb

In jüngster Zeit wird immer wieder das sogenannte „magische Dreieck" in der marktorientierten Unternehmensführung beschworen. Gemeint ist damit die Tatsache, daß sich jedes Marketingkonzept im Spannungsfeld „Kunde – Handel – Wettbewerb" bewähren muß. Diese Erkenntnis ist nicht neu. Neu ist jedoch die Fragestellung, welche Priorität bei der Strategiefestlegung den Elementen im Marketingsystem zukommt.

In den 50er Jahren war der Hersteller König. Es herrschten Distributions- und Verkaufsorientierung vor. In den 60er Jahren, der Geburtsstunde des Marketing, war der Kunde König. Die Situation des aggressiv umworbenen Käufermarktes führte dazu, die Probleme, Wünsche und Bedürfnisse der Kunden an den Anfang und in den Mittelpunkt unternehmerischer Aktivitäten zu stellen.

Indes, die weithin vorherrschende Situation des Verdrängungswettbewerbs auf gesättigten und stagnierenden Märkten, Probleme des Umweltschutzes sowie das kritischere Verbraucherbewußtsein haben in Verbindung mit einem bemerkenswerten Wertewandel an der Dominanz der Kundenorientierung erhebliche Zweifel aufkommen lassen.

Parallel dazu hat sich der Handel als bedeutender Marktfaktor, um nicht zu sagen Machtfaktor, im Distributionssystem emanzipiert. Kooperation, Konzentration und Betriebsgrößenwachstum führten zu einer erheblichen Aufwertung der Absatzmittler. Vielerorts schrieb man dem Handel in seiner Rolle als mächtiger „Gatekeeper" die „Königsposition" im Marketingsystem zu. Folgerichtig stellte sich die Frage, ob das strategische Denken sich nicht primär am Handel auszurichten habe. Oft lautete die Devise: Mehr Push als Pull.

Zu Beginn der 80er Jahre stellten sich weitere Probleme ein. Zunehmende Konzentrationsprozesse auf der Anbieterseite, neue, weltweit tätige Konkurrenten (z. B. die japanische Herausforderung) erhöhten, in Verbindung mit einer immer größer werdenden Zahl stagnierender und schrumpfender Märkte, die Reaktionsverbundenheit der Wettbewerber. Geringe Unterschiede in der Bedürfnisbefriedigung der Produkte erhöhten die Substitutionsgefahr. Die Imitation erfolgreicher Produkte verschärfte diese Entwicklung. Die technologischen Möglichkeiten der Mikroelektronik heizten die Innovationskonkurrenz an.

Vor diesem Hintergrund wird in Theorie und Praxis zunehmend die Meinung vertreten, der Wettbewerbsstrategie gehöre die Zukunft. In den meisten Märkten sei es der Wettbewerbsvor- oder -nachteil gegenüber dem führenden Konkurrenten – und nicht der Kunde –, der den Erfolg bestimmt. Die Gegenthese hierzu lautet: Eine zu starke Orientierung am Konkurrenten führe zum ruinösen Wettbewerb mit der Gefahr der Selbstzerfleischung. Insbesondere bei einer Kampfstrategie in gesättigten Märkten mit der Zielsetzung, „zu den letzten Überlebenden zu gehören", sind die Risiken vielfach unkalkulierbar. Es wird deshalb gewarnt, sich die Kreativität und den unternehmerischen Spürsinn bei der Durchsetzung von Strategien nicht durch eine zu starke Fixierung auf den Konkurrenten nehmen zu lassen.

Ähnliche Argumente werden für und gegen eine Handelsorientierung der Strategie vorgebracht. Eine strategische Ausrichtung auf die Probleme und Forderungen des Handels sei notwendig, damit die angebotenen Produkte überhaupt in das Regal gelangen. So versuchten ja gerade viele Konsumgüterhersteller, durch Einführung und Anpassung des Kundengruppen-Managements der veränderten Situation Rechnung zu tragen und durch konsequente handelsgerichtete Konzepte Gewinn und Rentabilität sicherzustellen. Die Gegenthese lautet: Eine zu starke Orientierung an den Belangen des Handels erhöhe den Konzentrationsprozeß und damit die Abhängigkeit der Hersteller. Ein starkes Produkt- und Herstellerimage sei deshalb notwendige Voraussetzung, um sich gegenüber den Absatzmittlern erfolgreich durchzusetzen.

Schließlich wird im Zuge der wachsenden Globalisierung bemerkt, die konsequente Orientierung an den Bedürfnissen der Konsumenten sei eine falsche, ja gefährliche Politik. Sie führe zu Kostensteigerungen und Rationalisierungshemmnissen in Produktion und Vertrieb und sei in hohem Maße für die bestehenden Gesellschafts- und Umweltprobleme verantwortlich. Zudem wüßten die Kunden oft gar nicht, was für sie die „richtige" oder „beste" Problemlösung sei. Die Abkehr vom Kundendenken wird u. a. mit Übersegmentierung und Proliferation begründet. Sortimentsaufblähungen durch zahlreiche ähnliche Marken und eine Ausuferung der aktionsbezogenen Elemente des Marketingmix seien die Folge. Im übrigen werde dem Marketing von den Verbraucherbewegungen ein langes Sündenregister vorgehalten. Es reiche vom Vorwurf der planmäßigen Verhinderung der Markttransparenz über eine ökologisch bedenkliche Müllproduktion durch überflüssige bzw. aufwendige Verpackung bis hin zur Verführung der Menschen zu materialistischer Konsumfixierung. Alles in allem sei der Konsument von heute weniger zufrieden als der von gestern. Es sei deshalb höchste Zeit, sich an den gesellschaftsbezogenen Aufgaben des Marketing zu orientieren.

Es scheint also, daß die Marketingwissenschaft und mehr noch die Praxis keine eindeutige Antwort darauf geben, ob der Strategieschwerpunkt auf den Kunden, den Handel, den Wettbewerber oder gar die Gesellschaft zu legen ist.

Eine mögliche Lösung dieses Dilemmas wird häufig in der Situationsabhängigkeit der Marktaufgaben gesehen. In diesem Sinne werden der Marktlebenszyklus, die Marktstruktur, die Stabilität der Marktlage, das Vorhandensein von Substitutionsprodukten etc. als Determinanten der Wettbewerbsintensität und damit auch der Dominanz von Wettbewerbsstrategien hervorgehoben. Etwa in dem Sinne, daß in jungen, rasch wachsenden, in stagnierenden und schrumpfenden sowie in labilen Märkten die Wettbewerbsorientierung groß zu schreiben sei. Diese wirke sich wiederum über den horizontalen auf den vertikalen Wettbewerb und damit auch auf den Stellenwert des handelsgerichteten Marketing aus.

Welche Konstellation auf den Märkten auch immer gegeben ist, letztlich kann es für die marktorientierte Führung nur eine Antwort geben: Optimale Befriedigung der Bedürfnisse. Alle heute im Vordergrund der Diskussion stehenden strategischen Grundkonzeptionen (Kosten- bzw. Preisführerschaft, Qualitätsführerschaft oder Besetzung von Nischen) weisen Strategieelemente auf, die sowohl den Abnehmer als auch den Konkurrenten im Auge haben. Insofern ist strategisches Denken immer mehrdimensional. Dennoch liegt die primäre Orientierung bei den Kundenbedürfnissen, denn jeder Wettbewerbsvorteil kann letztlich nur über den Kundennutzen definiert und realisiert werden. Eine Strategie, die die Kundenzufriedenheit langfristig nicht in den Vordergrund der Überlegungen stellt, ist zum Scheitern verurteilt. Deshalb gilt es, die Kundenprobleme situationsgerechter und effizienter zu lösen, und zwar durch innovative Marketingprogramme, d. h. Angebote, die im Wettbewerb profilieren.

Entwicklungsperspektiven der marktorientierten Unternehmensführung

Tiefgreifende Veränderungen in den Bereichen des Wettbewerbsumfelds, der technologischen Entwicklung, der Einstellungen und des ökologischen Bewußtseins der Konsumenten prägen den Bedingungsrahmen des Marketing und der Unternehmensführung. Dabei verlaufen die feststellbaren Trends keineswegs immer in gleiche Richtungen. Vielmehr tun sich Spannungsfelder auf, die durch sehr entgegengesetzte Entwicklungen gekennzeichnet sind. So steht z. B. die Technologiefeindlichkeit einer Innovationsbegeisterung gegenüber, und Tendenzen zur Individualisierung und Emotionalisierung des Konsumverhaltens existieren gleichzeitig neben einer nachweisbaren Homogenisierung von Bedarfsstrukturen und einem neuen Rationalismus. Markterfolge werden sowohl durch einen technologieinduzierten Market-Push als auch durch eine kompromißlose Bedarfsorientierung (Market Pull) realisiert.

In dieser Situation verlieren einfache Erfolgsrezepte ihre Gültigkeit. Aufgabe der marktorientierten Unternehmensführung der Zukunft wird es sein, erfolgreich zwischen den Polen dieser komplexen Spannungsfelder zu vermitteln. Es gilt in Zukunft mehr noch als heute

- die Komplexität, Diskontinuität und Dynamik der Umwelt richtig zu handhaben,
- dabei die konzeptionelle Gesamtschau langfristig sicherzustellen,
- im Verdrängungswettbewerb das Spannungsfeld zwischen individueller Bedürfnisorientierung und Kostenoptimierung zu überbrücken,
- die Wechselwirkungen zwischen Unternehmung, Markt und Umwelt zu erfassen und im Sinne von Regelkreisen miteinander zu verbinden.

In diesem Sinne zeichnen sich die Konturen der marktorientierten Unternehmensführung von morgen ab als

- vieldimensional, d. h. ganzheitlich-strategisch,
- modular, d. h. flexibel, bausteinartig,
- vernetzend, d.h. interaktiv, rückkoppelnd.

Marketingphilosophie

Die Zukunftsperspektiven der marktorientierten Unternehmensführung sind durch ein Übermaß und nicht durch einen Mangel an Chancen gekennzeichnet. Die vorrangige Aufgabe besteht darin, die existierenden Ströme und Gegenströme in Wirtschaft und Gesellschaft richtig zu interpretieren und sie einem langfristig orientierten Entwicklungspfad zugrunde zu legen. Bei der Erfüllung dieser Aufgabe stoßen analytisch-technokratische Sichtweisen an ihre Grenzen. Eine von Kreativität und visionärer Kraft geleitete Gesamtschau ist für das Marketing von morgen notwendiger denn je.

Das *strategische Marketing* bietet in seinen Grundzügen die Voraussetzungen für eine solche Ausrichtung. Seine konzeptionelle Gesamtschau erfüllt die Forderung nach einer ganzheitlichen Betrachtungsweise. Dabei muß das Marketing allerdings zu einem neuen Selbstverständnis finden. Das Primat des Marketing ist neu zu überdenken.

Entwicklungen der Vergangenheit haben oft die Frage aufgeworfen, ob *strategisches Marketing* versagt hat (Allgemeinplätze auf hoher Ebene, fehlende Verbindung zum operativen Geschäft). In einem gewissen Grade ist diesen Kritikern zuzustimmen. Jedoch sehe ich die Gründe für dieses Versagen weniger als einen systemimmanenten Fehler des Konzepts des strategischen Marketing. Vielmehr ist die marktorientierte Führung oftmals in eine Isolation in bezug auf die anderen Funktionsbereiche der Unternehmung geraten. Als Folge wurde in zahlreichen Unternehmungen eine „Implementierungslücke" offenbar. Vom Marketing entwickelte Konzepte wurden in den einzelnen Funktionsbereichen nicht konsequent umgesetzt. In dieser Situation erscheint ein neues Selbstverständnis des *Marketing als vernetzende Funktion* notwendig.

Die Vernetzungsaufgabe bezieht sich sowohl auf den innerorganisatorischen Bereich der Unternehmung (F + E, Produktion, Beschaffung etc.) als auch auf die *Schnittstellen zwischen der Unternehmung und ihren relevanten Umweltelementen* (Kunden, Handel, Gesellschaft). Marketing wird also in weit stärkerem Maße als bislang *interaktiv* sein müssen.

Vorrangige Aufgabe der Vernetzung ist es, in einem ersten Schritt *Informationsströme* zwischen den vernetzten Systemelementen anzuregen. Neue Informations- und Kommunikationsmedien eröffnen hierzu weitreichende Perspektiven. Der Inhouse- bzw. „business-to-business"-Einsatz interaktiver Medien wie Btx oder vernetzter PC-Systeme schafft ein Netzwerk von Informationskanälen, die auch als „Autobahnen der Kommunikation" bezeichnet werden. Was dort transportiert wird, zu welchen Zielen es sich bewegt und für welchen Nutzen es gedacht ist, all diese Fragen sind künftig noch mehr als bisher vom Marketing zu beantworten.

Die Rolle des Marketing in diesem Prozeß reicht von der des *Vermittlers eines Dialogs* bis hin zur *Rolle eines Architekten bei der Entwicklung von Aktivitätsprogrammen*. Diese Auffassung läßt sich an einem Beispiel des Hochtechnologiebereichs verdeutlichen:

Eine zu beobachtende Entwicklung ist, daß neue erfolgreiche Produkte im High-Tech-Bereich in zunehmendem Maße durch einen forschungsinduzierten Market-Push denn durch einen bedarfsinduzierten Nachfragesog entwickelt werden. Der Erfolg am Markt ist häufig davon abhängig,

Durchbrüche im Basistechnologiebereich frühzeitig auf ihre Auswirkungen in der Sphäre angewandter Produkte abzuschätzen. Um ein Beispiel aus der Vergangenheit zu wählen: Diejenige Firma, die zuerst die Erstellung integrierter Schaltkreise bei der Entwicklung des die Vakuumröhren ersetzenden Transistors erkannte, hatte die besten Chancen, in diesem Anwendungssegment der Transistortechnologie führend zu sein (Beispiel aus der heutigen Zeit: Supraleitfähige Materialien).

Weder der Verbraucher (oder Anwender) noch F + E oder Marketing allein sind in der Lage, derartige Fragen zu beantworten. Es ist die bedürfnisorientierte Vernetzung dieser drei Bereiche, welche die Erfolgsvoraussetzung schafft. In diesem Sinne ist der Integrationsaspekt des Marketing weiter zu entwickeln.

Modulare Konzepte zur Überbrückung von Spannungsfeldern

Im Bereich der Instrumentestrategien gewinnen künftig *modulare Marketingkonzepte* an Bedeutung. Sie können in vielen Märkten dazu beitragen, die Spannungsfelder zwischen individueller Bedürfnisorientierung und Kostenminimierung auszugleichen.

Im *Leistungsmix* können beispielsweise standardisierte Produkte durch individualisierte Dienstleistungskomponenten ergänzt werden. Durch eine Kombination von Produktbausteinen und Dienstleistungen kann eine den Ansprüchen der Zielgruppe entsprechende Positionierung erreicht werden. Beispiele aus dem Computerbereich, dem Automobilsektor und dem Handel belegen bereits heute diesen Sachverhalt anschaulich.

Im *Computermarkt* besteht die den Kunden verkaufte Gesamtleistung sowohl aus der Gerätekomponente als auch aus Wartungs- und Serviceverträgen. Hierzu zählen wahlweise auch System- und Programmberatungsleistungen des Computerherstellers. Somit kann je nach Anspruchsprofil des Kunden (Bedürfnis nach umfassenden Problemlösungen versus Bedürfnis nach einem Gerätebaustein) die angebotene Leistung differenziert werden. Beachtenswert ist dabei, daß die Hardwarekomponente stark standardisiert ist und die Differenzierung weitgehend über die Dienstleistungen des Computeranbieters erfolgt.

Im *Automobilbereich* wurde zur Begegnung des Spannungsfeldes zwischen Standardisierung und Differenzierung die *World Components Strategie* entwickelt. Dabei werden zentral hergestellte standardisierte Fahrzeugbausteine in vielfältiger Weise kombiniert, um den jeweiligen Bedürfnissen der Märkte gerecht zu werden. Auch auf nationalen Märkten wird diese global angelegte Bausteinstrategie von Automobilherstellern erfolgreich umgesetzt (z. B. VW: Golf und Scirocco mit gleichem Fahrwerk und Motorversionen; General Motors: Pontiac Firebird und Chevrolet Camaro gleiche Technik, unterschiedliche Karosserien).

Im *Handel* werden Sortimentsbausteine derart kombiniert, daß unter Beibehaltung einer klaren Profilierung dennoch zahlreiche Kundengruppen differenziert angesprochen werden. Im Textilbereich stellen z. B. neben der Sortimentstiefe der Modegrad und die Erlebnisorientierung (z. B. Warenpräsentation) zentrale Dimensionen der Betriebstypenprofilierung dar.

Modulares Marketing im Bereich der *Medien- und Kommunikationspolitik* hat – auf einer Relevanzbeurteilung der verfügbaren traditionellen und neuen Medien aufbauend – die verwendbaren Bausteine auszuwählen.

Im *Inhouse-Bereich* haben sich Systeme der mobilen Datenerfassung (via Telefon und Modem) zur Kommunikation zwischen Verkauf, Marketing und Produktion längst bewährt. Bei der *„business-to-business"*-Kommunikation sind in Abhängigkeit von der spezifischen Entscheidungssituation unterschiedliche Medien (z. B. Btx, Medien der Bürokommunikation, AV-Medien) sinnvoll zu kombinieren. Standardisierte Botschaften (z. B. auf Bildplatte) können durch kundenspezifische Botschaften (z. B. über vernetzte Medien der Bürokommunikation) ergänzt werden.

In der *konsumentengerichteten Kommunikation* kann eine via Satellit in ein Kabelnetz eingespeiste, standardisierte Botschaft eines Herstellers durch eine über eine lokale oder regionale Rundfunkstation ausgestrahlte – möglicherweise von örtlichen Handelspartnern lancierte – auf die lokalen Bedürfnisse zugeschnittene Werbebotschaft ergänzt werden. In diesem Sinne läßt sich die Philosophie „think global – act local" realisieren.

Differenzierte Vertriebsschienen bilden Bausteine einer *modularen Distributionskonzeption.* Die Bedeutungszunahme des Versandhandelsbereichs eröffnet die Option, ein Produkt einerseits im Fachgeschäft (für den Kunden mit erlebnisorientiertem Einkauf) und im Versandhandel (für den Kunden mit versorgungsorientiertem Einkauf) anzubieten. Der Einsatz interaktiver Informationssysteme wird die Problemlosigkeit des Einkaufs über den Versandhandel vorantreiben. Kabelfernsehen ermöglicht gleichzeitig eine differenzierte Ansprache der Kunden durch den Versandhändler. 130er Nummern (Ferngespräch zum Ortstarif) sowie der Einsatz von Kreditkarten (Eurocard, American Express etc.) ermöglichen durch einen Anruf zum Ortstarif die sofortige Bestellung und Bezahlung der Ware bei Versandhändlern. Darüber hinaus wird ein effizienteres Beschwerdemanagement möglich.

Im Bereich der *Preis- und Konditionenpolitik* bieten sich ausdifferenzierte Abrechnungsmodalitäten an. Insbesondere bei Gütern des gehobenen Bedarfs kommt der *Übernahme von Finanzierungsfunktionen* durch den Leistungsanbieter eine zunehmende Profilierungsfunktion zu. So werden z. B. im Automobilmarkt ganz neue Kundensegmente erschlossen. Der modulare Aspekt kommt darin zum Tragen, daß dem Kunden verschiedene Finanzierungsoptionen zur Wahl stehen. Auf diese Weise entstehen aus einzelnen Marketingbausteinen „flexible Marketingprogramme nach Maß".

Strategie-, Aktions- und Informationsorientierung in der Unternehmensorganisation

Freilich birgt das Konzept des vernetzenden und modularen Marketing die Gefahr der Verzettelung in sich. Es ist zu befürchten, daß mit diesem Konzept „alles gewollt und nichts erreicht" wird. Es gilt deshalb, die Handlungsfähigkeit in der Unternehmensorganisation sicherzustellen.

Dies setzt neben einem strategischen Orientierungsrahmen den sinnvollen Ausbau und die Weiterentwicklung der Marketing-Informationssysteme sowie eine leistungsfähige, situationsgerechte Organisationsstruktur voraus.

Mit dem Übergang von dem kurzfristig orientierten zum strategischen Marketing ergibt sich vor allem für die Marktforschung eine veränderte Aufgabenstellung (z. B. Weiterentwicklung von Frühaufklärungssystemen). Die systematische Erfassung der marketingrelevanten Spannungsfelder ist eine der zentralen informatorischen Aufgaben leistungsfähiger Informationssysteme. Die Zukunft gehört Entscheidungs-Unterstützungs-Systemen sowie sog. Expertensystemen im Marketing, welche die analytische Problemlösungsfähigkeit des Computers und die auf Erfahrung und Intuition beruhende Urteilsfähigkeit des Managements miteinander verknüpfen. Der „Paralyse durch Analyse" ist entgegenzuwirken, der „Information-Overload" mit nicht entscheidungsrelevanten Daten abzubauen.

Der organisatorische Wandel wird sich künftig weniger in Form neuer Informationsstrukturen (Ausnahme: Kundengruppen-Management) als vielmehr durch einen Wechsel im Führungsverhalten vollziehen. Die Lösung komplexer Marktaufgaben und konfliktgeladener Entscheidungsprozesse erfordert zunehmend eine starke Motivation und Identifikation der Entscheidungsträger mit den Unternehmens- und Marketingzielen. Die Anforderungen an die Führungsqualitäten Marketing-Manager werden sich erheblich verändern.

Ein wesentlicher Schlüssel zum Erfolg liegt in der Flexibilitätssteigerung. Flexibilität, verstanden als die Fähigkeit zur kontinuierlichen Anpassung an sich wandelnde Umweltbedingungen bei gleichzeitiger Aufrechterhaltung der Unternehmensstärken, setzt eine Entbürokratisierung der Marketing-Organisation voraus. Die Zukunft gehört einfachen, überschaubaren Strukturen. Nur diese sind in der Lage, das Innovationspotential wie auch die ständige Anpassungsfähigkeit an neue Entwicklungen im Sinne einer Sicherung des eigenen Handlungsspielraums aufrechtzuerhalten.

Fazit: Evolutionäre Weiterentwicklung des Marketing

Viele Anzeichen sprechen dafür, daß die Entwicklung der marktorientierten Unternehmensführung bis zum Jahre 2000 als evolutionärer Prozeß verlaufen wird. Die marktorientierte Führung wird in den Spannungsfeldern Ökonomie und Ökologie, Technologie und Gesellschaft, Kooperation und Wettbewerb zweifellos komplexer und vielschichtiger, damit aber zugleich auch interessanter.

Gesellschaftsbezogenes Engpaß-Handeln oder gar Krisenmanagement wird nicht die marktorientierte Führung der 90er Jahre prägen. Vielmehr sind es die Herausforderungen auf den Märkten und in der Umwelt, die die Ausgestaltung der marktorientierten Führung in Zukunft bestimmen. Dabei basiert der Markterfolg auf einer langfristigen Profilierung im Wettbewerb und einer situativen Marktkompetenz des Managements. Die Tendenzen gehen dabei

– vom Massen- über das Zielgruppen- zum Individual-Marketing,
– vom nationalen über das internationale zum globalen Marketing,
– vom kommerziellen über das öffentliche zum sozialen Marketing.

Das Marketing als Führungskonzept von Unternehmungen und Organisationen wird vor allem dann seinen Stellenwert behaupten, wenn es gelingt

1. im modularen Marketing eine Synthese zwischen Kundenorientierung und Kosteneffizienz sicherzustellen,

2. die Strategie- und Aktionsorientierung miteinander zu verbinden,
3. die Flexibilität zu sichern, ohne die Identität aufzugeben.

Es ist davon auszugehen, daß sich das Marketing, auf welchen Feldern auch immer, in die Breite und die Tiefe weiter entwickeln wird. Dabei erscheint mir unter ethischen und sozialen Aspekten das *Deepening* wünschenswerter als das *Broadening*. Was wir in den 90er Jahren mehr denn je benötigen, sind Führungspersönlichkeiten, die nicht nur ein effizientes, modulares Marketing konzipieren und vernetzen können. Gefragt ist vielmehr der verantwortliche Marketing-Manager, der das klassische Marketing weiterentwickelt und dabei auch unkonventionelle Bahnen beschreitet, der in strategischer Perspektive zu neuen Ufern findet, ohne die Unternehmenskultur und -tradition außer acht zu lassen. Die Marketing-Verantwortlichen sind besonders gefordert, ein ausreichendes Maß an Risikobereitschaft und Innovationsfähigkeit mit der Erfüllung unternehmensbezogener und gesellschaftlicher Ziele zu verbinden.

Entwicklungstendenzen des Marketing in den USA und in der Bundesrepublik Deutschland

Ein Blick auf die Entwicklungstendenzen des Marketing in den USA und der Bundesrepublik Deutschland enthüllt ein vielschichtiges Bild, welches durch nebeneinander existierende Entwicklungslinien gekennzeichnet ist. Hinsichtlich einer Eingrenzung bzw. Vertiefung und einer Ausweitung des Marketing bestehen dabei sowohl Gemeinsamkeiten als auch Unterschiede.

Der Marketingbegriff und die mit ihm verbundenen Inhalte sind vor allem in der amerikanischen Literatur Gegenstand einer Ausweitung. Die bisher diskutierte Distanz zwischen Marketing und Unternehmensführung wird zunehmend geringer, was in Wissenschaft und Praxis bereits zu einer faktischen Gleichsetzung der Begriffe führt. Der Begriffsinhalt des Marketing als „Kunst der Marktbehauptung" ist nicht zuletzt deshalb erweitert worden, weil die Berücksichtigung von Aspekten des „Megamarketing", eine stärkere Wettbewerbs- bzw. Umfeldorientierung sowie die stärkere Einbeziehung von Ideen und Diensten auf ein universelleres Konzept der Marktbeeinflussung abzielen.

Zugleich zeigt sich auf beiden Seiten des Atlantiks gleichermaßen eine Eingrenzung bzw. Spezialisierung der Marketingaktivitäten. Differenziertes oder konzentriertes Marketing für eine Branche oder gar ein Unternehmen hat Zukunft! Insbesondere in den USA wird die Unterscheidung zwischen Hersteller- und Dienstleistungsmarketing verfeinert und konsequent vorangetrieben. Die noch behutsame Entstehung von Bereichen wie Politmarketing, Marketing für das Gesundheitswesen oder dem Marketing für öffentliche Organisationen (Museen, Theater, Universitäten) in der Bundesrepublik Deutschland belegt diese Tendenz ebenso wie eine länderübergreifende Vertiefung von Marketingansätzen in den klassischen Feldern des Gebrauchs- oder Verbrauchsgütermarketing. Die vielzitierte Ausnahme von der Regel im Ländervergleich bildet in diesem Zusammenhang das Ökologie-Marketing, welches angesichts aktueller Umweltschäden und -probleme bei uns einen weitaus höheren Stellenwert als in den USA besitzt.

Im Bereich der Marketinginstrumente wird die Eingrenzungstendenz unmittelbar nachvollzogen, wobei sich amerikanische Unternehmen mit einem häufig feststellbaren Marketing-Zeitvorsprung vor der europäischen Konkurrenz verstärkt mit verfeinerten Ansätzen zur Marktsegmentierung befassen. So sind „spitze Segmente" als Folge der stärkeren Konzentration auf den ursprünglichen Kern der Segmentierung zu beobachten. Dabei wird im Hinblick auf ein effizientes Zielgruppenmarketing der komplementäre Einsatz neuer Techniken und Softwareprogramme wie Database-Marketing oder Expertensysteme immer häufiger diskutiert. Im Rahmen der Produkt- und Markenpolitik wird angesichts der japanischen Herausforderung vor allem in den USA die Proliferation durch eine Reorientierung auf zentrale, verteidigbare Produktvorteile zurückgedrängt, während sich bundesdeutsche Unternehmen diesem Aspekt traditionell bereits stärker widmen.

Aus amerikanischer Sicht werden darüber hinaus die Aktivitäten der Marktforschung realistischer eingeschätzt. So wird ihr Informationswert keinesfalls so hoch eingestuft, als daß sie die fundierte unternehmerische Entscheidungs- und Urteilsfähigkeit ersetzen könnte. Des weiteren wird gefordert, eine konsequente Anwendung und Durchsetzung des vorhandenen Marketingwissens (Buzzell, Renaissance des Marketing) anstelle einer übertriebenen marketingspezifischen Verfeinerung der Unternehmensführungsansätze zu betreiben. Hier stellt die bundesdeutsche Marketingorientierung mit einem ungebrochenen Vertrauen in den Methodenpluralismus (z. B. im Bereich der strategischen Planung) zweifellos einen Gegensatz dar.

Abgesehen von diesen Eingrenzungen, die weitgehend den funktionalen Kern des Marketing betreffen, ist auf konzeptioneller Ebene wiederum eine Ausweitung der Marketing-Entscheidungsbereiche zu beobachten. Als zentrale Ergänzungen sind hierbei Aspekte der Unternehmenskultur und -kooperation anzusehen.

Zum einen wächst über nationale Grenzen hinaus die Zahl jener Führungskräfte, die ein adäquates Kulturmanagement als Bestimmungsfaktor für die Leistungs- und Wettbewerbsfähigkeit ihrer Unternehmen verstehen. Auch das Marketing ist in besonderem Maße aufgerufen, richtungsweisende Orientierungshilfen für die Integration von Unternehmenskultur und marktorientierter Unternehmensführung zu geben. Zum anderen sind in das klassische Marketingverständnis, das vielfach im Sinne der in den USA aktuell diskutierten Marketing-Kampfstrategien ausgelegt wird, Fragestellungen der Unternehmenskooperation als strategische Waffe im internationalen Wettbewerb verstärkt einzubeziehen. Wenngleich bisher in der Bundesrepublik Deutschland vor allem auf seiten der Praxis dem Instrument der strategischen Partnerschaft größeres Gewicht beigemessen wurde, ist nicht zu übersehen, daß die Perspektiven des Global Marketing auch in den USA zu einer intensiveren Behandlung von Ansätzen des länderübergreifenden Know-how-Transfers bzw. der schrittweisen Aneignung ursprünglich exklusiver Produkte und Ideen beitragen.

Bei der Frage, in welche Richtung sich die Entwicklung des Marketing vollzieht, sind demnach generell und im Ländervergleich teilweise gegensätzliche Entwicklungen zu erwarten. Schwerpunktartig stehen sich im Kernbereich des Marketing ein „back to the basics" und eine mitunter erheblich erweiterte Begriffsfassung gegenüber. Vor allem bei der Ausweitung des Marketing muß allerdings kritisch bedacht werden, ob ein ständig neuer „Fassadenputz" die damit verbundenen Glaubwürdigkeitsrisiken rechtfertigt und ob Gesichtspunkten der wachsenden öffentlichen und ethischen Verantwortung des Marketing genügend Rechnung getragen werden kann.

Friedrich A. Rode

Werte und Wertewandel: Der Weg zum neuen Konsumenten

Der neue Konsument hat viele Facetten; sein Kaufverhalten ist sprunghaft, zum Teil sogar paradox. Ihm auf die Spur zu kommen gelingt daher nur, wenn die Werte, von denen er sich leiten läßt, ergründet sind. Friedrich A. Rode geht hier den Fragen nach: Was sind Werte, und wie, wo und warum entsteht Wertewandel? Der Autor leitet das Frankfurter Verlagsbüro der Gesellschaft für Wirtschaftspolitik GWP mbH und ist Dozent an der Akademie für Marketing-Kommunikation in Frankfurt. Das Buch, dem der folgende Beitrag entnommen ist, analysiert den Wertewandel in der Werbung. Gerade die Werbewirtschaft ist darauf angewiesen, den Wandel zu erkennen, um ihre Inhalte darauf abstimmen zu können. Neue Werte erfordern neue Marketingkonzepte.

Was ist Wertewandel?

Von einem Wertewandel in der Bevölkerung der Bundesrepublik wurde in den letzten Jahren in den verschiedensten Zusammenhängen gesprochen. Fundamentale Änderungen der „Mentalität" der Menschen, ihrer Art zu denken, zu fühlen, Wünsche zu empfinden und Erwartungen an ihre Umwelt zu richten, boten eine Erklärungsgrundlage für zahlreiche Dinge an, die neuartig und verwirrend, teils auch belastend und bedrohlich waren. Die immer wieder aufflammende Protestbewegung der Jugend, die allenthalben beklagte „Verdrossenheit", die zunehmende Neigung zum Aussteigertum bei gleichzeitiger Bereitschaft, Ansprüche an Staat und Gesellschaft zu richten, die dramatisch sinkende „Akzeptanz" und Folgebereitschaft, der Zukunftspessimismus – all dies schien auf eine plausible Weise auf einen „Wertewandel" zurückführbar zu sein.

Glaubte man den Medien aller Art und den neueren Marketingpublikationen, scheint dieser Wertewandel eine Entdeckung, gar eine Erfindung der jüngsten Zeit zu sein; als habe dieses Phänomen vorher nur rudimentär oder gar nicht stattgefunden. Das ist soziologisch und historisch unrichtig: Wertewandel hat es zu jeder Zeit gegeben, er ist Teil des sozialen Lebens, so lebendig wie die Akteure selbst, die Menschen.

Unter Werten wurden bestimmte Vorstellungen definiert, die einer Gesellschaft im ganzen mehr oder weniger bewußt zu eigen sind und die das Verhalten im gewissen Ausmaß bestimmen. Sie sind dergestalt internalisiert, daß sie für richtig gehalten werden, selbst wenn man sie nicht befolgt. Sie bestimmen das Handeln der Mitglieder einer Gesellschaft.

Der Soziologe kann jedoch Werte nicht statisch definieren, sondern nur für eine bestimmte Zeit in ihrer Gültigkeit erkennen, für eine Generation etwa; wie noch auszuführen ist. Wären sie fixiert und nicht im Laufe der Zeit verändert, würden die Europäer noch heute ihre politischen Führer als Vollzieher der göttlichen Gewalt betrachten wie im Mittelalter, die Franzosen würden ungewaschen, aber schön gepudert den Tag verbringen wie zu Zeiten Ludwigs XIV., in England würde die persönliche Ehre im Duell auf Pistolen bewiesen, und die Deutschen zögen für Gott und Vaterland freiwillig und begeistert in den Krieg wie 1914. Wertvorstellungen wie Religion, Sauberkeit, Ehre und Staatsräson unterliegen also intensivem Wandel.

Die Tatsache, daß man heute mehr und intensiver über das Phänomen Wertewandel hört und liest, liegt wohl in zwei Entwicklungen begründet: Einerseits leben wir heute in einer offenen, sozial mobilen Gesellschaft, in der jeder sich selbst, seine Möglichkeiten und Grenzen im sozialen Kontext betrachten und in Frage stellen kann; andererseits produziert die „Informations-Gesellschaft" durch elektronische und gedruckte Medien in zunehmender Menge bis zum Exzeß Informationen, wobei die Themen alle Bereiche des menschlichen Lebens umfassen. Wenn sich früher mit den Wertvorstellungen einer Gesellschaft nur einige Philosophen und Soziologen beschäftigten, wenn diese Diskussion der intellektuellen Elite vorbehalten war, befaßt sich heute jede Gazette und Boulevardzeitung mit allen Themen des menschlichen Zusammenlebens, von Sexualität bis Wertewandel. Interessant dabei ist, daß sich durch diese offene Diskussion der Wertvorstellungen einer Gesellschaft eben diese Werte ändern, weil, wenn einmal entmythologisiert und in Frage gestellt, ihre Bedeutsamkeit für jedes einzelne Mitglied dieser Gesellschaft zur Verfügung gestellt wird.

Werte ändern sich also in der Zeit, und neue treten dazu, gewinnen an Bedeutung. Wertewandel ist ein Kernteil des sozialen Wandels. Die Fragen, die nun zu beantworten sind, heißen: Wann ist Wertewandel eingetreten, und *wie tritt er ein?*

Wenn Werte Vorstellungen sind, die einer Gesellschaft im ganzen mehr oder weniger bewußt zu eigen sind und so das Verhalten der Mitglieder dieser Gesellschaft steuern, heißt dies doch nichts anderes, als daß die Mehrheit einer Gesellschaft, eines sozialen Gebildes (die Betrachtung ist hier makrosoziologisch; Entsprechendes gilt natürlich auch in der Mikrosoziologie bis hin zur kleinsten sozialen Einheit, dem Paar) diese Werte akzeptiert und für richtig und erstrebenswert hält. Ein Wertewandel ist dann festzustellen, wenn die Mehrheit des untersuchten sozialen Gebildes geänderte oder neue Werte für richtig und erstrebenswert hält. Die empirische Soziologie würde dies statistisch so definieren, daß mindestens 51 Prozent der Gesamtheit einer Gesellschaft diese Werte für richtig und für sich verbindlich halten. Die Analyse einer Gesellschaft ist also die Werte-Analyse zu einem gegebenen Zeitpunkt T_1. Der Vergleich mit einer Analyse zum Zeitpunkt T_n, einer Analyse zum gleichen Thema in derselben Gesellschaft zeigt unterschiedliche Ergebnisse: Diese Differenz in der statistischen Relevanz einzelner Vorstellungen stellt den Wertewandel dieser Gesellschaft in der Zeitspanne 1 bis n dar.

Wie und warum ändern sich Wertvorstellungen?

Da man nicht von einem (Natur-)Gesetz ausgehen kann, nach dem sich Wertvorstellungen der Menschen im Laufe der Zeit zwangsläufig ändern müssen, ist es notwendig, sich zur Analyse der Gründe für den ständigen Wandel der Werte der Geschichte und individual-psychologischen Entwicklung der Menschen zuzuwenden.

Die ökonomischen Zwänge

Der erste, „objektive" Grund für die Entstehung und Durchsetzung neuer Werte liegt im ökonomischen Bereich, allgemeiner gesagt, in der objektiven Lebenslage der Menschen. Schon vor mehr als 2000 Jahren gaben die chinesischen Bauern den Glauben an die Göttlichkeit ihres Kaisers Quin Shishuan auf und erhoben sich – ausgebeutet bis zur bitteren Armut und zur Fronarbeit an der großen Mauer gezwungen – in blutigen Aufständen gegen den zentralistischen Staatsapparat in Xian.

Ein roter Faden blutiger Aufstände Unterdrückter und Ausgebeuteter zieht sich durch die Geschichte der Menschheit bis hin zur Oktober-Revolution in Rußland und dem Aufstand der Sandinistas in Nicaragua. Jeder Revolution aber geht eine mehr oder weniger offenbare, längere oder kürzere Zeit dauernde Änderung der Wertvorstellungen der dann Revoltierenden voraus. Zu irgendeinem Zeitpunkt vorher muß ja eine Harmonie in der Wertvorstellung der Herrschenden und Beherrschten bestanden haben, sonst wäre das Verhältnis viel früher zerbrochen. Daß sich eine solche Entwicklung auch im Verborgenen und für den Soziologen nicht manifestiert vollziehen kann, zeigt die ruhige, einsichtige und „vernünftige" Entwicklung der Demokratie in Spanien. Während Pessimisten nach Francos Tod zur ersten freien Wahl 1977 in Spanien bürgerkriegsähnliche Zustände befürchteten, trat das spanische Volk aus dem faschistischen Gewaltsystem nahtlos, vor allem gewaltlos in eine moderne Demokratie. Der Wertewandel hatte sich im Bewußtsein der Spanier in Richtung Demokratie schon lange vor der Wahl vollzogen. Die faschistischen „Werte" (besser gesagt, „Unwerte") waren statistisch nicht mehr relevant. Es vollzog sich diese Entwicklung also nicht so abrupt wie sie schien: Sie hatte sich in zwei Generationen entwickelt, aber nicht offenbaren können gegen die Gewalt des Staatsapparates. Ähnliches vollzieht sich derzeit in der UdSSR unter Gorbatschow; allerdings dort von „oben" dirigiert. Doch hätten Glasnost und Perestrojka keine Chancen, wären solche Entwicklungen in der sowjetischen Gesellschaft nicht schon als Wertvorstellungen latent herangewachsen. Beide Beispiele zeigen, daß der Wertewandel akzeptiert und offizialisiert wurde, bevor er sich in Gewalt eskalieren mußte.

Es ist auch nicht zwingend, daß die ökonomische Mangelsituation bereits eingetreten ist, um neue Werte zu schaffen. Es geht auch einsichtig, wie die Durchsetzung ökologischen Denkens und Umweltbewußtseins in neue Wertmaßstäbe zeigt: Konsequenzen einer befürchteten, zukünftigen, ökonomischen Negativlage, die Einsicht in das Notwendige: So wird allmählich aus der Maxime „Mach dir die Natur untertan" (d. h. beute sie aus!) der Wert Naturschutz (WWF, Greenpeace, Grüne etc.), den währenddessen auch die großen Parteien in ihre Programme als notwendigen Anspruch aufnehmen.

Der Generationskonflikt

Der zweite, „subjektive" Grund für den Wertewandel liegt in der Entwicklung des Menschen zur Person, in seiner Sozialisation. Zur Charakterisierung dieses Phänomens soll der Begriff Generationskonflikt benutzt werden: Jeder Mensch durchläuft in seiner Erziehung durch Eltern, Schule, Betrieb und andere eine Phase, in der er aufbegehrt gegen die „Werte der Alten", in der er Neues sucht, Ideale anstrebt, Utopien erträumt. Im Leben jedes Menschen gibt es diese Entwicklung, nur läuft die Bewältigung dieses Konfliktes nicht bei allen gleich ab. Während sich der eine (größere) Teil den Werten der Altvorderen anpaßt, sucht ein anderer (kleinerer) neue Wege, ohne die bisher geltenden Normen und Werte völlig abzulehnen. Der kleinste Teil wird das ganze System in Frage stellen, rebellieren und eventuell mit Gewalt aus den Fugen heben wollen. An dieser Stelle treffen sich dann Terror, Anarchie und Kriminalität als letzte Konsequenz der Ablehnung bestehender Werte.

Der Motor des sozialen Wandels, des Wertewandels, liegt in der mittleren Gruppe derer, die neue Wege suchen.

Klages stellt in seinem Buch „Wertorientierungen im Wandel" fest, daß die Werte der Menschen mit ihrem „Alter" zusammenhängen. Es mag sich hiermit erstens ein „Generationeneffekt", also ein Wertwandel, verknüpfen, der unmittelbar mit dem Geburtsdatum des Menschen zu tun hat. Die Jüngeren weisen die veränderten Werte dann, wenn ein solcher

Effekt vorliegt, in einem wachsenden Maße auf, weil sie den Ursachen, die ihn begünstigen, im Zusammenhang ihrer „Sozialisation" in einem stärkeren Maße unterliegen als vorangegangene Jahrgänge. Es kann sich dahingegen aber zweitens auch um einen „Lebenszykluseffekt" handeln, der damit zu tun hat, daß die Menschen im Verlauf ihres Lebens in länger andauernde Lebenslagen geraten, in welchen sie Anforderungen und Chancen ausgesetzt sind, die bestimmten Werten günstig, anderen dahingegen ungünstig sind. Es findet hier unter Umständen ein „zweiter" (möglicherweise aber auch ein „dritter' und „vierter") Wertewandel statt, der keinesfalls in der Richtung der „ersten", mit der Sozialisation im Jugendalter verbundenen Wertentwicklung erfolgen muß. Man kann sich vielmehr vorstellen, daß die „Härte" des späteren Lebens oder die „Reife", die es mit sich bringt, vielleicht auch die „Verantwortung", die hier zu entwickeln ist, Wertänderungen erzwingt, die den Idealen und Neigungen der Jugend strikt zuwiderlaufen. Man kann sich natürlich auch Lebensläufe denken, in denen solche „Umbrüche" nicht stattfinden.

Der neue Konsument –
nicht schichtspezifisch, sondern multi-optional

In der Geschichte der Nationalökonomie haben sich die Forscher bisher auf die Klassen- und Schichtzugehörigkeit der Menschen bezogen, wenn es um Konsum und dessen Ähnlichkeit in Konsumentengruppen ging. Schon vor über 100 Jahren stellte Thorstein Veblen in seiner „Theorie der feinen Leute" für die USA fest, „in jeder Gesellschaft, die das Privateigentum kennt, muß der einzelne im Interesse seines inneren Friedens mindestens ebenso viel besitzen wie jene, mit denen er sich auf dieselbe Stufe stellt; und es ist außerordentlich wohltuend, etwas mehr zu haben als die anderen". Und die, mit denen sich der Mensch auf eine Stufe stellt, sind die Angehörigen der gleichen „sozialen Klassen; und die größte wirtschaftliche Bedeutung kommt wohl dem Umstand zu, daß die verschiedenen Tätigkeiten verschiedenen Klassen zugeordnet sind". Im demonstrativen Konsum (conspicuous consumption) dokumentiert sich die Oberklasse (leisure class = müßige Klasse), deren Hauptmerkmal sonst im demonstrativen Vermeiden einer jeglichen nützlichen Tätigkeit liegt. „Reichtum bringt Ehre, und die Unterscheidung zwischen Reichen und Armen ist neiderfüllt." Güter werden mit dem Ziel erworben, sie zu verbrauchen, wobei Verbrauch sowohl der Befriedigung leiblicher als auch sogenannter „höherer" Bedürfnisse dient, wie geistigen, ästhetischen, intellektuellen. Eine mehr oder weniger große Anpassung an die Normen des Konsums ist für alle Klassen unerläßlich, und „in den modernen zivilisierten Gesellschaften verlaufen die Trennungslinien zwischen den einzelnen Klassen sehr undeutlich, so daß die von der Oberklasse errichteten Prestigenormen ihren zwingenden Einfluß ungehindert bis auf die unterste Schicht der sozialen Struktur ausdehnen können. Daraus ergibt sich dann, daß die Mitglieder jeder Schicht die jeweilige Lebensweise der nächsthöheren zu ihrem Schicklichkeitsideal machen und ihre Energie darauf verwenden, diesem Ideal gemäß zu leben." Soweit die Hauptthesen Veblens Werks, in dessen Mittelpunkt der von ihm entdeckte und analysierte demonstrative Konsum und das Sich-nach-oben-Anpassen stehen.

In der Mitte dieses Jahrhunderts stellt Pierre Martineau bei der Untersuchung von Konsumgewohnheiten fest: „Die Freunde, die wir wählen, die Nachbarschaft, in der wir leben, die Art und Weise, wie wir unser Geld ausgeben und sparen, die Erziehungspläne, die wir für unsere Kinder haben, das alles wird weitgehend durch die soziale Schicht vorgezeichnet. Ein reicher Mann ist nicht nur ein armer Mann, der mehr Geld hat. Er hat wahrscheinlich andere Wertvorstellungen, eine andere Persönlichkeitsstruktur, er gehört einer anderen Religionsgemeinschaft an und hat ganz andere Vorstellungen von dem, was richtig und falsch ist. Alles das ist größtenteils auf die Schichtzugehörigkeit zurückzuführen. Mit ihrem disziplinierenden Druck von Billigung und Mißbilligung, Zugehörigkeit und Achtung, ist die soziale Schicht ein wichtiger Faktor in der Gestaltung unseres Lebensstils."

Die Bedeutung von Veblens „Klasse" und Martineaus „Schicht" ist hier synonym zu verstehen. Ohne auf die historische Entstehungs- und Klassifizierungstheorie (von Kaste, Stand, Klasse, Schicht) einzugehen, wird hier bei der Analyse der Sozialstrukturen – wie in der modernen Soziologie generell – mit dem Begriff der sozialen Schicht operiert. Als soziale Schicht kann man ein Personenkollektiv bezeichnen, das mit gleichen oder annähernd gleichen Statusmerkmalen ausgestattet ist. Dabei ist Status der Platz einer Person in der Rangordnung des gesellschaftlichen Ansehens. Die Kriterien, nach denen unsere Gesellschaft Wertschätzungen verteilt, sind:

– Einkommen, Vermögen, Besitz
– Beruf, Stellung im Beruf

– Bildungsniveau,Titel
– Teilnahme am öffentlichen Leben (Kultur, Show, Politik)

Die objektive Lebenslage ist bei der Definition der Schicht also wichtiger als die subjektive Interessenlage ihrer Mitglieder. Doch auch hier zeigt die neue Soziologie, daß den Mitgliedern verschiedener Schichten auch verschiedene Wertvorstellungen (also subjektive Interessenlagen) wie Erfolg, Leistung, Wissen zugrunde liegen; vor allem eben im Bereich des privaten Konsums: Man sprach von schichtspezifischen Konsumstilen, und das war so bis etwa Mitte der 60er Jahre. Ein Heer von Demoskopen, so Sluiter in seinem Werk „Der neue Konsument", fiel in jenen Jahren über Hausfrauen, Arbeiter und Angestellte her. Die Auskünfte über quantitatives Konsum-Verhalten, soziale Schicht, Lebensstandard und Produktwahl der Leute bildeten das Ausgangsmaterial für die rein statistische Erfassung des Kauf-Verhaltens. Die damaligen Marktforscher schlossen daraus – damals zu Recht – unmittelbar auf die in Zukunft gültigen Trends.

Dieser direkte Bezug zwischen Bestandsaufnahmen und Trend-Prognose war in der damaligen Marktsituation durchaus zutreffend. Vor zwanzig Jahren besaßen nämlich Indikatoren, wie etwa die soziale Schicht des Befragten, eine unmittelbare Aussagekraft über sein künftiges Kaufverhalten. Ein „Mercedes"-Fahrer, davon konnte man ausgehen, würde auch beim Kauf von Konsumgütern nur Marken-Produkte berücksichtigen. Vereinfacht wurde die Analyse des Kaufverhaltens zusätzlich durch den kontinuierlichen KaufkraftZuwachs bei großen Teilen der Bevölkerung. Die Nachfrage nach neuen Produkten blieb während vieler Jahre erhalten.

Rückblickend auf die Anfänge der bundesdeutschen Marktforschung muß festgestellt werden, daß die Erfolge der statistischen Demoskopie auf die relative Einfachheit der damaligen Marktsituation zurückzuführen sind. Neben dem festen Schicht-Verhalten der Konsumenten und dem kontinuierlichen Kaufkraft-Zuwachs boten die noch nicht gesättigten Märkte eine relativ günstige Wachstums-Chance für existierende und neue Produkte. Die bescheidene, meist auf kognitiven Argumenten beruhende Werbetätigkeit der Produzenten hat damals ein freies und beherrschendes Feld für die Marktforscher kreiert. Doch dann, seit Mitte der 60er Jahre, haben sich die Werthaltungen und Prioritäten, die sich im Konsum niederschlagen, stark geändert. Die Kaufkraft einer bestimmten Bevölkerungsschicht sagt heute wenig darüber aus, welche Produkte von diesen Leuten bevorzugt werden.

Marketingkommunikation morgen

Faßt man die bisherigen Ausführungen zusammen, kann festgehalten werden: Wertewandel ist permanent und bestimmt das soziale Leben. Er kann ausschließlich im Zeitverlauf erkannt werden. Jede Analyse stellt nur die Situation zu einem bestimmten Zeitpunkt dar, zeigt also, an welcher Stelle der Werteentwicklung die untersuchte Gesellschaft sich befindet: Diese Ausführungen befassen sich mit dem Wertesystem zum Zeitpunkt Sommer 1988 in der Bundesrepublik und nimmt diese Konstellation als Ausgangsdatum für die Betrachtung der Zeit davor und danach; denn sie ist die Basis der Untersuchung des Vergangenen und die der Schlußfolgerungen für die Marketingkommunikation von morgen.

Alle hier zitierten Untersuchungen und Aufsätze zeigen eine Prioritätenverschiebung der Werte von Selbstzwang in Richtung Selbstentfaltung: Das heißt

– im persönlichen Bereich weg von Werten wie Leistung, Treue, Fleiß, Bescheidenheit, Selbstbeherrschung, Pünktlichkeit, Enthaltsamkeit hin zu den Werten Emanzipation von Autorität, Autonomie des einzelnen, Genuß, Abenteuer, Ausleben emotionaler Bedürfnisse, Kreativität, Spontanität, Selbstverwirklichung, Ungebundenheit und
– im gesellschaftlichen Bereich weg von Fremdbestimmung, Unterordnung, Pflichterfüllung, Anpassungsbereitschaft und Fügsamkeit hin zu den eigen- und mitverantwortlichen Werten wie Gleichbehandlung, Demokratie, Partizipation, neuer Idealismus, Umweltdenken.

Diese Gegenüberstellung behauptet nicht, daß die jeweils eine Gruppe von Werten verschwindet, nur, daß sie zunehmend an Gewicht verliert. Sie besagt ebensowenig, daß damit alle zukünftigen Wertebewegungen oder gar neu entstehende bereits erfaßt und dargestellt wären. Eben dies ist – wie hier gezeigt wird – nicht möglich. Für die Marketingkommunikation empfiehlt es sich – wie für alle am Marktgeschehen Interessierten – ständig offen und aufnahmebereit für neue Entwicklungen zu bleiben (hören, was die junge Generation sagt!). Extreme Bewegungen hin zu Toleranz, Religiosität, Humanismus sind im Zeitablauf von heute aus gesehen genauso möglich wie solche hin zu extremem Materialismus, Hedonismus und Egozentrik.

Inhalte der Marketingkommunikation der Zukunft

Studiert man zu diesem Thema die Marketing-Theorie der Gegenwart und die Fachpresse dieses Bereichs, um festzustellen, wie sich denn wohl die Marketingkommunikation zukünftig in bezug auf Wertewandel verhalten soll, stellt man eine etwas blasse Zurückhaltung fest, sich der Zukunft zu stellen und Methoden, Strategien oder gar eine Kommunikations-Philosophie zu entwerfen. Das Verhalten und die Empfehlungen sind seltsam konservativ und entgegen der früher gezeigten Dynamik und Progressivität beherrscht eine Unsicherheit die Werbe-Szene, die sich auf gelegentliche Lippenbekenntnisse beschränkt, sich „dem Wertewandel zu stellen". Über das *Wie* schweigt die Fachpresse, und außer einigen akademischen Ansätzen zu Öko- und Soziomarketing ist wenig für den Praktiker aus der allgemeinen BWL zu lernen, wenn „die Probleme von morgen" gemeistert werden sollen. Die gezeigten Inhalte sind diffus, und interdisziplinäre Ansätze sind kaum zu sehen.

Und dabei ist Marketingkommunikation seit ihren Anfängen gegen Ende des vorigen Jahrhunderts (als Reklame) und in ihrer Blütezeit (als Werbung) fortschrittsfreundlich, prägend, sogar sprachprägend gewesen. Mit der Macht der Werbung wurden aus Markennamen Gattungsbegriffe (Aspirin, Maggi, Tempotücher, Skai, Tesafilm, Walkman), aus ihren Slogans, im Zeitgeist geboren, geflügelte Worte, Sprichwörter sogar („nur Fliegen ist schöner', „Der Duft der großen weiten Welt", „Alle reden vom Wetter, wir nicht", „Es war schon immer etwas teurer, einen besonderen Geschmack zu haben", „I walk miles for...", „mach mal Pause"), bildliche Darstellungen dokumentierten den Lebenstraum und die Erfahrungen ganzer Generationen (der Camelmann, der Marlboro-Cowboy, das HB-Männchen, die Bossdressmen, der VW-Käfer, das schäumende Bierglas über der Wüste), doch heute hinkt die Werbung hinterher, versucht nur gelegentlich, auf fahrende Züge aufzuspringen. Mit großer Begeisterung nahm sie sich noch einmal der Typen (Yuppies, Ultras, Dinks) an, ohne zu bemerken, daß das, was ihrer Meinung nach „in" ist, gesellschaftlich schon „out" war. Erste zaghafte Versuche, sich umweltbewußt und ökologisch zu geben, tauchen auf; noch recht ungehobelt, unkreativ, nicht selbst konzipiert, sondern aus der Diskussion übernommen: Begriffe wie Biokost, Biogemüse, umweltfreundlich, biologisch abbaubar, naturbelassen, natürlich, phosphatfrei, bleifrei, Recycling, lärmgeschützt, treibgasfrei, abgasarm zeigen noch keine originäre Leistung der Marketingkommunikation, aber die ersten Versuche, ökologisch zu argumentieren. So zeigt sich dann auch die Unsicherheit der Auftragskommunikation: Wenn es hier bis heute keine originäre Fortschrittsleistung gibt, liegt das dann an den Auftraggebern (das sagen die Agenturen, deren jüngere Mitarbeiter oft sehr fortschrittlich denken) oder am System? Kapituliert die Marketingkommunikation vor der Zukunft? Die Antwort muß wohl lauten: sowohl als auch. Der dramatische Wertewandel ist in seiner Bedeutung in den Chefetagen der Marketing-Abteilungen der deutschen Industrie noch nicht voll erkannt worden, und zu den ökologischen Problemen der Gegenwart hört man eher Lippenbekenntnisse. Man schließt die Augen in der Gegenwart und verdrängt die Probleme der Zukunft. Der Wertewandel ist in seinem „Generationsmarsch" noch nicht an die Schaltstellen des Marketing gelangt. Mit quasi-Engagement („Persil ist jetzt phosphatfrei", „Weißblech – ich war eine Dose") kann man kurzfristig überleben, aber die Konzeption für morgen fehlt. Es mangelt an der Vision, würde Gerken sagen, dem Weltbild, an dem sich das Marketing und damit die Marketingkommunikation orientieren kann, aus dem heraus und für das sie lebt.

Marketing 2000

In dem Ende 1987 erschienenen Buch „Marketing 2000" wurden unter anderem 25 Experten über die Entwicklung des zukünftigen Marketing-Managements und der Erfordernisse der Marketing-Systeme befragt. Die Vielfalt der dort verwendeten Begriffe läßt sich auf die „4 Is" des Marketing 2000 reduzieren. Sie werden als die wesentlichen Bestimmungsfaktoren herausgearbeitet. Demnach werden das strategische Management von Informationen und Innovationen, die zunehmende Internationalisierung der Marktaktivitäten und die Implementierung integrierter Marketing-Systeme die Erfolgsdeterminanten des Marketing-Management 2000. Entsprechend avanciert das „Strategische Marketing" mit Abstand zum künftig wichtigsten Problemfeld der Marketing-Praxis. Die Bedeutung einzelner Problemfelder wie „Internationales Marketing", „Neue Medien", „Unternehmensführung", „Wertewandel" und „Konsumentenverhalten" nehmen weiterhin zu. Die Problemstruktur des Marketing-Ansatzes 2000 wird daher zunehmend komplexer, auch wenn einige Instrumentvariablen, wie beispielsweise „Werbung" und „Verkaufsförderung", im Gesamtbild eher an Bedeutung verlieren oder „unproblematischer' erscheinen.

Die Experten glauben also, daß bei Berücksichtigung des Wertewandels und des geänderten Konsumentenverhaltens Werbung und Verkaufsförderung an Bedeutung verlieren. Die Behauptung „Information wird zum Produktionsfaktor der Zukunft" trifft also offensichtlich eher im Sinne der Informationsbeschaffung zu als im Sinne von Informationsvermittlung.

Eine Meinung, der wir uns nicht anschließen wollen. Die Bedeutung der klassischen Werbung wird eventuell gegenüber der von Direkt-Werbung und TV-Spots verlieren, aber auch in Zukunft Basis jeder Marketing-Kommunikation bleiben.

Strategische und ausführende Aspekte der zukünftigen Werbung

Vor dem Hintergrund der hier nun vorliegenden Szenarien und prognostizierten Veränderungen gelten für Strategie und Ausführung:

Strategische Aspekte: Das Instrument der Copy- oder Werbestrategie wird auch in Zukunft zwingende Gültigkeit besitzen. Es werden auch weiterhin große Versprechen und distinktive Tonality-Statements definiert; in der strategischen Zielsetzung wird auch morgen noch der Versuch zu finden sein, Verbraucher zu verführen. In der Ausgestaltung der Strategie-Parameter werden aber neue Akzente und Inhalte zu setzen sein. So muß sich in den Strategien das Verständnis der neuen Verbraucherstrukturen widerspiegeln. Und man wird auch durchgängiger und konsequenter als heute den Konsumenten Versprechen zurufen, die aufgrund der zunehmenden Produktaustauschbarkeit und damit der unzureichenden Möglichkeit der Differenzierung in Grundnutzen und Qualität Erlebniswerte zum Inhalt haben – psychologische Nutzenversprechen, die eine Antwort darauf geben, was der Konsument emotional davon hat, wenn er das Produkt oder die Leistung kauft. Emotionale Konsumerlebnisse werden bei mehr und mehr Produktkategorien Zentrum der Werbebotschaften.

Ausführende Aspekte: Es wäre zu simpel, mehr unterhaltsame Werbung zu fordern. Ergänzend ist die Forderung zu stellen, daß die Werbung unter dem Vorzeichen des zunehmenden Werbedrucks und der steigenden Informationsüberlastung einprägsamer und schneller an den Konsumenten gelangen muß. Für viele Produktbereiche kann die Bildsprache als ein wesentliches Instrument hierfür gelten.

Die Konsequenz der bisher dargestellten Entwicklung ist das gezielte Eingehen auf das Individuum Konsument, das heißt den Lippenbekenntnissen der Marketingleute von heute („wir gehen auf die Wünsche der Verbraucher ein") Taten folgen lassen.

So sieht das auch Beyering; für ihn ist Marketing von morgen „Individual Marketing" – das Eingehen auf kleine Zielgruppen, auch wenn die Angehörigen dieser Zielgruppe über die ganze Welt verstreut sind. Individual Marketing heißt Eingehen auf kleine Bedarfssegmente, heißt den Verbraucher begleiten, nicht, ihn vor sich hertreiben.

Es liegt im Wesen des Individual Marketing, daß kaum allgemeingültige Regeln oder generalisierende Normen aufgestellt werden können. Dafür ist der jeweilige Einzelfall zu spezifisch, zu einzigartig. Die singulären Umstände des Unternehmens, der Produkte und ihrer Märkte erfordern ihre eigene Kreativität, ihre eigenständige Umsetzung in Strategien, Taktiken und Maßnahmen.

Wer sich aber entschließt, individuelleres Marketing betreiben zu wollen, kann zunächst an folgenden Punkten ansetzen:

1. Produktion flexibilisieren. Der technische Fortschritt ist von ungeheurer Rasanz. Oftmals erfordert eine Flexibilisierung und Dezentralisierung der Produktion gar keine enormen Investitionen, sondern nur ein anderes Denken. Hinzu kommt das wachsende Interesse der Mitarbeiter an interdisziplinärer und selbstbestimmter Arbeit. Hier schlummern in fast jedem Betrieb ungeahnte Reserven.

2. Produkte individualisieren. Wo immer es unter ökonomischen Aspekten möglich ist, vom kleinsten auf den größten gemeinsamen Nenner zwischen Produktion und Konsumwunsch umzusteigen, sollte man das tun. Der Konsument ist durchaus bereit, Leistungen dieser Art zu honorieren.

3. Dienstleistungen intensivieren. Die Anzahl der Produkte, die nur ihres Grund-Nutzens wegen gekauft werden, schrumpft zusehends. Der emotionale Zusatz-Nutzen eines Produktes, seine Prestige- und Abzeichen-Funktion gewinnen enorm an Bedeutung. Produkte werden mehr und mehr als Individualisierungs-Hilfe in Anspruch genommen, was den Hersteller dazu zwingt, weniger vorgefertigte End-Produkte als vielmehr seine Möglichkeiten zur Erfüllung eines Produkt-Wunsches anzubieten: Dienstleistung per Fertigung.

Literatur

BEYERING, L.: Individual Marketing, München 1987.

GERKEN, G.: Der neue Manager, Freiburg 1986.

KLAGES, H.: Wertorientierungen im Wandel, Frankfurt 1985.

KMIECIAK, P. (Hrsg.): Wertewandel und gesellschaftlicher Wandel, Frankfurt/ New York 1984.

MARTINEAU, P.: Kaufmotive, Düsseldorf 1959.

MEYER-HENTSCHEL, G.: Was wird „in" sein, was wird „out" sein? in: Marketing 2000, Wiesbaden 1987.

SLUITER, U.: Der neue Konsument – Die alten Zielgruppen gelten nicht mehr, in: Marketing Journal 1/87.

SCHWARZ, C./STURM, F./KLOSE, W. (Hrsg.): Marketing 2000, Wiesbaden 1987.

VEBLEN, T.: Theorie der feinen Leute, Köln/Berlin 1958.

Ingrid Keller

Das CI-Dilemma

*Corporate Identity erschöpft sich nicht in schön gestalteten Brief-
köpfen und glitzernden Firmenlogos. CI richtig verstanden ist keine Facelifting-Maßnahme, sondern festigt das „Wir-Gefühl" von
Mitarbeitern, bindet Kunden wie Lieferanten und führt zu einem
positiveren Bild einer Unternehmung in der Öffentlichkeit. Wie
ein ganzheitliches Corporate-Identity-Konzept zu entwickeln ist,
zeigt Dr. Ingrid Keller in ihrem Buch* Das CI-Dilemma *auf.
Nachfolgend ein Auszug, der die zunehmende Wichtigkeit von
CI erklärt und Folgen fehlender CI beleuchtet. Die Autorin stu-
dierte Psychologie und Betriebswirtschaftslehre und war mehrere Jahre Geschäftsführerin am Institut für Marktpsychologie,
Mannheim. Seit 1989 ist sie Leiterin Marketing Kommunikation
bei der Deutschen Aerospace AG, München.*

Image und Identität –
zur Problematik von Orientierungshilfen

Der Imagebegriff wurde Ende der 50er Jahre in Deutschland eingeführt und ist eine Umschreibung für die Subjektivität von Verbraucherentscheidungen und -verhaltensweisen. Ausgangspunkt für die Beschäftigung mit dem Phänomen der Subjektivität waren Beobachtungen, daß Kaufentscheidungen nicht auf der Basis von objektiven Gegebenheiten getroffen werden, sondern fast ausschließlich aufgrund individueller, subjektiver Wahrnehmungen – Images. Der Prozeß der Image-Bildung wird durch verschiedene Faktoren beeinflußt. Durch werbliche Aktivitäten des Herstellers und intensive Kommunikation im sozialen Umfeld mit Freunden, Bekannten, Verwandten erhält der Konsument eine Vielzahl von Informationen und Eindrücken, die er zu einem ganzheitlichen Bild komprimiert: Er bildet sich eine Meinung zu dem Gegenstand. Je nach individueller Einstellung und Bedürfnislage bewirken die derart konstruierten „Abbilder" Akzeptanz und Attraktivität oder Desinteresse und Ablehnung. Eigene Erfahrungen führen zu einer Stabilisierung und Verfestigung der „Meinung", und „erst häufige von wesentlichen Imagekomponenten abweichende Erfahrungen und glaubwürdige Informationen sind in der Lage, das Vorstellungsbild von einem Gegenstand zu erschüttern."[1]

Dabei sind sich die Verbraucher der Subjektivität ihrer Bewertungen und Handlungsweisen durchaus nicht immer bewußt. So glauben viele Menschen zunächst, daß ein von ihnen präferiertes Produkt gegenüber anderen Produkten Vorteile aufweist. Sie sind geradezu überrascht, wenn sie in einem Blindversuch nicht oder zumindest nicht mit allerletzter Sicherheit die Kaffee- oder Zigarettenmarke herausfinden können, die sie seit Jahren konsumieren.[2]

Überdies entziehen sich viele der gebräuchlichen Image-Dimensionen wie „Qualität", „Wertbeständigkeit", „Langlebigkeit", „Ausgereiftheit", „gesund" der unmittelbaren und objektiven Bewertbarkeit. Dies würde spezifische Fach- und Detailkenntnisse voraussetzen, die in aller Regel fehlen. Der Verbraucher muß also, um sich zu orientieren und eine Entscheidung zu treffen, auf „Images" zurückgreifen, die er sich entweder selbst gebildet oder von anderen Personen übernommen hat.

Die Kenntnis dieses Verhaltens und die Erkenntnis, daß der Image-Bildungsprozeß durch den Hersteller prinzipiell beeinflußbar ist, hat zu einer Vielzahl mehr oder weniger gelungener Image-Kampagnen beigetragen. Im Mittelpunkt standen dabei die Bedürfnisse der Verbraucher und das Versprechen, diese Bedürfnisse zu befriedigen.

Eine Veränderung der Rahmenbedingungen setzte allerdings den Möglichkeiten und Chancen des Image-Managements inzwischen enge Grenzen, denn

– erstens erschwert eine zunehmende Zahl gleichartiger und gleichwertiger Produkte eine Differenzierung, sowohl für die Unternehmen als auch die Verbraucher;
– zweitens akzeptieren die Menschen den vielfach praktizierten, vordergründigen Stil der Image-Werbung nicht mehr so ohne weiteres. Dabei richtet sich die Kritik weniger gegen die Werbung als solche, sondern „im Grunde genommen dagegen, daß der Unternehmer nicht eigentlich den Verbraucher zum Zielgegenstand der Werbung machte ...; sie richtet sich dagegen, daß die Werbung ein als Verbraucherwerbung und Information getarntes Wettbewerbsinstrument war."[3]

Differenzierend im Sinne einer Image-Profilierung sind deshalb weniger die Verlautbarungen als die tatsächlichen Handlungen eines Herstellers.

Images werden nach wie vor den Kaufentscheidungs-Prozeß beeinflussen. Die Entstehung von Images wird jedoch durch andere Faktoren determiniert, nämlich die Glaubwürdigkeit und Kontinuität des Unternehmensverhaltens. Dies läßt sich nicht durch Absichtserklärungen herbeizaubern. Entscheidend ist, daß eine interne Grundlage, ein entsprechendes Selbstverständnis existieren, die im Verhalten der Unternehmung zum Ausdruck kommen, die verbalen Äußerungen untermauern und Vertrauen stiften.

In diesem Zusammenhang gewinnt die Identität, die innere Haltung eines Herstellers an Bedeutung.

Sozialpsychologisch gibt es zwei Identitätsformen, die für Individuen wie Unternehmen gleichermaßen gelten:

1. Die *individuelle Identität,* das „stets-sich-selbst-gleich-sein", Kontinuität im Denken und Verhalten, Selbstverständnis und Selbstbewußtsein; sie ist das Ergebnis aus Tradition, Fähigkeiten und Fertigkeiten.
2. Die *soziale Identität,* die Zugehörigkeit zu einer bestimmten Gruppe und Akzeptanz durch diese Gruppe; sie ist das Ergebnis von Kommunikationsprozessen.

Beide Identitätsformen müssen gleich gut ausgeprägt sein, damit die Umwelt die Unternehmung auch wahrnehmen kann.

Bei einer starken individuellen Identität, aber fehlender Außenkommunikation treten Probleme in zwei Richtungen auf: Zum einen werden sie von der Umwelt nicht wahrgenommen, sie bleiben unbekannt, zum anderen besteht die Gefahr, daß die Erfordernisse des Marktes nicht erkannt und deshalb Produkte entwickelt werden, für die am Markt kein Bedarf besteht.

Ein Mangel an individueller Identität hat demgegenüber die totale Anpassung an die Norm der Verbraucherbedürfnisse zur Konsequenz. In diesem Klima können keine eigenständigen, innovativen und kreativen Leistungen gelingen. Die Unternehmung wird damit anfällig gegen Veränderungen der Rahmenbedingungen, hat Probleme, sich in schwierigen Zeiten zu behaupten, denn es fehlt ein eigenständiges Profil.

Für Unternehmen wie Menschen gilt gleichermaßen: Das Wertvollste, was ein Subjekt besitzt, ist seine Identität. Wird diese Identität zerstört, so wird die Existenzgrundlage entzogen, weil keine Kommunikation mehr möglich ist. Anders ausgedrückt heißt dies: Unternehmen brauchen eine wahrnehmbare Identität, sonst sind sie nicht überlebensfähig.

Identität und Image hängen eng miteinander zusammen. Durch intensive Kommunikation mit der Umwelt, durch selbstbewußte Darstellung des Unternehmens und seiner Leistungen und die Kontinuität, mit der dies geschieht, werden relativ stabile Images gebildet, die weniger anfällig für Veränderungen sind.

Die individuelle glaubwürdige Selbstdarstellung in Wort und Tat schafft Bekanntheit, stiftet Vertrauen und verleiht Profil. Die wesentlichen Charakterzüge prägen sich im Bewußtsein des Betrachters ein, verfestigen sich, so daß selbst kleinere Inkonsistenzen im Verhalten das bestehende Vorstellungsbild kaum verändern können. Der Ausspruch von Konrad Adenauer „Was kümmert mich mein Geschwätz von gestern" ist als Teil seines Charakters akzeptiert worden und hat seinem Ansehen grundsätzlich keinen Schaden zugefügt.

Warum ist Corporate Identity heute ein Thema?

Prinzipiell hat jedes Unternehmen eine Identität. Sie kann sich allerdings im Zeitverlauf unter anderen inneren und äußeren Rahmenbedingungen so verändert haben, daß sie nicht mehr wahrnehmbar erscheint.

Diese Veränderung der Wahrnehmung wird im wesentlichen durch drei Faktoren beeinflußt:

1. Die Unternehmen selbst haben sich verändert;
2. die äußeren Rahmenbedingungen, die Märkte und Wettbewerbsstrukturen haben sich verändert;
3. die Menschen und ihre Wahrnehmungsprozesse haben sich verändert.

Bei *unternehmensinternen Veränderungen* ist zunächst der Mangel an Führungspersönlichkeiten im Sinne des klassischen Unternehmertums zu beobachten. Unternehmerpersönlichkeiten, wie Krupp, Bosch, v. Siemens, Rathenau oder Behrens, die als personifizierte Leitbilder die Identität der Firma verkörperten, sind rar geworden. Sie waren Patriarchen im traditionellen Sinne, sie dachten gewinnorientiert und verhielten sich autoritär. Gleichwohl haben sie sich Gedanken um ihre Mitarbeiter gemacht und so bahnbrechende soziale Neuerungen wie die Reduzierung der täglichen Arbeitszeit von 12 auf 9 Stunden oder die betriebliche Altersversorgung eingeführt. Dies hat ihnen den Respekt und die Anerkennung durch die Mitarbeiter eingebracht. Sie wurden als „Autorität" und Verkörperung des Firmenstils anerkannt, und die Mitarbeiter waren stolz darauf, für solchermaßen fortschrittliche Unternehmer tätig zu sein. Durch das Fehlen solcher „Persönlichkeiten" ist vielerorts eine Lücke entstanden, die nicht immer ganz geschlossen werden konnte.

Ein weiterer Punkt ist die Veränderung der Gesellschaftsverhältnisse und Aufgabenstrukturen innerhalb der Firmen. Den Familienunternehmen traditioneller Prägung stand ein Unternehmer vor, der sich für alles verantwortlich fühlte und alle Bereiche kannte. Beim Übergang zur anonymen Kapitalgesellschaft wurde die Verantwortlichkeit auf mehrere Personen verteilt. Gefragt waren nicht mehr die „All-Round-Führungspersönlichkeiten", die die Identität der Firma repräsentieren, sondern Manager, die ihre Aufgabengebiete zur Zufriedenheit der Kapitaleigner verwalteten. Für personifizierte Leitbilder, die den Mitarbeitern eine Orientierungshilfe für ihr Verhalten bieten, ist kaum Platz. Zudem wurde vielfach versäumt, Ersatzleitbilder zu etablieren, die einen inneren Zusammenhalt und Zusammenhang fördern. Die Folge war ein Zerfall in viele Teil-Identitäten, die die Wahrnehmung der Unternehmung als geschlossene Einheit erschweren.

Weiterhin ist zu beobachten, daß die Markt- und Wettbewerbsverhältnisse zu anderen Denkstrukturen und Verhaltensweisen geführt haben. Mit dem Ziel der breiteren Absicherung des Unternehmenserfolges ist häufig in Bereiche diversifiziert worden, die mit dem ursprünglichen Geschäft wenig gemeinsam hatten. Einerseits steigt dabei die Gefahr, sich zu „verzetteln", sprunghaft an, andererseits bereitet die Integration der Neuerwerbungen zumeist erhebliche Schwierigkeiten. Die Mitarbeiter der akquirierten Unternehmen wehren sich gegen eine Eingliederung und den Zwang zur Aufgabe der eigenen Identität.

Ein Beispiel dafür sind die Äußerungen der Mitarbeiter einer Firma, die durch die Produktion von Puppen einen relativ hohen Bekanntheitsgrad hatte. Selbst Jahre nach der Übernahme durch ein anderes Unternehmen sprachen die Mitarbeiter noch von „wir, die Schildkrötler" und von der Unternehmensleitung als „die aus Frankfurt".

Diversifikation und quantitatives Wachstum tragen mit dazu bei, daß anstelle von wenigen, klaren Unternehmenszielen eine Vielzahl von Einzelzielen formuliert werden. Dabei können Zielkonflikte auftreten, die den inneren Zusammenhalt einer Unternehmung stören. Erschwerend kommt hinzu, daß die Mitarbeiter das Wachstum nicht so ohne weiteres nachvollziehen können, insbesondere dann, wenn es um eine Expansion in neue Geschäftsfelder geht. Aus der Tradition sind innerhalb der Unternehmung ganz bestimmte Fähigkeiten und Fertigkeiten der Mitarbeiter gefördert worden, die vielleicht nicht zu einer „neuen" Geschäftstätigkeit passen. Die Konsequenz daraus ist, daß die Organisation zwar im angestammten Geschäft Hervorragendes leistet, im neuen Bereich jedoch auf erhebliche Schwierigkeiten stoßen kann.

So hatte die BASF Probleme bei der Vermarktung verbrauchernaher Produkte wie Schallplatten oder Cassettenrekorder. Den direkten Umgang mit Konsumenten waren das Unternehmen und seine Mitarbeiter nicht gewohnt, was dazu führte, daß der Erfolg nicht in der erwarteten Form eintrat. Das Unternehmen hat das erkannt und inzwischen einige dieser Aktivitäten wieder eingestellt.

Auch Daimler-Benz hatte mit der Einführung der dritten Baureihe anfängliche Schwierigkeiten. Mit Erweiterung des Angebotes wurde eine Popularisierung der Marke eingeleitet. Mehr Käufer und andere Käuferschichten konnten nunmehr einen „Mercedes" erwerben. Dies war zunächst im Selbstverständnis der Organisation nicht vorgesehen und führte zu Startschwierigkeiten. Die hohe Identifikation der Mitarbeiter mit dem Unternehmen und den Produkten hat allerdings mit dazu beigetragen, daß die anfänglichen Irritationen nicht von langer Dauer waren.

Die Veränderungen der Unternehmen sind häufig eine Konsequenz veränderter Marktbedingungen. Sättigungstendenzen und Überkapazitäten in vielen Bereichen verschärfen die Wettbewerbssituation. Die möglichen Innovationssprünge werden kleiner und die Produktionsmethoden ähnlicher. In Korea produziert man schließlich inzwischen mit den gleichen Robotern wie in Europa.

Das hierdurch erzeugte quantitative und qualitative wirtschaftliche Wachstum bedingt eine zunehmende Vielfalt gleichartiger und gleichwertiger Produkte. „Qualität" und „Einzigartigkeit" als Differenzierungsmerkmale verlieren an Bedeutung, denn No-Names oder Billiganbieter erfüllen weitestgehend dieselben Anforderungen wie die teureren Produkte. Markenpersönlichkeiten dienen zwar nach wie vor als Orientierungshilfe und Meßlatte für die Bewertung der Angebote, sie sind jedoch in einigen Bereichen nicht mehr allein kaufentscheidend. Das Risiko, das der Verwender bisher bei einem „anderen" Produkt einging, ist geringer geworden, und folglich wächst die Bereitschaft zum Wechsel.

Die Verschärfung der Wettbewerbssituation hat auch dazu beigetragen, daß in immer kürzeren Abständen neue Produkte und Dienstleistungen auf den Markt kommen oder verschwinden. Damit wird für Anbieter die Chance geringer, über Angebote ein stabiles Image aufzubauen, das sich zudem auf andere Bereiche ausdehnen ließe. Es muß vielmehr der umgekehrte Weg beschritten werden, nämlich über ein klares Anbieter-Profil und -Image eine Goodwill-Plattform für Angebote zu schaffen.

Ein weiterer zentraler Punkt für die Beschäftigung mit Corporate Identity ist die veränderte Werthaltung der Menschen. Es handelt sich hierbei allerdings nicht um – wie vielfach angenommen – neue Werte, sondern um „Veränderungen der Werteakzente oder der Präferenzordnungen im Wert-System"[4]. Beim Wertewandel geht es also primär um eine Evolution, eine Weiterentwicklung der Werte.

Die ohne Entbehrungen im Wohlstand aufgewachsene Nachkriegsgeneration lehnte sich gegen die ausschließlich materialistisch ausgerichteten Ziele ihrer Eltern auf. Dem sanften Protest der „Blumenkinder" folgten Studentenrevolten als manifester Ausdruck der Auflehnung. Zunächst isoliert auf einzelne Gruppen beschränkt, sorgten Ölschock und Ökologiediskussion für einen weiteren Schub im Umdenkungsprozeß. Die zentralen Tendenzen des Wertewandels heute sind:

— aktives, kritisches Denken und Individualisierung der Bedürfnisse statt Anpassung;
— Selbstbestimmung und Erleben statt Autorität und Unterordnung;
— Gesunderhaltung der Umwelt und soziale Lebensqualität statt Konsumterror und Materialismus.

Dies bedeutet allerdings nicht, daß Konsumziele ihre Bedeutung gänzlich verloren hätten. Das Markenbewußtsein und die Konsumfreudigkeit einiger Verbrauchergruppen, zum Beispiel der „Yuppies", deuten vielmehr darauf hin, daß materialistische und hedonistische Ziele durchaus noch eine hohe Aktualität haben, sofern sie den persönlichen Bedürfnissen nach Gesunderhaltung nicht widersprechen.

Dieses neue Bewußtsein konzentriert sich nicht allein auf die private Sphäre, sondern betrifft die Lebensumwelt insgesamt und damit auch die Unternehmen. Die Forderung nach sozialen, ethischen, humanitären Verhaltensweisen macht vor den Werkstoren nicht halt. Mitarbeiter wie Verbraucher und Öffentlichkeit beginnen die gesellschaftliche Verantwortlichkeit der Unternehmen zu hinterfragen.

Hinzu kommen eine fortschreitende technologische Entwicklung, bessere Ausbildung und höhere Qualifikation der Mitarbeiter. Die Folge ist ein neues Arbeitsethos: An die Stelle der sturen Pflichterfüllung des emsigen Ausführers ist der kreative Mitdenker getreten.

Die Mitarbeiter erwarten mehr Wertschätzung und Anerkennung ihrer Leistung, einen größeren Spielraum zur Entfaltung ihrer Individualität. Sie erwarten aber auch Leitlinien, nicht im Sinne einer Einengung, sondern als Orientierungspunkte für kreative Ideen. Unternehmen müssen diesen Trend durch Umgestaltung der Arbeitsstrukturen und andere Führungsstile bewältigen. Gelingt dies nicht, besteht die Gefahr, daß die Mitarbeiter sich nach außen orientieren oder Ersatzleitlinien und individualistische Ziele formulieren. Das kreative Potential wird dann für den eigenen Erfolg, die eigenen Ziele verwandt und nicht mehr für die Aufgaben des Unternehmens.

Die Veränderung des Wertesystems hat Anfang der 80er Jahre zu einer weitverbreiteten Orientierungslosigkeit der Jugend geführt. Dies hatte zwei ganz unterschiedliche Reaktionsformen zur Folge. Bei einem Teil der Jugendlichen trat eine allgemeine Lustlosigkeit und Weltuntergangsstimmung auf, das „Null-Bock-Phänomen". Andere wieder unterwarfen sich den strengen Regeln von Sekten und ihren Führern. Die Reglementierungen wurden nicht als Einengung empfunden, sie waren Leitlinie für das eigene Verhalten, vermittelten Sicherheit. In der Zwischenzeit haben die Menschen allerdings gelernt, mit der neuen Wertehierarchie umzugehen und Orientierungspunkte zu finden. Sie hat sich im Bewußtsein der Menschen verankert und zu einer Emanzipationsbewegung beigetragen. Damit gehören das Null-Bock-Phänomen und das Sektierertum eher der Vergangenheit an.

Doch im Verlauf dieser Entwicklung hat sich das Verbraucherverhalten grundlegend geändert. Aus dem zunächst ungelernten ist ein gelernter und schließlich ein emanzipierter Konsument geworden. Seine Bedürfnisse sind individueller, er ist anspruchsvoller und selbstbewußter geworden. Folglich interessiert er sich nicht mehr allein für die Produkte und den Produktnutzen. Mehr und mehr interessiert er sich für das hinter den Produkten stehende Unternehmen.

Der PR-Chef von Henkel hat dies in dem Satz ausgedrückt: „Der Verbraucher interessiert sich nicht allein für die Qualität der Produkte, er interessiert sich zunehmend für die Qualität des Umfeldes, in dem die Produkte hergestellt werden", das heißt, der Kunde hinterfragt das Unternehmen. Es reicht also nicht mehr, ein möglichst positives Bild nach außen zu kommunizieren (Image, Scheinbild) – intern muß es stimmen, sonst glaubt das keiner.

Die Veränderungen der vergangenen Jahre sind vielschichtig und komplex und treffen die Unternehmen in ganz unterschiedlichem Ausmaß. Oft haben sie sich nahezu unbemerkt vollzogen und werden erst wahrgenommen, wenn akute Probleme auftauchen. Jede Firma sollte sich deshalb rechtzeitig Gedanken über die eigene Identität machen. Die Folgen einer fehlenden Corporate Identity, eine nicht wahrnehmbare, zerklüftete Identität, sind schwerwiegend.

Die Folgen fehlender Corporate Identity

Eingangs wurde darauf hingewiesen, daß Unternehmen ohne eine klare, verständliche Corporate Identity kaum eine Chance haben, langfristig im Wettbewerbsumfeld zu bestehen. Mangelnde Corporate Identity wirkt sich zunächst in zwei Richtungen aus:

a) nach innen auf die Identifikation, Motivation und Leistung der Mitarbeiter,
b) nach außen auf die Akzeptanz und den Absatz der Produkte.

Das Hauptinteresse vieler Corporate-Identity-Aktivitäten galt bisher der Außenwirkung. Ganz in diesem Sinne hat sich ein bekanntes deutsches Unternehmen im Rahmen eines Corporate-Identity-Programmes primär auf die Symbolik, Vereinheitlichung von Druckschriften und Werbemitteln konzentriert. Die attraktiven Gestaltungsmerkmale wurden zwar von

Kunden begrüßt, an der Einstellung zum Unternehmen und seinen Produkten änderte sich indes nichts. Ursache dafür war, daß die Mitarbeiter nicht voll hinter diesen Aktivitäten standen und dies im Umgang mit Kunden direkt und indirekt kommunizierten.

Interne Probleme sind deshalb besonders dramatisch. Sie breiten sich schnell aus und haben eine nachhaltige Wirkung auf externe Zielgruppen wie Kunden, Lieferanten, Geldgeber, Öffentlichkeit. Corporate-Identity-Probleme schränken somit die Glaubwürdigkeit und Wettbewerbsfähigkeit entscheidend ein.

Genauso wie wir einem Menschen mißtrauen, der in seinen Äußerungen und seinem Verhalten wechselhaft ist, können wir einem Unternehmen, das sich permanent selbst widerspricht, nicht vertrauen. Kritik, Kundenfluktuation, rückläufige Absatzzahlen und Erträge sind Warnsignale für eine solche Glaubwürdigkeitskrise.

CI-Probleme ganz anderer Art haben Unternehmen mit mehreren Marken, wie Procter & Gamble, Unilever, Nestlé, und Konzerne mit vielen Tochtergesellschaften, wie Haniel, BASF. Oft wissen nur „Eingeweihte", wer sich hinter dem „Namen" verbirgt, und logischerweise entstehen daraus gewisse Schwächen im Image. Es gibt eben nicht nur ein Image und eine Identität, sondern mehrere. So hat Nestlé zwar einerseits ein Konzern-Image, das sich im wesentlichen auf die bekannten Produkte Nescafé, Nesquick oder den Bereich der Kindernahrung gründet. Zusätzlich gibt es aber noch eine Reihe von Töchtern mit einer eigenen Identität und einem eigenständigen Image, zum Beispiel Maggi, Sarotti. In diesem Falle wäre es wenig sinnvoll, die natürlich gewachsene Differenzierung aufzugeben und die Konzern-Zugehörigkeit zu propagieren.

Dennoch: Auf eine eigenständige Corporate Identity können diese Organisationen ebenfalls nicht verzichten. Die Unternehmensidentität ergibt sich allerdings weniger aus der Summe der Produkte als vielmehr aus der übergeordneten Unternehmensleistung, zum Beispiel Kompetenzanspruch durch umfangreiche Forschungsaktivitäten, soziale Verantwortlichkeit.

Es gibt jedoch auch andere Beispiele, die beweisen, daß ein Stück mehr Gemeinsamkeit und ein geschlossener Auftritt der Gruppe intern wie extern erhebliche positive Auswirkungen haben kann.

Im Fall UTC (United Technology Corporation) sind die Aktienkurse beträchtlich in die Höhe geschnellt, als bekannt wurde, welche Perlen (z.B. Skorsky Hubschrauber, Otis Aufzüge, Pratt & Whitney Triebwerke) UTC unter seinem Dach vereinigt. Das relativ unklare Profil dieses Konzerns gewann nach einer groß angelegten Corporate-Advertising-Kampagne, bei der die Konzern-Bereiche publiziert wurden, zunehmend an Konturen.

Zusätzlich entstand eine positive Transferwirkung auf die weniger bekannten Firmen des Konzerns, die als Teil einer „kompetenten" Organisation an Bekanntheit und Attraktivität gewannen. Ein weiterer maßgeblicher Effekt ließ sich im Personalbereich beobachten. Es bewarben sich mehr und qualifiziertere Mitarbeiter, und intern trugen die Aktivitäten zu einer Stärkung des Zusammengehörigkeitsgefühls, des „Wir-Bewußtseins" zwischen den Geschäftsbereichen bei.

Damit wurde bereits ein weiterer Aspekt angesprochen. Fehlende Corporate Identity führt bei der Akquisition geeigneter, qualifizierter Mitarbeiter zu Nachteilen. Qualifizierte Leute bewerben sich häufig bei solchen Unternehmen, die aufgrund ihrer Bekanntheit, Größe, Bedeutung attraktiv erscheinen. Unternehmen, die unbekannt sind oder die im Kreuzfeuer der Kritik stehen, haben weniger Chancen, geeignete Bewerber zu bekommen, wie das folgende Beispiel zeigt. Ein mittelständisches Unternehmen, Branchenführer in seinem Bereich, mit exzellenten Marken und Produktgruppen, die einzeln einen relativ hohen Bekanntheitsgrad besaßen, hatte über Jahre hinweg Probleme damit, daß sich zu wenige und nicht ausreichend qualifizierte Mitarbeiter bewarben. Eine Befragung ergab, daß die meisten potentiellen Bewerber das Unternehmen nicht einordnen konnten. Die Marken- oder Produktgruppen waren zwar bekannt, nicht aber der Name des dahinterstehenden Herstellers. Der Unternehmensname lieferte demzufolge keine attraktiven Impulse für eine Bewerbung. Das Problem konnte durch entsprechende Änderung der Stellenanzeigen behoben werden. Ein wesentlicher Vorteil dabei war, daß der intern vorhandene Zusammenhalt und der Geist positiv auf die Bewerber wirkte und die Attraktivität der Firmenzugehörigkeit unterstützte.

Fehlende Corporate Identity nach außen kann, wie im Beispiel gezeigt, durch ungenügende Kommunikation verursacht sein und deshalb in einigen Fällen durch geeignete werbliche Maßnahmen reguliert werden. In aller Regel sind Identitätsprobleme allerdings grundlegender Natur und nicht allein durch gut angelegte Kampagnen zu beheben.

Die Ursachen liegen meist innerhalb der Unternehmen selbst. Mangelnde Transparenz der Unternehmen und ihrer Ziele, ausgelöst durch veränderte Bedingungen, führen zu Desorientierung bei den Mitarbeitern. Ängstliches Verhalten und die Suche nach neuen Leitlinien sind die Folge. In einem solchen Klima neigen die Führungskräfte dazu, Ersatzziele in Form von Formalismen, Arbeitsanleitungen, Standards, Richtlinien zu formulieren.

Doch damit wird die interne Kommunikation erheblich eingeschränkt, es kommt zu Kommunikations-Pathologien[5] und egoistischen Sichtweisen. Manieriertes, statusbetontes Verhalten, strenges Hierarchiedenken sind die Konsequenz. Doppelarbeiten sind an der Tagesordnung, weil man nicht miteinander redet und deshalb auch nicht weiß, daß andere Personen sich mit derselben Aufgabe beschäftigen. Zusätzlich erschweren umständliche, lange Entscheidungswege und ein grundsätzliches gegenseitiges Mißtrauen sowie Kontrollzwänge überschneidungsfreies Arbeiten. Formalismen sind außerdem Antipoden für Innovationsfähigkeit und Kreativität. Nützliche kreative Spinner, von denen jedes Unternehmen lebt, werden mit Hilfe der Standards und Richtlinien zur Räson gerufen und gebremst, und zwar sowohl von den Kollegen als auch von den Vorgesetzten. Dies schafft für motivierte, unternehmerisch und zukunftsweisend denkende Mitarbeiter ein Klima der Unzufriedenheit und Demoralisation. Entweder wird die „innere Kündigung" ausgesprochen, oder die Mitarbeiter verlassen das Unternehmen. Wichtige Leistungspotentiale gehen so verloren.

Einige Unternehmen, darunter Siemens, versuchen dieses Problem zu lösen, indem sie Mitarbeitern den Weg in die Selbständigkeit ermöglichen. Durch Kapitalbeteiligungen werden die Innovations- und Kreativitätspotentiale dem Unternehmen erhalten. Andere Unternehmen richten „Spinnerabteilungen" ein.

Bei den Spinnerabteilungen besteht allerdings die Gefahr, daß, weil kein wirtschaftlicher Zwang existiert, wenig praxisbezogen gearbeitet und an der Realität vorbeigedacht wird. Diese Abteilungen haben die Tendenz, sich zu isolieren. Eine Re-Integration der Mitarbeiter ist kaum noch möglich.

Formalistisches, hierarchisches Verhalten ist besonders häufig in größeren Unternehmen oder Konzernen anzutreffen und hier speziell bei traditionellen, über lange Jahre hinweg gewachsenen Organisationen.

Diese Organisationen haben fast alle etwas gemeinsam, das einerseits der Corporate Identity förderlich sein kann, andererseits den Innovationsgeist hemmt, nämlich Besetzung von Führungspositionen fast ausschließlich aus den eigenen Reihen.

Die positive Komponente ist die Kontinuität des Unternehmensgeistes, eine gewachsene Kultur. Die negative Seite ist, daß Beförderungen häufig von der Dauer der Betriebszugehörigkeit abhängen. Damit besteht die

Gefahr des „Peterprinzips" – Beförderung bis zur Inkompetenz. Führungskräfte, die an ihre Kapazitätsgrenze stoßen, versuchen den Mangel an Kompetenz durch strenge Reglements und Nichtweitergabe von wichtigen Informationen nach dem Prinzip „Wissen ist Macht" auszugleichen. Die Unternehmen vergessen leider allzu häufig, daß die Mitarbeiter die effizienteste PR-Arbeit leisten, effizienter und glaubwürdiger als viele Stabsabteilungen. Ihre Einstellung zum Unternehmen, ihre Zufriedenheit oder Unzufriedenheit werden sie in ihrer sozialen Umgebung und gegenüber Kunden, Lieferanten und anderen Personen äußern. Wenn man bedenkt, daß jeder Mensch mit mindestens zehn Personen kommuniziert, ist leicht zu errechnen, welches enorme Potential dahinatecteckt, dessen Wert nicht zu unterschätzen ist. Multipliziert man die Zahl der Mitarbeiter mit zehn, so kann unschwer abgeschätzt werden, wie viele Menschen im Unternehmensumfeld in ihrer Einstellung unmittelbar durch die Verlautbarungen und Handlungen der Mitarbeiter beeinflußt sind.

Der Begriff „human capital" beschreibt die Leistungsfähigkeit und das Leistungspotential des Unternehmens, ein Aktivposten, der zwar bilanztechnisch nicht ausgewiesen wird, jedoch von überragender Bedeutung ist.

Corporate Identity – ein Bedürfnis des Unternehmens, der Umwelt und Mitarbeiter?

„Die externe ... Wirkung von CI steht meist im Vordergrund und ist – im Gegensatz zur internen Wirkung – oft die einzig beabsichtigte."[6]

Diese Haltung, die auch heute noch einen großen Verbreitungsgrad besitzt, entspricht dem ursprünglichen Gedanken der Corporate Identity. Unternehmen haben im Rahmen des Marketing einzelne Elemente des CI-Mixes eingesetzt, um durch diese Maßnahmen Einfluß auf die Markenbindung und die Akzeptanz der Dienstleistungen und Produkte zu nehmen und entsprechende Marktziele zu realisieren. CI entsprach damit zunächst dem Bedürfnis des Unternehmens.

Daß CI aber auch ein Bedürfnis der Verbraucher ist, läßt sich anhand von Beispielen aus dem Dienstleistungsbereich sowie anderen Industriezweigen belegen.[7] In jenen Fällen, in denen zwischen dem Erscheinungsbild des Unternehmens, der Selbstdarstellung und dem tatsächlichen Verhalten der Mitarbeiter Widersprüchlichkeiten auftreten, entstehen Dissonanzen, die die Akzeptanz und in ganz erheblichem Maße die Loyalität beeinträchtigen. Besteht dagegen Kontinuität, so wirkt sich dies vorteilhaft auf die Identifikation mit der Marke und dem Unternehmen aus. Produkte von Rosenthal in einer nicht-Rosenthal-gerechten Umgebung präsentiert würden erheblich an ihrer Attraktivität einbüßen.

Der Slogan „Das grüne Band der Sympathie" beinhaltet ein Versprechen, das durch die Mitarbeiter eingelöst werden muß, um keine negativen Konsequenzen für das Unternehmen nach sich zu ziehen. Ein Hotelgast, der mehrmals vom Service einer Hotelkette enttäuscht wurde, wird auch gegenüber anderen Häusern dieser Kette eine negative Erwartungshaltung entwickeln und künftig die Häuser dieser Hotelgruppe meiden.

Bedürfnisentsprechung sowie die widerspruchsfreie, glaubwürdige Selbstdarstellung sind die Voraussetzungen dafür, daß sich die Kunden mit dem Unternehmen und seinen Produkten identifizieren. Konkret bedeutet dies:

- Bindung des Kunden an die Marke und größere Toleranz gegenüber Gebrauchsproblemen,
- Bindung der Lieferanten an das Unternehmen und damit verbunden eine größere Servicebereitschaft und bevorzugte Lieferungen,
- erhöhte Verständnisbereitschaft der Öffentlichkeit für unternehmensspezifische Vorgehensweisen,
- höherer Bekanntheitsgrad und damit mehr Bewerbungen von besseren und qualifizierteren potentiellen Mitarbeitern.

Die interne Wirkung stand dagegen in der Praxis zunächst nicht zur Diskussion. Es wurde entweder die Bedeutung der internen Wirkung unterschätzt oder wie selbstverständlich davon ausgegangen, daß die nach außen gerichteten Kommunikations- und Gestaltungsmaßnahmen intern ebenso wirksam wären. So haben die CI-Maßnahmen eines Herstellers von technischen Gebrauchsgütern zwar zu einer größeren Bekanntheit beigetragen, die intern bestehenden Spannungen wirkten sich jedoch kontraproduktiv aus, so daß keine wesentliche Verbesserung des Unternehmensimages erreicht werden konnte. Durch das Verhalten der Mitarbeiter – auch gegenüber Kunden – wurden die identitätsbildenden Maßnahmen zum reinen Selbstzweck und haben nichts zur Zielerreichung beigetragen. Nach wie vor begegnete der Kunde diesem Unternehmen mit großem Mißtrauen.

Ähnlich wie der Verbraucher hat aber auch der Mitarbeiter Erwartungen und Bedürfnisse, die es zu befriedigen gilt. Kommunikations- und

Gestaltungsmerkmale können zwar die Mitarbeiterbindung verstärken, jedoch nicht allein auslösen. Werden die im Unternehmen tätigen Menschen als „Produktivfaktor" berücksichtigt und dem Selbstverständnis und dem Wunsch nach Selbstbestimmung dieser Menschen Rechnung getragen, so wird das Unternehmen Anreiz dafür bieten, daß sich die Mitarbeiter mit der Firma, ihren Zielen, identifizieren können. Deshalb dürfen CI-Aktivitäten niemals an der Realität der Meinungen, Anforderungen, dem praktizierten Stil und den daraus erwachsenden Normen und Wertmaßstäben vorbeigehen. „CI betrifft die Mitarbeiter des Unternehmens fast unmittelbarer als die Umwelt".[8]

Durch interne CI-Maßnahmen wird ein kulturelles Klima geschaffen, das sich positiv auf die Zufriedenheit, Leistungsmotivation und -effizienz auswirkt. Zufriedene Mitarbeiter machen dies nach außen deutlich und werden damit in ihrer sozialen Umgebung, im Verwandtenkreis, in der Familie, bei Freunden informell für das Unternehmen tätig. Sie entwickeln ein firmenspezifisches Selbstverständnis, zum Beispiel „wir von Daimler", das den internen Zusammenhalt dokumentiert, fördert und unternehmensschädigende Verhaltensweisen weitgehend ausschaltet. Dies trägt dazu bei, daß das Unternehmen auch in der Umwelt als attraktiver Partner ein hohes Maß an Akzeptanz gewinnt.

Allerdings muß das Unternehmen dies aktiv fördern, das Instrumentarium dazu ist die offene Kommunikation. Mitarbeiter, die Neuerungen und Veränderungen innerhalb der Firma aus der Zeitung erfahren, müssen das Gefühl bekommen, unwichtig zu sein.

Anmerkungen

1 WENDT, Horst I.: Was ist ein Image? Ein Beitrag zur Definition des Image-Begriffs. Unveröffentlichtes Manuskript 1987
2 In einem Blindversuch werden dem Verbraucher verschiedene Produkte derselben Produktgruppe in anonymisierter Form zur Bewertung vorgelegt.
3 GUTJAHR, Gert: Taschenbuch der Marktpsychologie, 1983, S. 80 ff.
4 RAFFÉE, Hans: Der Wertewandel als Herausforderung für Marketing-Forschung und Marketingpraxis, in: Markenartikel V/1988
5 Keiner sagt, was er denkt, oder man sagt etwas anderes, als man denkt.
6 GUTJAHR/KELLER, in: Birkigt/Stadler, Corporate Identity, 1985, S. 79
7 Z. B. Dresdner Bank und BMW
8 GUTJAHR/KELLER in Birkigt/Stadler, Corporate Identity, 1985, S. 79

Hans von Bergen

New Marketing

Die Herausforderungen der 90er Jahre erfordern drastische Veränderungen im Denken des Marketing. „Alles fließt", stellt der international erfahrene Berater, Trainer und Initiator des New Marketing, Hans von Bergen, fest. Die geringe Stabilität der Märkte, der Trend von der Masse zur Individualität, zum „private product", verlangen vom Unternehmen ein bewußtes Wahrnehmen des Umfeldes, um den Forderungen des Kunden gerecht zu werden. Hans von Bergen zeigt Konsequenzen und Erfordernisse für zukünftige Marketingstrategien und für das Denken im Unternehmen (aus Gablers Magazin 4/89).

Erst verkaufen . . . dann produzieren

Das New Marketing verfolgt grundsätzlich das Ziel, näher beim Kunden und näher beim Konsumenten zu sein, als eine stärkere Kundenorientierung im gesamten Unternehmen.

Eine Untersuchung an der Universität Köln stellte 1988 dazu fest, daß nur neun Prozent aller untersuchten Unternehmen die mentalen und psychologischen Veränderungen im Umfeld der Unternehmen regelmäßig und sensibilisiert in das Denken und Handeln einbeziehen. Rund 67 Prozent aller Unternehmen beobachten dafür die Konkurrenz und glauben, damit die Umfeld-Zappeligkeit, die Rasanz der Wert- und Bedeutungs-Veränderungen der Kunden verfolgen zu können. Aus der Einbahn-Kommunikation muß eine Dialog-Kommunikation werden.

Dies bedeutet konsequent und ganzheitlich betrachtet „Interfusion", ein wechselseitiger Prozeß, der alle Teilnehmer gegenseitig beeinflußt. Zwei Elemente sind dabei ganz wesentlich:

– der Kommunikator ist auch Beteiligter und
– der Kommunikator ist eine erlebbare und faßbare Persönlichkeit.

Die Mimesis (= verschmelzen mit dem Markt und dem Umfeld der Unternehmung) und die Issue-Gestaltung (= vorausschauende Anteilnahme an den Szenen, im Agieren mit Lifestyles und psychologischen Mega-Trends) sind weitere Gebärhelfer des neuen Marketing-Denkens und -Handelns, das Werte von außen nach innen und von innen nach außen transportiert.

Die Atomisierung des Marktes und das ausgeprägte Unikat-Denken und Handeln führen immer schneller zum „private product" (z.B. mit CIM). Und dies alles bedeutet: „Erst verkaufen ... dann produzieren".

G. von Briskorn, Direktionsmitglied bei Henkel, Düsseldorf, schreibt dazu in der Absatzwirtschaft 5/88: „Einiges spricht für die Annahme, daß der Begriff Marketing-Mix jenes für den Marketing-Manager angenehme Gefühl von Machbarkeit und Beherrschbarkeit der Ereignisse vermittelt. Dieses Gefühl bewegt sich in Richtung Markt-Macht und signalisiert eine Sicherheit, die sich im Hinblick auf den Wandel der Märkte als trügerisch erweisen wird.

Unternehmen sind als offene Systeme zu begreifen, die durch Austausch-Beziehungen mit der Gesellschaft und den Märkten verbunden sind.

Dem Marketing fällt bei dieser Öffnung des gesamten Unternehmens-Systems in Richtung Markt und Makro-Ökonomie eine zentrale Rolle

zu". Die Verantwortlichen im Unternehmen und im Marketing werden
schnell und umfassend „entlernen" lernen (= Aufgeben von Hersteller-
Absichten und Hersteller-Leistungen) und neu lernen im Sinne der holistischen Orientierung (= außen wie innen, innen wie außen).

Dazu Prof. Dr. Weinhold-Stünzi (Forschungs-Institut für Absatz und
Handel in St. Gallen) in seiner Studie über die Zukunft der Direkt-
Werbung: „Der Verkauf ist im Direkt-Marketing nicht so wichtig". Hier
ist eine klare Trendwende sichtbar, denn Direkt-Marketing wird immer
mehr zu einem Dialog, losgelöst von kalten Zahlen-Vorgaben, der Entwicklung des Umsatzes, den nackten Zahlen, der kurzfristigen Orientierung. (Direkt-Marketing ist auf dem Weg zur Interfusion und wird abso-
lut gesehen immer dominanter. Ein erster Vorläufer zur holistischen
Orientierung der Unternehmen.)

New Marketing ist eine ganzheitliche Management-Aufgabe

In den 90er Jahren werden noch viele weitere Brücken gebaut zwischen
Umfeld und Unternehmen, basierend auf Dialog, Beziehungsnetz, Kooperation, Partnerschaft und Werten (= Lifestyle, Lebenshilfen, materiellen
und immateriellen Nutzstiftungen, sozialen und kulturellen Elementen,
echten Informations- und Hilfe-Kompetenzen ...).

Sehr viele spüren es, daß die Umfeld-Zappeligkeit neue Dimensionen
auf der mentalen Ebene und als Handlungs-Potential einfordert. Acht ge-
waltige Herausforderungen verlangen ein Umdenken und Umlenken im
unternehmerischen Alltag:

Dynamisierung der Turbulenzen

Die Stabilität der Märkte wird immer geringer. Die festen Elemente lösen
sich auf, und immer weniger Märkte weisen langfristig berechenbare Abläufe auf. Praktisch überall sind neue Substitutionen sichtbar.

Sowohl auf lokaler wie auf globaler Ebene sind immer wieder neue
überraschende Bewegungen im Entstehen. Immer schneller werden die
Grenzen der Sättigung erreicht. Dadurch entsteht der starke Wunsch nach
weiterem Wandel und Abwechslung. Diese schnell zunehmenden Turbulenzen (auch aus der Technologie heraus) lassen eine neue Unübersichtlichkeit entstehen. Das Fließen ist das Prinzip!

Umfeld und Unternehmen vermaschen sich

Immer mehr Para-Gruppierungen, Bürger-Initiativen und Contra-Gruppen bemächtigen sich der Felder des Konsums, der Produktion und der unternehmerischen Interna.

Dann sind da die Konsumenten, die aktiv am Produktions-Prozeß mitgestalten (Kooperations-, Produktions- und Kundenbindungs-Clubs). Konkret, immer mehr Prosumenten im Marktgeschehen. Dazu kommt die immer intensivere Vernetzung unter den Gruppen und mit den Unternehmen. Eine klare Trennung zwischen Unternehmen und Kunde wird immer weniger möglich und machbar. Alles ist mit allem vernetzt!

Die 50er Jahre:
Einführung des Marketing-Gedankens, um sich mental vom Verkauf abzukoppeln. Vorherrschend war die Ansicht: „Verkaufen, was hergestellt wird". Mit dem verstärkten Aufkommen der Umsetzung der Marketing-Gedanken kam die Formel auf: „Produzieren, was sich verkauft". Gegen Ende der 50er Jahre begann kraftvoll die Zeit des Marketing-Mix.

Die 60er Jahre:
Die wirkliche „Hoch-Zeit" des Marketing. Erste Typologie- und Lifestyle-Gehversuche.

Die 70er Jahre:
Weiterentwicklung aller Positionierungstheorien und Entstehung des Sozial-Marketing. Marketing und Strategien wurden eng verknüpft. Starke wissenschaftliche Entwicklungen im Marketing führen zu einem Eigenleben innerhalb der Unternehmung. Ende der 70er Jahre etabliert sich das Dienstleistungs-Marketing.

Die 80er Jahre:
Marketing wird wieder zur „Wettbewerbs-Kriegsführung" mit Angriff, Halten, Rückzug ... In immer schnelleren Wellenbewegungen entstehen neue Richtungen wie globales Marketing, lokales Marketing, Direct-Marketing, Relationship-Marketing, Mega-Marketing usw. ... Das traditionelle Marketing befindet sich nun auf dem Weg zum Fließen, zum sich Arrangieren mit der Umwelt. Doch der Ausgangspunkt der 50er Jahre wird krampfhaft festgeschrieben: „Produzieren, was sich verkauft".

Was bringen die 90er Jahre?
Wie schon erwähnt, wurde durch die Einführung des Marketing (50er Jahre) das Verkaufen mental abgetrennt. Jetzt müssen durch das Einbeziehen des Umfeldes der Unternehmung neue Beziehungs-Netzwerke geknüpft werden.

Abbildung 1: Rückblick und Ausblick

Inter-Aktion und Glaubwürdigkeit verbinden sich

Die neue Medien-Kultur – Stichworte: „Telekommunikation" mit dem „wilden" (visuellen) Denken oder das „Konzept der Teilnahme", das persönliche Einbringen als Mensch und Beteiligter (interaktiver Journalismus) – ist jetzt voll im Entstehen. Die größte je gebaute Maschine (das Telefonnetz) verbindet sich mit der kleinsten (dem Chip im Computer) und erhält zusätzlichen Schub aus der Unterhaltungs-Elektronik/Büro-Kommunikation (Video, Telefax, Desktop-Publishing ...). Viele dieser neuen Verbindungen (Computer/Unterhaltungs-Elektronik und Büro-Kommunikation) sind auch Do-it-yourself-Medien, die der einzelne individuell nutzen kann. Dadurch entsteht eine Gegen-Information zur offiziellen Version (Staat oder Unternehmen). Die Menschen organisieren ihre eigene Form und Art der Kommunikation und senden/empfangen die Botschaften, die sie mental und situativ für glaubwürdig und richtig halten. Hier gilt: „Meine eigene Botschaft (oder aus der mental gleichen Gruppierung) glaube ich am meisten". Jeder einzelne wird dadurch Empfänger und Sender gleichzeitig!

Stark zunehmender Druck zum Arrangement

Der „Gaia"-Trend (emotionales Verhältnis zur Erde im Sinne des globalen Bewußtseins) und das Wissen oder Ahnen der Menschen (stark zunehmend seit Tschernobyl), daß es keine verläßlichen Informationsquellen gibt, haben die Hinterfragungs-Qualität der Menschen beim Staat und den Unternehmen gewaltig erhöht. „Schnellschuß"-Kritik, Erhöhung der Aufmerksamkeit und „Echtzeit"-Information hat das bis jetzt eher passive Verhalten der Endverbraucher in ein aktives Fordern verwandelt. Das Vorausfordern (Ökologie, Glaubwürdigkeit) formt eine neue Form von Konzentration und Macht mit dem Zwang zum Arrangement. Ehrliches Arrangement gestaltet diese Macht zum Erfolgsrezept des Unternehmens.

Atomisierung der Gesellschaft

Der Wert- und Bedeutungswandel hat wenig allgemeinverbindliche Normen oder Codes und eindeutige Rollenvorschriften übrig gelassen. Die bisher lebenslangen Lebensstil-Kriterien wechseln immer schneller, und die Formen des Verhaltens der Menschen vermaschen sich fließend und differenzieren gleichzeitig in immer kleinere situative Einheiten. Weg von der Anpassung, der Masse ... hin zur Selbstentfaltung und Individualität. Die Do-it-yourself-Medien dynamisieren diesen Prozeß noch. Immer mehr unterschiedliche Gruppierungen wünschen immer stärker und lautstarker Unterschiedliches.

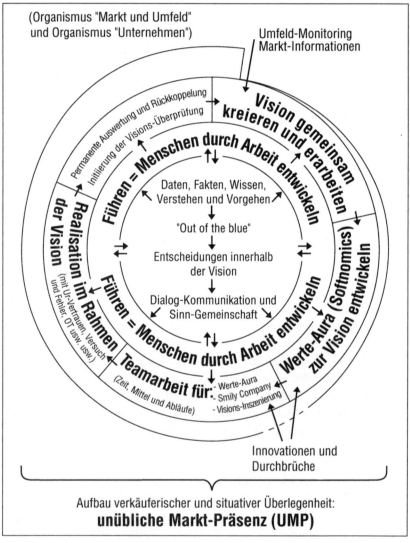

Abbildung 2: Holistische Orientierung

„Lebendigkeit" wird zur positiven menschlichen Qualität

Geprägt durch das Telekommunikations-Zeitalter, die Echtzeit-Information oder die Umfeld-Zappeligkeit ändern sich die Menschen immer häufiger. Dieser Prozeß beginnt mit der mentalen Verinnerlichung anderer/ neuer Einflüsse und endet mit ihrer Umwandlung in persönliche Handlungspotentiale. Immer schneller transformiert der einzelne sein Denken und Handeln. Es gilt als positive menschliche Qualität, sich laufend selbst zu wandeln. Der Anteil der „Verhaltens-Treuen" wird zunehmend kleiner. Auf dem „Weg" (der sich laufend verwandelt) zu sein und erst noch „just in time" ist die von einer Mehrheit der Menschen gewünschte „Lebendigkeit".

Lebensqualität ist gefordert

Immer mehr Menschen entscheiden wegen der eigenen „Lebendigkeit" auf der Basis: „Was ist es mir wert?". Die Angebots-Kompetenz (aus der Sicht des Marktes) wird optisch immer kleiner, denn immer mehr Anbieter haben ähnliche oder gleiche Produkte/Leistungen. Der relative materielle Vorteil muß somit aufgeladen werden mit immateriellen und informellen Qualitäten oder Werten. Diese Hilfe- und Informations-Kompetenz (aus der Sicht des Marktes) kann die Frage: „Was ist es mir wert?" mit zusätzlichen, entscheidenden Interpretationsmustern umgeben. Die Software (Werte-Aura) wird zunehmend wichtiger als die Hardware (Angebot/Leistung).

High-Tech und High-Touch verbinden sich

Jeder Mensch lebt – von der Geburt weg – in der Polarität, dies bedeutet, er kann nur lieben, wenn er auch hassen kann, und umgekehrt. Diese Polaritäten gestalten nun das Phänomen der Menschlichkeit, der Selbstentfaltung und der Individual-Persönlichkeit. In der noch rasant zunehmenden High-Tech-Gesellschaft haben die Menschen immer stärker das Verlangen und den Wunsch nach hoher Emotionalität, nach menschlicher Wärme, nach Geselligkeit (in der Werte-Rangliste der Bedeutungsentwicklung für die Jahre 1987 bis 2007 steht „Familie/Freunde" nach „Freizeit" an 2. Stelle).

Durch die Weiterentwicklung der Dienstleistungs-Gesellschaft (post-industrielle Kultur) haben immer mehr Menschen mit immer mehr anderen Menschen Kontakte, Beziehungen und Informationsaustausch (laut OECD wird Europa bis zum Jahr 2000 zu rund 75 bis 85 Prozent eine Dienstleistungs-Struktur aufweisen).

Die emotionale Kompetenz des einzelnen erhöht sich dadurch stark und führt zusammen mit der Polarität „High-Touch" zum aktiven Fordern nach mehr Emotionalität und Anteilnahme. Verkaufen – als globale Aufgabe des Unternehmens – wird immer persönlicher und menschlicher.

Soweit – ganz knapp skizziert – die acht Herausforderungen an das heutige Marketing-Denken und Handeln. Beim bewußten Aufnehmen und Verarbeiten der acht Schlüsselworte (Abbildung 3) wird die neue Wirklichkeit für die unternehmerische Zukunft sichtbar, faßbar und greifbar:

1. Turbulenzen:	Das Fließen ist das Prinzip
2. Vernetzungen:	Alles ist mit allem vernetzt
3. Inter-Aktion/ Glaubwürdigkeit:	Jeder einzelne ist Empfänger und Sender gleichzeitig
4. Arrangement:	Ehrliches Arrangement ist das unternehmerische Erfolgsrezept
5. Atomisierung:	Immer mehr unterschiedliche Gruppierungen wünschen sich immer mehr Unterschiedliches
6. Lebendigkeit des Geistes:	Auf dem „Weg" – just in time – zu sein, ist entscheidend
7. Lebensqualität:	Software (Werte-Aura) ist wichtiger als die Hardware (Angebot/Leistung)
8. Menschlichkeit:	Emotionale Kompetenz wird aktiv gefordert

Abbildung 3: Die Dynamik der acht Mega-Trends

Das atomisierte Umfeld überträgt durch die Vernetzungen die Turbulenzen in das Unternehmen hinein. Die Interaktion, gekoppelt mit der Glaubwürdigkeit, fordert ehrliche Arrangements, die durch die „Lebendigkeit" der Menschen laufend neu zu etablieren sind. Die notwendige Lebensqualität kann nur mit emotionaler Kompetenz in den Markt transportiert werden, wenn die Werte, die das Unternehmen ausstrahlt (von innen nach außen), permanent inszeniert werden und lebendig sind.

Orientierung für das New Marketing

Mit der gewohnten, professionell gemanagten Linearität der bisherigen Marketing-Aktivitäten und der Hersteller-Orien-tierung allein kann die notwendige Multi-Optionalität der oben skizzierten neuen Wirklichkeit – für die Unternehmen der 90er Jahre – nicht gestaltet werden.

Die logische Konsequenz ist ein schrittweises Umpolen der Unternehmung ... hin zum „neuen" Führen, zur Interfusion. Und dies ist nicht mehr die Aufgabe des Marketing allein, sondern fordert das gesamte Unternehmen.

New Marketing zu realisieren ist eine ganzheitliche Unternehmens-Aktivität, die sich laufend weiter- und vorwärtsentwickelt. New Marketing ist ein dynamischer Prozeß in Mimesis mit dem Markt und dem Umfeld.

Die nachfolgenden Markierungsfelder in der New Marketing-Topographie sind Orientierungs-Koordinaten für die Unternehmen:

Das „neue" Führen

Mit der nachfolgenden Darstellung werden sechs Ebenen der New Marketing-Topographie gestreift:

A Mit dem „Wollen nach oben" auf den neuen Konsumenten und Mitarbeiter einzuschwenken, müssen auch die Optionen geschaffen werden, das „Wollen von unten" zu ermöglichen.

B Der Bewußtmachungs-Prozeß („Büchsenöffner") der Umfeld-Zappeligkeit soll von möglichst vielen Mitarbeitern im Unternehmen getragen und nachvollzogen werden ... im Aufbruch zu neuen Ufern (die Vision).

C Das Fokussieren des „Wollens von unten und oben" auf einige wenige – fanatisch zentralisierte – Grundwerte produziert Dialog und Gemeinsamkeit.

D Die Firmenpersönlichkeit (Kultur) kann neu belebt, aufgebaut oder in eine andere Richtung gemeinsam gestaltet werden.

E Mit Team-Orientierung, Heterarchie und interdisziplinärer Vernetzung können sich – dank der Grundwerte – „Mini"-Unternehmer (im Sinne des Entrepreneurship) herausbilden. Die Schnelligkeit, der Chamäleon-Effekt, die Flexibilität des gesamten Unternehmens nehmen zu. Mimesis wird dort zelebriert, wo der Markt wirklich ist. Just in Time!

F Die „unübliche" Markt-Präsenz des Unternehmens kann sich vernetzt, prozessual und situativ entfalten.

Neues Führen erfordert eine mentale Öffnung

Das „neue" Führen fordert von den Führungskräften eine mentale Öffnung in drei Dimensionen:

1. Führen bedeutet Inspirator zu sein, damit die Ablaufprozesse im Unternehmen wirklich kultiviert werden. Die Ablauf-Prozesse sind: „Entwickeln, Gedeihen und Fließen".

2. Führen heißt demzufolge, ein Kultivierer zu sein, der indirekt führt. So können die Prozesse selbsttätig reifen. Dies verlangt ein Urvertrauen in sich selbst und in die Mitarbeiter. Es verlangt auch die Wiederaufwertung von „Versuch und Fehler".

3. Führen ist „Coaching" auf der mentalen Ebene. Menschen durch Arbeit zu entwickeln ist die zentrale Aufgabe. Nicht das Vormachen ist gefordert, sondern das von außen Stimulieren. Dachler und Dyllick interpretieren dies wie folgt: „Der Kultivierer akzeptiert die Unübersichtlichkeit. Für ihn ist Unklarheit und Turbulenz eine Quelle für neue Ideen und Möglichkeiten.
Deshalb strebt er nicht den reibungslosen Apparat an, sondern einen bewußt ‚niedrigen Organisationsgrad', der es den Menschen erlaubt, ihre Persönlichkeit beizubehalten und zu entfalten."

1. Es kommt auf die realistischen Optionen nach innen und außen an!

2. Es kommt auf die Kompetenz (aus der Sicht des Marktes) an! Nicht auf die perfekte Organisation im Unternehmen.

3. Es kommt darauf an, sich auf Weniges aber wirklich Wesentliches zu konzentrieren!

4. Es kommt darauf an, die vorhandenen Stärken zu nutzen! Die Entwicklungs-Potentiale der Mitarbeiter stärken, nicht auf die Schwächen starren.

5. Es kommt auf die Glaubwürdigkeit an (von innen nach außen)! Die Mitarbeiter können nur weitergeben, was sie selbst empfangen und besitzen.

6. Es kommt darauf an, zu seiner Persönlichkeit zu stehen und sie zu leben! Es gibt nur wenige große Schauspieler auf Dauer.

7. Es kommt auf das positive Denken an!

8. Es kommt auf die Erkenntnis an: „Verheizte Mitarbeiter und enttäuschte Kunden geben keine Wärme"!

Abbildung 4: Gestaltungs-Potentiale erfolgreicher Unternehmen

Interfusion

Das „neue" Führen und speziell die Interfusion (= globaler und umfassender Begriff für Verschmelzung) führen zur holistischen Orientierung. Es sind nicht mehr allein die Hersteller- und/oder Markt-Orientierungen, sondern eine holistische (= beide Teile sind gleichwertig, wie innen so außen und umgekehrt).

Interfusion und das „neue" Führen sprengen die Grenzen des absatzorientierten Marketing bei weitem. Interfusion verlangt das gesamte Unternehmens-Potential, denn es sind weitere sechs Ebenen der New-Marketing-Topographie zu berücksichtigen:

Soziale Vernetzung

Dies bedeutet mehr Nähe, mehr Teilnahme und mehr Sympathie bei der Kooperation mit Szenen, beim Agieren im Lifestyle, beim Arrangieren mit sozialpsychologischen Mega-Trends zu bekommen.

Konkret: Kontinuierliche, vorausahnende und vorauseilende Vernetzung mit dem Umfeld.

Fairer Dialog nach außen und innen

Verzicht auf Linearität, Einseitigkeit, manipulative Intentionen und Hinwendung zu einem fairen, offenen Dialog mit der Gesellschaft (Umfeld, Markt und Mitarbeiter). „Lernen ist Entlernen", „kultivierendes Führen" (denn alle wissenschaftlichen Analysen zeigen, daß rigide geführte Unternehmen nur wenig Lernfähigkeit aufweisen) und „High-Trust-Organisation" sind die drei Stichworte dazu.

Konkret: Dialogische Fähigkeiten entwickeln und kognitive Dissonanzen akzeptieren.

Vision vor Strategie

Die Zappeligkeit des Umfeldes und der Märkte läßt für die klassische Strategie wenig Raum. Den überschaubaren Handlungsplatz, die relativ kompakte Übersicht der Einfluß-Faktoren und der Bewegungen, gibt es praktisch nicht mehr. In dieser neuen Unübersichtlichkeit braucht es einen Fixstern, der einige wenige Grundwerte fanatisch zentralisiert.

Dieser Fixstern ist die Vision, die flexibles Improvisieren, schnelles und mimetisches Handeln und Entrepreneurship gestattet ohne Chaos. Die Strategie-Optionen bringen die notwendige Präzision, nicht mehr. Die Vision erzeugt und transportiert „Feuer, Wille und Sinn" und erhöht das firmen-interne Energie-Niveau.

Konkret: Visionäres Management inszeniert – im Dialog mit den Mitarbeitern – die notwendige Glaubens-Energie.

Autonome Teams

In der Vergangenheit hatten die Unternehmen während einer Generation (ca. 35 Jahre) ein bis zwei überlebenswichtige Entscheidungen zu realisieren. Jetzt und in Zukunft – mit zeitlich abnehmender Tendenz – hat ein Unternehmen noch fünf Jahre Zeit, um zwei lebensnotwendige Entscheidungen durchzuziehen. Dies verlangt nach neuen, flexiblen Organismen, indirekter Führung (Kultur) und Teams. Mit Selbst-Motivation, Selbst-Beauftragung, Selbst-Organisation und Selbst-Kontrolle.

Konkret: Abkehr von den militärischen Führungs-Prinzipien, hin zum „Entwickler und Inspirator".

Die „unübliche" Markt-Präsenz (UMP)

Mentale Beweglichkeit

Das gesamte Unternehmen muß lernen zu entlernen und das lebenslange Lernen akzeptieren. Es geht nicht so sehr um das verstandesmäßige Begreifen der globalen, ganzheitlichen Wandlungs-Dynamik, sondern darum, den Wandel zu lieben. In einer instabilen Umwelt ist keine Stabilität möglich ... alles fließt.

Konkret: Die Organisation muß schrittweise auf Organismus (OT = Organisations-Transformation) umstellen.

Gestaltung von Glaubwürdigkeit

Je stärker „alles mit allem vernetzt" ist, um so größer wird die Anspruchs-Haltung an das Unternehmen (von außen und von innen). Intern wird der „Sinn der Arbeit" gefordert, und extern wird der „Sinn des Produktes/der Leistung" hinterfragt („Was ist es mir wert?"). Der Sinn-Konsens mißt sich an der Glaubwürdigkeit der Leistungen und/oder Handlungen nach innen und außen.

Konkret: Man kann nur weitergeben, was man selbst besitzt (High-Trust-Organisation).

Die drei Markierungsfelder:

- das „neue" Führen,
- die Interfusion und
- die Kraft der Ganzheitlichkeit

können lediglich volle Wirkungs- und Gestaltungskraft (innen und außen) erzielen, wenn die „unübliche" Markt-Präsenz (UMP) des Unternehmens folgende charakteristische Merkmale aufweist:

- Einmaligkeit
- Einzigartigkeit
- Unverwechselbarkeit

- Unvergleichbarkeit
- Pioniertat
- packende Art
- besondere Zugkraft
- Lokomotivwirkung

Unübliche konzeptionelle Lösungsansätze für die UMP umfassen weitere sechs Ebenen in der New-Marketing-Topographie:

A Einzigartigkeit der Grundbedürfnisse, die die Unternehmensdomäne darstellen, und unnachahmbare Festlegung des Marktzwecks der Unternehmung (Vision).

B Einzigartige und unverwechselbare Idee, einmalige Ideenkombination und Ideenpakete, die zu einem Problemlösungssystem geschnürt werden (Werte).

C Einzigartige Prinzipien und Grundwerte, die fanatisch zentralisiert werden (Vision).

D Einzigartige Umfeld- und Markt-Vernetzungen und ein unverwechselbarer Mythos für Angebot/Leistung/Gefühle (Mythos = man glaubt an etwas, ohne genau zu wissen warum).

E Einzigartige und unverwechselbare Strategie-Optionen (situativ einsetzbar) und einmalige Prozesse zur Verwirklichung der übergeordneten Vision.

F Einmalige Harmonie (innere Verschworenheit) und außergewöhnliche Dialog-Fähigkeiten (nach innen und außen), die zu unverwechselbaren Kombinationen in der Synergie führen.

Fünf Indizien zeigen auf, ob eine UMP besteht, gegebenenfalls wie einzigartig und stark sie ist:

- Kreativität und Innovations-Wirkung. Neuheitseffekt.
- Heterogenisierungs- und Teambildungs-Fähigkeit.
- Aufbau von besonderen Werten (Werte-Aura).
- Vernetzungskraft, Profilierbarkeit und Dialogfähigkeit zum Aufbau von kommunikativem Vertrauen.
- Voraussichtliche Wirkungsdauer und fließende Veränderbarkeit.

New Marketing ist eine ganzheitliche Unternehmens-Aufgabe. Diese Aufgabe kann nicht delegiert werden, denn alle Mitarbeiter im Unternehmen sind Kreatoren, Gestalter und Transporteure gleichzeitig!

Organisation im Wandel

Tom Sommerlatte

Hochleistungsorganisation

Entscheidend für das erfolgreiche Verfolgen neuer Strategien,
für die Innovationsfähigkeit und die Unternehmenskultur ist, wie
gut und wie schnell ein Unternehmen lernt. Lernen ist beim ein-
zelnen Individuum der Prozeß, durch den es neues Wissen und
neue Erkenntnisse erwirbt und dadurch sein Verhalten immer
wieder zu seinem Vorteil ändert. „Organizational learning" ist
die Fähigkeit einer Hochleistungsorganisation, das Wissen und
die Erkenntnisse aller Organisationsmitglieder auszutauschen,
darüber Konsensus zu erzielen und ein abgestimmtes, zielge-
richtetes Verhalten aller Funktionsbereiche zu erreichen. Wie
diese Fähigkeit erworben, ausgebaut und zur überdurchschnitt-
lichen Leistungssteigerung der Innovationsfähigkeit, der Marke-
tingeffektivität, der Qualität, des Umweltbewußtseins und der
Führungsleistung genutzt werden kann, zeigen Berater des Ma-
nagement- und Technologieberatungsunternehmens Arthur D.
Little in Management der Hochleistungsorganisation. *Dr. Tom*
Sommerlatte, Managing Director Europe von Arthur D. Little,
macht auf den folgenden Seiten deutlich, warum Hochleistungs-
organisationen notwendig sind.

Unternehmen werden, ob sie es erkennen und wollen oder nicht, zu immer komplexeren dynamischen Systemen. Schon in den 60er Jahren gab es Ansätze, Unternehmen als kybernistische Systeme zu begreifen und sie damit steuerbarer zu machen[1,2]. Diese Ansätze, die in dem Versuch gipfelten, das gesamte unternehmerische Geschehen per Management-Informationssysteme (MIS) modellartig nachzubilden und über aggregierte Kennzahlen zu kontrollieren und zu führen[3] – die vollautomatisch aus den operativen Basisdaten abgeleitet werden sollten –, wurden dann sang- und klanglos wieder aufgegeben. Es erwies sich, daß die unternehmerische Wirklichkeit viel zu komplex ist und auch von vielen anderen als den rein betriebswirtschaftlichen Faktoren bestimmt wird, als daß sie sich durch Datenmodelle erfassen ließe.

Die Komplexität nimmt heute durch das enger werdende Wechselspiel technischer, logistischer, ökonomischer, motivatorischer und vieler anderer Zusammenhänge noch ständig zu[4].

Darüber hinaus sind die Unternehmen ihrerseits immer stärker in noch umfassendere komplexe Systeme eingebunden: In Wirtschaftssysteme wie den europäischen Markt und den globalen Wettbewerb, in Ökosysteme, in Wertschöpfungs- und Funktionssysteme, in denen einzelne Produkte, Teilsysteme und Dienstleistungen immer genauer definierte Anforderungen der Kompatibilität, Innovationsgeschwindigkeit und Wirtschaftlichkeit erfüllen müssen.

Die meisten Unternehmen versuchen, mit dieser zunehmenden Komplexität dadurch fertig zu werden, daß sie kompetente Fachleute mit immer umfangreicherem Wissen aufbauen oder hinzugewinnen und ihr Zusammenwirken qua Führungshierarchie und Organisationsregeln steuern.

Gleichzeitig haben sie sich zunehmend in kleinere, überschaubarere Einheiten „zerlegt" – Profit Centers, Geschäftsbereiche oder weitgehend eigenständige Gesellschaften, die unabhängig voneinander operieren und über eine immer weniger ins Tagesgeschäft involvierte Zentrale mehr oder weniger stark zusammengehalten werden. Dabei kann die „raison d'être" der Gruppierung vom reinen finanziellen Portfolio-Ansatz der bewußten Risikostreuung und Ressourcenoptimierung (im Sinne einer Finanzholding) über die Nutzung überlegener Managementfähigkeiten, die sich die einzelne Einheit nicht leisten könnte (im Sinne einer Managementholding), bis hin zur Organisation von technischen, operativen und/oder marktorientierten Synergieeffekten (im Sinne eines Unternehmensverbundes) reichen[5].

Die Vorteile solcher Holding-Konstruktionen und Unternehmensverbunde werden zum Teil jedoch durch die typischen Eigenschaften der Gruppensteuerung wieder „aufgefressen". Denn die operativen Einheiten tendieren dazu, der Zentrale geschäftsspezifische Kompetenz abzusprechen und ihre Eigeninteressen zu verfolgen, die Zentrale dagegen muß, wenn sie sich durchsetzen will, formale Planungs- und Controlling-Prozeduren und eigenes Know-how in den Geschäftsfeldern entwickeln, die zu einem „Überkopf" (Overhead) führen.

Daß hierbei Verluste an Effizienz und Reaktionsgeschwindigkeit auftreten, die in besonders dynamischen Situationen existenzgefährdend sein können, haben in den letzten Jahren namhafte Unternehmen erfahren, die innerhalb kurzer Zeit zu Problemfällen wurden.

„We had the largest share of our market, we had the best designers and technologists in our business. We had excellent relations with a highly motivated workforce. We were not guilty of underinvestment, nor of managing for short-term profit only. But there was something about the way we were managing the company that was not good enough," schildert Ray Stata, Chairman von Analog Devices (Marktführer auf dem Gebiet der linearen Hochleistungs-ICs) die Situation 2 /es Unternehmens, als er sich entschloß, am „New Management Style Project" der MIT-Professoren Jay Forrester und Peter Senge mitzumachen[6]. Und er fährt fort: „True enough, like other semiconductor companies we were affected by the malaise in the U. S. electronics industry and by the strong dollar. But the external environment was only part of the problem. Something was also wrong internally, and it had to be fixed".

Die deutschen Unternehmen können heute im allgemeinen auf eine sich deutlich verbessernde Ertragslage und Rekorde der Außenhandelsbilanz verweisen. Sie haben in den letzten Jahren unter dem zunehmenden internationalen Wettbewerbsdruck an ihren Strukturen und ihrer Kosteneffizienz gearbeitet und erleben nun auch noch den längsten Wirtschaftsaufschwung der Nachkriegsgeschichte.

In dieser Situation besteht eine umfassende Bereitschaft, in Maßnahmen der Zukunftssicherung zu investieren. Der wichtigste Ansatzpunkt hierfür ist zweifellos die innere Flexibilität und strategische Leistungsfähigkeit, um nicht in schwierigeren Zeiten sagen zu müssen: „There is something about the way we are managing the company that is not good enough!"

„Die deutsche Wirtschaft steht unter Volldampf", befindet Georg Giersberg im Juli 1989[7] „sie hat Vorbereitungen getroffen, um auch nach 1993 im schärferen europäischen Wettbewerb ihre führende Stellung auf dem Kontinent zu halten und noch auszubauen...". Aber: „Gerade weil die meisten Bilanzen gestiegene Umsätze und vor allem höhere Ertragskraft ausweisen, fallen die Unternehmen auf, die an der guten Gesamtentwicklung nicht teilhatten". Und: „Viele Unternehmer, so der persönlich haftende Gesellschafter des High-Tech-Konzerns Heraeus, weisen warnend darauf hin, daß gerade in guten Zeiten das Unternehmen auf seine tatsächliche Ertragskraft hin zu überprüfen sei".

Was heißt aber „tatsächliche Ertragskraft" bei komplexen dynamischen Systemen? Wenn die Ergebnissituation von Unternehmen trotz starker Marktposition, kompetenter Mannschaft und hoher Investitionsbereitschaft umschlagen kann, dann müssen es andere Faktoren sein, die die Ertragskraft ausmachen und die es zu verstehen und zu steuern gilt.

Daß es sich hierbei nicht um weiter verfeinerte betriebswirtschaftliche Modelle und Ansätze handeln kann, war den Beteiligten des „New Management Style Project" unter Jay Forresters und Peter Senges Leitung von vornherein klar[8,9]. Vielmehr entstammen ihre Erkenntnisse der Verhaltensforschung bei sozialen Systemen und laufen darauf hinaus, daß die Fähigkeit zu lernen den entscheidenden Faktor darstellt, der längerfristig und damit ursächlich die Ertragskraft von Unternehmen bestimmt.

Stata nennt diese Fähigkeit „organizational learning". Lernen ist beim einzelnen Individuum der Prozeß, durch den es neues Wissen und neue Erkenntnisse erwirbt und dadurch sein Verhalten und seine Handlungsweise immer wieder zu seinem Vorteil verändert. „Organizational learning", d. h. der Lernprozeß ganzer sozialer Systeme, erfordert zwar auch neue Erkenntnisse und Verhaltensänderungen, aber entscheidend beim „organizational learning" ist nicht, daß die einzelnen Organisationsmitglieder ihr Wissen vermehren oder daß die Organisation neue Fachleute mit zusätzlichem Wissen hinzugewinnt. Es reicht auch nicht aus, daß die einzelnen Organisationsmitglieder ihr Verhalten und ihre Handlungsweise zu ändern bereit sind. Vielmehr setzt „organizational learning" voraus, daß Wissen und Erkenntnisse zwischen den Organisationsmitgliedern ausgetauscht werden, daß Konsens darüber erzielt und daß ein abgestimmtes, zielgerichtetes Verhalten aller Funktionsbereiche daraus abgeleitet wird. Wenn einzelne Organisationsmitglieder oder Funktionsbereiche in den Lernprozeß nicht oder nur beschränkt involviert sind, dann lernt die Organisation langsamer oder lückenhaft, und Verhaltensänderungen sind unvollständig. Unvollständige Verhaltensänderungen wiederum führen häufig zu geringerem Erfolg als unangepaßtes, aber einheitliches Verhalten. So können Organisationsmitglieder, die bewußt oder unbewußt den Lernprozeß und die Verhaltensänderung nicht mitmachen, den Mißerfolg des veränderten Verhaltens provozieren und nachträglich sogar als Rechtfertigung ihres Beharrungswillens ausgeben.

Erfolgreiche Verhaltensänderungen setzen daher voraus, daß alle Entscheidungsträger einer Organisation zusammen lernen, zu denselben Überzeugungen und Gesamtzielen gelangen und dann in ihren Verantwortungsbereichen die Handlungen durchsetzen und durchhalten, die zur veränderten Ausrichtung der gesamten Organisation notwendig sind.

Ein zweites wesentliches Merkmal des Lernprozesses – die Nutzung bisheriger Erkenntnisse und Erfahrungen – stellt ebenfalls besondere Anforderungen an unternehmerische Organisationen: „Organizational learning" ist nur effizient, wenn der Wissens- und Erfahrungsschatz der einzelnen Organisationsmitglieder zusammengeführt und der gesamten Organisation zugänglich gemacht wird, auch wenn die Wissens- und Erfahrungsträger ihre Position wechseln oder die Organisation verlassen.

Eine Form des hierzu erforderlichen „organizational memory" sind gemeinsam erarbeitete Strategien, in die das Wissen und die Erfahrung aller Organisationsmitglieder eingeflossen sind. So gesehen, erhalten Strategien eine völlig neue Bedeutung: sie sind mehr als Handlungskonzepte, sie werden zur Basis des „organizational learning". Auch betriebswirtschaftliche und Marktmodelle können Wissens- und Erfahrungsspeicher der Organisation sein, wenn sie immer wieder bewußt als Basis neuer Erkenntnisse und einer kontinuierlichen Verhaltensentwicklung angesehen werden.

Als Hochleistungsorganisation bezeichnen wir ein Unternehmen, das besonders flexibel, geschlossen und schnell auf Veränderungen und neue Potentiale reagiert. Sein „organizational learning" ist besonders effektiv.

Hochleistungsorganisation heißt daher nicht in erster Linie, daß in einem Unternehmen „hart gearbeitet" wird, daß die einzelnen Organisationsmitglieder „mehr leisten" im Sinne höheren physischen, nervlichen oder zeitlichen Einsatzes.

„Wenn Sie mehr leisten wollen als andere…" ist zwar in manchen Stellenanzeigen zu einem Anreiz größeren und schnelleren Erfolgs hochstilisiert worden. Aber die höhere Leistung des einzelnen, möglichst noch in Abgrenzung von anderen Organisationsmitgliedern, kann kontraproduktiv sein, wenn – wie typisch für diese Einstellung – das „organizational learning" zu kurz kommt oder sogar behindert wird.

Hochleistungsorganisationen sind insbesondere nicht solche Unternehmen, die bei ineffizienten Strukturen, einer partikularistischen Unternehmenskultur (Funktion gegen Funktion, Profit Center gegen Profit Center,
Manager gegen Manager) und aus tradiertem Selbstbewußtsein resultie-
render Lernverweigerung nur dadurch reüssieren, daß sich ihre Mitarbeiter überdurchschnittlich stark einsetzen. Denn die Effizienz ihrer gesamt-
organisatorischen Leistungserbringung ist niedrig, und unter schwierigeren Umfeldbedingungen verfügen sie kaum über Reserven und brechen
daher häufig zusammen.

Forrester und Senge haben herausgefunden, daß Hochleistungsorgani-
sationen von einem neuen Typ von Führungskraft geprägt werden. Tradi-
tionell wurden Unternehmensführer als „Master mind" angesehen, deren
Führungsleistung sich in erster Linie in grundsätzlichen Geschäfts- und
Personalentscheidungen manifestiert. Forrester und Senge zeigen, daß
Führungskräfte in Hochleistungsorganisationen dagegen eine ausgeprägte
Stärke in der Gestaltung, Beeinflussung und Aktivierung komplexer
„Human-Systeme" besitzen. Das Denken in Systemen und das Verständnis der Dynamik von Systemen können sie auf Gruppen von zusammen-
wirkenden Menschen übertragen, ohne dabei technokratisch oder mechanistisch vorzugehen, wie es der kybernistische Ansatz der 60er Jahre an
sich hatte. Sie wissen, daß in Human-Systemen stärker als in physischen
Systemen eine isolierte Leistungsänderung in einem Teilbereich zu unlo-
gischen, oft negativen Leistungsänderungen in anderen Teilbereichen
führen kann.

Wie wenig verbreitet diese Fähigkeit des Führens von Hochleistungsorganisationen ist, macht eine umfangreiche Untersuchung am MIT
deutlich, bei der Entscheidungsträger darin getestet wurden, wie zuver-
lässig sie das Verhalten des Human-Systems einer unternehmerischen
Organisation einschätzen können[10]. Je größer die Zahl der Feedbackpro-
zesse und je länger die verstrichene Zeit zwischen Entscheidungen und
den damit bezweckten Ergebnissen, um so gründlicher lagen die Entscheidungsträger mit ihrer Einschätzung „daneben". Um so schlechter
führten sie.

Wenn aber Unternehmen zu immer komplexeren dynamischen Systemen werden, die durch eine Vielzahl von Feedbackprozessen gekennzeichnet sind, so werden die Führungsfähigkeiten immer unzureichender,
mit denen die Führungskräfte heute noch typischerweise antreten, häufig
sogar in dem Bewußtsein, daß kraftvolle Geschäfts- und Personalentscheidungen als solche eine Unternehmertugend seien. Damit leiten sie

das „organizational learning" aber gerade in die Irre, denn die Organisationsmitglieder „lernen" nur, wie sie dieser Art von Führungskräften am willfährigsten sein können.

Leistungsschwund ist die Folge. Obwohl die deutsche Wirtschaft zur Zeit, wie die Wirtschaft der westlichen Industrieländer insgesamt, „unter Volldampf steht", sind Symptome einer tiefsitzenden Leistungsproblematik nicht zu übersehen, diese Symptome auf ihre Ursachen hin zu untersuchen und als Anlaß für gezielte Verbesserungsmaßnahmen zu nehmen. Gerade jetzt ist ein günstiger Zeitpunkt.

Symptome des Leistungsschwunds

Die deutsche Wirtschaft ist in den letzten zehn Jahren im internationalen Vergleich auffallend langsam gewachsen. Während das Bruttosozialprodukt der Bundesrepublik Deutschland in dieser Zeit nur um insgesamt 25 Prozent zunahm, wuchsen das der USA um nahezu 35 Prozent und das japanische um über 50 Prozent.

Die Zahl der Beschäftigten stieg als Folge davon in der Bundesrepublik Deutschland nur um etwa 7 Prozent, in den USA dagegen um fast 25 Prozent und in Japan um 10 Prozent. In Japan war es Arbeitskräftemangel, der das Beschäftigtenwachstum begrenzte, während wir in der Bundesrepublik Deutschland ein Reservoir von rund zwei Millionen Arbeitslosen haben.

Deutsche Unternehmen ergriffen in den letzten Jahren häufig Maßnahmen, die der Kostensenkung deutlich den Vorrang vor der Innovationsfähigkeit gaben. So wurden seit 1978 in der deutschen Wirtschaft etwa eine Milliarde DM für Gemeinkosten-Wertanalysen (GWA) ausgegeben und dabei schätzungsweise eine Million Arbeitsplätze eliminiert. Volkswirtschaftlich wäre das nur von Vorteil gewesen, wenn die dabei freigesetzten Arbeitskräfte an anderer Stelle wieder produktiv eingesetzt worden wären.

Gleichzeitig wurde aber die Position deutscher Unternehmen im internationalen Innovationswettbewerb nicht genügend ausgebaut, so daß die deutsche Wirtschaft trotz der weiterhin beachtlichen Außenhandelsüberschüsse in Bezug auf Wachstum und internationale Börsenbewertung zurückfiel.

In einer vom World Economic Forum durchgeführten Bewertung liegt die Bundesrepublik im internationalen Wettbewerbsvergleich nur an Position 5 hinter Japan, der Schweiz, den USA und Kanada[11]. Diese Bewertung wurde von einer Gruppe internationaler Wirtschafts- und Industrieführer anhand von 300 Kriterien erstellt; die Kriterien haben mit der Fähigkeit einer Wirtschaft zu tun, Produkte und Leistungen kosteneffizient zu entwickeln, zu produzieren und zu vermarkten.

Die Kursentwicklung der deutschen Aktienwerte an den internationalen Aktienbörsen war denn auch in den letzten zehn Jahren wesentlich schwächer als die der anderen westlichen Industrieländer.

Während Japan eine Steigerung der Börsenbewertung in Dollar um 1000 Prozent erlebte, Italien und Schweden um über 500 Prozent, Frankreich, Großbritannien und Holland um nahezu 300 Prozent, stieg die Börsenbewertung der deutschen Aktien nur um etwa 110 Prozent. Da die Börsenbewertung immer auch das Wertsteigerungspotential berücksichtigt, kommt in der schwachen durchschnittlichen Kursentwicklung der deutschen Aktien unter anderem eine niedrige Einschätzung der Innovationsleistung der deutschen Wirtschaft zum Ausdruck.

In den üblichen makroökonomischen Leistungsvergleichen wird aufgezeigt, daß die Forschungs- und Entwicklungsaufwendungen in der Bundesrepublik Deutschland prozentual zum Bruttosozialprodukt denen Japans und der USA ebenbürtig sind. Dabei wird allerdings übersehen, daß die Produktivität von Forschung und Entwicklung stark von der strategischen Ausrichtung dieser Aufwendungen abhängt und daß die F&E-Aufwendungen deutscher Unternehmen zunehmend auf Gebiete konzentriert werden, die „ausgereizt" sind. Ergebnis ist das geringere Wachstum in einigen der zukunftsträchtigsten Branchen wie der Informationstechnik, der Elektronik und der Softwareproduktion sowie das geringere Wachstum des Bruttosozialprodukts insgesamt.

Spezifische Symptome

Neben diesen makroökonomischen Symptomen des Leistungsschwunds können wir in den einzelnen Unternehmen jeweils spezifische Symptome feststellen, die wir hier im Sinne einer Checkliste nach ihrer von uns in einer umfangreichen Unternehmensanalyse beobachteten Häufigkeit zusammengestellt haben (in Klammern Häufigkeit bei einer Stichprobe von 100 großen deutschen Unternehmen[12]).

- Es besteht eine zunehmende Diskrepanz zwischen der Selbstdarstellung der Unternehmen nach außen und der Atmosphäre, den tatsächlichen Spielregeln und der Motivation in den Unternehmen; die auffallend verstärkten Versuche, die Corporate Identity neu zu bestimmen und die Unternehmenskultur zu verändern (bei der Siemens AG spricht der Vorstand im Zusammenhang mit der Reorganisation gar von einer „Kulturrevolution"[13]) machen deutlich, wie sehr Image und Klima als neuralgische Punkte empfunden werden (85 Prozent).

- In vielen Unternehmen herrscht Unsicherheit über die kritischen Erfolgsfaktoren im Markt, daher werden in diesen Unternehmen immer wieder Meinungsverschiedenheiten über die Ursachen unbefriedigender Wettbewerbsfähigkeit und über die Anforderungen der Kunden ausgetragen; von unterschiedlichen Verantwortungsbereichen werden unterschiedliche Leistungsschwerpunkte verfolgt; Ergebnis sind kostentreibende Perfektion in einigen Bereichen und Untererfüllung der Kundenanforderungen in anderen Bereichen (80 Prozent).

- Die Mitarbeiter vieler Unternehmen verbringen beträchtliche Zeit und Energie damit, unternehmensinterne Gegebenheiten zu diskutieren und die Steuerungs- und Erfolgsbewertungsverfahren in Frage zu stellen; ihnen geht es dabei häufig mehr darum, ihren Anteil am Unternehmenserfolg größer erscheinen zu lassen, anstatt Wege zu suchen, wie der Unternehmenserfolg insgesamt erhöht werden kann (75 Prozent).

- Das Zusammenwirken der einzelnen Organisationseinheiten ist in vielen Unternehmen immer wieder durch gegenseitige Kritik und Schuldzuweisung gekennzeichnet; Leistungsprozesse werden von den einzelnen Verantwortungsbereichen immer nur als Teilprozesse innerhalb der eigenen Zuständigkeit gesehen, so daß die Gesamtleistung zergliedert und verlangsamt wird (70 Prozent).

- Es gelingt vielen Unternehmen nur in unzureichendem Maß, mit neuen Produkten und Leistungen einen deutlichen Wettbewerbsvorsprung und schnell steigende Umsätze zu erzielen; der Marktdurchbruch wird häufig später als gedacht und mit größeren Anstrengungen als geplant erreicht (70 Prozent).

- Die Marketing- und Vertriebsorganisation ist häufig mit der verfügbaren Produktpalette unzufrieden und engagiert sich nicht ausreichend für neue Produkte und Leistungen; sie bemängelt das geringe Eingehen von Forschung und Entwicklung auf den Marktbedarf und die vom Markt geforderten Merkmale (65 Prozent).

- Die Kommunikation zwischen den Funktionsbereichen der Unternehmen ist dürftig, es besteht nur geringe Kenntnis über die Ziele und Motive der einzelnen Funktionsbereiche; über Zuständigkeiten und Verantwortungen gehen die Meinungen bei genauer Überprüfung auseinander (65 Prozent).

– Einzelne Funktionsbereiche stellen heraus, daß sie ihre Aufgabe überdurchschnittlich gut erfüllen, daß aber andere Bereiche des jeweiligen Unternehmens Schwächen aufweisen, die den Erfolg im Markt beeinträchtigen (55 Prozent).

– Veränderungen der Strategie und der Organisation werden eher passiv und defensiv aufgenommen; es bedarf großer Anstrengungen, sie durchzusetzen, und ein Teil des beabsichtigten Impulses geht immer wieder verloren (55 Prozent).

– Die Bearbeitung von Vorhaben und Vorgängen dauert immer wieder länger als gedacht; die involvierten Stellen scheinen die Durchläufe bewußt aufzuhalten, um ihr Mitspracherecht geltend zu machen und ihre eigenen Vorstellungen durchzusetzen (50 Prozent).

– Die Stimmung in den Unternehmen schlägt auch bei stabiler Geschäftslage von Zeit zu Zeit um, wobei die Mitarbeiter sich durch zum Teil sekundäre negative Aspekte unverhältnismäßig stark aus dem Gleichgewicht bringen lassen und sich der eigenen Chancen und positiven Aspekte nicht bewußt zu werden scheinen (45 Prozent).

– Es fehlt der Glaube an die eigenen Ideen und Möglichkeiten; Wettbewerber und Unternehmen in anderen Branchen werden als Schrittmacher angesehen, deren Konzeptionen und Initiativen nachgeahmt werden, um so stärker, je weniger genau man über sie Bescheid weiß (45 Prozent).

– Zwischen der Unternehmensleitung und ihren strategischen Absichten auf der einen und dem Gros der Mitarbeiter auf der anderen Seite besteht in vielen Unternehmen ein Gap: Die Unternehmen stehen der eigenen Führung reserviert und passiv gegenüber (40 Prozent).

Wir glauben, daß der zunehmende internationale Innovations- und Produktivitätswettbewerb in Zukunft nur noch von solchen Unternehmen gemeistert werden wird, die sich gewollt und sukzessive in Richtung auf eine Hochleistungsorganisation hin entwickeln.

Denn der internationale Wettbewerb, der durch die weitere Integration des europäischen Marktes und die Globalisierung der Geschäftsfelder nur noch umfassender werden wird, spielt sich nur auf den ersten Blick als

Effizienz- und Kostenwettbewerb ab. Längerfristig werden diejenigen Unternehmen die Gewinner sein, die nicht nur mit innovativen Produkten und Dienstleistungen, sondern auch mit veränderten Verhaltensweisen neue Wertschöpfungs- und Produktivitätsmerkmale erschließen.

Welches sind die Herausforderungen des Innovations- und Produktivitätswettbewerbs, auf die wir unsere Unternehmensorganisationen verstärkt einstellen müssen? Wie hängen Innovationsleistung und Produktivität zusammen?

Innovations- und Produktivitätswettbewerb von außen

Es ist viel darüber gesagt und geschrieben worden, daß die Produktlebenszyklen in den meisten Branchen, besonders aber in den wachstumsträchtigen Branchen schrumpfen[14,15,16,17]. In den letzten 30 Jahren haben sie sich in vielen Fällen auf ein Drittel oder sogar ein Viertel verkürzt (Abbildung 1).

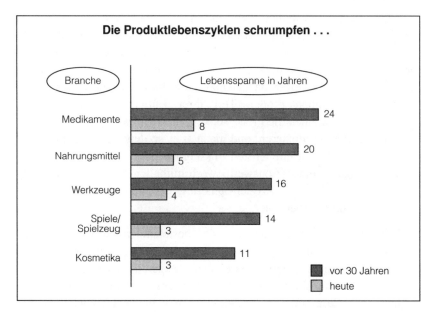

Abb. 1: Lebenspannen von Produkten vor 30 Jahren und heute

Unternehmen, die sich dem schnelleren Rhythmus der Produktgenerationen und damit dem Innovationstempo nicht anpassen, verlieren an Wachstumspotential.

Die Anpassung erfordert mehrere Umstellungen, die die meisten deutschen Unternehmen noch nicht vollzogen haben:

- aktive Suche nach und Nutzung von neuen technischen Möglichkeiten, auch wenn dadurch bestehende Produktgenerationen frühzeitig substituiert werden,
- engere Zusammenarbeit zwischen Forschung, Entwicklung, Marketing, Vertrieb und Produktion, um vom sequentiellen zum interaktiven Bearbeiten von Entwicklungsvorhaben überzugehen[18],
- Einführung eines neuen Marketingansatzes, der auf die frühzeitige Vorbereitung der Kunden auf die innovativen Produkte und Leistungen abzielt[19].

Insbesondere in den von der Mikroelektronik abhängigen Branchen vollzieht sich jeweils innerhalb von wenigen Jahren der Umschwung von den alten zu den neuen Produktgenerationen. Dieser Umschwung stellt völlig neue Anforderungen an die Lernprozesse und Verhaltensweisen in den Unternehmen.

Diese Innovationsdynamik nutzen in immer stärkerem Maß japanische Wettbewerber, um ihre internationale Marktposition auszubauen. Sie legen es systematisch darauf an, als Erste mit innovativen Produkten auf den Markt zu kommen und schnell einen großen Marktanteil zu gewinnen. Wenn Wettbewerber nachziehen, dann haben die japanischen Hersteller bereits einen großen Teil ihrer Entwicklungsaufwendungen „hereingeholt", können die Preise senken, da sie inzwischen die angepeilten Stückzahlen produzieren, und machen es so den Nachfolgern nahezu unmöglich, noch „auf ihre Kosten zu kommen"[20].

Um in diesem Innovationswettbewerb mithalten zu können, ist insbesondere eine völlig neue Art der Steuerung der Entwicklungs- und Innovationsleistung erforderlich:

- Während früher das Wachstum des bestehenden Produktprogramms über längere Zeiträume hinweg ausreichte, um das angestrebte Umsatzwachstum zu sichern, müssen heute wegen der kürzeren Produktlebenszyklen die Einführungszeitpunkte neuer Produkte vorausbestimmt und durch konsequentes Entwicklungsmanagement eingehalten werden; es geht dabei nicht mehr darum, „die perfekte Lösung" bereitzustellen, sondern zu einem strategisch bestimmten Zeitpunkt ein neues Produkt mit der bis dahin realisierbaren Innovationshöhe auf den Markt zu bringen.

– Während es früher unternehmerisch sinnvoll sein konnte, anderen die Innovationsführerschaft zu überlassen und selber als „Follower" auf einen bereits vorbereiteten Markt vorzudringen, bleibt heute dem „Follower" wegen der kürzeren Produktzyklen nur noch ein stark reduzierter Markt, der kaum noch ausreicht, die Entwicklungsaufwendungen zu amortisieren (Abbildung 2).

– Während früher eine Verlängerung von Entwicklungsprojekten sinnvoll sein konnte, um ein vorgegebenes jährliches Entwicklungsbudget nicht zu überschreiten oder um sicherzustellen, daß die angestrebten Produktionskosten eingehalten werden, hat heute eine Überschreitung der Entwicklungszeit eine wesentlich größere Ertragseinbuße über die Lebensdauer der entwickelten Produktgeneration zur Folge als eine Überschreitung der Produktionskosten oder der Entwicklungskosten.

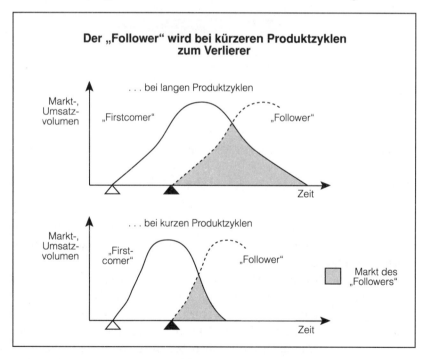

Abbildung 2: Bei kürzeren Produktzyklen bleibt dem „Follower" nur stark reduzierter Markt

Eine umfassende Studie des amerikanischen Instituts PIMS zeigt denn auch auf, daß im Durchschnitt Pionierunternehmen die höchste Kapitalrendite aufweisen, während Unternehmen mit typischerweise spätem Markteintritt ihrer neuen Produkte dagegen deutlich abfallen (siehe Abbildung 3)[21].

Professor Simon beschreibt diese heute immer ausgeprägtere Form des Wettbewerbs als einen „kriegerischen Verdrängungswettbewerb", der an die Stelle des in den Jahrzehnten des Aufbaus gültigen „friedlichen Wachstumswettbewerbs" getreten sei[22].

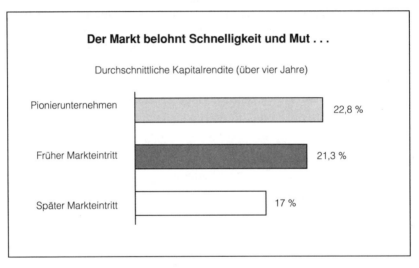

Abbildung 3:   Pionierunternehmen haben im Durchschnitt die höchste Kapitalrendite

Quelle: PIMS-Datenbank

Er führt diesen Wandel darauf zurück, daß in den meisten Branchen heute Überkapazitäten aufgebaut worden seien, mit denen die Unternehmen jedoch auf weitgehend gesättigte Märkte stießen.

Sobald irgendwo neue Absatzchancen gewittert werden, erfolgen Investitionen in weitere Kapazitäten, oft ohne daß realistische Wirtschaftlichkeitsüberlegungen angestellt werden. Simon nennt Branchen wie Stahl, Fasern, Kunststoffe, Textil/Bekleidung und Elektrizität als typische Beispiele. Was die Unternehmen bei ihren Wirtschaftlichkeitsberechnungen häufig vergäßen, sei die Tatsache, daß die Wettbewerber ebenfalls investierten und daß dadurch die notwendige Kapazitätsausla-

stung nicht erreicht werde. Hinzu komme, daß wichtige Nachfrager-
segmente aufgrund der Bevölkerungsentwicklung stagnieren oder
schrumpfen.

Die Fähigkeit, mit akzeptabler Qualität zu produzieren, sei heute kein
Differenzierungsmerkmal mehr (so ginge die Zahl der Hersteller von Personal Computern heute in die Hunderte, und die der Automobilhersteller
liege weltweit bei 175). Die zunehmende Internationalisierung bringe zudem neue, fast immer aggressivere Konkurrenten auf den Markt, die sich
nicht an die etablierten Spielregeln hielten und oft über Jahrzehnte stabile
Marktsysteme zum Zusammenbruch brächten.

Nach den großen Erfolgen der Japaner ist nun immer stärker mit den
Koreanern zu rechnen und – es gehört keine große Fantasie dazu – dem-
nächst auch mit den Chinesen.

In dieser Situation, so Simon, differenzierten die Kunden bewußt ihre
Anforderungen, da sie davon ausgehen könnten, daß besonders kunden-
und wettbewerbsorientierte Anbieter auch immer nuancierter darauf ein-
gingen. Den Anbietern, die diesen Prozeß verstünden und die neuen
Segmente frühzeitig identifizierten, böte sich die Chance, ihre Produkte
gezielter zu differenzieren und sich damit segmentspezifische Wettbewerbsvorteile zu verschaffen. Eine überlegene Wettbewerbsposition
könne in reifen Märkten nur noch für klar abgegrenzte Zielgruppen,
nicht aber für gesamte Märkte aufgebaut und verteidigt werden.

Simon zählt eine ganze Reihe von Beispielen auf, wo Unternehmen
diese Chance nicht ergriffen und sie statt dessen wendigeren Wettbewerbern überlassen hätten. Er erklärt diese mangelnde Chancenorientierung
damit, daß Manager ihre Verhaltensmaximen vor allem aus ihren bisherigen Erfahrungen und Gewohnheiten ableiten und daß die Erfahrungen
der meisten Führungskräfte noch durch „friedlichen Wachstumswettbe-
werb" geprägt seien.

Eine Konsequenz, die inzwischen allerorts am ehesten aus den neuen
Wettbewerbsbedingungen gezogen wird, ist die stärkere Berücksichtigung des strategischen Faktors Zeit. Wenn nämlich nur die aggressiven
Innovationsführer, die schnell auf spezifische Kundenbedürfnisse reagieren können, eine ausreichend hohe Rentabilität ihrer Investitionen in Entwicklung und Kapazitätsbereitstellung erwarten dürfen, dann wird für
den Unternehmenserfolg entscheidend, daß die Entwicklungszeiten so
kurz wie möglich gehalten werden und daß der Durchlauf durch das gesamte Fertigungs- und Distributionssystem so weitgehend wie möglich
beschleunigt wird.

Insbesondere zur Reduzierung der Entwicklungsdauer haben sich viele Autoren Gedanken gemacht[23,24,25,26].

Picot, Reichwald und Nippa zeigen auf, daß der Wettbewerbserfolg von Unternehmen in Zukunft mehr denn je davon abhängen wird, inwieweit es gelingt, auf veränderte Marktbedingungen angemessen zu reagieren, und daß „Information" und „Zeit" dabei zu kritischen Erfolgsfaktoren werden[27], Unternehmensleitung und Forschungs- und Entwicklungs-Management müßten daher in höherem Maß als bisher für die Erfolgswirksamkeit des Leistungsfaktors „Zeit" neben den Kosten und der Qualität sensibilisiert werden.

Wesentlich ist nach Picot, Reichwald und Nippa, daß Anpaß-/Nachentwicklungen durch Formalisierung und Standardisierung des Entwicklungsprozesses sowie durch enge technische Integration mit der Fertigung und mit anderen Abteilungen beschleunigt werden können, während bei Neuentwicklungen die Bildung von funktionsintegrierenden Projektgruppen mit geringem Standardisierungs- und Formalisierungsgrad und starker informeller Kommunikation der zeiteffektivere Weg sei. Tendenziell neigen die deutschen Unternehmen, wenn sie unter Wettbewerbsdruck ihr F&E-Management verbessern wollen, dazu, den Formalisierungs- und Controllinggrad ihrer Forschung und Entwicklung zu erhöhen und damit ihre Fähigkeit der Anpaß-/Nachentwicklung zu Lasten von Neuentwicklungen zu begünstigen. Ergebnis ist, daß in der Tat die Innovationserfolge deutscher Unternehmen sich eher in der Weiterentwicklung bestehender Produkte und Leistungen abspielen (z. B. Automobilindustrie, Werkzeugmaschinenindustrie, prozeßorientierte Industrien) als in der Mikroelektronik und den von ihr abhängigen Branchen, in denen große Innovationssprünge charakteristisch sind.

Simon stellt dar, daß sich der Wert einer unternehmerischen Chance, die nicht in einer bestimmten Zeit genutzt wird, laufend reduziert[28]. Zeiteffizienz ist daher für Unternehmen von hoher strategischer Bedeutung, insbesondere da Unternehmen – anders als Individuen – durch entsprechenden Ressourceneinsatz den Zeitbedarf verringern können (10 Mannjahre = 10 Mann x 1 Jahr oder 1 Mann x 10 Jahre). Nach Simon wird die Zeiteffizienz von Unternehmen in erster Linie durch die Effizienz von Entscheidungs- und Umsetzungsvorgängen und von der Bewertung von Zeitverzögerungen bestimmt. Damit wird die Zeitspanne eines Entwicklungsvorhabens ebenso wie der Zeitpunkt der Markteinführung zur Determinanten des Markterfolgs. Simon weist auf, daß jedoch nicht nur die Entwicklungsfunktion die Zeiteffizienz von Unternehmen beeinflußt,

sondern daß Lernprozesse im Unternehmen und die Vorgänge der Ver-
trauensbildung bei den Kunden mindestens ebenso zeitverbrauchende
Prozesse sind, deren Bewältigung über die Position im Innovations- und
Produktivitätswettbewerb entscheiden.

Arthur D. Little ermittelte bei einer Stichprobe von Klienten-
Unternehmen, daß eine Überschreitung der geplanten Entwicklungsdauer
um 10 Prozent auf den kumulierten Ertrag einer Produktgeneration eine
negativere Auswirkung hat als eine 10prozentige Überschreitung der Produktionskosten oder selbst eine 50prozentige Überschreitung der F&E-
Kosten[29,30].

Das Management von Unternehmen geht unserer Beobachtung nach –
wenn es sich der Notwendigkeit bewußt wird, bestimmte Entwicklungsvorhaben beschleunigen zu müssen – immer wieder dazu über, unrealisti-
sche Zeitziele vorzugeben und in einem fortgeschrittenen Projektstadium
Ressourcen „in die Projekte zu werfen". Diese Ressourcen werden typischerweise von anderen Entwicklungsvorhaben abgezogen, die zu einem
späteren Zeitpunkt dann in eine ähnliche Crash-Situation zu geraten drohen.

Statt dessen sollten die Unternehmen die Ursachen für ineffiziente Ent-
wicklungsleistung beseitigen, nämlich in erster Linie die Zeitverluste an
den Übergängen zwischen Projektphasen und Zuständigkeitsbereichen
(die durch zu starke funktionale Fragmentierung und unklare Entschei-
dungssituationen entstehen) und die Schwächen ihres Projektmanagements (das typischerweise durch schlechte Planung und unzureichendes
Controlling charakterisiert ist).

Weniger Beachtung gefunden hat bisher die Durchlaufzeit durch das
gesamte Fertigungs- und Distributionssystem. Ray Stata von Analog Devices wendet das Konzept des Verhaltens von Organisationssystemen
auch auf die Durchlaufzeiten vom Auftragseingang bis zur Auslieferung
und vom Produktionsauftrag bis zur Bereitstellung der fertigen Ware an[31].
Seine Untersuchungen zeigen, daß diese Durchlaufzeiten zu den wichtigsten Ansatzpunkten für Produktivitäts- und Qualitätsverbesserungen gehören. Frappierend ist seiner Beobachtung nach, welche Ertragseinbußen
Unternehmen durch unnötig lange Durchlaufzeiten durch die Fertigung
hinnehmen, sowohl in Form von Kapitalbindung als auch in Form von
schlechtem Kundenservice.

Innovationswettbewerb ist aus diesen Zusammenhängen heraus in zunehmendem Maß auch Produktivitätswettbewerb. Es geht hierbei aber
um eine neue Dimension von Produktivität, die wir Managementproduk-

tivität nennen[32]. Im Bereich Forschung und Entwicklung drückt diese Produktivität aus, wieviel strategische Wertschöpfung (d. h. Deckungsbeitrag nach Rohstoffen und Materialien, Lohnarbeitskosten, Energiekosten, Kapitalkosten der Fertigungskapazitäten und Abwicklungskosten) über die Lebenszeit eines Produkts im Verhältnis zu den dafür geleisteten Entwicklungsaufwendungen erwirtschaftet wird.

Die F&E-Produktivität wird in immer mehr Branchen zum entscheidenden Produktivitätsfaktor – stärker als die klassische Produktivität in der Fertigung. Denn während die Lohnkosten prozentual zum Umsatz sinken (und zum Teil Fertigung überhaupt nach außen verlagert wird, z. B. an Auftragnehmer in Billiglohnländern), wird der Markterfolg immer stärker vom Innovationsgrad und von der Kundengerechtheit der Produkte bestimmt, durch die sich die Unternehmen signifikant differenzieren können.

Auf Dauer bedarf es unserer Erfahrung nach einer Hochleistungsorganisation, um diese Innovationsleistung und damit die erforderliche hohe F&E-Produktivität kontinuierlich zu erbringen.

Weisen etablierte Unternehmen gerade bei einer entscheidenden Voraussetzung für die kontinuierliche Hochleistung eine Schwäche auf – beim „organizational learning"?

Das Schicksal der Etablierten?

Es ist immer wieder verblüffend zu beobachten, welche Hindernisse gegen das „organizational learning" in etablierten Unternehmen bestehen – und wie defensiv sich viele Unternehmen gegen Hilfestellung von außen verhalten.

Gegen das gemeinsame Lernen, den Austausch von Wissen und Erfahrungen zwischen den Mitgliedern einer Organisation, gegen die wirkungsvolle Erarbeitung von Konsensus über Ziele, Prioritäten, Strategien und gegen das abgestimmte, zielgerichtete Verhalten aller Funktionsbereiche von Unternehmen wirken typischerweise:

– das Rollenbewußtsein vieler Führungskräfte, nach dem sie aufgrund ihrer Fachkompetenz, Erfahrung und Persönlichkeit das Richtige tun können müssen; angesichts dieses tradierten Rollenbewußtseins betrachten und empfinden sie Lernprozesse häufig als Eingeständnis oder Unterstellung von Schwäche; im Umgang mit anderen Führungskräften wird daher oft ein Positionskult betrieben, der zu Machtkämpfen anstatt zur Konsensussuche über neue gemeinsame Erkenntnisse führt,

- der ständige Entscheidungs- und Handlungszwang, unter dem jede einzelne Führungskraft steht; er bewirkt, daß dem kurzfristigen Denken und Erfolgsstreben eine deutlich höhere Priorität beigemessen wird als der längerfristigen Optimierung oder Reorientierung,

- die Vorstellung, daß aus dem ständigen operativen Abgleich der einzelnen Zuständigkeiten bereits das bestmögliche Ergebnis für das Unternehmen insgesamt erzielt wird; daraus resultiert die Selbstrechtfertigung, daß das konsequente Vertreten der eigenen funktionalen und hierarchischen Interessen auch dem Gesamtinteresse des Unternehmens förderlich ist,

- die mangelnde Einsicht in vollständige Leistungsprozesse, die im Unternehmen zur Erfüllung der Marktanforderungen quer durch Funktionsbereiche ablaufen müssen; stattdessen konzentrieren sich viele Führungskräfte immer wieder auf die Absicherung ihres Zuständigkeitsbereichs, der typischerweise nur einen Teil der Leistungsprozesse abdeckt; sie empfinden Einflußnahme als Beschneidung ihrer Verantwortung,

- die Vorstellung, daß alle für die Führung der Unternehmen erforderlichen Fähigkeiten in den Unternehmen selber vorhanden sein müssen; daher werden Fähigkeiten und Vorschläge, die von außen herangetragen werden, häufig als von zweifelhaftem praktischem Nutzen abgetan,

- das mangelnde Bewußtsein über die Notwendigkeit und den Wert von Konsensus- und Überzeugungsprozessen; statt dessen wird häufig das eigenverantwortliche Fällen und Durchsetzen von Entscheidungen als die eigentliche Führungsaufgabe angesehen,

- die unzureichenden Kommunikationspraktiken in den meisten Unternehmen; diese Kommunikationspraktiken zielen in sehr begrenztem Maß auf gegenseitiges Verständnis und die systematische Auseinandersetzung mit strategischen Fragen ab; Kommunikation dient häufig in erster Linie der laufenden Erfolgskontrolle und der Behebung von Problemen und Abweichungen; dadurch entsteht immer wieder eine Rechtfertigungspsychose, die dem Lernen entgegensteht,

- die Neigung, bestehende, in der Vergangenheit erfolgreiche Strukturen und Routinen nicht in Frage zu stellen und Kritik daran als Kritik an der eigenen Kompetenz und Position zu empfinden; daraus resultiert eine oft bis ins Extreme gehende Defensivhandlung, die viel Energie zur Aufrechterhaltung einer inzwischen nicht mehr effizienten Lösung bzw. Praxis erfordert.

Je erfolgreicher eine Organisation in der Vergangenheit war, um so ausgeprägter und verwurzelter sind in der Regel diese Verhaltensweisen und -bedingungen.

Schumpeters Konzept vom dynamischen Prozeß der ständigen Umschichtung, bei dem die Verdrängung etablierter Unternehmen durch neue, innovationsorientierte Unternehmer geradezu die Triebkraft des Wirtschaftslebens ist, geht darauf zurück, daß Unternehmen, je etablierter sie sind, um so weniger lernfähig seien[33,34].

Sich den Wandel nicht vorstellen zu können, das Bestehende zu verteidigen, Positionen absichern und halten zu wollen, sind nach Schumpeter Verhaltensweisen von Unternehmen, die ihren eigenen Untergang trotz deutlicher Mengendegressionsvorsprüngen und Rationalisierungserfolgen vorprogrammieren, weil sie neue wirtschaftliche und technologische Initiativen außerhalb des eigenen Einflußbereichs und Wollens entstehen lassen. Dagegen sind innovative (lernfähige) Unternehmen in der Lage, Fähigkeiten, Ressourcen und Betriebsmittel in immer neuen, erfinderischen Kombinationen einzusetzen, um neue Marktpotentiale zu erschließen.

Auch Professor Mensch hat sich mit der Lernfähigkeit von Unternehmen als Basis der Innovationsleistung auseinandergesetzt[35]. Nach Mensch entsteht der Widerstand des Etablierten in den Unternehmen selbst durch

- das Erfolgsbewußtsein aus der Vergangenheit,
- die funktionale Arbeitsteilung formalisierter Organisationen, die typischerweise für das laufende Geschäft, nicht aber für Lern- und Erneuerungsprozesse optimiert sind,
- die strategische Dynamik von reifenden Geschäften, gestützt durch Umsatzgröße und Bedeutung des Cash-flows,
- die Qualifikationsstruktur der Mitarbeiter, die typischerweise an den bestehenden Technologien und Produkten orientiert ist.

Stata, Forrester und Senge kommen in ihrem „New Management Style Project" aber zu dem Schluß, daß die Fähigkeit von Organisationen zu lernen den einzigen dauerhaften Wettbewerbsvorteil in von Innovations- und Produktivitätswettbewerb geprägten Industrien darstellt[36].

Für sie besteht die Herausforderung an die etablierten Unternehmen –
wenn sie zu längerfristig überlebensfähigen Hochleistungsorganisationen werden wollen – darin, neue Managementkompetenzen und Verhaltensweisen zu erwerben, mit denen sie das „organizational learning"
beschleunigen, den Konsensus für den geordneten Wandel erhöhen
und die ständigen Veränderungsprozesse erleichtern können.

Leistungsschwund und schließlich Verdrängung – das Schicksal der
Etablierten? Es muß nicht sein. Aber dramatisch erhöhte Lernfähigkeit
der gesamten unternehmerischen Organisation ist die Voraussetzung, um
dem immer intensiveren Innovations- und Produktivitätswettbewerb gewachsen zu sein.

Dazu gehört, daß die Entscheidungsträger in der Lage sind oder in die
Lage versetzt werden, ihr mentales Modell des Unternehmens offenzule-
gen und zu artikulieren und sich darüber mit den anderen Entscheidungs-
trägern abzustimmen. Denn nur wenn sich alle über ihre mentalen Modelle im klaren sind, wenn ein sachlicher Vergleich und Abgleich stattfindet,
können die Entscheidungsträger untereinander ein gemeinsames Modell
entwickeln und es an die restlichen Mitarbeiter im Unternehmen kommunizieren.

Arie de Geus, Konzernplaner von Shell International, zeigt auf, daß
Planung ihre Bedeutung nicht in erster Linie durch die Zielsetzungen und
Strategien erlangt, die durch sie erarbeitet werden, sondern daß das
„organizational learning", das sich im Planungsprozeß abspielt, den entscheidenden Nutzen für das Unternehmen darstellt[37].

Das Modell der Erfahrungskurve, wie es als fast allein seligmachende
Managementerkenntnis noch vor wenigen Jahren von manchen Beratern
gehandelt wurde, hat sich in vielen Situationen als unzureichend erwiesen. Denn die Annahme, daß Lernen ausschließlich in Abhängigkeit vom
kumulierten Produktionsvolumen und unabhängig von der dazu erforderlichen Zeit erfolgt, verkennt vollkommen die Tatsache, daß Lernprozesse
in Wirklichkeit mehr oder weniger effizient ablaufen können, weitgehend
unabhängig vom kumulierten Volumen. Der Zeitbedarf für bestimmte
Lernprozesse und damit die Steigung der Erfahrungskurve hängt sehr
stark von der Fähigkeit des „organizational learning" eines Unternehmens
ab. So erklärt es sich, daß japanische Wettbewerber in immer mehr Branchen trotz eines anfänglichen Volumen- und Erfahrungsnachteils zu den
erfolgreichsten Unternehmen ihrer Industrie werden konnten.

Die Grunderkenntnis aller Organisationsmitglieder im Prozeß des
„organizational learning" muß darin bestehen, daß die entscheidende stra-

tegische Wertschöpfung des Unternehmens in der ständigen Ausrichtung seines „Leistungserstellungsapparats" auf die Bedarfsmerkmale und die Wettbewerbsbedingungen seines Marktes besteht.

Anmerkungen

1 Vgl. MIROW, H.M.: Kybernetik-Grundlage einer allgemeinen Theorie der Organisation, Wiesbaden 1969
2 Vgl. BEER, S.: Kybernetik und Management, Stuttgart 1962
3 Vgl. HÖGSDAL, B.A.: Kriterien zur Effizienz von Management-Informations- und Kontroll-Systemen, Bonn 1974
4 Vgl. LITTLE, A.D. International (Hrsg.): Management des geordneten Wandels, Wiesbaden 1988
5 Vgl. BÜHNER, R.: Management-Holding, in:Die Betriebswirtschaft, 47. Jg., 1987
6 Vgl. STATA, R.: Organizational Learning – The Key to Management Innovation; Sloan Management Review, Spring 1989
7 Vgl. GIERSBERG, G.: Gewappnet für die neunziger Jahre, in: Frankfurter Allgemeine Zeitung, Nr. 166,1989
8 Vgl. FORRESTER, J.W.: Counterintuitive Behavior of Social Systems, in: Technology Review, January 1971
9 Vgl. SENGE, P.M.: The New Management: Moving from Invention to Innovation, in: New Management, Summer 1986
10 Vgl. STERMAN, J.: Misperceptions of Feedback in Dynamic Decision Making, in: Organizational Behavior and Human Decision Process, 43, April 1989
11 Vgl. WORLD ECONOMIC FORUM: World Competitiveness Reports, Genf 1989
12 Interne Untersuchung bei Arthur D. Little International über die strategische Leistungsfähigkeit von 100 ausgewählten deutschen Unternehmen, Wiesbaden 1989
13 Vgl. WAGNER, G.: Mehr Dynamik durch Neuordnung, in: Handelsblatt, 11.7.1989
14 Vgl. TIBY, C.: Die Basis unternehmerischer Initiative: Systematisch neue Produkte nach Leistungen entwickeln, in: Arthur D. Little International (Hrsg.): Management des geordneten Wandels, Wiesbaden 1988
15 Vgl. LITTLE, A.D. International (Hrsg.): Management der Geschäfte von morgen, Wiesbaden 1986
16 Vgl. FOSTER, R.N.: Innovation – Die technologische Offensive, Wiesbaden 1986
17 Vgl. GERYBADZE, A.: Innovation, Wettbewerb und Evolution; Tübingen 1982
18 Vgl. BLOHM, H./G. DANERT (Hrsg.): Forschungs- und Entwicklungsmanagement, Stuttgart 1983

19 Vgl. SOMMERLATTE, T.: Marketingstrategien in Technologiemärkten, in: Beck'sches Handbuch des Marketing, München 1989
20 Vgl. MUELLER, R.K./J.-P. DESCHAMPS: Die Herausforderung Innovation, in: Arthur D. Little International (Hrsg.): Management der Geschäfte von morgen, Wiesbaden 1986
21 Vgl. CLIFFORD, D.K./R.E. CAVANAGH: The Winning Performance, New York 1985
22 Vgl. SIMON, H.: Management strategischer Wettbewerbsvorteile, in: Zeitschrift für Betriebswirtschaft, Heft 4, 1988
23 Vgl. BROCKHOFF, K./A. PICOT/C. URBAN (Hrsg.): Zeitmanagement in Forschung und Entwicklung, Zeitschrift für betriebswirtschaftliche Führung (zfbf), Sonderheft 23, Düsseldorf, Frankfurt 1988
24 Vgl. SIMON, H.: Die Zeit als strategischer Erfolgsfaktor, in: Zeitschrift für Betriebswirtschaft, Heft 1 1989
25 Vgl. SOMMERLATTE, T./M. KOWALSKI, Fit für den Innovationswettbewerb; Frankfurter Allgemeine Zeitung, Beilage Forschung Entwicklung Innovation, 4. April 1989
26 Vgl. „Wer zuerst kommt, sahnt ab", F+E Jahrbuch 1989, Landsberg 1989
27 Vgl. PICOT, A./R. REICHWALD/M. NIPPA: Zur Bedeutung der Entwicklungsaufgabe für die Entwicklungszeit – Ansätze für die Entwicklungsgestaltung, Zeitschrift für betriebswirtschaftliche Führung (zfbf), Sonderheft 23, Düsseldorf, Frankfurt 1988.
28 Vgl. Anm. 22
29 Vgl. TIBY, C.: Die Basis unternehmerischer Initiative: Systematisch neue Produkte und Leistungen entwickeln, Wiesbaden 1988
30 Vgl. SOMMERLATTE, T.: Innovationsfähigkeit und betriebswirtschaftliche Steuerung, Die Betriebswirtschaft, 2/1988
31 Vgl. Anm. 6
32 Vgl. SOMMERLATTE, T.: Management-Produktivität – die strategische Wertschöpfung des Unternehmens, in: Arthur D. Little International (Hrsg.): Management der Geschäfte von morgen, Wiesbaden 1986
33 Vgl. SCHUMPETER, J.: Theorie der wirtschaftlichenEntwicklung; 1911
34 Vgl. SOMMERLATTE, T.: Jenseits von Darwin und Schumpeter, in: Arthur D. Little International (Hrsg.): Management des geordneten Wandels, Wiesbaden 1988
35 Vgl. MENSCH, G.: Das technologische Patt – Innovationen überwinden Depressionen; Frankfurt/Main 1975
36 Vgl. Anm. 6
37 Vgl. DE GEUS, A.P.: Planning as Learning; Harvard Business Review, March-April 1988

Peter Heintel/Ewald E. Krainz

Projektmanagement

Unsere Organisationen in Wirtschaft und Verwaltung, Wissenschaft und Politik sind hierarchisch strukturiert. Die zunehmende Größe der Organisationen und das komplizierter werdende Verhältnis der Organisationen zu ihrer Umwelt machen die Krise des hierarchischen Systems immer augenfälliger. Die Einrichtung von Projekten, die quer zur Hierarchie und abweichend vom Normalbetrieb laufen, soll es Unternehmen ermöglichen, schneller, flexibler und leistungsfähiger auf Umweltanforderungen zu reagieren. Doch Projektmanagement stößt oft auf unerwartete Widerstände. Hier setzen Peter Heintel und Ewald E. Krainz in ihrem Buch Projektmanagement *an. Es gehört zum Wesen der Hierarchie, sich gegen andere Organisationsformen zur Wehr zu setzen. Projektmanagement muß deshalb sowohl mit „Systemabwehr" rechnen als auch mit ihr umgehen lernen. Im folgenden Auszug machen die Autoren deutlich, warum Projektmanagement notwendig ist. Professor Dr. Peter Heintel lehrt Philosophie und Gruppendynamik an der Universität Klagenfurt; Dr. Ewald E. Krainz ist Psychologe am Institut für Philosophie derselben Universität. Beide sind als Berater für bedeutende Unternehmen tätig.*

Warum gibt es Projektmanagement? Die einfachste Antwort lautet: Projektmanagement ist notwendig, weil es Aufgabenstellungen für Organisationen gibt, die nur durch Projektmanagement effizient lösbar sind. Einmal sind dies Aufgabenstellungen, für deren Bearbeitung die bestehenden Organisations- und Entscheidungsformen zu umständlich und zu schwerfällig sind, zum anderen ist Projektmanagement notwendig, wenn es um interdisziplinäre oder organisationsübergreifende Tätigkeiten geht, also ein gemeinsamer kompetenter Vorgesetzter oder eine vorgesetzte Koordinationsstelle fehlt. Der historische Beginn von Projektmanagement wird mit Großvorhaben in Raumfahrt und Rüstung zusammengebracht, wo Ziele erreicht werden sollten, die keiner einzelnen bestehenden Institution zuzuordnen waren. Der Staat als Auftraggeber mußte sie zu einem gemeinsamen Vorgehen erst zusammenstellen. Inzwischen hat sich die Größenordnung von Projekten verringert. Bereits mittlere Firmengrößen werden mit Problemen und Zielsetzungen konfrontiert, die nach altem hierarchischen Muster nicht oder nur sehr schwer gelöst werden können.

Der notwendige Bewußtseinsschub und die Systemabwehr

Zwar wurden in Organisationen immer schon Beratungs- und Entscheidungsgruppen quer durch die Hierarchie eingerichtet, manchmal „ergaben" sie sich informell; beim wirklichen Projektmanagement geht es jedoch darum, diese Führungs- und Steuerungsmittel bewußt einzusetzen und dafür stabilere und offizielle Organisationsformen zu finden. Das grundsätzlich Neue an der gegenwärtigen Situation, in der sich unsere Organisationen befinden, ist ein unseres Erachtens notwendiger „Bewußtseinsschub". Damit ist weniger gemeint, daß sich mittlerweile ein eigener und recht unübersichtlicher Angebotsmarkt von Beratungsmethoden, Managementmodellen und Schulungsansätzen entwickelt hat, der eher verwirrt als hilft und in dem man sich zurechtzufinden hätte, die Situation ist viel grundsätzlicher als neu anzusprechen, nämlich als Krise der hierarchischen Organisation.

Bisher konnten sich Unternehmertum und Management einerseits auf ihren „Instinkt", ihre Erfahrung und Übung, andererseits auf wirtschaftliche „Sachzwänge" und die Hierarchie verlassen. Vor allem letztere sorgten für die Anleitungen, was in welcher Zeit unter welchen Bedingungen zu tun, zu produzieren, zu organisieren war. Entscheidungen und Handlungsabläufe waren in ihrem Bedingungsgefüge viel klarer bestimmt und einsichtig. Natürlich gab es auch unerwartete Spitzenleistungen ebenso wie Fehlentscheidungen mit „letalen" Konsequenzen. Es bestand aber kein größerer Zwang für das Management, „selbstreflexiv" über die eigene Tätigkeit und ihre Bedingungen nachzudenken und genauer zu überlegen, was denn Management eigentlich ist, wie man selbst am besten führt, ob man sich mehr Organisationskompetenz aneignen soll. Wurde früher Management eigentlich nur von der Spitze (Vorstand, Geschäftsleitung) und vielleicht noch von der zweiten Ebene verlangt, geht es jetzt „hinunter" bis zu Meistern und Vorarbeitern.

Daß richtiges Management „Gefühlssache" sei, wie oft zu hören war (und noch ist), verweist auf eine Ratlosigkeit, auf ein Ungefähr. Mit unserer „Instinktsicherheit" ist es nicht weit her, Gefühl und Instinkt lassen uns im Stich, sobald es um komplexere Zusammenhänge geht. Die inhaltliche „Auffüllung" des Begriffs Management und vermutlich seine Etablierung als Begriff überhaupt hängen mit der Komplexitätszunahme eng zusammen. Es gibt nun also eine „Verbreiterung" von Management bis in untere Hierarchieebenen, die aber verunsichernd wirkt, weil sie Entscheidungsprozesse komplizierter macht, Ansprüche auf Selbständigkeit unter den Mitarbeitern erhöht, damit Konfliktpotentiale vervielfacht – lauter Dinge, die in der früheren „patriarchalischen Exekutionshierarchie" undenkbar waren. Das obere Management wird von solchen Prozessen vielfach recht unvorbereitet getroffen. Plötzlich sollen alte Handlungsmuster und Verhaltensformen nicht mehr gelten, man soll seinen Führungsstil ändern, zusätzlich motivieren, sich auf neue, wissenschaftlich empfohlene Methoden einlassen usw.

Es ist durchaus verständlich, daß gegen solche Ansprüche von innen und außen Abwehren aufgeboten werden, welche die „innenpolitischen" Auseinandersetzungen in Organisationen prägen. Hier eine kleine Phänomenologie: Die „starken Alten" versuchen zu beweisen, daß alles „neumodischer Quatsch" ist und die bewährten Methoden immer noch die besten sind. Die „listigen Alten" mimen Anpassung, torpedieren aber, bewußt und unbewußt, wo sie können, oft sogar von ihnen selbst gewünschte und mitinitiierte Veränderungen. Um ihr Prestige fürchtende Autoritäten besuchen irgendwo heimlich Managementkurse, um sich zu informieren oder sich mit Gegenargumenten zu bewaffnen. Wissenschaftsgläubige übernehmen ein Modell nach dem anderen, lassen es aber schnell verschleißen, weil sie sich der Mühe konkreter Anpassung entziehen. Die

„Jüngeren" verwenden alles Neue als Kampfmittel gegen die Alten, um ihnen Inkompetenz nachzuweisen. Es sind dies Erscheinungsweisen jener „Systemabwehr", von der wir bereits einleitend sprachen, Phänomene also, mit deren Auftreten quasi naturwüchsig zu rechnen ist, unabhängig von den konkreten, beteiligten Personen.

Die Skepsis, die wissenschaftlichen Modellen „richtigen" Managements entgegengebracht wird, teilen wir übrigens – wenn auch aus anderen Gründen. An technische Wissenschaften und Abläufe gewöhnte Manager haben erfahrungsgemäß eine Neigung, das auf dem Reißbrett Entworfene gleich in die Praxis umzusetzen. Einer der sichersten Wege, neue Managementmethoden rasch „umzubringen", ist der Versuch, sie streng nach dem Modell im Betrieb durchzuführen. Organisationen sind sensible Sozialverbände, in denen man keine störungsfreien Laborbedingungen schaffen kann. Das eigentliche Problem ist die Umsetzung; gute Modelle lassen sich relativ rasch bilden, mit „Rezepten" kommt man aber nicht weit.

Projektmanagement verhilft zu höherer Organisationsbewußtheit

Die beschriebenen Abwehren sind verständlich. Sie sind aber auch schädlich, verhindern sie doch die Selbstreflexion der Organisation und damit eine höhere Bewußtheit. So lange es geht, wollen Manager ihren Betrieb nicht genauer durchleuchten. Sie wollen tun, nicht zuschauen und nachdenken. Wenn aber der Problemdruck zunimmt, muß etwas geschehen, und selbst bei Auffassungsunterschieden im Management kann auf die Dauer niemand Freude daran haben, wenn neu eingeführte Methoden scheitern. Sich ständig Beratung von außen einzukaufen ist nicht nur teuer, Beratung kann auch nicht allgegenwärtig sein. Es bleibt also Organisationen nichts anderes übrig – pathetisch gesagt: bei Strafe des Untergangs –, als sich neue Kompetenzen anzueignen, um dann bewußter handeln zu können. Wir schlagen vor, diese Kompetenzen „Organisationsbewußtheit" zu nennen: Man muß Schwierigkeiten und Konflikte aufgreifen und analysieren lernen, muß über die „Sozialgesetze" von Gruppen und Organisationen einigermaßen Bescheid wissen und sich über die strukturellen, organisatorischen, sozialen und emotionalen Bedingungen von Verhaltens- und Handlungsweisen informieren. Das bewährte Ver-

fahren, bei jedem Problem einen Schuldigen zu suchen, Organisations-
probleme also bequemlichkeitshalber zu individualisieren, würde dann
allmählich der übergeordneten Frage nach Ursachen in Gesamtumge-
bungskonstellationen weichen.

Wir müssen heute zur Kenntnis nehmen, daß unsere Institutionen und
Organisationen nicht mehr aus sich selbst vernünftig sind, daß
„Charisma" nicht mehr genügt, sie zu führen, daß sie nicht mehr durch
Sachzwänge gesteuert werden, daß sie globalere und komplexere Proble-
me als früher lösen müssen und dafür in Aufbau, Funktion und Arbeits-
Organisation nicht mehr geeignet sind. Das „mythologische Zeitalter" der
Organisation ist vorbei; aufgrund der Einsicht in die Notwendigkeit, Pro-
bleme nicht mehr anders als durch bewußte Eingriffe, „eingreifendes
Denken" lösen zu können, ist die Aufklärung des Menschen bei ihm
selbst und seinen Organisationen angelangt.

Projektmanagement ist eine Managementmethode, die genau an dieser
historischen Bruchstelle operiert. In alte Unternehmensstrukturen eingeführt, kann es gar nicht funktionieren, wenn man sich nicht über den Bedingungsrahmen im klaren ist. Wie in allen Bruchsituationen treten
zwangsläufig Schwierigkeiten und Konflikte auf; vor ihnen zurückzu-
schrecken und zu resignieren, wäre aber der Weg zurück. Die einzige
Möglichkeit, voranzukommen, sehen wir darin, die Ursachen von
Schwierigkeiten zu analysieren, sich mehr Wissen über die strukturellen
Voraussetzungen zu verschaffen und sich damit mehr Handlungskompe-
tenz anzueignen. Daß man aus wissenschaftlichen Modellen so wenig
greifbare Handlungsanweisungen bekommt, liegt nicht nur am einge-
schränkten Charakter von Modellen. Zusätzlich ist jeder Betrieb, jedes
Unternehmen, jede Organisation für sich genommen ein eigenes Individuum mit eigener Geschichte, Kultur, Struktur, mit eigenen „Krank-
heiten" und Abwehrformen. Bei der Einführung neuer Managementmethoden ist gerade auf diese individuellen Besonderheiten Rücksicht zu
nehmen, denn sie setzen sich am meisten zur Wehr.

Was die eigene Individualität einer Organisation konkret ausmacht, ist
ihr selbst weitgehend unbewußt und läßt sich wohl nie restlos bestimmen,
weil sie zu komplex und obendrein zeitlich im Fluß ist. Sie und ihre
„Angehörigen" schwimmen sozusagen in einem „kollektiv Unbewußten",
das immer dann stückweise klarer wird, wenn Widersprüche und Friktionen auftreten. Projektmanagement muß mit diesem und gegen dieses besondere Individuelle von Organisationen arbeiten; daher wird es dort bei
näherer Analyse auch bewußter. Das Wissen darüber, was dieses Bewußt-

los-Individuelle einer Organisation ausmacht, ist nicht ein Monopol der Führungsspitze. Das Wissen darüber „steckt im Apparat" selbst und verteilt sich über viele, insbesondere über Normsetzer, -wächter und Opinionleader. Daher muß es bei Analysen, bei denen es ja auch auf die Abschätzung von „Verträglichkeit" und Widerstandspotential ankommt, immer wieder „abgefragt" werden; so kann sich eine Organisation ständig selbst Feedback geben, was gerade beim Einführen neuer Methoden günstig ist.

Die Entwicklung einer höheren Organisationsbewußtheit tut also not, und Projektmanagement ist, soll es funktionieren, ein Mittel dazu. Allein dies wäre schon ein ausreichender Grund, sich darauf einzulassen, neben den operativen Verbesserungen, die Projektmanagement ermöglicht. Wir meinen, daß es vor allem die Ökonomie ist, die zu Organisations- und Institutionsveränderungen zwingt. „Idealistische" Forderungen (zum Beispiel nach Humanisierung der Arbeitswelt) und ideologische Wunschvorstellungen gibt es zwar auch immer wieder und gelegentlich sogar kleine Versuche, ihnen zu entsprechen, langfristig funktionieren diese Versuche aber nur dann, wenn sie zur Ökonomie wenigstens nicht in Widerspruch geraten.

Entscheidungsprobleme in der Hierarchie – der Rückgriff auf Gruppen

Insbesondere in Krisenzeiten ist es notwendig, Entscheidungen zu optimieren und qualifizierten Mitarbeitern, gleichgültig, in welcher hierarchischen Position sie sich befinden, die beste Einsatz- und Entfaltungsmöglichkeit zu bieten. Die übliche, hierarchisch geordnete Entscheidungs- und Kompetenzaufteilung widerspricht sehr oft diesen Notwendigkeiten; der normale Instanzenweg bei Entscheidungen bewirkt Informationsverwirrung oder -verdünnung, verschafft den zuständigen Stellen jedenfalls nicht die bestmöglichen Entscheidungsunterlagen. Fehlentscheidungen oder Überhaupt-nicht-Entscheidungen häufen sich. In Hochkonjunkturen, in gesichertem Wirtschaftswachstum läßt sich dies verkraften und noch rechtzeitig korrigieren, in schwierigen Zeiten kann schon eine einzige Fehlentscheidung über eine wichtige Materie existenzgefährdend sein.

Projektmanagement ist daher auch Krisenmanagement. Der hierarchisch-bürokratische Apparat ist strukturbedingt zu schwerfällig, um auf Schwierigkeiten und Neuentwicklungen des Marktes, der Konkurrenz, der Rohstoffsituation, der Währungsverschiebungen schnell und flexibel zu reagieren. Wichtige Entwicklungen können so verschlafen werden. Die Herstellung eines neuen, marktgerechten Produktes nimmt heute zum Beispiel manchmal so viel Zeit in Anspruch, daß aufgrund unvorhergesehener Entwicklungen die ursprünglichen Planungen und Zielsetzungen überholt werden und das Produkt bereits veraltet ist, wenn es auf den Markt kommt. Organisationen sollten also flexibler reagieren können.

Vorstände und Geschäftsleitungen allein sind damit im allgemeinen überfordert, auch wenn traditionell alle Hoffnungen des Managements auf sie projiziert werden. Daraus resultierende Enttäuschungen wirken sich schädigend auf die innerbetriebliche Zusammenarbeit aus. Je mehr Unsicherheiten die Außenanforderungen, je mehr Widersprüche die Umweltsituation aufweist und dementsprechend, je komplexer die Innenorganisation wird, desto untauglicher werden die hierarchischen Organisationsformen. In einem wichtigen Punkt ist Hierarchie gegenwärtig allerdings noch unverzichtbar: in der Definition übergreifender Probleme und der Steuerung ihrer Bearbeitung. (Daß sie sich dabei oft selbst im Weg ist, steht auf einem anderen Blatt.) Obwohl die meisten wichtigen Probleme nur in bereichs-, sparten- oder abteilungsübergreifendem Zugang optimal zu lösen sind, dominiert in Organisationen die Tendenz zu Abteilungsegoismen, die letzte Reservate für Sicherheit darstellen und ein einigermaßen akzeptables Betriebsklima ergeben. Abteilungsübergreifende Probleme werden oft wie eine „heiße Kartoffel" hin und her geschoben, und dann plötzlich, irgendwo, von irgendwem irgendwann zum Erstaunen aller entschieden. Daß diese Mischung aus Zufalls- und „Hau-Ruck"-Management der Entscheidungsqualität nicht förderlich ist, wird kaum jemand bestreiten.

Die angeführten Aspekte zeigen ein verlustreiches Organisationsgeschäft, das man sich ökonomisch immer weniger leisten kann. Der Zwang zu alternativen Organisations- und Entscheidungsformen lenkte das Augenmerk bald auf Gruppen. Aus Erfahrung, Erprobung und wissenschaftlichen Experimenten weiß man, daß gelungene Gruppenarbeit Entscheidungen optimieren kann. Daß Gruppen im Labor und unter guten Voraussetzungen in der Regel ausgezeichnete Leistungen erbringen können, heißt noch nicht automatisch, daß sie dazu auch in Hierarchien imstande wären. Dennoch zeichnet sich bisher keine bessere Alternative ab; wir müssen flexiblere Organisationsformen auf Gruppenbasis einrichten und den damit zugleich eingerichteten Widerspruch zur bisherigen Hierarchie bestmöglich managen lernen.

Je wichtiger Entscheidungen sind, um so weiter oben müssen sie in Hierarchien getroffen werden. Wir haben aber bisher noch keinen Betrieb kennengelernt, in dem sich die verantwortlichen Entscheidungsträger nicht über Informationsmangel beklagt hätten. Das verwundert allerdings auch nicht weiter, denn Informationskomplexität (und damit Organisationskomplexität) und das im System der Hierarchie liegende Prinzip der Einzelentscheidung widersprechen einander. Neben dem offiziellen Instanzenweg eröffnen sich Verantwortliche daher mehr oder weniger offizielle, zusätzliche Informationswege (informelle Wege, ad hoc eingesetzte Kommissionen), die ihnen die für ihre Entscheidung notwendigen Unterlagen vorbereiten sollen. Paradoxerweise wird das Irreguläre damit zum Regelfall, oder: Hierarchie unterläuft die selbst aufgestellten Regeln, was natürlich immer Unruhe auslöst. *„By-passing"*, das Überspringen von hierarchischen Ebenen, die „Nichteinhaltung des Dienstwegs", wirkt für die Betroffenen immer bedrohlich, weil ihr Recht auf Autorität und ihre Position dadurch in Frage gestellt werden.

Die Mitgliedschaft in ad hoc eingesetzten Kommissionen ist oft augenblicksgebunden und zufällig; trotzdem oder deshalb kann nicht verhindert werden, daß viel in sie „hineinphantasiert" wird; so wird nicht selten eine Bestellung von den nicht Ernannten als besondere „Gnade" und Auszeichnung interpretiert, was Neid und Eifersucht hervorbringt, während sich die Kommissionsmitglieder eher „vergattert", das heißt, wie zum Appell gerufen vorkommen.

Zusätzlich werden im innerbetrieblichen „Stellungskrieg" Informationen als Macht- und Manipulationsmittel eingesetzt; „Monopolisierungen" von Informationen dienen einerseits der Aufrechterhaltung hierarchischer Machtpositionen, andererseits der Absicherung von Organisationseinheiten sowie deren Einflußbereichen. Unliebsame Kollegen kann man „verhungern" lassen, Vorgesetzten kann man die eigene Kompetenz (gegenüber deren Inkompetenz) nachweisen, und Untergebenen teilt man gerade so viel mit, daß sie Befehle ausführen können, sonst aber auf die Vorgesetzten angewiesen bleiben. – Keine guten Voraussetzungen für kooperative Entscheidungen.

Fachliche Kompetenz und hierarchische Position sind zweierlei

Vor allem in größeren Betrieben gibt es viele Organisationseinheiten, die zu koordinieren sind. Bei der Entwicklung neuer Produkte genügt es nicht, die Forschungs-und Entwicklungsabteilung damit zu beauftragen, denn diese muß wissen, was der Verkauf über den Markt zu sagen hat, die Produktionsabteilung muß bekanntgeben, was kostenrealistisch zu produzieren ist, und dafür wären wiederum jene heranzuziehen, die über Maschinen am besten Bescheid wissen, die Meister. Man kann Produktentwicklung natürlich auch hierarchisch zu koordinieren versuchen, indem zum Beispiel der Vorstand die Informationen aller Abteilungen oder Bereiche einholt, dann selbständig die Entscheidungen trifft und anschließend die Abteilungen beauftragt, dies und jenes zu tun. Ein solches Vorgehen hätte zwei Nachteile. Erstens trifft das bereits Gesagte zu, es gibt die Unsicherheit bezüglich der Qualität und Vollständigkeit der Informationen (meistens versuchen nämlich die Abteilungen, ihre speziellen Anliegen gegenüber den anderen ins beste Licht zu rücken, damit sich ihr Standpunkt durchsetzt). Zweitens werden die „Befehle" von oben nicht immer gerne angenommen, es gibt Verwunderung, was „die da oben" entschieden haben; oder die Konkurrenz zwischen Abteilungen wird angeheizt und das Klima vermiest, weil sich vielleicht schon wieder die Abteilung X durchsetzen konnte, wohl einen besseren Draht zu einem starken Vorstandsmitglied hat; es hat auch keinen Sinn mehr, die Leiter anderer Abteilungen nach dem Warum zu befragen, weil die Entscheidung schon getroffen wurde. Ein solcher Ausgangspunkt legt Projektmanagement nahe, weil für abteilungsübergreifende Entscheidungsprobleme Projektgruppen auf direktem Weg Informationen austauschen, koordinieren und die beste Lösung für alle suchen können.

Die Technologie und ihr rasanter Fortschritt sowie die Spezialisierung von Wissenschaft und Arbeitsprozessen unterlaufen das traditionelle hierarchische Prinzip der Autoritätsabstufung. In Gestalt von Fachleuten, Experten auf ihrem Fachgebiet, gibt es sozusagen „Autoritäten" auf allen hierarchischen Ebenen. Hochschulabsolventen, die in Führungspositionen eingestellt werden, müssen feststellen, daß sie von der konkreten Praxis eines Betriebes nicht sehr viel wissen und bei Personen (etwa Meistern) eine Zeitlang „in die Lehre" gehen müssen, die ihnen hierarchisch unterstellt sind. Die Hierarchien in „gesunden" Betrieben können es sich nun nicht mehr leisten, auf diese Experten, dieses spezialisierte Fachwissen, das quer durch die Hierarchie gestreut ist, zu verzichten. Also muß man für bestimmte Entscheidungsmaterien quer durch die Hierarchie Entscheidungsgruppen bilden, in denen die normale Positionierung in der Hierarchie vorübergehend „vergessen" werden soll, damit man zu bestmöglichen Lösungen gelangt. Die hierarchische Ordnung von Organisationen ist eine zunehmend schlechte Form der Vernetzung fachlicher Kompetenzen. Projektmanagement ist die organisierte Reaktion auf dieses Organisationsdefizit.

Wir erleben gegenwärtig die fortschreitende Trennung zwischen fachlicher Kompetenz und Entscheidungsmacht in Organisationen. Verantwortung für wichtige Entscheidungen müssen Menschen übernehmen, die die fachliche Kompetenz dafür (insgesamt jedenfalls) eigentlich nicht mehr haben. Was bleibt, ist die formale und juristische Verpflichtung. Erstens verstärkt diese Trennung Entscheidungsunsicherheiten, Ängste und Konflikte, zweitens stehen wir vor einem Rechtsproblem. Bei Recherchen über folgenreiche Fehlentscheidungen gibt es besonders bei komplexen Materien nahezu unüberschaubare Verweisungszusammenhänge, der Ball wird ständig weitergespielt, im Kreis herum, und ein Schuldiger wird oft nur aus „Systemgründen" gefunden. Einer muß schuld sein, sonst müßte man an den Grundstrukturen des Systems rütteln. Obendrein befriedigt dies das kollektive Strafbedürfnis. Weitreichende, wirtschaftlich sich katastrophal auswirkende Fehlentscheidungen können ohnehin nicht durch die Anklage von Einzelpersonen wiedergutgemacht werden. Milliardenverluste lassen sich nicht durch Pfändung von Vorstandspensionen aufwiegen.

Die strukturbedingte Unfähigkeit, Einzelentscheidungen kompetent zu treffen, und die daraus entstehende Verunsicherung führen tendenziell zu Verantwortungsabschiebungen und zum Mißbrauch von Gruppen als Entscheidungskollektiven, wobei es darum geht, Prozesse zu vernebeln und Zuordnungen zu verwirren (nach dem Prinzip „keiner kann dingfest gemacht und zur Verantwortung gezogen werden"). Entscheidungen zu treffen bedeutet, sich zu exponieren, man wird als Person deutlich, greifbar und auch kritisierbar. Vielen ist es in Organisationen lieber, sich in der Anonymität einer Gruppe oder des Apparates verbergen zu können. So bleiben oft gerade die wichtigsten unternehmenspolitischen Entscheidungen liegen und werden dann panikartig getroffen, wenn es schon fast zu spät ist; daß Entscheidungen „unter Druck" zustande gekommen sind, soll dann deren mangelnde Qualität entschuldigen.

Formale Regelungen lösen das Problem nicht

Informationsunsicherheit und Fehlentscheidungen führen zu verstärkten Bemühungen, die Situation wenigstens organisatorisch in den Griff zu bekommen. Da es über Hierarchie und Einzelentscheidung kaum noch möglich ist, durchschlagende Erfolge zu erzielen, wird oft die Bürokratie verstärkt; man formalisiert Entscheidungsabläufe und „differenziert" durch „Schrifttum" Kontrolle und Anweisungen. Selten kommt es dadurch zu einer Verbesserung der Situation. Erstens zeigt Bürokratie die bekannte Tendenz, sich personell und formell zu verselbständigen. Der Zweck, wofür sie da ist, tritt in den Hintergrund, und sie rechtfertigt ihre Existenz durch die Perfektionierung ihrer Selbstreproduktion, was eine Flut von Papieren, Rundschreiben, Formularen hervorbringt. Dies verwirrt zweitens die Informations- und Kontrollsituation nun völlig. Eine Führungskraft braucht allmählich mehr Zeit, sich in den bürokratischen Verfahren auszukennen und „richtig" zu bewegen (auch zu unterscheiden, was wichtig ist und was sofort in den Papierkorb wandern kann), als sie für die Ausübung fachlicher und führungsorientierter Tätigkeiten zur Verfügung hat. Wir kennen keine Beispiele dafür, daß Entscheidungen durch Intensivierung bürokratischer Kontrolle optimierbar gewesen wären. Wohl aber wird im allgemeinen die Fähigkeit eingeübt, Regelungen zu umgehen oder sie oberflächlich der Routine zu unterwerfen und damit noch jenes Rests von Sinn zu entleeren, den sie am Reißbrett vielleicht gehabt haben mögen. Obwohl funktionale Bürokratisierung in größeren Betrieben zweifellos notwendig ist, löst sie gerade das genannte Problem nicht; sie ist kein Mittel zur Erhöhung von Entscheidungssicherheit.

Je höher in der Hierarchie, desto mehr werden die Gründe für Entscheidungen „anonymisiert", wenn nicht überhaupt die Auskunft darüber ganz verweigert wird. Die Berufung auf höhere Einsicht und größeren Überblick verleiht dann Entscheidungen, über deren Inhalt und Zustandekommen sich alle wundern, einen geheimnisumwitterten Nimbus. Dann beginnt vielleicht die Suche nach mutmaßlichen „Einflüsterern", Phantasien und Verdächtigungen werden gehegt. Tatsächlich gibt es diese verdächtigen Personen mit der „Direktleitung" oft gar nicht, es handelt sich einfach um Einzelentscheidungen aus schlecht koordinierter Informationslage. Das Argwöhnen hält die Entscheidungen weiter im Anonymen und verstärkt das hierarchische Gefälle. Angehörige und Belegschaft eines Betriebes zermartern sich den Kopf darüber, welche Entscheidungen von den Hierarchen schon getroffen und welche Zielsetzungen für das

Unternehmen insgeheim schon festgelegt worden sind, ohne daß man davon weiß; kaum erträglich der Gedanke, daß es solche Entscheidungen und Zielsetzungen vielleicht gar nicht gibt!

Die Intransparenz der gesamten Entscheidungssituation wird dem Anschein nach durch formal-demokratische Instanzen „bekämpft". Sie gelten als der zuständige Ort von Entscheidungen, obwohl jeder weiß, daß Entscheidungen entweder schon längst gefallen sind oder gar nicht fallen sollen. Dieses in Wahrheit pseudodemokratische Vorgehen wiederum führt zu einer indirekten Entwertung aller Entscheidungsinstanzen. Die Macht informeller Systeme muß hier wachsen. Gegenüber der Hierarchie haben sie den Vorteil, unkomplizierter informieren und entscheiden zu können; ihr Nachteil ist nicht bloß das permanente Außerkraftsetzen der offiziellen Organisation, was diese schwächt, sondern auch die Unsicherheit darüber, ob in den informellen Gruppen immer die „richtigen" Leute sitzen. Wenn wichtige Kompetenzen nicht integriert sind, ist es mit der Qualität von Entscheidungen nicht besser bestellt, ungeachtet dessen, daß sie unkomplizierter zustande gekommen sind. Aber für informelle Gruppen ist das schaurig-schöne Gefühl aktiver Geheimbündelei in der Regel vorrangig.

Großunternehmen sind nicht mehr durch die Spitze (allein) koordinierbar. Es gehört zu den größten kollektiven Illusionsbildungen der Gegenwart, daß die Untergeordneten zäh daran glauben (zum Beispiel an die Allmacht des Vorstandsvorsitzenden) und die Spitze sie in diesem Glauben beläßt. Diese Illusionsbildung fördert die Verdrängung der Hauptprobleme nach oben (insbesondere als „Rückdelegation" bekannt) und die permanente Selbstbeschneidung von Kompetenzen. Die Spitze wird dadurch immer mehr veranlaßt, Entscheidungen, die wirklich andernorts getroffen werden könnten, zu übernehmen, was dort und da wiederum den Unmut hervorbringt, sie mische sich zu sehr ins Tagesgeschehen ein.

Projektmanagement als Alternative

Die Hierarchie braucht zu ihrem Überleben heute Mitarbeiterqualifikationen, deren Ausbildung sie selbst in ihrem alltäglichen Betrieb eher verhindert als fördert. Das ist der Widerspruch, in dem Hierarchien heute stehen und der sie mittlerweile beträchtlich irritiert. Forderungen nach Verantwortungsbereitschaft, Risikofreude, Selbständigkeit, Engagement wirken aufgesetzt und abstrakt angesichts jahrelang geübter Praxis bloßen

Exekutierens von Aufträgen, wobei man vielleicht ständig eigene Ideen zugrunde gehen sah oder sich damit den Mund verbrannte. Was sollen Forderungen nach Kooperations- und Kommunikationsfähigkeit, wenn man es gelernt hat, im Karrieredruck und Aufstiegszwang Kollegen stets als Konkurrenten und potentielle Feinde zu betrachten; was soll man mit Forderungen nach Kritikfähigkeit anfangen, wenn schon bei geringsten Andeutungen der Chef beleidigt reagiert? Wir wissen inzwischen, daß die gewünschten (und im übrigen auch für das Überleben der Hierarchie notwendigen) Qualifikationen nur in einer anderen Organisationsatmosphäre entstehen können, in der ein anderes Klima zum Tragen kommt. Gut funktionierende Gruppen initiieren so ein Klima, und gut laufende Abteilungen organisieren sich ohnehin immer nach dem Widerspruch: Hierarchie nach außen – Kollegialität im Inneren. Projektgruppen erweitern diese Organisationsform. Vorhandensein oder Nichtvorhandensein ebenso wie die Möglichkeit zur Entwicklung von Mitarbeiterqualifikationen hängen wesentlich an der Organisationsstruktur. Daher muß auch mit Organisationsmaßnahmen gearbeitet werden, wenn Veränderungen angestrebt werden. Individuelle Qualifikationsschulungen sind dafür zwar eine gute, aber nicht ausreichende Voraussetzung.

In größeren Unternehmen (hinter denen geballt öffentliches Interesse steht) erwächst dem Management in der Gewerkschaft eine „Konkurrenzhierarchie". Sie hat von vornherein wenig mit der funktionalen Hierarchie, dem Unternehmenszweck, der Produktion und dem Verkauf zu tun, so daß es oft schwer wird, diesen Zweck ihnen gegenüber zu vertreten. In modernen Großunternehmen überschneiden einander so viele Interessenhierarchien und Interessensphären (Management und Gewerkschaft sind nur die offiziellen, daneben gibt es noch zahlreiche inoffizielle, halboffizielle, informelle, auch illegale, wie sich immer wieder herausstellt), daß die Durchsetzung einer rein profitorientierten, klassisch-kapitalistischen Betriebsorganisation illusionär geworden ist. Das kann man nun je nach Standpunkt begrüßen oder bedauern. Tatsache aber ist – und das sind die für das Thema Projektmanagement interessanten Folgen – daß auch diese verschiedenen Hierarchien und ihre Interessen koordiniert werden müssen.

Es kann zum Beispiel von großem Nachteil sein, wenn man im Projektmanagement ein Projekt Personalentwicklung einrichtet und nicht von Anfang an versucht, den Betriebsrat mit einzubeziehen. Oft wird in sach- und inhaltsbezogenen Projektgruppen peinlich vermieden, über die „anderen" (politischen, gewerkschaftlichen ...) Interessen und deren unbestreitbare Bedeutung zu sprechen. Man tut so, als arbeitete man am reinen Unternehmenszweck, was sich spätestens dann als betriebliche „Lebenslüge" herausstellt, wenn Entscheidungen gefällt werden sollen; daraufhin ausgehandelte Kompromisse verändern die Ergebnisse so sehr, daß sie die beschlußfassende Projektgruppe oft nicht mehr wiedererkennt. Es hat daher wenig Sinn, diese „außerfachlichen" Interessen verschämt zu verschweigen. Wenn vermieden wird, über derlei Interessen zu reden, oder wenn nicht wenigstens für das Wahrnehmen von Projektgruppeninteressen zu anderen Hierarchieinteressen „Kontaktpersonen" nominiert werden, verlagern sich die Interessenkonflikte in die Arbeit der Projektgruppe selbst hinein. Diese spiegelt dann die äußere Organisationswirklichkeit wider: Offizielle und inoffizielle Hierarchien lähmen sich gegenseitig; während sich die einen „abstrampeln", bauen die anderen insgeheim schon an den Gegenstrategien.

Viele der angebotenen Managementstrategien erweisen sich in den beschriebenen Situationen als zu kurzatmig; oft isolieren sie einen bestimmten Unternehmenszweck und versuchen eher formal und technisch, Strategien zu dessen Verfolgung klar zu machen. Was hilft zum Beispiel *management by objectives,* wenn im Vorfeld von Zielvereinbarungsstrategien überhaupt noch nicht geklärt wurde, wer wessen Ziele in welchen Entscheidungsformen festsetzen darf und soll. Der hier meist eintretende Rückgriff auf die funktionale Hierarchie verschiebt nur das Problem, und irgendwie festgesetzte Zielsetzungen spotten jeder Vereinbarungsidee. Oder was nützt „strategische Planung", wenn die planenden Projektgruppen im oben beschriebenen Sinn vorgehen und damit nicht wirklich funktionieren?

Der Schluß, den wir aus der gesamten Betrachtung der augenscheinlichen Hierarchiegrenzen ziehen, ist folgender: Projektgruppen als Informations- und Entscheidungsinstanzen sind jene alternativen Organisationsformen in Hierarchien, die am ehesten deren Strukturprobleme zu lösen imstande sind, was grundsätzlich bestimmte Friktionen erzeugt. Projektgruppen, ihre Zusammensetzung, ihre Lebensdauer und Aufgabenstellung, ihre Konflikte mit der Hierarchie, ihre Probleme, mit anderen Gruppen zusammenzuarbeiten, sind daher selbst eigene Aufgaben, die in einem organisatorisch klar ausgewiesenen Projektmanagement thematisiert und bewältigt werden müssen.

Wilhelm Rall

Organisation für den Weltmarkt

Die Weiterentwicklung der internationalen Organisation des Unternehmens steht heute auf der Agenda von zahlreichen Geschäftsleitungen. Dies war auch in der Vergangenheit immer wieder der Fall, wenn die Organisation an veränderte interne und externe Bedingungen angepaßt werden mußte. Heute sind wir wieder an einem solchen Zeitpunkt angelangt. Den Anstoß für die erneute Diskussion gab für viele Unternehmen sicher das Nachdenken über Europa 1992, die dahinter liegenden Ursachen sind jedoch grundlegende Veränderungen in den Anforderungen an die Organisation und neue Möglichkeiten ihrer Gestaltung. Dr. Wilhelm Rall, Director bei McKinsey & Company, beschreibt auf den folgenden Seiten sieben Grundsätze der internationalen Organisation. Der Beitrag ist entnommen aus dem von den Professoren Dr. Hans-Ulrich Küpper, Dr. Winfried Mellwig, Dr. Adolf Moxter und Dr. Dieter Ordelheide herausgegebenen dritten Band des Frankfurter betriebswirtschaftlichen Forums Unternehmensführung und Controlling, *der sich schwerpunktmäßig den internen Steuerungsinstrumenten des Unternehmens widmet.*

Traditionelle Lösungen

Die internationalen Aktivitäten deutscher Unternehmen reichen weit zurück. So hatte z. B. Siemens bereits vor der Jahrhundertwende Kooperationen mit Japan oder Bosch schon 1910 die erste amerikanische Fertigungstochter. Bei den anderen Industriestaaten war diese Entwicklung teilweise noch ausgeprägter, vor allem aber störungsfreier. Insbesondere amerikanische, britische oder holländische Unternehmen entwickelten sich bereits in der ersten Hälfte unseres Jahrhunderts zu Multinationals. Obwohl die jeweiligen Landesgesellschaften in der Regel voll mit allen Funktionen ausgestattet und relativ unabhängig waren, galt es, sie zu einem mehr oder weniger eng geknüpften internationalen Netz zusammenzubinden. Das Thema „Internationale Organisation" ist also so alt wie die Internationalisierung des Geschäftes selbst. Die jeweils gewählte organisatorische Lösung muß jedoch jeweils dem Stand und den spezifischen Anforderungen des Geschäftes sowie der Situation der Unternehmen angepaßt werden.

Unternehmen haben demzufolge unterschiedliche organisatorische Antworten gefunden. Vereinfachend läßt sich diese Entwicklung in drei Stufen zusammenfassen (Abbildung 1), die von den meisten internationalen Unternehmen in Europa und in den USA zu etwas unterschiedlichen Zeitpunkten durchlaufen wurden. In der ersten Stufe werden die ausländischen Gesellschaften überwiegend finanzwirtschaftlich gesteuert, sie werden deshalb in einem Beteiligungsbereich zusammengefaßt, der entweder Teil des Finanzbereiches oder separiert ist, in jedem Falle aber eine stark finanzwirtschaftliche Ausrichtung hat. Während diese Lösung in einigen Unternehmen mit nur wenigen eng verbundenen Produktlinien noch immer existiert, wurde sie in Unternehmen mit mehreren Geschäftsbereichen spätestens in den siebziger Jahren durch eine andere Struktur abgelöst. In dieser zweiten Stufe werden die internationalen Aktivitäten in einem oder mehreren Regionalbereichen als Organisationseinheiten der Muttergesellschaft mit sehr weitgehender Geschäftsverantwortung zuammengefaßt. Sitz dieser Bereiche ist typischerweise das Stammland. Aufgrund der großen Bedeutung des Auslandsgeschäftes für die meisten europäischen Großunternehmen war diese Form der Matrixorganisation hier nur für eine Übergangsperiode geeignet, während die „International Division" sich in USA noch heute einer gewissen Beliebtheit erfreut. Insgesamt herrscht heute aber die dritte Stufe vor, in der in einer neuen Matrixstruktur das Zusammenspiel von weltweiter Produktverantwortung in

Sparten/Unternehmensbereichen und regionaler Verantwortung in starken Länder- oder Länderbereichs-Organisationen geregelt ist. In Zentraleuropa vollzog sich der Übergang auf dieses Modell seit Ende der siebziger Jahre.

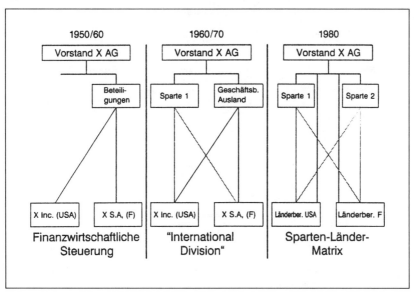

Abbildung 1: Klassische Sequenz der Strukturentwicklung

Neue Herausforderungen

In der Zeit nach dem Zweiten Weltkrieg ist die wirtschaftliche Verflechtung zwischen den marktwirtschaftlich orientierten Industrieländern außerordentlich stark angewachsen. Der rasche Anstieg der Bedeutung des internationalen Warenaustausches ist dafür nur ein Teil des Beleges; faßt noch wichtiger, aber statistisch weniger sichtbar sind die Investitionen in ausländische Produktionsstätten und in komplette ausländische Unternehmen. Heute hat ein typisches deutsches Großunternehmen mehr als 50 Prozent des Umsatzes im Ausland, bei stark spezialisierten mittleren Unternehmen z. B. im Werkzeugmaschinenbau ist dieser Anteil weit höher.

Die Bedeutung der ausländischen Produktion und auch der ausländischen Forschung und Entwicklung nimmt immer mehr zu; einzelne Unternehmen mit deutschem Ursprung haben bereits mehr als die Hälfte ihrer Aktivitäten und Beschäftigten im Ausland.

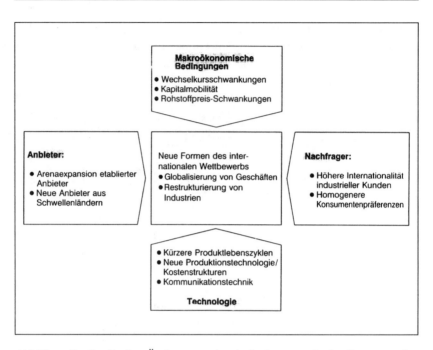

Abbildung 2: Qualitative Änderungen der Anforderungen in der Steuerung des
internationalen Geschäftes

Für die meisten Unternehmen ist damit ihr internationales Netz umfassender und komplexer geworden. Forschung und Entwicklung müssen international koordiniert, Produktionsströme gesteuert werden. Im Markt für industrielle Güter steigt der Anteil der Kunden, die ihrerseits international aktiv sind und deshalb vom Vertrieb koordiniert bearbeitet werden müssen. Schließlich stellt der wachsende Anteil ausländischer Mitarbeiter neue Anforderungen an Personalentwicklung und an die gesamte Führung des Unternehmens. Zu diesem quantitativ stark gestiegenen Regelungsbedarf kommt, daß sich das internationale Wettbewerbsumfeld auch qualitativ in den letzten zehn Jahren dramatisch verändert hat. Zentrales Merkmal ist die enorme Dynamik im Wettbewerb selbst und in seinen Rahmenbedingungen: Schnelle technologische Änderungen und komplexer Wettbewerb in verschiedenen Regionen vollziehen sich in einem Umfeld, das sich durch starke Wechselkursschwankungen, hohe Kapitalmobilität und ausgeprägte Preisreagibilität auszeichnet.

Die neue Situation, die eine Weiterentwicklung der internationalen Organisation notwendig macht, läßt sich in drei Thesen zusammenfassen:

(1) Die Wettbewerbscharakteristik von Geschäften ändert sich so stark, daß neuartige organisatorische Lösungen gefunden werden müssen. Vereinfachend wird dieser Prozeß häufig unter dem Schlagwort „Globalisierung" zusammengefaßt, in Wirklichkeit verbirgt sich dahinter jedoch ein sehr viel komplexerer Vorgang, in dem globalisierungsfördernde und lokalisierungsfördernde Kräfte gleichzeitig wirken, in dem sich relevante Märkte in ihrer regionalen Abgrenzung stark ändern und in dem die Erfolgsfaktoren für die verschiedenen Stufen des Geschäftssystems einem raschen Wandel unterliegen[1]. Für die notwendige organisatorische Anpassung liegt die Schwierigkeit darin, daß diese Entwicklungen über Länder und Geschäfte hinweg nicht homogen sind. Länder sind von unterschiedlicher Bedeutung, auch wenn ein Geschäft die Präsenz in allen wesentlichen Wirtschaftsregionen erfordert. Wichtiger noch sind die Unterschiede zwischen den Geschäften selbst. Zwar ist insbesondere bei Technologieintensiven Produkten und Produktgruppen generell ein starker Trend zur Globalisierung zu beobachten, keineswegs alle Geschäfte haben aber ein einheitliches Globalisierungsmuster; außerdem gibt es unverändert viele Bereiche in der Industrie, die nach wie vor lokale, multilokale oder multinationale Charakteristiken haben. Es muß deshalb sorgfältig zwischen Geschäften unterschieden werden, die eine weltweit integrierte Steuerung erfordern, und solchen, bei denen weitgehend selbständige regionale Einheiten nur in einzelnen Funktionen zu koordinieren oder gar nur auf ihren finanziellen Erfolg hin zu kontrollieren sind. Eine Organisation, die diese grundsätzlichen Unterschiede nicht widerspiegelt, gefährdet die Funktionsfähigkeit und die Wirtschaftlichkeit eines Unternehmens.

(2) Die Leistungsfähigkeit und Flexibilität einer Organisation wird mehr und mehr zum Erfolgsfaktor an sich. Traditionelle Differenzierungsfaktoren wie z. B. Faktorkostenunterschiede oder bewährte Produktkonzepte verlieren bei zunehmender Dynamik des Wettbewerbs und hoher Mobilität von Kapital an Bedeutung für den Geschäftserfolg. Eine Organisation muß schnelle Entscheidungen ermöglichen und hohe Reaktions- und Anpassungsfähigkeit an der Front und in der Zentrale sicherstellen. Flexibilität und Anpassungsfähigkeit – ausgedrückt etwa durch kurze Produktentwicklungs- und Einführungszei-

ten oder rasches Eingehen auf sich verändernde Kundenbedürfnisse –
erfordern die gezielte Veränderung von organisatorischen Fähigkeiten, sei es durch eigene Entwicklung oder durch Zukauf. Prägnante
Beispiele dafür sind die veränderten Anforderungen in der Produktentwicklung und in der Fertigung der Automobilindustrie oder in Pro-
duktkonzeption, Beschaffung oder Vermarktung von Personal Computern. Um diese Fähigkeiten aufzubauen, müssen häufig neue Strukturen und Abläufe geschaffen, neue Anreizsysteme konzipiert und die
neuen Fähigkeiten projektmäßig eingeübt werden. Dabei können einerseits Fähigkeiten, die an anderer Stelle bereits vorhanden sind, als
Kern einer unternehmensweiten Entwicklung genutzt verden, andererseits muß eine solche Übertragung bei den herrschenden Kulturun-
terschieden besonders sorgfältig orchestriert werden. Der Aufbau
neuer Fähigkeiten birgt jedoch eine Gefahr in sich: den fortgesetzten
Anbau von Spezialisierungsdimensionen und Mitarbeitern, der auf
Dauer eine Organisation schwerfällig und teuer macht. Aufbaumaß-
nahmen müssen deshalb stets durch entsprechende Straffungsmaß-
nahmen balanciert werden.

(3) Die rapiden Entwicklungen der Kommunikations- und Transporttech-
nik im letzten Jahrzehnt schaffen neue Möglichkeiten für die Weiterentwicklung der Organisation. Alte Erfahrungsgrundsätze der Organisation sind überprüfungsbedürftig geworden: Angesichts der Möglichkeiten moderner Kommunikationstechnologie ist z. B. die physische Nähe von Mitgliedern einer Organisationseinheit keine Voraussetzung mehr für ein enges Zusammenwirken; die Merkmale Kom-
munikationsintensität und räumliche Entfernung haben sich somit zumindest im Grundsatz voneinander gelöst. Kurze Transportzeiten, ef-
fiziente Möglichkeiten der Informationsübertragung und neue
Kommunikationstechniken haben Distanzen schrumpfen lassen. Kon-
ferenzgespräche zwischen räumlich weit entfernten Entwicklungsbe-
reichen sind heute genauso an der Tagesordnung wie die wöchentli-
che Sitzung einer sonst geographisch breit verteilten Geschäftsführung oder die laufende Zusammenführung von Steuerungsinformatio-
nen in einem Management-Informationssystem.

Hindernisse für den Wandel

Veränderungen in den Wettbewerbsbedingungen und den Geschäftsanforderungen machen bewährte Organisationsformen obsolet. Dies leuchtet jedem ein und im Grundsatz wird auch die Notwendigkeit der permanenten organisatorischen Weiterentwicklung nicht bestritten. Trotzdem waren lange Zeit nur wenige Unternehmen bereit, grundsätzliche Änderungen herbeizuführen, da Abwehrreaktionen von Führungskräften und Mitarbeitern, Friktionen im Geschäftsverlauf und unproduktive Unruhe befürchtet wurden. Häufig genug wird aber auch auf Beispiele fehlgeschlagener Reorganisationen hingewiesen, in denen eine suboptimale Situation durch eine andere abgelöst wurde. Hindernisse für den Wandel liegen also sowohl in (häufig personenbedingten) Starrheiten der bisherigen Organisation begründet, also auch in konzeptionellen Schwächen in der Richtungsvorgabe und der Prozeßsteuerung. Die Haupthindernisse lassen sich in vier Punkten zusammenfassen:

(1) Ungleiches wird gleich behandelt: Aus dem Anspruch, daß Organisationsprinzipien einfach und einheitlich sein müssen, ergeben sich Kompetenzfestschreibungen, die die Beziehungen zwischen der Zentrale und den Ländern einheitlich regeln. Dabei wird nicht zwischen den unterschiedlichen Anforderungen ungleicher Geschäfte differenziert und es wird nicht berücksichtigt, wie bedeutend die einzelnen Länder sind und welche Sachkompetenz dort besteht. Aus der Unterschiedlichkeit von Geschäften folgt, daß Spartenleiter, die diese Geschäfte verantworten, völlig verschiedene Handlungs- und Entscheidungskompetenzen im internationalen Geschäft haben müssen. Diese logische Forderung wird häufig genauso wenig akzeptiert wie die Konsequenz unterschiedlichen Aufgabenumfangs und unterschiedlicher Kompetenzen für den Leiter einer Region, der unterschiedliche Geschäfte zu vertreten hat. Im traditionellen Organisationsdenken ist der Grundsatz der durchgängigen Organisationsprinzipien zu stark verankert, als daß diese völlig natürliche Differenzierung als Handlungsmaßnahme zugrunde gelegt würde.

(2) Internationale Schwerpunktsetzung wird im personalwirtschaftlichen Bereich zu wenig berücksichtigt. Zwar ist es heute unbestritten, daß ein internationales Unternehmen nur durch international ausgerichtete und einsetzbare Manager mit entsprechenden Sprachkenntnissen und Auslandserfahrungen wirklich erfolgreich geführt werden kann. Doch

die Wirklichkeit ist noch anders: Der Anteil wirklich auslandsbe-
währter Manager ist nach wie vor relativ gering, Auslandsaufenthalte
enden häufig genug mit einer nicht ausreichend vorbereiteten Rückkehr zur Muttergesellschaft, Chancen für ausländische Mitarbeiter
zum Aufstieg in die obersten Führungsetagen sind kaum vorhanden.
Nur wenige Unternehmen haben in den letzten Jahren auf personal-
wirtschaftlichem Bereich den Sprung zur Transnationalität geschafft.

(3) Neue Rollen und Aufgaben sind unklar und teilweise widersprüchlich
definiert: Dies ist das Resultat von fallweise erarbeiteten Problemlösungen ohne klares gemeinsames Verständnis von Rahmenkonzept
und Organisationskultur. Aufgaben werden zu häufig mit „Koordinieren" beschrieben, statt klare Verantwortlichkeiten zuzuordnen und
für das Unternehmen transparent zu machen.

(4) Die Notwendigkeit der Zentralisierung wird überschätzt. Dabei hat
das Bild sehr autonomer und sich manchmal selbstherrlich gebender
„Regionalfürsten" dem Anspruch der zentralen Unternehmensbereiche Platz gemacht, alle Dimensionen des Geschäftes zu kontrollieren
und zu beherrschen. Das zentrale Management zieht häufig Entscheidungen an sich, für die es eigentlich nicht genügend ausgerüstet ist,
statt sachgerecht zu delegieren. Die Informationsmengen von der Pe-
ripherie in die Zentrale nehmen exzessive Formen an. Resultat ist
nicht nur Ablenkung der Führungskräfte in den Regionen von ihren
eigentlichen Aufgaben, sondern ganz generell die Gefahr eines „ihr
da drinnen, wir da draußen", einer Identifikationslücke zwischen
Land bzw. Region und Zentrale.

Ein großer Teil dieser Hindernisse für den organisatorischen Wandel ist
durch die Praxis entstanden, Integrations- und Änderungsprozesse grundsätzlich zentral zu steuern. Zunehmend gibt es jedoch Führungskräfte in
Tochtergesellschaften, die hervorragende Voraussetzungen für eine weltweite Wirkung mitbringen, und die deshalb auf spezifischen Gebieten eine über ihren regionalen Aufgabenbereich hinausgehende Führungsaufgabe übernehmen könnten. Das zentrale Top-Management muß sein Ziel in
der Zukunft verstärkt darin sehen, nicht mehr alle Entscheidungen an sich
zu ziehen, sondern ein Organisations- und Entscheidungsumfeld zu schaffen, in dem alle Potentiale des Unternehmens tatsächlich ausgeschöpft
werden können.

Grundsätze der internationalen Organisation

Die optimale Organisation eines international operierenden Unternehmens läßt sich nicht aus Patentrezepten oder „Kochbüchern" ableiten. Für jedes Unternehmen muß eine spezifische Lösung gefunden und dabei die notwendige Veränderung der Organisation über Zeit berücksichtigt werden; eine gute internationale Organisation ist maßgeschneidert und zugleich flexibel. Basis für eine erfolgreiche organisatorische Entwicklung sind sieben Grundsätze: Vielfalt organisatorischer Dimensionen, aktiv gestaltete Differenzierung, Konzentration auf Schwerpunktaufgaben, horizontales Netzwerk, Know-how aus der Linie, internationale Führungskader und transnationale Unternehmenskultur.

Vielfältige Dimensionen nutzen

Auch eine sehr weit gehende Globalisierung wird nicht zu einem vollständig homogenen Markt führen. Nationale Besonderheiten werden in der Mehrzahl der Geschäfte weiter bestehen, Kunden müssen lokal angesprochen werden. Die regionale Dimension der Führung bleibt grundsätzlich erhalten und nimmt besonders im Vertrieb eher noch zu. Die Notwendigkeit der produkt- bzw. geschäftsbezogenen Verantwortung ist seit der Diskussion um die Spartenorganisation unbestritten; Sie gewinnt bei Integration der Märkte weiter an Bedeutung, insbesondere in der Steuerung der Produktion, in der Regelung der Warenflüsse und im Einkauf. Ein integriertes Geschäft erfordert integrierte Führung entlang der Dimension „Produkt". Schließlich ist nach wie vor ein starkes funktionales Management erforderlich, um Spezialkenntnisse und kritische Fähigkeiten aufzubauen und ihren Transfer innerhalb des Unternehmens sicherzustellen; institutionelles Lernen findet noch immer zum großen Teil innerhalb von Funktionen statt. Diese drei traditionellen Grunddimensionen werden ergänzt durch permanente oder temporäre Strukturen und durch geschäftsspezifische Programme.

Eine Organisation für den Weltmarkt ist nur funktionsfähig, wenn diese Multidimensionalität akzeptiert ist und wenn sie bewußt eingesetzt und genutzt wird. Die formale Struktur ist dafür in der Regel nicht der geeignete Mechanismus: Eine vieldimensionale Matrixorganisation erweist sich in der Praxis eher als Quelle von Reibungsverlusten als von wirkungsvoller Führung entlang mehrerer Dimensionen. Task Forces, gemischte Managementgremien und Schwerpunktprogramme gehören zu den leistungsfähigeren Methoden. Sie erlauben es, die formale Struktur einfach zu halten.

Differenzierung aktiv gestalten

Das Bild einer Welt, in der alle Geschäfte integriert geführt werden, ist irreführend. Gefahr und Chance liegen in der Differenzierung. Für jedes Geschäft ist zu prüfen, ob es tatsächlich eine weltweite Dimension annimmt. Dies ist bei vielen Industriegütern und technischen Gebrauchsgütern sicher bereits heute der Fall, bei zahlreichen Nahrungsmitteln z. B. sind dagegen Integrationsvorteile (Kostendegression und/oder Kundennutzen) durchaus fraglich, und im Medienbereich etwa besteht zwar beträchtliches Potential für Kostendegression, die Sprachbarrieren erweisen sich aber nach wie vor als wesentliches Hindernis.

Für die Organisation kann dies unter anderem bedeuten, daß innerhalb eines Unternehmens z. B. Pigmente fiir Autolacke zentral geführt werden, das sehr viel lokaler geprägte Geschäft der Kunststoffadditive dagegen in der Verantwortung von Landesgesellschaften liegt. Das Bild ist aber noch komplizierter. Wo der optimale Integrationsgrad liegt, unterscheidet sich nicht nur zwischen Geschäften, sondern auch zwischen Funktionen innerhalb einzelner Geschäfte. Jedes einzelne Element des zugehörigen Geschäftssystems muß daraufhin untersucht werden, ob es globale, multilokale oder lokale Charakteristika hat. Abbildung 3 zeigt z. B. ein Mehrspartenunternehmen, das Spezialchemikalien, Nahrungsmittel, pharmazeutische Präparate und Diagnostikgeräte herstellt.

Die für die organisatorische Ausrichtung wichtige strategische Charakteristik ergibt sich aus einer Analyse der Geschäfte ingesamt in ihrem Wettbewerbsumfeld, sowie einer Untersuchung der einzelnen Stufen des Geschäftssystems. Dabei zeigt sich ein außerordentlich differenziertes Bild des Regelungsbedarfs: Jedes Geschäft ist unterschiedlich und innerhalb eines jeden Geschäftes stellen die verschiedenen Funktionen unterschiedliche Anforderungen im Hinblick auf weltweite Integration oder Koordination. Konsequenz sind geschäftsspezifisch unterschiedliche Aufgaben- und Kompetenzverteilungen im internationalen Geschäft.

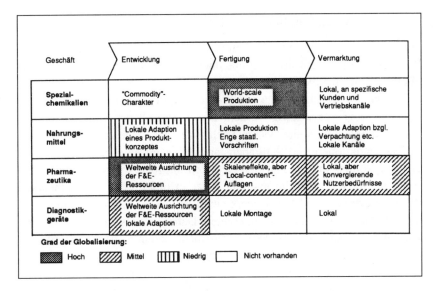

Abbildung 3: Mehrspartenunternehmen

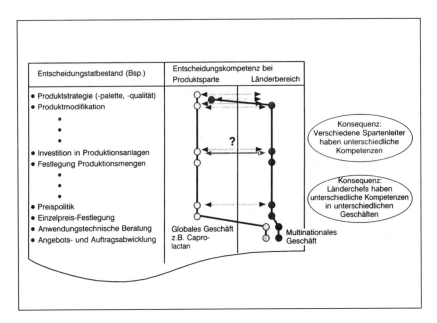

Abbildung 4: Kompetenzabgrenzung in der internationalen Führung ist abhängig von Geschäftscharakteristik

Schwerpunktsetzung und Selektivität sichern

Die Differenzierung und Wettbewerbsorientierung der Organisation im Weltmarkt bei gleichzeitiger Einfachheit der Strukturen läßt sich nur erreichen, wenn für die verschiedenen Organisationsebenen und -einheiten Schwerpunkte gesetzt und weniger wichtige Aufgaben und Funktionen reduziert oder abgeschafft werden. Dieser Prozeß der Schwerpunktsetzung und Selektion sollte systematisch bis zu der Frage getrieben werden, welche Funktionen und Aufgaben tatsächlich im eigenen Unternehmen erledigt werden sollten. Auf den Gebieten mit relativ geringer regionaler Ausdehnung wie z. B. Europa oder Japan erfordert etwa ein flächendeckendes Vertriebs- und Servicenetz einen Aufwand, den sich viele Unternehmen kurzfristig nicht leisten können. Daher ist stets zu prüfen, ob eine Ausdehnung der eigenen Aktivitäten nicht dadurch erleichtert werden kann, daß man z. B. auf fremde Vertriebskanäle zurückgreift oder von vornherein Lizenzvergabe oder Co-Marketing vorsieht.

Für Unternehmen, die einen der Triade-Märkte (Europa, Japan oder Nordamerika) neu durchdringen müssen, sind Kooperationen, Joint Ventures oder ähnliches häufig der wirtschaftlichere, in vielen Fällen sogar der einzig gangbare Weg. Kooperationsbedarf entsteht jedoch auch verstärkt durch den Restrukturierungsbedarf von Industrien. Wenn Allianzen stark an Bedeutung zunehmen, erfordert dies neue Fähigkeiten in der Organisation, spezielle Mechanismen, um die Partnerschaft zu managen, und häufig auch spezialisierte Strukturen für ihre Einbindung. Die Allianzen werden Bestandteil des Konzernportfolios, eine zentrale Einbindung kann durchaus die organisatorische Konsequenz sein.

Doch auch wenn Schwerpunkte nur für das eigene Unternehmen gesetzt werden, hat dies enorme Konsequenzen für die Organisation. Die wohl wichtigsten Auswirkungen ergeben sich für die Systemseite: Planungs- und Kontrollsysteme müssen die Schwerpunkte – und nur sie – abbilden, Anreiz- und Vergütungssysteme müssen entsprechend zugeschnitten und Entscheidungswege danach ausgerichtet werden. Bei all dem ist entscheidend, daß nicht laufend neue Prioritäten zu den alten addiert werden, sondern daß weniger Wichtiges auf der Managementagenda entsprechend zurückgestuft wird.

Horizontale Netzwerke schaffen

Auch in einem integrierten Wirtschaftsraum ist die Zentralisierung der Entscheidungen in den „Central Headquarters" nicht die allzeit richtige

Lösung. Die hierarchische, monozentrische Struktur der Organisation ist den Anforderungen des Geschäftes nicht optimal angepaßt: Erstens sind bereits heute in vielen Unternehmen Geschäfts- und Kompetenzschwerpunkte regional verteilt, eine Konzentration ist nicht zuletzt aus Personalgründen häufig nicht möglich; zweitens behindert die Konzentration von Führungsverantwortung in der Zentrale die Heranbildung einer transnationalen Firma, da sie das Gefälle zwischen Mutter- und Tochtergesellschaften fördert; drittens ist eine zu starke Konzentration von Aufgaben und Entscheidungskompetenz in der Zentrale ineffizient, da personalintensiv.

Der organisatorische Lösungsweg läßt sich unter den Stichworten „polyzentrische Führung" und „Verbund" zusammenfassen. Die Rolle der zentralen Geschäftssteuerung muß nicht geographisch und eventuell auch nicht gesellschaftsrechtlich konzentriert werden; statt dessen kann sie entsprechend den strategischen Schwerpunkten und der Kompetenzstruktur auf verschiedene Länder und Gesellschaften verteilt werden. Unerläßlich für die integrierte Wahrnehmung der Geschäfte ist dagegen der Verbund. Gemeint ist damit nicht nur die Verknüpfung über die Führung, sondern auch die operative Verknüpfung in Funktionen wie Entwicklung und Produktion. Die Förderung horizontaler Netzwerke bedeutet, bildlich gesprochen, die Bevorzugung des Radmodells vor dem Sternmodell.

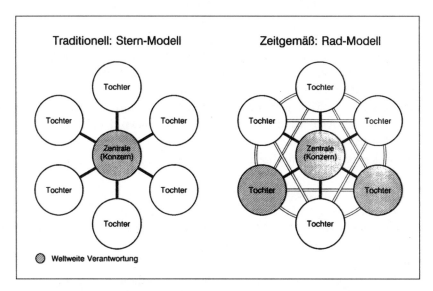

Abbildung 5: Stern-Modell und Rad-Modell

Linienkräfte auch mit „Stabsaufgaben" betrauen

Komplexe Aufgaben im internationalen Markt erfordern neue Sach- und Fachkenntnis sowie zusätzliche Koordination und Abstimmung. Dabei liegt die Versuchung immer nahe, in der Zentrale Stabskapazitäten aufzubauen, die wichtige Spezialaufgaben wie die Entwicklung von Fertigungstechnologien oder Marketingprogrammen wahrnehmen. Bei entsprechender Besetzung kann so sicher das erforderliche Know-how geschaffen werden, zugleich werden aber tendenziell Aufgaben in der Gesamtorganisation dupliziert und zusätzliche Filter geschaffen.

Sehr viel wirkungsvoller ist es, direkt auf die geschäftsverantwortlichen Linienmanager zurückzugreifen und sie einzeln oder als Gruppe mit Spezialaufgaben als Teil ihrer Rolle für das Unternehmen zu betrauen. Diese Lösungen sind typischerweise nicht nur wirtschaftlicher, sie signalisieren auch internationale Integration und führen kritisches Know-how zusammen. Nicht zuletzt helfen sie beim Aufbau eines persönlichen Beziehungsnetzes zwischen den Managern, das auf konkrete Zusammenarbeit zurückgeht und nicht auf überwiegend soziale Veranstaltungen wie Konzerntagungen oder ähnliches.

Internationale Führungskader aufbauen

Das beste Struktur- und Systemdesign und die überzeugendste Führung durch das Top-Management nützen nichts, wenn nicht ausreichend Führungskräfte vorhanden sind, die im internationalen Umfeld erfolgreich agieren können. Heute haben nur sehr wenige europäische Unternehmen eine europäische Managementgruppe. Bei Nestlé wurde sie systematisch aufgebaut, bei ABB ist sie aus der Fusion entstanden. Doch bei zahlreichen Unternehmen finden sich Manager anderer Nationalitäten erst auf der dritten oder vierten Hierarchieebene und dann äußerst selten in der Zentrale.

Idealerweise müßte jede obere Führungskraft Erfahrungen sowohl in der Zentrale als auch in Tochtergesellschaften gesammelt haben. Damit würde sich ein großer Teil der häufig zu beobachtenden Friktionen im internationalen Geschäft von selbst erledigen, denn alle Führungskräfte hätten ein dichtes Netz von Kontakten sowie ein ausreichendes Verständnis für das Zusammenwirken des Unternehmens. Um diese Voraussetzung zu schaffen, muß auf zwei Gebieten eingegriffen werden: Erstens muß der

Nachwuchs für Fach- und Führungspositionen aus den international besten Quellen beschafft werden, zweitens muß die Führungskräfteentwicklung im Unternehmen die Internationalität sichern. Sie muß früh einsetzen. Internationale Job Rotation auf der Geschäftsführungsebene ohne vorherige Auslandserfahrung ist fast immer risikoreich, ein frühzeitiger Auslandseinsatz läßt sich leichter steuern und korrigieren. Internationale unternehmensweite Zusammenarbeit muß Dauer- und Normalzustand sein.

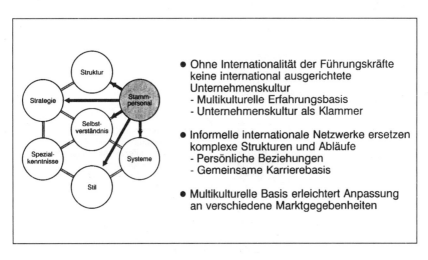

Abbildung 6: Internationaler Führungskader als Schlüssel zum Erfolg

Transnationale Unternehmenskultur schaffen

Je stärker sich ein Unternehmen als transnational versteht, desto mehr muß ganz bewußt eine eigenständige Unternehmenskultur geschaffen werden. Sie muß an die Stelle der traditionell stark national oder regional geprägten „Standortkultur" eines ursprünglich lokalen Unternehmens treten. Naturgemäß kann sich die Identität des internationalen Unternehmens zumindest kurzfristig nicht mehr auf einen gemeinsamen Ausbildungshintergrund, gleiche regionale Herkunft oder Nachbarschaftserfahrung stützen; statt dessen müssen gemeinsame Wertvorstellungen bewußt geschaffen und durch konsistente Signale und enge Interaktionen verankert werden.

Die Unternehmenskultur ist ein langfristig angelegtes „weiches" Element der Organisation. Es wird in der kurzfristig-operativen Dimension ergänzt, durch den sich im Tagesgeschäft äußernden Führungsstil, der Summe der Einzelsignale, die das Management an die Mitarbeiter sendet und damit ihr Verhalten prägt.

Die Entwicklung einer leistungsfähigen internationalen Organisation braucht Kompetenz, Konsequenz und Fingerspitzengefühl. Die Instrumente sind vorhanden, die in dem für internationale Organisationen charakteristischen Spannungsfeld von Interaktion und Autonomie neue Ansätze erlauben.

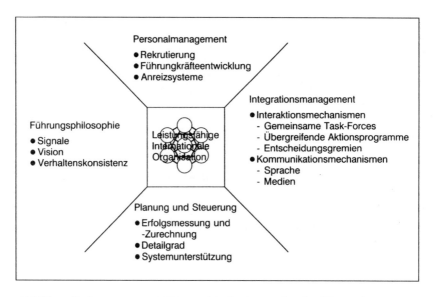

Abbildung 7: Instrumente zur Integration der internationalen Unternehmen

Voraussetzung für den Erfolg des organisatorischen Wandels ist ein neues Denken, das im gesamten Unternehmen verankert und zum Teil der Unternehmenskultur werden muß. Um diese Entwicklung einzuleiten, bedarf es einer klaren organisatorischen Vision und eines hohen Engagements des gesamten Managements. Der Erfolg wird die Anstrengungen jedoch mehr als wettmachen: Er kann das Unternehmen zu neuen Horizonten führen, in jedem Fall aber nachhaltige Wettbewerbsvorteile aufbauen und damit die Zukunft des Unternehmens sichern.

Anmerkung

1 Siehe dazu z. B. PORTER, M.E.: Competition in global industries. A conceptual framework. In: Competition in global industries. Hrsg. v. M. E. Porter. Boston, Massachusetts 1986. RALL, Wilhelm: Strategien für den weltweiten Wettbewerb. In: Handbuch Strategische Führung. Hrsg. v. H. A. Henzler. Wiesbaden 1988, S. 197–217.

Jörg Schneider

Synergiemanagement

Die Erschließung von Synergien zwischen wirtschaftlichen Einheiten oder innerhalb größerer Organisationen ist in den letzten Jahren zu einem hochaktuellen Thema geworden. Dies hängt zweifellos mit der weltweiten Welle von Übernahmen und Fusionen zusammen. Wo aber das Schlagwort „Synergieeffekt" zum Alibi für nicht ausreichend durchdachte Projekte wird, ist Vorsicht geboten. Wie man teure Flops vermeiden kann, erläutert Dr. Jörg Schneider, Mitglied der Geschäftsleitung der Roland Berger & Partner GmbH und Fachmann für Strategiethemen (aus Gablers Magazin 3/90).

Die Erschließung von Synergien zwischen wirtschaftlichen Einheiten oder innerhalb größerer Organisationen ist in den letzten Jahren zu einem hochaktuellen Thema geworden. Dies hängt zweifellos mit der weltweiten Welle von Übernahmen und Fusionen zusammen. Kaum eine Industrie und kaum ein Dienstleistungsbereich blieben von diesem Phänomen unberührt. Aber trotz Euphorie ist Vorsicht geboten, denn Synergie wird allzu oft zur Rechtfertigung nicht richtig durchdachter Projekte mißbraucht.

Dabei hat sich herausgestellt, daß Größe allein nicht zu höherer Wirksamkeit, ja nicht einmal zu höherer Marktmacht führen muß. Groß ist die Anzahl der Enttäuschungen in der Folge von Übernahmen – zahlreiche Erhebungen haben gezeigt, daß mehr als die Hälfte der getätigten Transaktionen in finanziellen Mißerfolgen endet. Diese Erscheinung ist im Ausland ebenso zu beobachten wie in der Bundesrepublik.

Stolperstein Führungsdefizit

Besondere Probleme treten bei multinationalen Zusammenschlüssen auf, wo zunächst Kommunikationsbarrieren zu überwinden sind, jedoch vielfach auch unterschiedliche Begriffswelten und Unternehmenskulturen aufeinandertreffen. Erfolgversprechende Projekte können sich in gegenseitigem Unverständnis und in Interessenkonflikten festfahren.

Selbst bei ausgeprägtem Problembewußtsein treten Führungsdefizite auf, weil immer wieder der Bedarf an hochqualifizierter Management-Kapazität unterschätzt wird. Zusätzliche Kapazität wird einerseits unter Zeitdruck rasch benötigt. Sie muß andererseits aber auch nachhaltig über Monate und Jahre hinweg zur Verfügung stehen, um die erhofften Synergieeffekte – die bereits in das Projekt hineingerechnet wurden – Wirklichkeit werden zu lassen.

Die hohe „Flop-Rate" beherrscht die Diskussion unter Fachleuten, verhindert aber nicht das teilweise hektische Fortschreiten der Fusions- und Übernahmewelle und das Entstehen problembelasteter neuer Einheiten.

Vor diesem Hintergrund stellt sich die Frage nach einem gezielten und umfassenden Synergie-Management, das mehr bedeutet als das Abhaken von Checklisten oder die Anwendung von Erfolgsrezepten. Sicherlich kann auf die Nutzung von Erfahrungen nicht verzichtet werden: sie sind äußerst wertvoll und können das Management vor vermeidbaren Fehlern bewahren. Es sind ja gerade die negativen und positiven Ergebnisse der Praxis, die uns die eigentlichen Probleme erkennen lassen.

Dennoch müssen die Grundlagen für das Entstehen von Synergien zunächst geklärt und einer betriebswirtschaftlichen Systematik erschlossen werden. Der Begriff „Synergie" taucht immer noch als unreflektiertes Schlagwort auf und dient der Rechtfertigung unzureichend durchdachter Projekte. Auf dieser Ebene wird die Argumentation gefährlich; hier entstehen „Flops". Die Identifizierung und Umsetzung von Synergiechancen wird überwiegend im Zusammenhang mit Joint Ventures oder Übernahmen diskutiert. Die gleiche Fragestellung ist jedoch auch auf zwei weitere Fälle anzuwenden, nämlich auf interne Diversifizierungsprojekte sowie auf die Umstrukturierung von Unternehmen.

Ein verbessertes Instrumentarium für „Synergie-Management" wird auch dort benötigt, wo neue Geschäftsfelder erschlossen werden sollen, deren Kompatibilität mit dem bestehenden Geschäft nicht von vornherein sicher ist. Ebenso zeigt die Diagnose bestehender Organisationen immer wieder synergiehemmende Strukturen oder Verhaltensweisen, die sich historisch herausgebildet haben und nur durch Neuorientierung überwunden werden können.

„Synergie-Management" findet also seine Anwendung bei folgenden Projekten:

– Kooperationen
– Zusammenschlüsse
– Übernahmen
– Innere Diversifizierungen
– Umstrukturierungen.

Wirksames Synergie-Management erfordert strategische Grundlagen. In vielen Fällen müssen sie zunächst geschaffen, aktualisiert oder vervollständigt werden. Deshalb beginnt Synergie-Management mit einer Überprüfung der erfolgsentscheidenden Faktoren und mit der präzisen Formulierung der Strategie, für die man sich entscheidet.

Nur vor diesem Hintergrund läßt sich sinnvoll prüfen, welche Synergien man tatsächlich braucht, welche Partner für eine Zusammenarbeit geeignet sind, welche neuen Geschäftsfelder zu den vorhandenen Aktivitäten und Ressourcen passen oder mit welcher Struktur das Unternehmen seine Ressourcen am wirksamsten einsetzen kann.

Was Synergie wirklich bedeutet

Synergie-Management bedeutet schließlich die Umsetzung von Chancen in neue Strukturen und Verhaltensweisen. Die antizipierten Synergien realisieren sich nicht von selbst.

Es überrascht, daß die Definition des vielzitierten Begriffs „Synergie" in wirtschaftlichem Zusammenhang Schwierigkeiten zu bereiten scheint. Aus den Naturwissenschaften wird hergeleitet, daß Synergie das Verhalten eines Ganzen sei, das durch das Verhalten der Teile für sich gesehen nicht vorhergesehen werden kann. Oft spricht man lapidar von „Verbundeffekten" oder einigt sich auf die Kurzformel „2 plus 2 ergibt 5". Über den Gegenstand selbst und seine Hintergründe ist damit nichts Greifbares ausgesagt.

Unter Bezugnahme auf Unternehmenszusammenschlüsse läßt sich Synergie allgemein definieren als

– die Nutzung spezifischer Befähigungen oder Eigenschaften eines Unternehmens
– für die Verfolgung der Ziele eines anderen Unternehmens (oder Unternehmensverbundes)
– mit überdurchschnittlicher Effektivität.

Befähigungen und Eigenschaften können beispielsweise in der Marktposition, der Produkt- oder Leistungskompetenz, in der Beherrschung von Verfahren oder im Zugang zu Rohstoffen liegen, aber auch in der Verfügbarkeit bestimmter Ressourcen wie etwa Managementkapazität, Forschungs- und Entwicklungseinheiten oder finanzieller Stärke.

Als Beispiel hierfür mag die erfolgreiche Kooperation zwischen der Deutschen Babcock und dem tschechoslowakischen Skoda-Konzern dienen. Skoda verfügte im Konzern über erweiterungsfähige Fertigungsanlagen für die Herstellung von Kraftwerkskomponenten, mit deren Einbeziehung gemeinsame Projekte in Drittländern realisiert werden konnten.

Der Begriff der Nutzung weist darauf hin, daß Synergie nicht von selbst entsteht, sondern zunächst nur als Potential vorhanden ist, das es auszuschöpfen gilt.

Ohne erfolgreiche Nutzung blieben beispielsweise die eindeutigen Synergiepotentiale, welche sich aus der Übernahme des Computerherstellers CTM durch SEL 1986 ergaben. Der Mißerfolg wird damit erklärt, daß über längere Zeit der neuen Tochtergesellschaft von der Zentrale zu wenig Aufmerksamkeit geschenkt wurde.

Wichtig ist die Klarheit über die Ziele, deren Verfolgung mit einer
Übernahme unterstützt werden soll. Hier wird die Bedeutung eines strategischen Konzepts unterstrichen, ohne das eine Übernahme als langfristig
bindender Vorgang nicht zu rechtfertigen ist und ohne das jegliche Syner-
giebetrachtung in der Luft hängt.

Zur Veranschaulichung ein positives Beispiel: die Schwartau-Gruppe
verfolgt die klare Zielsetzung, in Europa und den USA eine führende Position in den Märkten für Konfitüren und Backartikel zu halten bzw. zu
erwerben. Hieraus ergab sich eine Serie gezielter Beteiligungen und
Übernahmen: J. F. Renshaw Ltd. in Großbritannien, Patisfrance SA in
Frankreich und Italien, Best Brands, Pioneer Products, Michigan Bakery
Supply und West Coast Distribution in den USA. Weitere Übernahme-
möglichkeiten werden erklärtermaßen in Spanien und in der Bundesrepublik gesucht. – Bei guter Ertragslage wuchs der Umsatz 1989 um 22 Prozent.

Überdurchschnittliche Effektivität schließlich ist eine nicht zu unter-
schätzende Voraussetzung für die Realisierung von Synergie. Übernahmen oder Zusammenschlüsse erfordern in jedem Fall erheblichen Aufwand an Energie, Zeit und Kosten. Diese wirtschaftlich negativen Effekte
müssen überkompensiert werden.

Daß sie wesentlich unterschätzt werden können, zeigte sich beispielsweise nach der Übernahme der Firestone Tire & Rubbler Company, USA
durch die japanische Bridgestone. Während 1988 bei Übernahme die Ent-
sendung von rund 100 Technikern nach USA und ein Investitionsprogramm von 1 Mrd. $ geplant waren, berichtete man Ende 1989 von einem
Stab von 200 Technikern, einem Investitionsprogramm von 1,5 Mrd. $
und von Managementproblemen vor Ort.

Dieser Vorgang war gravierend genug, um einen deutlichen Kursrück-
gang der Bridgestone-Aktie an der Toyoter Börse auszulösen.

Um einen derartigen finanziellen Rückschlag wieder auszugleichen,
bedarf es überdurchschnittlicher und langfristig begründeter Synergiepotentiale. Die vorstehend genannte Definition läßt sich sinngemäß auch auf
andere Fälle des Synergiemanagements, wie die interne Diversifizierung
aus eigenen Ressourcen und die Restrukturierung von Unternehmen, anwenden.

Synergiefaktoren zwischen Unternehmen

Worin besteht nun konkret das Synergiepotential zwischen zwei fusions-
bereiten Unternehmen?

Die wichtigen und wirksamen Synergiefaktoren lassen sich in drei
Gruppen einordnen, nämlich

– Stimmigkeit der Geschäftsfelder
– Stimmigkeit der strategischen Ausrichtung
– Nutzbarkeit der Ressourcen.

Zu beurteilen sind diese Faktoren vor dem Hintergrund der strategischen
Zielsetzung (Abbildung 1).

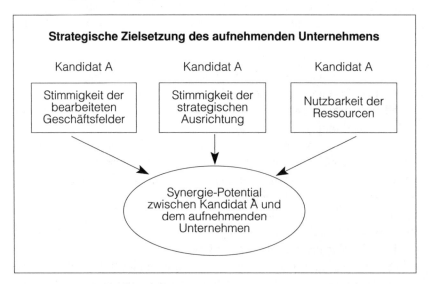

Abbildung 1: Synergiefaktoren

Die Stimmigkeit der Geschäftsfelder zeigt an, wie weit die auf beiden
Seiten bearbeiteten Gebiete einander sinnvoll ergänzen, sich überlappen
oder in gar keinem Zusammenhang zueinander stehen. Was hierbei als
sinnvoll zu bewerten ist, ergibt sich aus der geplanten Strategie.

Hohe Stimmigkeit wiesen beispielsweise die von Europcar und Inter-
Rent bearbeiteten Geschäftsfelder auf, als beide Unternehmen sich 1988
zusammenschlossen. Bei vergleichbarer Geschäftstätigkeit lagen die geo-
graphischen Schwerpunkte in Frankreich einerseits und in der Bundesre-

publik andererseits. Darüber hinaus existierte in beiden Ländern grenzüberschreitendes Nachfragepotential.

Die Stimmigkeit der strategischen Ausrichtungen beider Unternehmen kann von ausschlaggebender Bedeutung sein. Selbst bei hoher Stimmigkeit der Geschäftsfelder können inkompatible Strategiekonzepte Synergiechancen zunichte machen. Ein technologieorientiertes Unternehmen, das bestrebt ist, aufwendige Entwicklungsarbeit in Marktpositionen umzusetzen, wird keine positive Synergie mit einem finanzorientierten und auf kurzfristige Gewinnoptimierung eingestellten Unternehmensverbund entwickeln können.

Die Nutzbarkeit der Ressourcen ist meist mit hoher Eindeutigkeit zu beurteilen. Wichtig sind hier beispielsweise die Schwerpunkte in Forschung und Entwicklung, die jeweiligen Produktionsstandorte oder die Finanzkraft. Die systematische Gegenüberstellung der Ressourcen in einzelnen Wertschöpfungsbereichen läßt sich auch weitgehend formalisieren und am ehesten rechnerisch erfassen.

Übernahmen und Zusammenschlüsse

Auswahl

Bei Übernahmen und Zusammenschlüssen beginnt Synergie-Management bereits in der Phase der Auswahl geeigneter Kandidaten. Diese muß sich vor dem Hintergrund einer klaren strategischen Zielsetzung vollziehen.

Ein positives Beispiel hierfür bietet der finnische Elektronikhersteller Nokia. Das Unternehmen entwickelte eine „Europastrategie" mit dem Ziel der übergreifenden Bearbeitung des europäischen Binnenmarktes unter Anwendung einer „Eurotechnologie" für Unterhaltungselektronik. Gesucht wurden Unternehmen mit Markenpräsenz und nennenswerten Marktpositionen. Nokia beteiligte sich dementsprechend an der schwedischen Luxus AB und an der französischen Océanic SA und übernahm 1988 die Sparte Unterhaltungselektronik der SEL/ITT. Damit wurde Nokia zum drittgrößten europäischen Anbieter für Unterhaltungselektronik und öffnete sich den Weg zu einer übergreifenden Markenstrategie.

Diesem positiven Beispiel stehen viele negative gegenüber, deren wichtigste Mängel im Fehlen eines strategischen Konzepts und in mangelnder Analyse der Synergiepotentiale zu sehen sind.

Bewertung

Eine wichtige Rolle spielt die Analyse der Synergiepotentiale auch bei der Bewertung von Übernahmekandidaten.

Die Ermittlung von Ertrags- und Substanzwerten auf historischer Basis ist in einem sich rasch und radikal verändernden Umfeld von geringem Nutzen. Auch Extrapolationen helfen nur scheinbar weiter. Wichtig ist die Bewertung des Zusatznutzens, der bei einer Übernahme auf beiden Seiten erwartet werden kann und in dem Vorhandensein von Synergiepotentialen begründet ist.

Es kommt eben nicht nur darauf an, welche Erträge ein Übernahmekandidat erwirtschaftet oder wie attraktiv künftig die von ihm bearbeiteten Geschäftsfelder sein werden. Entscheidend für den sinnvoll zu investierenden Wert ist in vielen Fällen das Synergiepotential. Dieser Zusammenhang ist in Abbildung 2 schematisch dargestellt. Je nach strategischer Zielsetzung kann ein Kandidat mit geringer ausgewiesener Ertragskraft einen hohen strategischen Wert für die übernehmende Gesellschaft darstellen, sofern wettbewerbsentscheidende Faktoren wie etwa innovative

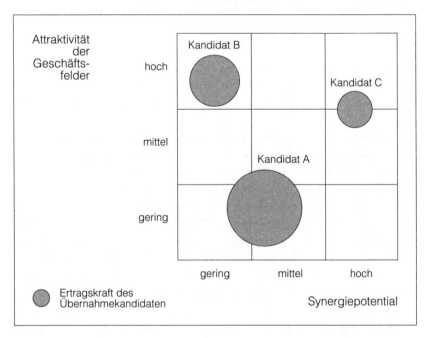

Abbildung 2: Bewertung potentieller Übernahmekandidaten

Produkte, Markenrechte, Marktzugang oder knappe Ressourcen eingebracht werden. So rechtfertigt Kandidat C möglicherweise einen höheren
Übernahmepreis als die Kandidaten A oder B. Zahlreiche Transaktionen
wurden in den letzten Jahren zu „strategischen" Preisen abgewickelt, wie
etwa die Übernahme des amerikanischen Verlags Doubleday & Co. durch
Bertelsmann oder die Übernahme des deutschen Unternehmens Pegulan
durch die Swedish Match-Gruppe.

Wenngleich Preise für Unternehmen zweifellos Marktpreise sind und
somit der Dynamik von Angebot und Nachfrage unterliegen, so spielt
doch die Synergiebeurteilung eine entscheidende Rolle bei der Ermittlung
von Preisobergrenzen und somit bei der Verwirklichung erfolgreicher
und finanziell sinnvoller Übernahmen.

Integration

Eines der wichtigsten Felder für systematisches Synergie-Management ist
die Eingliederung einer übernommenen Einheit in einen neuen Unterneh-
menszusammenhang. Ebenso wichtig wie das Vorhandensein echter Synergiepotentiale ist ihre Umsetzung, die sich in der Integrationsphase vollzieht. Für die Schaffung von solchen Synergien kommt es dabei weniger
auf die formale Eingliederung des Unternehmens als auf die inhaltliche
Eingliederung seiner Aktivitäten an.

Die Übernahme des amerikanischen Telefonherstellers Rolm durch
IBM im Jahre 1987 stellt ein gutes Beispiel für eine Transaktion mit hohem Synergiepotential dar. Die Digitalisierung des Telefonwesens eröffnete für beide Unternehmen die Möglichkeit gemeinsamer Marktstrate-
gien, koordinierter Produktentwicklung und gegenseitiger Nutzung von
Ressourcen. Diese Integrationsbemühungen blieben jedoch im Kern er-
folglos, und Rolm wurde 1989 schließlich an Siemens verkauft.

Der Integrationsvorgang stellt eine anspruchsvolle Managementaufgabe
dar, die Erfahrung und Seniorität erfordert. Sie muß zu einem zentralen
Thema gemacht und mit den Mitteln professionellen Projektmanagements
durchgeführt werden.

In dieser Phase kommen Synergiechancen entweder zum Tragen oder
werden endgültig verspielt. Die Erfahrung zeigt, daß es von besonderer
Bedeutung ist, Strategien zu artikulieren, das betroffene Management
frühzeitig einzubeziehen, Motivation zu schaffen und nicht zuletzt auch
die Förderung des Projektes durch Spitzengremien sicherzustellen.

Interne Diversifikation

Welche Rolle spielt Synergie-Management bei Projekten der internen Diversifikation?

Jedes Unternehmen besitzt Fähigkeiten, die sich für die erfolgreiche Bewältigung des Kerngeschäfts herausgebildet haben. In den einzelnen Wertschöpfungsstufen entwickeln sich diejenigen Stärken, die zur Leistungserbringung in den angestammten Geschäftsfeldern erforderlich sind. Die Spezialisierung der Ressourcen und auch die Auswahl des Managements folgen bewährten Erfolgsmustern. Daraus ergibt sich für jedes Unternehmen ein spezifisches Leistungsprofil.

Diversifizierungsprojekte verlassen den angestammten Kunden- und Leistungsbereich. Sie zielen auch auf neue Geschäftsfelder mit hoher Attraktivität, von deren Wachstums- oder Gewinnpotential das Unternehmen profitieren soll. Typische Beispiele hierfür sind etwa der Vorstoß in Auslandsmärkte oder die Entwicklung neuer Produktgruppen.

Auch hier stellt sich nun die Frage nach Synergiepotentialen zwischen neuen Geschäftsfeldern und dem Kerngeschäft. Jede „Grass Root"-Diversifizierung geht von der Vorstellung aus, daß im eigenen Unternehmen vorhandene Ressourcen genutzt werden können, um neue Aktivitäten zu betreiben.

Dies kann durchaus gelingen; als Beispiel sei etwa die Entwicklung von Formteilen für die Automobilindustrie durch Reifenhersteller oder das Vordringen von Sportartikelherstellern in den Textilbereich genannt. Offensichtlich konnten hier Kernfähigkeiten wie ein sicherer Stand in einem Kundensegment oder eine tragfähige Marke als Synergiefaktoren genutzt werden.

Allerdings ist auch im Bereich der Diversifizierung die Gefahr von Fehlschlägen beachtlich. Ohne nachhaltigen Erfolg blieben beispielsweise die Vorstöße europäischer Mineralölunternehmen in den Freizeitsektor. Die in den siebziger Jahren aufgebauten Netze von Campingplätzen zeigten keine nennenswerten Gemeinsamkeiten mit dem Kerngeschäft. Obwohl man den Automobilisten als übergreifende Zielgruppe ins Auge gefaßt hatte, fehlten Synergie-Potentiale, die man beispielsweise im Vertrieb erwartet hatte.

In Anlehnung an das bekannte Ansoffsche Schema illustriert Abbildung 3 die abnehmende Wahrscheinlichkeit realisierbarer Synergien bei zunehmender Entfernung vom Kerngeschäft. Die Aufgabe des Synergie-Managements stellt sich hier in ähnlicher Weise wie beim Unternehmenskauf. Im Vordergrund steht die Nutzbarkeit eigener Ressourcen für neue Zwecke. Auch hier ist eine systematisierte Analyse der einzelnen Wertschöpfungsbereiche im Vorfeld der Entscheidung nötig.

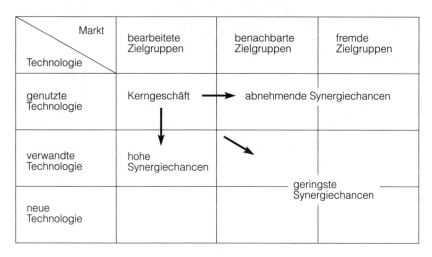

Markt Technologie	bearbeitete Zielgruppen	benachbarte Zielgruppen	fremde Zielgruppen
genutzte Technologie	Kerngeschäft	abnehmende Synergiechancen	
verwandte Technologie	hohe Synergiechancen		
neue Technologie		geringste Synergiechancen	

Abbildung 3: Abnehmende Synergiechancen

Restrukturierung

Wie intensiv werden interne Synergiepotentiale in einer verzweigten Organisation ausgeschöpft? Gibt es in bestehenden Organisationen Reserven der Synergienutzung?

Der Wandel des Unternehmens-Umfeldes führt regelmäßig zu veränderten Marktsituationen und zur Herausbildung neuartiger Erfolgsfaktoren. Diese ziehen den Bedarf nach neuen Ressourcenkombinationen nach sich. Die im Prinzip dauerhaft angelegten Unternehmensstrukturen begrenzen den Spielraum für synergie-orientierte Anpassung des Zusammenspiels der Ressourcen.

Allein die Globalisierung von Märkten und die Beschleunigung der technischen und wirtschaftlichen Innovationszyklen machen heute in vielen Fällen eine Überprüfung der Organisationsstrukturen erforderlich.

Das weite Feld der Organisationslehre kann hier nur am Rande berührt werden. Im vorliegenden Zusammenhang sei jedoch darauf hingewiesen, daß die Nutzung interner Synergiepotentiale in einer engen Wechselbeziehung zur Unternehmensstruktur steht. Synergie-Management reicht weit hinein in die Überprüfung der organisatorischen Gliederung und der Verhaltensweisen eines Unternehmens.

Es hat sich beispielsweise herausgestellt, daß eine starke Ausprägung des Profitcenter-Prinzips synergiehemmende Wirkungen zeitigen kann. Kooperation und Erfahrungsaustausch zwischen benachbarten Einheiten werden tendenziell beeinträchtigt und durch gruppenorientierte Suboptimierung ersetzt.

Lösungsmöglichkeiten können in Maßnahmen der Restrukturierung liegen, etwa in der Neudefinition marktorientierter Geschäftseinheiten, innerhalb derer geschäftsspezifisch jeweils Marketing, Entwicklung, Produktion oder andere Stufen der Wertschöpfungskette zusammengefaßt werden. In derartigen Einheiten können Synergien wieder angebahnt werden. Dies wird besonders dann wichtig, wenn die Wettbewerbssituation dazu zwingt, für das Unternehmen differenzierte Einzelstrategien zu entwickeln.

Synergie-Management, eine eigenständige Disziplin?

Wird Synergie-Management sich zu einer eigenständigen Disziplin entwickeln? Dies ist nicht zu erwarten. Es handelt sich hier eher um die systematische Berücksichtigung des wichtigen Phänomens „Synergie", dessen Vernachlässigung zu Mißerfolgen und zu mangelnder Effizienz führen kann.

Dennoch darf Synergie-Management nicht beiläufig betrieben werden. Um Synergien zu verwirklichen, bedarf es gezielter Analysen und ausdauernder Implementierungsarbeit. Die notwendigen Techniken finden sich vor allem in den Bereichen der Strategieplanung, der Organisationslehre und des Projektmanagements.

Innovation und Kreativität

Walter Böckmann

Intuitives Denken

Die Verbindung von philosophischer und betriebswirtschaftli-
cher Denkweise wird im Titel des Buches Vom Sinn zum Gewinn
von Dr. Walter Böckmann angedeutet. Unternehmen agieren
nur dann dauerhaft auf der Gewinnerseite, wenn ihre Produkte
einen sinnvollen Beitrag für die Gesellschaft und die Umwelt
leisten. Sinn im eigenen Tun zu entdecken ist die entscheidende
Motivation menschlichen Handelns. In dieser Denkschule für
Manager verbindet der bekannte Unternehmensberater und
Trainer seine langjährigen Management-Erfahrungen mit fun-
dierten psychologischen, soziologischen und pädagogischen
Kenntnissen. Im folgenden Auszug entmystifiziert der Autor das
heute so modische intuitive Denken.

Die ‚Kultivierung der Intuition' und die Mystifizierung des ‚Unbewußten'

Sind intuitive Entscheidungen immer die besseren und dem rationalen Kalkül überlegen? Ist Intuitives gleichbedeutend mit Irrationalem, und heißt ‚irrational' tatsächlich ‚ohne in Anspruchnahme der Ratio' oder gar ‚gegen die Vernunft'? Kann man nicht auch intuitiv falsche Entscheidungen treffen?

Fragen dieser Art sollte man sich erst einmal vorlegen, ehe man sich daranmacht, einer „Kultivierung der Intuition" das Wort zu reden (Bretz[1]), und zwar nicht im Ashram eines Gurus, sondern in einer angesehenen betriebswirtschaftlichen Zeitschrift und bestimmt für ein modernes Management. „Daß wir dennoch in der Lage sind", so der betreffende Autor, „Unternehmen erfolgreich zu führen, d. h. organisatorische Ziele zu setzen und auch zu erreichen, dürfte hiernach eher auf bisher weitgehend noch unbekannte und unbewußte Fähigkeiten der Organisationsgestaltung und -erhaltung zurückzuführen sein als auf die uns bekannten rationalen Kenntnisse und Techniken der Entscheidungsfindung, Planung und Organisation ... Selbstsicherheit und Selbstvertrauen der Verantwortlichen, mit denen intuitiv richtige Entscheidungen getroffen wurden, haben sich als wichtiger für die Entscheidungsqualität erwiesen als zum Beispiel Informationsgrad, fachliche Vorbildung oder Intelligenz."

Auch der Umgang mit wissenschaftlich scheinbar noch nicht Erforschtem rechtfertigt nicht, unwissenschaftlich mit solchen Phänomenen umzugehen.

Der rationale Prozeß ist keineswegs ‚bekannter' als der (noch unzureichend definierte) irrationale, und letzterer nicht eben unbekannter als der rationale. Was das immer wieder zitierte Unbewußte angeht, so gibt es sogenannte rationale Problemlösungen, die in einer Phase des *Wach*bewußtseins verlaufen – wie übliche Alltagsentscheidungen am Vorstands- oder am Kabinettstisch –, und es gibt Problemlösungen in Phasen des *Traum*bewußtseins – wie zum Beispiel der Chemiker August Kekulé das Modell der Benzolringe zunächst geträumt haben soll. Der Unterschied zwischen Wach- und Traumbewußtsein liegt einmal in der reduzierten rationalen Kontrolle bei bestimmten Trauminhalten (= Traum-Bewußt*heiten*). In anderen Träumen kann man durchaus sehr logisch sein. Es gibt nicht ‚den Traum', sondern nur vielfältige Formen des Träumens. Aber ob mit oder ohne eingeschränkte rationale Kontrolle: bewußt sind

Träume immer, auch dann, wenn man nach dem Aufwachen die Trauminhalte nicht beliebig reproduzieren kann.

Nicht beliebig reproduzierbare, sogenannte vergessene Trauminhalte sinken auch keineswegs in ein ‚Unbewußtes' ab, sondern werden in bestimmten Bereichen unseres Gedächtnisses aufbewahrt (sofern sie überhaupt aufbewahrt werden), und zwar nach Relevanzen gegliedert: „die guten ins Töpfchen, die schlechten ins Kröpfchen", wie es im Märchen heißt. Die „guten", das sind die für uns wichtigen, die jederzeit abrufbar sein müssen, in das Kurzzeit- oder Langzeitgedächtnis, die „schlechten" als die entbehrlichen oder auch die unerfreulichen, die man gern vergessen möchte, ebenfalls in das Langzeitgedächtnis, aus dem heraus sie gegebenenfalls nur mit einigen Schwierigkeiten abgerufen werden können. Machen wir uns bei dieser Gelegenheit einmal klar, daß die Leistung unseres Gehirns nicht nur darin besteht, Ereignisse wahrzunehmen, zu bewerten und zu steuern, wie wir es im ersten Abschnitt beschrieben hatten, sondern auch zwischen wichtigen und weniger wichtigen zu unterscheiden und letztere auf ‚Wiedervorlage' abzulegen.

Begriffe wie intuitiv, rational, irrational, bewußt, unbewußt, unterbewußt beschreiben Empfindungen oder Annahmen von Empfindungen. Aber ob es die zugrunde gelegten neuronalen Prozesse überhaupt so gibt, wie wir meinen, ist damit nicht gesagt. Als physisch dreidimensionales Wesen beruhen unsere Anschauungsmittel – damit auch deren sprachliche Wiedergabe – auf dreidimensionalen Erfahrungen. Was wir als ‚Tiefe' bedenken, ist deshalb noch lange nicht durch psychische Tiefe repräsentiert, geschweige denn durch philosophische Tiefe. ‚Tiefen'-psychologie (nach Freud) ist eine bloße Veranschaulichung, die etwas mit der zuvor erwähnten leichteren oder schwereren Reproduzierbarkeit von Gedächtnisinhalten zu tun hat, aber es handelt sich dabei um keine objektivierbare Zustandsbeschreibung. Wenn wir instinkthaft handeln, folgen wir damit angeborenen Verhaltensmustern, die auf dem „Gedächtnis der Art", der „Logik der Organe" (Piaget), beruhen. Wenn wir bewußtsinnvoll handeln (wir können dies auch bewußt sinn-los tun!), dann folgen wir der „Logik des Bewußtseins". In jedem Fall handeln wir bewußt, denn selbst instinktive Reaktionen bis zur Panik verlaufen weder im Zustand der Bewußtlosigkeit noch der Bewußtseinslosigkeit, sondern lediglich bei vorübergehend eingeschränkter rationaler Kontrolle. Was vorweggenommen ist – unserer intentionalen *Entscheidung* vorweggenommen –, sind reflexhafte Reaktionen, die wir seit Jahrmillionen mit unseren noch nicht *selbst*-bewußten Vorfahren gemeinsam haben: Angst-

Reaktionen, Schreck-Reaktionen, Schmerz-Reaktionen, sexuelle Reaktionen und anderes mehr, die der Überlebensfähigkeit dienten und noch immer dienen. Der Rückgriff auf die bewußte Steuerung wird damit aber nicht unterbrochen, sondern – meist nur sekundenlang – erschwert.

Bis jetzt hat aber noch niemand eine reflexhafte Handlung als Steuerung aus dem ‚Unterbewußten' bezeichnet. Wenn jemand auf eine Beleidigung spontan reagiert und dem Beleidiger ‚eine runterhaut', gibt er danach meist die sehr anschauliche Erklärung, daß ihm ‚die Hand ausgerutscht' sei. Genau das ist das Charakteristische des Spontanen, Reflexhaften und in gewisser Beziehung auch des Instinkthaften: das Ausgerastet sein, das Herausrutschen der Steuerung aus dem rationalen Kontext. Des gedanklichen Konstrukts eines ‚Unbewußten' bedarf es dazu nicht, wie sich überhaupt das sogenannte Unbewußte als das nicht jederzeit (aus sogenannten ‚Tiefen'schichten des Gedächtnisses) Reproduzierbare und als das gedankenlos bis bedenkenlos Noch-nicht-Reflektierte erweist. Wenn wir handeln: aus Gewohnheit, aus ‚blind' übernommener Tradition, ohne selbst darüber nachgedacht zu haben, dann handeln wir mitunter bedenkenlos, sogar gewissenlos, aber nicht unbewußt oder sozusagen bewußtseinslos.

Nicht einmal die Psychoanalyse selbst, die das Denkmodell des Unbewußten konzipiert hat, behauptet eine Wissenschaft zu sein, wie man überhaupt bei der Qualifizierung von Sachverhalten oder Ereignissen viel weniger von ‚Wissenschaft' als von ‚Wissenschaftlichkeit' in der Vorgehensweise sprechen sollte; das Charakteristikum einer ‚Wissenschaft' ist ja *nicht ihr Gegenstand* (man kann mit dem Gegenstand ‚Management' wissenschaftlich, aber auch höchst unwissenschaftlich umgehen), sondern *ihre Methode*.

Von den rationalen Prozessen weiß man nur, daß sie im Gehirn ablaufen, aber nicht, wo da genau und wie: man kann aus einem EEG, den Gehirnströmen des Bewußt*seins*, nicht auf die gedanklichen Inhalte, die Bewußt*heiten,* schließen, und selbst den Lokalisationen bestimmter Fähigkeiten des Gehirns steht die Fähigkeit des Vikariierens gegenüber: sind irgendwelche Hirnregionen mit ihrer üblichen Leistung ausgefallen, so treten häufig andere Regionen und neuronale Bahnen an ihre Stelle. Von den rationalen Prozessen ist also einiges bekannt, aber viel weniger wissen wir von dem sogenannten Irrationalen auch nicht. Was soll das denn anderes sein als das spontane Ablaufen von neuronalen Prozessen ohne rationale Kontrolle? Aber was ist denn diese rationale Kontrolle, die wir so selbstverständlich handhaben, als gäbe sie uns keine Rätsel mehr auf;

wer hat ihre Software entwickelt, und wissen wir wirklich ‚genug', wenn wir das Zentralnervensystem als ihre Hardware erkannt haben? Das einzige, wovon wir mit großer Sicherheit ausgehen dürfen, ist eine unerhörte Reduktion von Komplexität beim Anlegen selbstgemachter Maßstäbe – denn Computervergleiche *sind* solche selbstfabrizierten Meßlatten, die nichts erklären, sondern lediglich manches veranschaulichen – nicht alles, und auf jeden Fall nicht genug.

Wir wissen von dem Rationalen nicht mehr als von dem Irrationalen. An letzterem irritiert uns auch nicht der hirnphysiologisch uneinsehbare Ablauf, sondern der Umstand der fehlenden Logik, der rationalen Kontrolle. Es ist deshalb unangemessen, gedanklichen Konstrukten (Unbewußtes, Unterbewußtes usw.) mehr Bedeutung als die einer Metapher beizumessen. Es sind Veranschaulichungen, aber nicht die Sache selbst. Wenn wir vom ‚Unbewußten' reden, heißt das bestenfalls: Wir können uns bestimmte Abläufe nicht erklären – und ‚erklären' heißt letzten Endes: naturwissenschaftlich erklären, nicht im Wege der Introspektion, die in der Psychologie aus guten Gründen fragwürdig geworden ist, sondern durch Beobachtung bei anderen, durch Experiment, Wiederholung, Validierung.

Intuitionen sind Botschaften zur Person, aber nicht zur Sache

Der Bereich der Gefühle in unserem Hirn, das Zwischenhirn, ist nicht mehr und nicht weniger geheimnisvoll als das Stammhirn, das die vegetativen Prozesse steuert, oder das Großhirn mit seiner Steuerung von Vernunft und Logik. Wir können uns zwar vornehmen, logisch zu denken, aber wir können nicht vorsätzlich oder absichtlich lieben, hassen, verachten oder was sonst noch die Palette unserer Gefühle aufweist. Wir können auch den ‚Herzschrittmacher' oder den ‚Lungenschrittmacher' in unserem Stammhirn nicht abstellen: Versuchen Sie mal, Ihren Herzschlag zum absoluten Stillstand zu bringen oder die Luft solange anzuhalten, bis Sie tot sind. Nicht einmal mit der (nicht ‚bewußten', sondern mit der) intentionalen, der absichtsvoll angewandten Logik klappt es immer. Wir benutzen gewohnheitsmäßig, aber gedankenlos den Begriff ‚BEWUSST' falsch: wir sagen ‚bewußt' dort, wo wir ‚absichtsvoll' sagen sollten; wir sagen ‚unbewußt', wo es ‚unüberlegt' heißen müßte oder unreflektiert, spontan, reflexhaft, instinktiv.

Unsere Gefühle sind uns zwar sehr bewußt, und dennoch hört man nicht selten, daß jemand ‚aus einem unbewußten Gefühl heraus' gehandelt habe. Auch hier müßte es heißen, daß der Betreffende sich auf sein Gefühl verlassen hat, ohne zusätzlich noch seine Einsicht in Anspruch zu nehmen. Nicht sein Gefühl war ‚unbewußt', ganz im Gegenteil, sondern seine Vernunft war vorübergehend auf Reisen geschickt. Er hat sich nicht gefragt: Bin ich auf dem richtigen Wege? Habe ich alle erforderlichen Informationen? Kann ich meinem Gegenüber trauen? Das scheinbar ‚Unbewußte' an dem ‚Gefühl' ist die sehr *bewußte Unsicherheit* hinsichtlich den tatsächlichen Gegebenheiten, und es ist Aufgabe unserer Gefühle, solche ‚Wahrnehmungen' (und somit auch das Wahrnehmen von Informations-Defiziten) mit Gefühlsbotschaften zu betrachten. Denn *Gefühle sind Botschaften,* aber sie sagen uns nicht, was wir im einzelnen tun oder lassen sollen, sondern sie dienen lediglich der Verstärkung oder Abschwächung unserer Gefühle bei einer im übrigen von uns (verantwortungs-)bewußt zu treffenden Entscheidung. Wer nun aber der Meinung ist, er bekomme dabei von seinen Gefühlen wenigstens einen Hinweis auf die objektive Richtigkeit seiner Entscheidungen, würde auch darin noch enttäuscht werden: nicht die *objektive* Richtigkeit würde ihm bescheinigt, sondern lediglich die *subjektive* Übereinstimmung seiner Entscheidung mit seinen Persönlichkeitskonstanten. Ein Angsthase fühlt sich bei einer unsicheren Entscheidung noch ängstlicher und ein Tollkühner noch toller oder kühner, wie man will. Die Angemessenheit oder Unangemessenheit unserer Entscheidung wird durch unsere Gefühle lediglich auf unseren Charakter und unsere Wesenseigentümlichkeiten hin bestätigt oder in Frage gestellt.

Bei einem selbstbewußten Menschen (im Unterschied zum vorbewußten Tier) ist *jede* Entscheidung rational, absichtlich gefällt (von den teilweisen Einschränkungen hatten wir zuvor gesprochen). Selbst wenn wir uns *absichtlich* (nicht etwa ‚bewußt') gegen eine rationale Entscheidung stellen, ist dieses Sichdagegenstellen noch rational. Da die Nervenimpulse aus dem peripheren Bereich erst das Zwischenhirn durchlaufen, ehe sie über die Großhirnrinde verteilt werden, kommt jede Wahrnehmung bereits emotional ‚aufgeladen' in der Großhirnrinde, im Bereich der rationalen Kontrolle, an. Die Wahrnehmungs- und die Unterscheidungsmuster sind sowohl gelernt – soziokulturell vermittelt, wie auch unsere ethischen Normen und ästhetischen Prinzipien – als auch angeboren (instinktvermittelt) wie die Kriterien unserer vitalen Entscheidungen. Dabei handelt es sich bei den letzteren jeweils um Ableitungen und Differenzierungen einiger weniger vitaler Botschaften[2] oder Grundgefühle: Angst als Warnung vor Gefahr, Genießbarkeit oder Warnung vor Ungenießbarkeit und Sozialität bis hin zur Geschlechtspartnerschaft – „Botschaften der Urzeit" unserer Instinkte (siehe Literaturverzeichnis). Darüber darf uns auch nicht die menschliche Fähigkeit zu einer weitergehenden Differenzierung hinwegtäuschen, die uns die einfachen Grundmuster dieser Botschaften noch vielfältig differenziert ‚vor Augen führt'. Und noch eines: diese Gefühlsbotschaften sind zwar keine rationalen Hinweise, denn sie stammen ja auch nicht aus der Großhirnrinde, aber sie sind deswegen noch lange nicht ‚irrational' in der landläufigen Bedeutung von etwas Undurchschaubarem, Unerklärlichem, eigentlich Widersinnigem; auf ihre Weise sind sie sogar völlig logisch. (Oder ist Angst in einer gefährlichen Situation etwa unlogisch?)

Gefühle haben aber nicht nur ihre Logik, sondern auch ihre eigene Realität. Aus Sicht der Evolution stellen sie die ursprünglichere Form der *Wahrnehmungs-Bewertung* dar. Ehe unsere tierischen Vorfahren von den ersten Anfängen einer Großhirnrinde an (etwa seit den Fischen, also seit etwa 500 Millionen Jahren) zu ‚denken' begonnen haben (wenn man die Entwicklung eines Großhirns mit der *Entwicklung* des Denkens gleichsetzt – was einschließt, daß man vom vollentwickelten menschlichen Denken auch erst mit dem vollentwickelten Großhirn des Menschen sprechen kann), waren sie auf die instinktvermittelten Botschaften dessen angewiesen, was heute beim Menschen das Stamm- und das Zwischenhirn darstellt, also auf ‚gefühlsmäßige' Bewertungen der Umweltvorgänge. Solche Gefühlsbotschaften empfängt auch der Mensch noch immer. Aber er ist in der Lage, diese Gefühle zu reflektieren, auf die konkrete Situation zurückzubeziehen und somit auch ihre situative Relevanz rational zu bewerten. Aber zu mehr als einer grobgerasterten ‚gefühlsmäßigen' Bewertung (sympathisch – unsympathisch / gefährlich – ungefährlich / herausfordernd – kaltlassend und einiges andere) reicht es dabei nicht. Auf Hinweise inhaltlicher Relevanz, wir hatten es bereits gesagt, besteht kein Anspruch.

Reichen also in einer konkreten Entscheidungssituation die sachlichen Informationen nicht aus, um eine logisch begründbare Entscheidung zu fällen, kann *dieses* Defizit weder durch Selbstvertrauen noch durch Selbstsicherheit (was im Grund genommen dasselbe ist) wettgemacht werden. Gerade intelligente und kompetente Leute empfinden eine solche Unsicherheit stärker als unintelligente und inkompetente, gerade *weil* sie intelligent (also einsichtsfähig) und kompetent (also sachlich gut vorgebildet und entscheidungsfähig) sind. ‚Dumme' – um einmal diesen etwas flachen Ausdruck zu gebrauchen – ersetzen einen solchen Mangel leichter durch Selbstvertrauen, denn es ist ja gerade typisch für Dumme, daß ihre Dummheit sie nicht davon abhält, sich selbst zu vertrauen. Hätten sie nämlich die Fähigkeit, ihre Grenzen zu erkennen, wären sie nicht ‚dumm': tumb, stumpf, einfühlslos. Wenn ein Dummer erst einmal begriffen hat, daß er dumm ist, dann hört er auch auf, völlig dumm zu sein.

Das offensichtlich gefühlsmäßige Unbelastetsein bei einer Entscheidung ist genauso wenig ein Zeichen *für* die Qualität dieser Entscheidung, wie eine gefühlsmäßige Unsicherheit *gegen* die Entscheidung spräche. Es ist also eine Verkennung der Begriffe und ein Verstoß gegen die Hierarchie des Denkens, wenn man fachliche Vorbildung und Intelligenz als weniger wichtig für die Entscheidungsqualität einstufte als Selbstvertrauen und Selbstsicherheit.

Bei der anfangs erwähnten Entscheidungssituation fragt es sich vielmehr,

1. ob eine größere Anzahl von Informationen die Entscheidung erleichtert hätte,
2. wenn ja: bei welchem Informationsumfang die Grenze für das Ausreichende/Nicht-Ausreichende zu ziehen ist, denn was für den einen ausreichend erscheint, genügt dem anderen noch lange nicht.

Die gefühlsmäßige Bestätigung oder Infragestellung, die das Zwischenhirn liefert – ob man sich bei einer Entscheidung erleichtert oder bedrückt fühlt –, sagt also nur etwas aus über die *Entscheidungs-Sicherheit* eines Menschen, nicht jedoch über die *inhaltliche Richtigkeit* einer Entscheidung.

So angenehm es wäre, wenn ein Vorgesetzter immer genau wüßte, wohin die Reise geht – und das auch noch mit größter Selbstsicherheit, so daß bei seinen Mitarbeitern keinerlei Irritationen aufträten –, so gefährlich wäre ein völliger Mangel an Sensibilität für das prinzipiell Unwägbare und Unsichere jeglicher Entscheidung. Ewig lächelnde Staatschefs, die ständig ‚alles im Griff' haben, sind eine Gemeingefahr, selbst wenn sie nur so tun, denn es besteht immerhin die Möglichkeit, daß sie wirklich so sind, wie sie tun.

Wir sollten gar nicht erst versuchen, einen nun einmal vorhandenen Unsicherheits-Druck abzubauen oder uns selbst oder anderen gegenüber zu vertuschen etwa nach dem Motto: ‚Gegen jeden Schmerz eine Pille'. Wir müssen vielmehr lernen, auftretende Unsicherheiten als Notwendigkeiten und als Aufmerksamkeitsreiz zu akzeptieren. Die Forderung heißt: Entscheiden *trotz* Unsicherheit – etwas wagen *trotz* Risiko. Nur vordergründig denkende ‚Macher' kommen auf die Idee, daß auch in puncto Unsicherheit ‚doch etwas zu machen' sein müsse, weil sie das Hintergründige, das in der Zwischenhirnbotschaft „Achtung – Unsicherheit!" liegt, nicht zu deuten verstehen.

Zu ‚machen' ist hier gar nichts – wohl aber zu bedenken, und zwar daß unsere Intuition eben nur Gefühle repräsentiert. Das ist der ‚dumpfe Drang', von dem Goethe spricht und von dem er meint, daß er uns schon sage, ob wir auf dem ‚rechten' Wege seien – auf dem ‚rechten' Wege wohlbemerkt, nicht auf dem richtigen. Das soziokulturell Vermittelte lehrt uns, *Werte* zu erkennen, nicht Mittel und Wege. Das Rechte ist das Ethische und Moralische, das gesellschaftlich Erwünschte – das Richtige dagegen ist das *Logische*.

‚Recht' und ‚richtig' sind deshalb aber noch keine Widersprüche, denn das gesellschaftlich Erwünschte zum Beispiel ist deshalb nicht unlogisch oder unrichtig, weil es zugleich zum ‚Rechten' zählt. Wenn die Gesellschaft von jemandem ein finanzielles Opfer erwartet, so ist das zunächst einmal ‚recht' gefordert und würde, sofern es der Größe nach auch nur halbwegs als angemessen erscheint, vom Zusammenhang her auch als logisch und von der Zielsetzung her als richtig betrachtet werden können.

Aber auch einen ‚dumpfen Drang' bezüglich des *Riskanten* können wir unterstellen, denn Gefahrenwarnung ist ja eine der wichtigsten Botschaften unseres Zwischenhirns. Doch selbst in dieser Beziehung sind diese Botschaften lediglich Ausdruck für das subjektive Erfolgsstreben oder die subjektive Mißerfolgsangst des Betreffenden als Anzeichen dafür, daß objektiv irgend etwas nicht in Ordnung sei – sie sind Botschaften unseres höchst individuell ausgeprägten Sinn-Systems[3], das keine Entscheidungen liefert, sondern zu – individuell sinnvollen – Entscheidungen herausfordert.

Deshalb empfangen Risikofreudige auch andere Botschaften als Risikoscheue. Intuition – und die Botschaften von unserer Gefühls-‚Basis' Zwischenhirn sind der beste Ausdruck für das Intuitive – vermittelt uns, wie gesagt, Botschaften zur Person und damit Reflexionen vom Spiegel unseres Charakters, aber sie enthält keinerlei sachliche Aufschlüsse für irgendeine Problemlösung.

In diesem Zusammenhang ist an den bekannten ‚Thematischen Apperzeptionstest' (T. A. T.) zu erinnern, mit dem man Hinweise darauf gewinnen kann, ob jemand mehr ‚risiko-freudig' oder ‚risiko-meidend' ist. Die

Testergebnisse zeigen, daß etwa 2/3 aller Testpersonen zu dem risikomeidenden Typ gehören, lediglich 1/3 läßt es unter Umständen auch ‚einmal darauf ankommen‘.

Bei einer Geschäftsleitungsgruppe von 12 Mitgliedern, bei der ich vor Jahren einmal diesen Test durchgeführt hatte, rief dieses Ergebnis zunächst Widerspruch hervor, wollte jeder doch ein erfolgsbewußter und tatkräftiger Manager sein. Zu den Risikomeidenden, den vor allem Vorsichtigen zu gehören, paßte offenbar nicht ins (Selbst-)Bild der Anwesenden. Erst als ich darauf aufmerksam machte, daß die Firma möglicherweise in 14 Tagen pleite sei, wenn kein Mensch mehr vorsichtig agierte, und daß bei jedem gutgeleiteten Negerstamm (und in jeder gut geleiteten Aktiengesellschaft) hinter einem jungen dynamischen und risiko-freudigen Häuptling ein Rat der Alten stehe, der zwar auch nicht wisse, *wo* es langgehe, wohl aber, wo es *nicht* langgehe, kehrte wieder Frieden ein. Erfahrung lehrt ja nicht, *was man tun*, sondern *was man lassen muß*. Ersteres muß man immer wieder neu ‚in Erfahrung bringen‘, über letzteres kann man sich von ‚den Alten‘ belehren lassen, deren Erfahrung nicht zuletzt darin besteht, in alle einschlägigen Gruben schon einmal hineingefallen zu sein.

Nur eine im Hinblick auf Risiko-Freudigkeit und Vorsicht gemischte Gesellschaft überlebt. Was uns die ‚Botschaft der Urzeit‘ zu vermitteln hat, sagt sie *zur Person, nicht zur Sache*. Es hilft also gar nichts, wenn wir versuchten, diese ‚Sensibilität‘ zu forcieren, das Intuitive zu kultivieren. An sich schon Sensible würden nur noch sensibler und die Unsensiblen vielleicht überhaupt erst einmal ein bißchen sensibilisiert, mit anderen Worten: Die Entscheidungen wären stärker emotional befrachtet – aber keinesfalls logischer durchdacht, und das sollten sie ja wohl.

Für das logische Durchdenken hat die Natur dem Menschen nur ein Instrumentarium bereitgelegt: unsere Vernunft. Das Gefühl – und somit auch das Intuitive –, das aufgrund der Gehirnkonstruktion und Evolutionsgeschichte immer mit im Spiel ist, sagt uns lediglich, ob wir uns bezüglich unserer Persönlichkeitsausstattung an Intelligenz, Kritikvermögen, Werte-Bewußtsein, Risikofreudigkeit oder einer starken Neigung zum abwägenden Handeln *überfordert* oder *unterfordert* sehen. Die Unsensiblen leben zwar leichter, aber auch gefährlicher. Ihr ‚Erfolg‘ heißt ‚Zufall‘.

Natürlich ist es richtig, sich mit der Frage eines adäquaten Menschenbildes auseinanderzusetzen und auch zu prüfen, welche möglicherweise neurotischen Züge ein neuer wie alter Mitarbeiter oder Vorgesetzter aufweist. Aber diese Problematik besteht nicht erst seit heute und läuft in der Praxis auf die ganz andere Frage hinaus: Was *anfangen* mit dem Neurotiker? Fragwürdig wird es nur dann, wenn von ‚unbewußten Motiven' die Rede ist. Wir hatten oben aufgezeigt, was es mit dem ‚Unbewußten' auf sich hat. Wenn eine bestimmte Schule der Psycho*therapie* mit solchen Vorstellungen umgeht, bedeutet das noch längst nicht, daß Unbewußtes oder gar ‚unbewußte Motive' ernstzunehmender Gegenstand der wissenschaftlichen *Psychologie* seien. Aber nicht wenige halten Psychoanalyse für Psychologie und verwechseln Psychologie mit Psycho*therapie*.

Kriterien der letzteren sollten wir jedoch aus unseren Überlegungen heraushalten. Die Psychotherapie ist bei allen wünschenswerten Fachkenntnissen doch vor allem eine ‚Kunst', und in der Psychotherapie wie in der Graphologie kommt auf 50 ‚Handwerker' und 49 Scharlatane ein ‚Künstler'. Aber auch solche Künstler können bei der Bewältigung von wirtschaftlichen Projekten wenig helfen. Was gebraucht wird, sind nicht halbe oder ganze Magier, die ‚intuitiv' via Kontemplation und Meditation nach Problemlösungen suchen, sondern intelligente, gut ausgebildete, sozialisationsfähige Menschen, deren herausragende Eigenschaften Verantwortungsbewußtsein und die Fähigkeit zur Selbstkritik sind.

Wenn Iacocca mit dem Satz zitiert wird: „Natürlich hat man die Aufgabe, so viele relevante Fakten und Prognosen zu sammeln wie nur irgend möglich. Aber an irgendeinem Punkt muß man den Sprung ins Ungewisse wagen …, weil es in den meisten Fällen so etwas wie Gewißheit nicht gibt", dann ist von keinem ‚intuitiven Sprung' die Rede. Intuitives Handeln hilft schon gar nicht, wenn die Fakten mehrdeutig und die Entscheidungen unsicher sind, wie der vorn einmal zitierte Autor als scheinbar selbstverständlich voraussetzt (Bretz), der ja auch von einem ‚intuitiven Handeln' im Top-Management spricht. Ich möchte einmal den Top-Manager hören (oder besser noch: seine Kollegen), der sich in einer Geschäftsleitungsrunde anstelle überprüfbarer Fakten auf seine Intuition herausreden wollte! Was soll also die „Kultivierung der Intution"? Unsicherheit hin – Unsicherheit her: *Man muß sich nach reiflicher Überlegung entscheiden* – das ist alles.

Auf INTUITION, die *auf die Sache selbst* abzielt und nicht nur die gefühlsmäßige Begleitmusik zu einem subjektiv zu fassenden Entschluß ist – so sehr wir so etwas brauchten und so bequem wir es damit hätten –, können wir dabei nicht rechnen.

Intuition und die Fähigkeit
zum innovativen Denken

Beim innovativen Prozeß, auf den wir hier nicht hinsichtlich seiner ‚Techniken‘, sondern bestimmter Denkweisen eingehen wollen, gibt es Phasen, die scheinbar absichtslos und rational nicht gesteuert verlaufen. Geborene Mystifizierer, die es ja auch im Management-Bereich zur Genüge gibt, müßten sie dem Mystisch-Magischen zurechnen, sofern sie nicht Sorge hätten, sich damit einer Mißdeutung ihrer Management-Qualitäten auszusetzen. Auf diesen Aspekt der Problemlösung aus dem Unbewußten (siehe den vorausgegangenen Abschnitt), des ‚plötzlichen‘, wenn nicht gar ‚göttlichen‘ Einfalls, paßte die Vorstellung von etwas Irrationalem schon besser. Aber beim kreativen Prozeß, von dem jetzt die Rede sein soll, handelt es sich nicht um eine ‚ur‘-plötzliche Eingebung‘ von etwas Zufälligem, sondern um den zwar nicht unerwarteten (sondern im Gegenteil sehnlichst erwünschten), wenn auch zu diesem Zeitpunkt überraschend eintretenden Abschluß einer oft wochen- oder gar monatelangen Lösungssuche. Archimedes hatte in seiner Badewanne ein Prinzip entdeckt, über das er in diesem Augenblick nicht zum ersten Mal nachgedacht hatte. Auch Newton wurde durch den herabfallenden Apfel nicht erst auf die Fragestellung zum Problem, sondern auf dessen Lösung gebracht (die dabei wirkende Kraft). Daß etwas herunterfällt, wußte er auch schon vorher. Das überraschende waren Ort und Zeitpunkt der Problemlösung, nicht das Problem selbst. Der Problemlösungsprozeß hatte also, wie es schien, einige Phasen durchlaufen, die von Archimedes und Newton nicht besonders registriert worden waren; erst die *Lösung* hatte sich scheinbar wieder ins Bewußtsein gedrängt.

So etwa kann auch die Vorstellung von einem ‚Unbewußten‘ zustande kommen. Hat man sich erst einmal mit sich selbst und vielleicht auch mit anderen auf einen solchen Terminus geeinigt, tut schon die Gewohnheit das Ihre dazu, um aus bloßer Annahme konkrete Gewißheit zu machen.

In bezug auf die vorher erwähnte Vorstellung von scheinbar unbewußten Phasen des kreativen Prozesses würde dies bedeuten, daß auch jene zunächst nur ein gedankliches Konstrukt darstellten; die ‚Gewißheit‘ wurde dann von der Gewohnheit nachgeliefert.

Nun, ‚denkbar‘ ist alles. Aber es gibt auch Überlegungen ganz anderer Art, die solche gedanklichen Konstrukte nicht nötig machen.

Wir wissen von verschiedenen physiologischen Prozessen – und Gedanken sind ebenso neurophysiologische wie psychologische Prozesse –, daß sie gerade durch unsere Intentionen, durch unser forciertes Wollen, behindert werden. Je mehr wir aufhören, auf sie willentlich Einfluß zu nehmen, um so eher kommen die ganz natürlichen physiologischen Abläufe wieder in Gang (von der Obstipation bis zum Nichteinschlafenkönnen). Der Körper, so könnte man es ausdrücken, muß auf seine natürlichen Abläufe konzentriert bleiben und sollte durch bestimmte mentale Forcierungen davon nicht abgelenkt werden.

Dies ist jedoch im erheblichen Maße der Fall, wenn wir ihn mit einem angespannten ‚Wollen' durcheinanderbringen: Wir bemühen uns krampfhaft, wach zu bleiben, oder wollen mit aller Gewalt einschlafen. Wir unterwerfen uns zunächst einem Dauerstreß, unter Umständen bis zum Herzinfarkt, und ‚zwingen' uns dann (welch Widerspruch!) wieder zur Ruhe – mit dem Ergebnis, dadurch erst recht aus dem Takt zu kommen. Wir denken konzentriert in einer ganz bestimten Richtung und suchen unbeirrt und zielstrebig nach einer (meist wieder ganz bestimmten) Lösung, bis wir erschöpft zusammensinken und zugeben, uns jetzt nicht weiter konzentrieren zu können. „Also morgen dann weiter!", sagen wir – und vielleicht schon wenige Stunden später, wenn die neurale Überanspannung abgeklungen ist, ‚kommt uns die Lösung dann ganz von selbst'.

Die Intuitiv-Enthusiasten würden sagen: ‚haben wir die Lösung dann ganz intuitiv gefunden', und sie meinen damit, daß ihnen dabei ein spezielles Gehirnpotential irgendwo in der linken Hirnhemisphäre mit deren „linksseitig-prinzipieller Rationalität" (Bretz) zu Hilfe gekommen sei. Aber ist diese Annahme tatsächlich erforderlich? Oder sind die Intuitiven im Zeichen des New Age nur wie eh und je wieder einmal genau auf das gestoßen, was sie so angestrengt gesucht haben, ja mehr noch: sind sie nur deshalb und gerade *nur darauf* gestoßen, weil sie es auch nur so und nicht anders gesucht haben?

Der Ausgangspunkt sollte doch nicht lauten: Wir gehen von der Existenz eines Unbewußten aus – also lasset es uns nachweisen! –, sondern vielmehr: Wie erklären sich bestimmte gedankliche Abläufe – mit oder ohne Annahme eines ‚Unbewußten'?

Kommen wir zurück zu der oben beschriebenen Blockierung unserer gedanklichen Abläufe bis zum zeitweiligen neuralen Streik des strukturierten Denkens. Extreme Vorgänge dieser Art sind der Psychiatrie durchaus geläufig (zum Beispiel Zwangsvorstellungen). Die Lösung des Problems liegt in der Auflösung der Verkrampfung – im ‚Loslassen', im Denken-*Lassen*, im nicht mehr um jeden Preis Denken-*Wollen*, sondern im nun wieder gelassenen Denken, an das sich allmählich auch das wieder gerichtete Denken-*Können* anschließt.

Dabei findet bei diesem Denken-Lassen keineswegs irgendeine Art von Amnestie statt; die Enervierung der neuralen Bahnen wird nicht eingestellt, geschweige daß diejenigen neuralen Muster oder speziellen Denk‚bahnen‘ gelöscht werden, die bei unseren angestrengt intentionalen Denkakten ganz besonders strapaziert worden waren. Schon gar nicht kann die Rede davon sein, daß etwa die Hirnströme unterbrochen worden wären; aber die Amplituden ihrer Schwingungen sind höher und ruhiger geworden, die Abläufe haben sich normalisiert, und nun kann das Hirn auch wieder eine seiner wichtigsten Leistungen erbringen, nämlich logisch-assoziative Angebote zu machen.

Zu den erstaunlichsten Fähigkeiten unseres Gehirns gehört es, bei der Wahrnehmung von Reizen aus dem Fundus unseres Gedächtnisspeichers assoziativ geeignete Elemente ‚vorzustellen‘, anzubieten, heranzutragen, zu erzeugen, die mit dem gerade Wahrgenommenen oder bloß Gedachten in irgendeiner Verbindung stehen könnten. Das ist eine Leistung unseres reflexhaften Erinnerns, aber nicht einer Art von Psycho-Archäologie. Unsere Wahrnehmung wird dadurch komplexer, und von dieser Komplexität her entscheidet unsere Sinn-Bewußtheit über die aktuelle Bedeutung des Wahrgenommenen und damit auch darüber, ob das Wahrgenommene überhaupt vom Ultrakurzzeit- ins Kurzzeit- oder gar ins Langzeitgedächtnis übernommen werden soll und über anderes mehr.

Mit Einsetzen des ‚normalen‘, des nicht strapazierten und somit ‚gelassenen‘ Denkens erfolgen dann auch die Assoziationsangebote wieder, die – wie die Gerichtetheit der Denkakte (die Konzentration) – bei der vorangegangenen Überstrapazierung ausgesetzt haben; und so sollte es uns auch nicht wundernehmen, daß sich im Weiterdenken – wir spüren es selbst, wie sich allmählich unsere Gedanken nach der Phase der Entspannung auf das ursprüngliche, ja noch ungelöste Problem wieder ‚einstellen‘ – eine Problemlösung anbietet. Daß diese Wiedereinstellung geradezu reflexhaft erfolgt, ist mit dem Zigarnik-Effekt beschrieben, wenn auch nicht erklärt worden (aber bei vielen psychologischen Phänomenen reicht es nur bis zur Beschreibung). Die Problemlösung taucht also nicht etwa aus den ‚Tiefenschichten‘ eines Unbewußten auf, sondern sie erfolgt im Rahmen eines normalisierten und nicht überforcierten Denkaktes. Das einzig ‚Erstaunliche‘, aber auch aus anderen physiologischen Abläufen Bekannte und Erklärbare ist die Art ‚Nötigung‘ unseres Denkens zum Abschließen, zum Vollenden des Denkvorgangs, genauer: der Denk-Figur. Wertheimer und die Gestaltpsychologen haben gezeigt, auf welche Art Gestaltwahrnehmen und – bei unvollendeter Gestalt – auf welches ‚Gestaltschließen' unser Wahrnehmungsapparat ohne jegliche Einbeziehung eines Unbewußten, Intuitiven, Irrationalen angelegt ist.

Will ich also einen ins Stocken geratenen kreativen Denkprozeß wieder in Fluß bringen, so muß ich ihn ‚normalisieren', und das heißt: ich muß die Überlastung der Nervenbahnen abbauen, den *Zwang* zum Erinnern und Assoziieren unterbrechen, das sich um jeden Preis etwas Einfallen-lassen-*Müssen*. Sowohl die Übernahme von Reizen ins Gedächtnis wie das spontane Angebot von gespeicherten Inhalten als Assoziation setzt normale, nicht-überlastete Nerventätigkeit voraus.

Einem Aufgeregten, der uns kaum Verständliches entgegensprudelt, versuchen wir zunächst zuzureden: Nun beruhige dich erst mal wieder! Jemand, der sich nicht konzentrieren kann, vermag dies ja nicht deshalb, weil ihm zu wenige, sondern weil ihm zu viele Gedanken durch den Kopf gehen. Wo Ängste vorliegen, gilt es zunächst, diese abzubauen, um einen normalen gerichteten Gedankenfluß in die (normalisierten neuronalen) Wege zu leiten. Befürchtungen, an die man am liebsten gar nicht denken möchte und die man deshalb zur Seite schiebt, verdrängt, lassen sich aber nicht beiseite schieben, sondern legen sich im Gegenteil – als ungelöste Probleme dann erst recht – quer. In diesem Fall hilft die gedankliche Übung der paradoxen Intention. Durch sie wird das Krampfhafte im Beiseiteschieben eines quälenden Gedankeninhalts wieder in die Bahnen eines unbelasteten gedanklichen Ablaufs zurückgeführt.

Kreativität als jene Form des freien Gestaltens, die schon das Kleinkind im Sandkasten zeigt, verläuft noch weitgehend unlogisch. *Innovatives* Denken hingegen als ein auf Brauchbarkeit und Realisierbarkeit gerichtetes Hervorbringen ist ohne Rationalität gar nicht möglich. Mehr als assoziative Hilfe hat uns aber die Evolution nach 3 Milliarden Jahren Leben auf unserem Globus noch nicht zur Verfügung gestellt. Diese Assoziationen sind auf ihre Weise zwar durchaus problembezogen, aber nicht im strengen Sinne logisch. Mitunter sind sie ausgesprochen bizarr, zuweilen sogar grotesk. Aber gerade darin liegt nicht selten ihr Wert, nicht im Sinne der Nachahmung eines Vorgangs, sondern der gedanklichen Weiterführung: Da sagt jemand, wie es heißt ‚aus Versehen', am offenen Grabe zu einem Leidtragenden: „Herzlichen … Glückwunsch". Ein Psychoanalytiker würde sofort schlußfolgern: Oberbegriff ‚Freudsche Fehlleistung', Unterbegriff ‚Verdrängung', Stichwort ‚Wunscherfüllung'. Ergo meint der Betreffende: „Wie gut, daß der Kerl tot ist!" Das mag gelegentlich durchaus einmal so sein. Aber zunächst steckt nicht mehr dahinter, als daß unser assoziatives Begriffsangebot, wie die Erfahrung lehrt, auch in diesem Fall sehr weit ausgegriffen hat – und darin liegt auch sein Vorzug. So ruft es zunächst einmal alles auf, was überhaupt in einem gewissen Zusammenhang mit bestimmten Problemen und Situationen steht, ‚in denen man etwa sagt‘: „Meine Anerkennung!" „Trösten Sie sich!" „Viel Spaß!" „Herzliches Beileid!" oder ähnliches.

Die assoziativen Angebote erfolgen nicht logisch streng gefiltert. Wäre dies der Fall, hätten sie für uns im Hinblick auf die Verbesserung unserer Überlebensfähigkeit (und darauf zielt alles Angeborene ab) kaum einen Wert. Denken wir einmal an die Technik des Brainstormings, die gerade darauf beruht, den ‚Sturm‘ des ‚Brains‘ ohne logisch vorgegebene Einschränkungen zu entfachen. Jeder darf und soll einfach ‚darauflos denken‘, Kritik ist tödlich. Nur so besteht die Chance, daß auch etwas auf den ersten Blick scheinbar Unlogisches, auf den zweiten Blick jedoch durchaus Verwendungsfähiges und Originelles ‚uns zufliegt‘. Denn auf streng logisch Konstruiertes kämen wir durch eigenes Nachdenken schon selbst. Das Ungewöhnliche, das mitunter unerkannt Naheliegende oder auch das ‚eigentlich‘ Fernerliegende, aber durchaus Zutreffende und Relevante, das bietet das assoziative Gedächtnis nur im freien und ungehinderten Strom der ‚Einfälle‘.

Intuitives Denken, wenn es dies denn schon gäbe und wenn es aus dem Unbewußten käme, wäre also zumindest weitgehend unlogisch, jedenfalls nicht logischer als die assoziativen Angebote, die unser üblicher Denkapparat ‚von sich aus‘ schon zu Wege bringt, wie es jeder täglich erfahren kann. Um eine rationale Nachjustierung kämen wir also in dem einen wie in dem anderen Falle nicht herum, denn auch die Eingebungen aus dem Brainstorming werden nicht ungeprüft übernommen. Christoph O. Podak[4] hat in einem umfangreichen Aufsatz über Denken und Organisieren das ‚intuitive Denken‘ ebenfalls aus dem Schatten psychologischer Selbsterfahrung herausgerückt, auch wenn er den Begriff des Intuitiven etwas umständlich und für manchen möglicherweise mißverständlich umschreibt, indem er vom Umgang mit zusammenhanglosen Wahrnehmungen, Vorstellungen, Meinungen, Assoziationen und vielfältigen Einfällen sagt: „Doch soll unser Urteil (darüber) wirklichkeitsgemäß, somit tragfähig sein, so benötigen wir ein reines intuitives Denken … Intuitiv nicht im gebräuchlichen psychologischen Sinne einer mehr instinktiven, zufälligen Treffsicherheit, sondern einer *aktiv und wissentlich beherrschten begrifflichen Genauigkeit*. Lernen wir mehr und mehr aus letztgenannter Quelle schöpfen, so gewinnen wir – dank dieser ‚Technik‘ – Selbstsicherheit; was nicht zu verwechseln ist mit möglichen Resultaten bloßer psychologischer Selbsterfahrung." (Kursive Hervorhebung durch den Autor dieses Beitrags).

Man muß also vergeblich Ausschau halten nach dem „überbewußten Intuitiven", nach den „unbewußten Programmierungen", „unbewußten Motiven" und nach der „Doppelvernunft" „linksseitig-prinzipieller und rechtsseitig-okkasioneller Rationalität". Daß es unterschiedliche Hirnhemisphären mit unterschiedlichen Aufgaben gibt, bedarf keiner Bestätigung. Daß wir den Botschaften unseres Zwischenhirns vielleicht ein wenig mehr Beachtung schenken und uns selbst nicht allzu sehr gegen den gefühlsmäßigen Strich bürsten und nicht gar so ‚rational' gegen alle möglichen Gefühle andenken sollten, erscheint ebenfalls sinnvoll. Aber damit lernen wir nur uns selbst besser kennen, unsere Vorlieben und Stärken wie unsere Abneigungen und Schwächen, nicht zuletzt aber auch unsere Hoffnungen, Befürchtungen und Ängste. Wenn wir uns bei jedem einigermaßen wichtigen Denkakt und vor allem bei jeder Entscheidung über diese Gefühle Rechenschaft geben und unsere Entscheidungen in klarer Erkenntnis und unter den Bedingungen dieser Zwischenhirnbotschaften bewerten, werden diese Entscheidungen uns selbst gegenüber subjektiv sicher angemessener und damit vielleicht auch im Hinblick auf ihre Ergebnisse objektiv „richtiger".

Anmerkungen

1 Vgl. BRETZ, H.: Evolutionäres Rationalitätsverständnis: Die Kultivierung der Intuition, in: Gablers Magazin 11/1988.
2 Vgl. BÖCKMANN, W.: Botschaft der Urzeit, Düsseldorf 1980, jetzt littera publikationen bielefeld.
3 Vgl. BÖCKMANN, W.: Das Sinn-System. Psychotherapie des Erfolgsstrebens und der Mißerfolgsangst, Taschenbuch-Neuausgabe Düsseldorf 1990 unter dem Titel „Lebenserfolg".
4 Vgl. PODAK, Ch. O.: Unkonventionelle Gedanken über Organisieren und Entscheiden im EDV-Zeitalter, in: io Management Zeitschrift, 8/1988.

Gilbert J.B. Probst

Vernetztes Denken

Vernetztes Denken als erfolgreiches Mittel zur Bewältigung der immer komplexer werdenden, zunehmend „vernetzten" Aufgaben von Führungskräften ist in aller Munde. In dem von Gilbert J.B. Probst (Professor der Betriebswirtschaftslehre an der Universität Genf und Vorstandsmitglied der Schweizerischen Kurse für Unternehmensführung, Zürich) und Peter Gomez (Professor der Betriebswirtschaftslehre an der Hochschule St. Gallen sowie Partner in der Valcor AG, Küsnacht-Zürich) herausgegebenen Buch Vernetztes Denken – Unternehmen ganzheitlich führen *schildern Führungskräfte der unterschiedlichsten Branchen ihre Erfahrungen beim Umgang mit diesem neuen Instrumentarium. Sie bieten dem Leser dadurch einen Überblick über die Methode und Hilfestellung für die Bewältigung eigener Probleme. Was eine systemorientierte Führungskraft als „Vertreter des vernetzten Denkens" macht, beschreibt Gilbert J.B. Probst auf den folgenden Seiten.*

Manager nehmen Führungsaufgaben wahr, die darin bestehen, gestaltend und lenkend in und für Institutionen zu handeln. Wir haben auf Fehler im Umgang mit komplexen Problemsituationen hingewiesen und gezeigt, daß derartige Fehler auch empirisch belegt und in der Managementpraxis häufig sind (vgl. Probst, 1985, 1987; Gomez/Probst, 1987; Ulrich/Probst, 1988; Dörner, 1981, 1989). Hier will ich umgekehrt aufzeigen, was systemische Führungskräfte auszeichnet, die einem vernetzten Denken und Handeln folgen. Systemorientierte Führungskräfte sind nicht jene, die Systemtheorien kennen, sich als Systemtheoretiker bezeichnen oder sich heute mit dem (zu) oft gebrauchten Stichwort ganzheitlich schmücken. Es sind jene, die vernetzt denken und handeln, wie in Abbildung 1 in einigen Verhaltensweisen zusammengefaßt.

1 Systemische Manager denken zielorientiert und in großen Zügen

2 Systemische Manager problematisieren ihre Umwelt

3 Systemische Manager denken vernetzt und in Kreisläufen

4 Systemische Manager anerkennen die Komplexität einer Situation in ihren Instrumenten und Handlungen

5 Systemische Manager haben einen ausgeprägten Sinn für Analyse und Synthese

6 Systemische Manager achten die Unbestimmtheit komplexer Systeme in ihrem zukunftsgerichteten Denken und Handeln

7 Systemische Manager folgen einem evolutionären Verständnis der Entstehung von Ordnung in sozialen Systemen

8 Systemische Manager nutzen die Eigendynamik und die Eigenschaften des Systems

9 Systemische Manager wählen gemäß dem vorliegenden Problemtyp die entsprechende Methodik und Modellierung

10 Systemische Manager beachten die Lenkungsebene, auf der es einzugreifen gilt

11 Systemische Manager fördern ständig die Lern- und Entwicklungsfähigkeit „ihrer" Systeme

12 Systemische Manager streben nach flexiblen, lebensfähigen Systemen

13 Systemische Manager fördern das Lernen zu lernen

Abbildung 1: Eigenschaften und Verhaltensweisen systemorientierter Führungskräfte

Zielorientiert und in großen Zügen denken

Systemische Manager anerkennen, daß wir nur schmale Fenster haben, um unsere Welt zu erfassen (vgl. Riedl, 1980). Sie versuchen daher bewußt, Ausschnitte, Beschreibungen usw. in Zusammenhängen zu sehen und sie in einem größeren Ganzen zu lokalisieren. Im Vordergrund stehen langfristige Ziele und entsprechende Entwicklungspfade und Handlungsmöglichkeiten. Sie denken in Mustern und nicht in kurzfristig überschaubaren Einzelschritten. Wie ein guter Schachspieler erkennen sie langfristige Verhaltens- und Ordnungsmuster in den Systemen, in die sie gestaltend und lenkend eingreifen. Dazu gehört, daß sie in solchen Mustern erkennen, was die wichtigen Zielgrößen beeinflußt und worauf diese wiederum einen Einfluß haben.

Im Vordergrund stehen damit eine Orientierung an den Verhaltensmöglichkeiten der sozialen Institution und ihrer Umwelt in der Zukunft sowie ziel- und zweckorientierte Lenkungsmöglichkeiten. *Strategisches Denken* ist somit permanenter Bestandteil. Die Orientierung an Vergangenheitsdaten aus dem Rechnungswesen, Produktionsstatistiken usw. wird durch zukunftsorientierte Orientierungsgrundlagen ergänzt. Typisch sind hier beispielsweise das Arbeiten mit Szenarien, das Simulieren von Verhaltensmöglichkeiten, das strategische Planen, das Überprüfen von Chancen und Gefahren und von Stärken und Schwächen.

Die Umwelt problematisieren

Probleme sind für den systemischen Manager nicht etwas objektiv Gegebenes, das man nur entdecken muß. Probleme werden „erfunden". Wirklichkeit wird (für) wahrgenommen. Damit wird nicht vorschnell *eine* Problemdefinition akzeptiert. Meinungen werden nicht mit Fakten verwechselt. Aus der konstruktivistischen Haltung (vgl. Watzlawick, 1981) heraus gewähren systemische Manager der Phase der Problembestimmung viel Zeit und Energie. Situationen werden bewußt aus verschiedenen Gesichtspunkten abgegrenzt, Standpunkte aus verschiedenen Dimensionen, Funktionen und individuellen Sichtweisen eingenommen, um eine bestimmte Situation zu problematisieren. Problemdefinitionen und -beschreibungen sind in diesem Sinne iterativ zu überprüfen und kontinuierlich zu korrigieren und/oder zu erweitern. Ebensowenig wie Problemdefinitionen werden Lösungen ein für allemal akzeptiert. Auch wenn alles läuft wie geplant, bedeutet dies nicht, daß keine Probleme bestehen (vgl. Vickers, 1965; Probst, 1987). *Problemdefinitionen* werden immer wieder überdacht, mit Veränderungen konfrontiert, revidiert usw. Wunschvorstellungen, Werthaltungen, Ideale, Zielvorstellungen u. ä. können sich im Laufe der Zeit ändern und damit die Problemdefinition beeinflussen. Damit werden Symptome auch nicht mit den eigentlichen Problemen verwechselt. Systemische Führungskräfte suchen Problemsituationen aus dem Blickwinkel verschiedener betroffener Individuen, Institutionen und Dimensionen abzugrenzen, um zu einer umfassenderen Sicht zu gelangen.

Vernetzt und in Kreisläufen denken

Das Geschehen oder ein Verhalten wird aus vernetzten Eigenschaften eines Systems erklärt. Die Reduktion auf eine Ursache, das Zurückführen eines Resultates auf einen Ursprung in einer linearen Kette von Ursache und Wirkung entfällt. Systemische Manager suchen nicht den Sündenbock oder die auslösende, verantwortliche Stelle, sondern anerkennen die Vielzahl von Einflüssen und sich verstärkenden oder abschwächenden Beziehungen. Veränderungen in einem Teil des Systems führen zu Veränderungen in vielen anderen Teilen und wirken häufig auf sich selbst zurück.

Gewinn, Cash-flow usw. und ihre Bestimmungsfaktoren sind damit nicht Elemente, die sich in Listenform präsentieren, sondern sind in einem vielfältigen Netz zu lokalisieren. Sie werden von vielen andern Teilen des Systems beeinflußt und haben selbst Einfluß oder Wirkung auf viele andere Teile. Diese *Zusammenhänge und Wirkungen* können aus noch so guten Checklisten und Aufzählungen nicht ersehen werden.

Systemische Manager erkennen daraus, daß nur in wenigen Fällen an einem Punkt eingegriffen oder mit einer isolierten Maßnahme eine erwünschte Systemveränderung erreicht werden kann. Häufig werden etwa einzelne Mitarbeiter zu Weiterbildungsveranstaltungen delegiert. Kommen diese einzelnen dann in ihre Abteilung, ihr Departement oder ihre Gruppe zurück, vergessen sie meist sehr schnell das „Gelernte", d. h. das was sie als neue Eigenschaften, Vorgehensweisen, Handlungsprinzipien usw. akzeptiert hatten. Dies geschieht deshalb, weil diese Leute in ein bestehendes System zurückkommen, das seine Strukturen, Strategien, Handlungsprinzipien usw. aufrechterhält. Die Kollegen, Untergebenen oder Vorgesetzten verstehen die neuen Ideen nicht, fühlen sich verunsichert, fürchten bevorstehende Veränderungen ihrer Gewohnheiten, Regeln, Aktivitäten usw. Wollen wir in komplexen Systemen wirklich Änderungen erreichen, so müssen wir an verschiedenen Orten im Netzwerk ansetzen, mehrere oder alle betroffenen Mitarbeiter in eine Schulung, Reorganisation usw. einbeziehen, möglichst an den eigenen Problemen und Beziehungen in der Ausbildung und Weiterbildung arbeiten, um so einen Transfer in die tägliche Praxis zu erleichtern.

Die Komplexität einer Situation in Instrumenten und Handlungen anerkennen

Beim vernetzten Denken geht es nicht einfach um statische Strukturen, sondern um die Dynamik eines interaktiven Beziehungsgefüges, das Veränderliche und Veränderbare. Systemische Manager akzeptieren die Komplexität von Problemsituationen und wählen entsprechende Problemlösungsmethoden und -modelle (vgl. Abbildung 3). Komplexe Probleme lassen sich nicht mit einfachen Modellierungen erfassen und lösen. Die Komplexität wird durch die *Dynamik im Netzwerk* bestimmt. Damit verbunden ist die Erkenntnis, daß sich Beziehungen in einem Wirkungsgefüge je nach Situation in unterschiedlicher Art, unterschiedlich intensiv und in unterschiedlichen Zeitdimensionen auswirken können. Systemische Manager analysieren und beachten sich selbst verstärkende oder stabilisierende Kreisläufe und Beziehungen, unterschätzen die Zeitaspekte nicht und erkennen Nichtlinearitäten, Sprungfunktionen, Schwellwerte, Umkippeffekte usw. In diesem Zusammenhang wird einer Institution in der Erreichung eines Reorganisationsziels oder der Implementierung eines Leitbildes, eines strategischen Planes usw. genügend Zeit gegeben. Es werden nicht alternative Maßnahmen oder ein Mehr derselben Maßnahmen getroffen, bevor Wirkungen überhaupt auftreten und wirksam werden können. Ebenso werden die Gefahren unterschiedlicher Zeiträume in den Interaktionen berücksichtigt und damit Überraschungen vermieden (vgl. dazu die Beispiele in Gomez/Probst, 1987 und Ulrich/Probst, 1988).

Einen ausgeprägten Sinn für Analyse und Synthese haben

Systemische Manager zeichnen sich dadurch aus, daß sie gleichzeitig Analysen von Teilen vornehmen können, ohne das Ganze aus den Augen zu verlieren. Sie denken in zwei Richtungen. Bevorzugt erkennen sie zuerst das umfassende Ganze und analysieren dann die Teile im Rahmen und als Funktion im größeren Ganzen. Sie vermeiden die Ansammlung von Details über einzelne Teile, ohne die Zusammenhänge im Ganzen zu sehen. Sie wissen, daß die wesentlichen Eigenschaften des Ganzen verloren gehen, wenn man es in seine Einzelteile zerlegt. Aber auch die Teile verlieren wesentliche Eigenschaften, wenn sie vom Ganzen getrennt sind. Systemische Manager denken und handeln synthetisch und analytisch, weil Analyse eher Wissen über die Teile und Synthese eher *Verständnis* für die Funktion erlaubt (Abbildung 2).

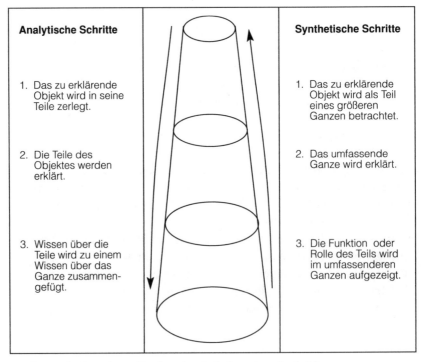

Analytische Schritte

1. Das zu erklärende Objekt wird in seine Teile zerlegt.

2. Die Teile des Objektes werden erklärt.

3. Wissen über die Teile wird zu einem Wissen über das Ganze zusammengefügt.

Synthetische Schritte

1. Das zu erklärende Objekt wird als Teil eines größeren Ganzen betrachtet.

2. Das umfassende Ganze wird erklärt.

3. Die Funktion oder Rolle des Teils wird im umfassenderen Ganzen aufgezeigt.

Abbildung 2: Integriertes Denken (analytisch *und* synthetisch)

Quelle: Ulrich/Probst 1988

Führungsinstrumente, Entscheidungen und Handlungen werden beispielsweise als Teil eines vernetzten, interaktiven Ganzen betrachtet. Führung durch Zielsetzung ist dann nicht ein isoliertes Instrument der Führung in einem bestimmten Bereich, sondern sie steht in engem Zusammenhang und Interaktion mit der strategischen Planung, den Organisationsinstrumenten, der persönlichen Arbeitstechnik, der Mitarbeiterbeurteilung, -motivation und -entlohnung, der Karriereplanung, dem Controlling und dem Management Development (vgl. Malik, 1982). Führung durch Zielsetzung erfüllt hier beispielsweise eine Funktion im Führungssystem der Unternehmung.

Die Unbestimmtheit komplexer Systeme im Denken und Handeln achten

Komplexe Systeme lassen keine Prognosen zu, da wir nie alles wissen können. Sie produzieren Strukturen und Verhalten aus sich selbst heraus. Selbstregulation, Selbstorganisation und Selbstentwicklung zeichnen solche Systeme aus. Systemische Manager glauben daher nicht, sie könnten mit noch genaueren Detailanalysen letztlich Vorhersagen machen. Sie können jedoch durch die Erforschung der Entstehung von Mustern, durch geistiges und technisches Simulieren, ein Gefühl für die Verhaltensweisen des Systems bekommen. Eine gewisse Zurückhaltung, „Weichheit" und „Demut" prägt häufig Top-Manager mit viel Erfahrung. Sie wissen, daß auch noch so genaue Analysen keine besseren Ergebnisse bringen werden. Es ist nicht eine Frage der Zeit, um mit Bestimmtheit Vorhersagen machen zu können. Die inhärente Flexibilität und Veränderlichkeit läßt uns nie etwas mit Bestimmtheit in komplexen Systemen wissen. Unsicherheit wird bewältigt oder „unter Kontrolle gehalten", indem mögliche *Verhaltens- und Strukturmuster* erarbeitet und „vorausdenkend" simuliert werden. Statt von prognostizierten zukünftigen Zuständen gehen systemische Manager von wahrscheinlichen, überraschungsarmen und/oder überraschungsreichen Szenarien aus. Diese erlauben es, strategische Entscheidungen zu fällen und zu überprüfen. Sie erlauben auch, Eventualhandlungen zu durchdenken und zu planen. Es ist daher auch nicht weiter verwunderlich, daß diese Manager Intuition als einen wesentlichen Bestandteil des Managements bezeichnen (vgl. Bechtler, 1986).

Die Entstehung von Ordnung - als evolutionären Prozeß verstehen

Ordnung ist für systemorientierte Manager nicht das Resultat der Anordnungen und Pläne des Managements. Sie erkennen Ordnung als Resultat eines interaktiven Netzes von Teilen, Handlungen, Absichten, Regelungen usw. Sie akzeptieren damit einerseits die Grenzen der Machbarkeit, andererseits vertreten und erreichen sie ein ganzheitlicheres und realistischeres Bild der Entstehung und Aufrechterhaltung von Ordnung.

Im weitesten Sinne kreieren die *Regeln* von Struktur und Verhalten Ordnungsmuster. Das Verhalten jedes Teils in einem vernetzten System beeinflußt und verändert andere Teile oder Komponenten. Die Teile und Komponenten haben ihrerseits eigene Regeln, Willensäußerungen und Wahlmöglichkeiten. Ordnungsprozesse lassen sich in sozialen Systemen daher nicht beherrschen, aber durch Regeln häufig geschickt steuern und lenken. Soziale Systeme lassen sich nur teilweise von außen gestalten und lenken. Sie besitzen eigene Prozesse der Gestaltung und Lenkung, die sich aus den Interaktionen ergeben. Häufig spricht man von informaler Organisation, weil keine formale Organisation, Bestimmungen, Pläne usw. festgemacht werden können. Ich bevorzuge aus ganzheitlicher Sicht den Begriff *„selbstorganisierende Systeme oder Prozesse"*. Aufgrund autonomer, auf sich selbst bezogener Handlungen entstehen neue Situationen und Ordnungsmuster, Gruppen bilden sich von selbst, lösen Probleme aus eigener Initiative, Institutionen kreieren neue Kulturen, erbringen Innovationen, setzen sich ohne Auftrag mit der Arbeit, den Bedingungen, Anforderungen, Strukturen, Marktentwicklungen usw. auseinander. Systemische Manager schaffen dafür entsprechende Kontexte, erleichtern und „nutzen" solche Prozesse, fördern Autonomie, erweitern den Entscheidungsrahmen, akzeptieren die Aktivitäten der Mitglieder und suchen ständig im Rahmen des Ganzen zu integrieren. Viele solche Erkenntnisse sind teilweise erforscht und auch wieder formalisiert worden, beispielsweise in prozeßorientierten Arbeitsorganisationen, flexiblen Arbeitszeitsystemen, autonomen Arbeitsgruppen, Projektteams, Qualitätszirkeln.

Die Eigendynamik und die Eigenschaften des Systems nutzen

Systemische Manager greifen mit einem hohen Verständnis für das Umfeld, die Zusammenhänge und die Interaktionen im System gestaltend und lenkend ein. Sie beachten dabei die Rückkopplungsschleifen, die Eigenschaften der Teile im Ganzen, die Synergien und intrinsischen Kräfte, die Autonomie von Ganzheiten.

Im Vordergrund stehen ohne Zweifel die obengenannte Nutzung *selbstorganisierender Mechanismen,* die selbstbestimmten Aktivitäten, die innovativen Prozesse genauso wie der Umgang mit Vorausmaßnahmen, Abwehrmechanismen, psychologischen Sperren usw. Veränderungen werden aus dem System heraus selbst erzeugt und nicht aufgezwungen. Dies bedeutet konkret auch, daß eine interaktive Planung gepflegt wird, relativ autonome Einheiten gefördert werden, Ausbildung in Workshops an konkreten eigenen Problemen erfolgt, Strukturen an vielen Orten gleichzeitig verändert werden (z. B. in einer Reorganisation), Zeiträume und Zeitpunkte im Rahmen der gestaltenden und lenkenden Eingriffe systemgerecht gewählt werden, nicht Symptome aufgelöst, sondern das System oder die Regeln so verändert werden, daß eine Problemsituation nicht mehr produziert werden kann. Im Rahmen der Selbst-Organisation habe ich einen solchen Umgang mit sozialen Systemen in Form von Regeln und Beispielen verschiedentlich aufgearbeitet (vgl. Probst, 1987 und auch die Variationen in Gomez/Probst, 1987 und Ulrich/Probst, 1988).

Die Methodik und Modellierung gemäß dem vorliegenden Problemtyp wählen

Je komplexer eine Problemsituation, je größer die Verhaltensmöglichkeiten, umso schwieriger wird es, mit Einzelmaßnahmen ganzheitliche Wirkungen zu erzeugen und eine Auflösung des Problems zu erzielen. Mit steigender Komplexität sinkt die Wahrscheinlichkeit, daß einfache Lösungen mit Veränderungen in wenigen Teilen möglich werden. Einfache und komplizierte Problemsituationen lassen sich meist auch durch „exakte" Problemlösungstechniken analysieren, lösen und in den zukünftigen Zuständen prognostizieren. Solche Situationen zeichnen sich durch wenige und gleichartige Teile aus, die nur wenige Verhaltensmöglichkeiten haben. Die Dynamik ist gering und das Gesamtverhalten weitgehend determiniert und vorhersehbar. Komplexe Situationen zeichnen sich hingegen durch viele und verschiedenartige Teile aus, die viele Verhaltensmöglichkeiten und veränderliche Beziehungsmuster haben. Prognosen sind daher nicht oder nur im Sinne von Mustervorhersagen möglich (vgl. Hayek, 1972). Entsprechend benutzen systemische Manager hier *heuristische, qualitative Problemlösungsmethoden* (Abbildung 3).

	Einfache Situation	Komplexe Situation
Charakteristik	Wenige, gleichartige Elemente	Viele, verschiedene Elemente
	Geringe Vernetztheit	Starke Vernetztheit
	Wenige Verhaltensmöglichkeiten der Elemente	Viele verschiedene Verhaltensmöglichkeiten der Elemente
	Determinierte, stabile Wirkungsverläufe	Viele veränderliche Wirkungsverläufe
Erfaßbarkeit	Vollständig analysierbar	Beschränkt analysierbar
	Quantifizierbar	Beschränkt quantifizierbar
	Verhalten prognostizierbar	Verhalten erkennbar
	= analytisch erklärbar = Sicherheit erreichbar	= synthetisch verstehbar = Unsicherheit reduzierbar
Geeigneter Modellierungsansatz	Vorbild: „Maschine" Systemtyp: Triviales System	Vorbild: „Ökosystem" Systemtyp: Nicht-triviales System
Geeignete Denkweise	Kausalanalytisches Denken	Ganzheitliches Denken
Geeignete Problemlösungsmethoden	„Exakte, quantitative Methode"	„Unexakte, qualitative Methode"
	Algorithmen	Heuristiken
Faktische Beeinflußbarkeit	Konstruierbar	Beschränkt gestaltbar
	Beherrschbar mit „Restrisiko"	Beschränkt lenkbar „kultivierbar"

Abbildung 3: Einfache und komplexe Problemsituationen im Überblick
Quelle: Ulrich/Probst 1988

Dies hat auch Konsequenzen für die Art der Eingriffe in das System. Kann in einfachen Situationen meist direktiv und eindeutig eingegriffen werden, so beschränken sich die Maßnahmen in komplexen Situationen auf die Gestaltung des Kontextes, das Kultivieren der Umgebung.

Die Lenkungsebene beachten

Systemische Manager fragen sich immer, um welche Ebene der Gestaltung und Lenkung es geht. Für jede Ebene sind die *Lenkbarkeiten* verschieden. Es wird so nicht die Zeit damit vergeudet, über Dinge zu reden, die auf einer bestimmten Ebene gar nicht lenkbar sind. Dies setzt voraus, daß die Zusammenhänge und die Eigenschaften der Elemente und Interaktionen bekannt sind. Welcher Art sind bzw. welche Rolle spielen die Teile im Wirkungsgefüge (Einflußstärke und Beeinflußbarkeit) und wie (weit) können wir diese beeinflussen? Viel zu häufig werden in Kommissionen und Gremien jeweils aufwendige Diskussionen über Dinge geführt, die auf der gegebenen Ebene gar nicht lenkbar sind. Es macht deshalb Sinn, sich jeweils über die Ebenen und Lenkungsmöglichkeiten vorausgehend zu informieren.

Die Lern- und Entwicklungsfähigkeit der Systeme fördern

Problemsituationen sind das Resultat der Wechselwirkungen im System. Probleme verändern sich, treten in ähnlicher Form wieder auf, lösen sich in neuen Konstellationen auf. Das Ziel systemischer Manager ist es daher, die Systemeigenschaften und Regeln so zu ändern, daß Problemsituationen nicht mehr bestehen können oder selbstständig aus dem System heraus aufgelöst werden.

Private und öffentliche Unternehmungen sind zweck- und zielorientierte Systeme, die viele Wahlmöglichkeiten haben. Hinsichtlich der zielorientierten Zweckerfüllung bestehen Freiheiten, sinnvolle Verhaltensstrategien auszuwählen. Dies gilt sowohl für den Einzelmenschen in einer Institution als auch für Gruppen oder eine Institution als Ganzes. Soziale Systeme sind, wie an anderer Stelle dargelegt (Probst, 1987), fähig, ihre *Verhaltensmöglichkeiten* auszuweiten und zu verbessern, Ziele und Zwecke zu überdenken und neu zu bestimmen. Hierin liegt die Entwicklung.

Sich entwickeln bedeutet Lernen und als Konsequenz neue, hilfreiche-
re Fähigkeiten, Denkweisen, Handlungsmöglichkeiten. Mit der Erarbeitung von Problemlösungen sind dann Änderungen der Perspektiven, der
Strukturen und Verhaltensweisen verbunden.

Je leichter dies in einer Institution fällt – je lernbereiter und -fähiger
sie ist –, um so flexibler und lebensfähiger wird das System.

Nach flexiblen, lebensfähigen Systemen streben

Flexibilität wird zum Schlüsselfaktor der Lebensfähigkeit sozialer Institutionen und Lernen die Grundlage dafür. Die Notwendigkeit der Flexibilität läßt sich in Unternehmungen z. B. mit der mangelnden Prognosti-
zierbarkeit (vgl. Marktentwicklungen, Konkurrenzverhalten usw.), kürzeren Lebenszyklen bei Produkten und schnellerem Erreichen der
Marktsättigung, längeren, aber kostenintensiveren Entwicklungszyklen,
schnelleren Veränderungen in den Werthaltungen und den Bedürfnissen,
größerer Dynamik in den politischen Prozessen (Protektionismus, Zah-
lungsbilanzkorrekturen, rechtliche Maßnahmen) begründen. Einer hohen
Veränderlichkeit in der Umwelt und einer entsprechenden Unmöglichkeit der Vorhersage von Veränderungen und Zuständen kann nur eine
Flexibilität gegenübertreten, die eben nicht genau gezielt und im Detail
geplant ist. Sie ist „natürlicher" Teil des Systems. Dabei kann es für soziale Systeme nicht einfach darum gehen, gegenüber neuen Situationen
möglichst schnell und abwehrend reagieren zu können. Natürlich kann
das Risiko minimiert werden und durch eine breite Abstützung der Er-
folgspotentiale etwa ein Erfolg der Institution gesichert werden. Aber
bei unserem Begriff der Entwicklung geht es um mehr. Institutionen fördern Flexibilität, um die Handlungmöglichkeiten zu erhöhen, um schneller handeln zu können und um eine stärkere Bereitschaft bei den Mitgliedern zu erreichen, sich mit Änderungen zu befassen und „neuartig"
zu handeln.

Lernen und Flexibilität erfordern von einer Institution und deren Mitgliedern entsprechend, daß viele Wirklichkeiten wahrgenommen und geschaffen werden können, Offenheit für Neues besteht, über Veränderungen frühzeitig reflektiert wird, Experimente erlaubt sind, Informationen
diffundieren, Innovation und Intuition akzeptiert und unterstützt werden.
Mit in die Fähigkeit des Lernens schließe ich die Fähigkeit des Verler-

nens ein. Es ist für die Menschen in einer Institution wie für die Institution als Ganzes besonders schwer, bekannte Strukturen und Verhaltensweisen aufzugeben. Aber ohne die Bereitschaft zu verlernen, kann nicht wirklich gelernt werden. Dann häufen wir meist nur Wissen im bestehenden Rahmen an. In diesem Sinne werden häufig Daten gesammelt, um den Bestand zu wahren und Veränderung zu verhindern. Gerade in turbulenten Umweltsituationen werden dann Konflikte unterdrückt, Neuerungen ausgeschlossen, alternative Denkweisen bekämpft, Wahlmöglichkeiten vermindert oder Problemsituationen ganz einfach verniedlicht oder negiert. So wird aber Lernen und Entwicklung verhindert.

Das Lernen zu lernen fördern

Um flexibel zu sein, müssen die Mitglieder einer Institution lernen zu lernen. Dies besteht nun gerade nicht darin, fertige Lösungen zu übernehmen, Konzepte von einem Berater zu kaufen, Datenbanken anzuschaffen usw. Lernen zu lernen heißt, sich ständig kritisch mit Veränderungen auseinanderzusetzen, Probleme immer wieder und intensiv zu analysieren und in neue Zusammenhänge zu stellen, eine permanente Suche nach Chancen und Möglichkeiten usw. Eine primäre Aufgabe von Führungskräften besteht darin, sich mit andern Wirklichkeiten auseinanderzusetzen, zu problematisieren und Kontexte zu schaffen, die den Mitarbeitern selbst Flexibilität und Problematisierungsfähigkeiten erlauben und eine lernfreudige Situation fördern und erleichtern.

Arbeitsgruppen und Institutionen können sich genauso *entwickeln* wie Individuen. Sie steigern ihre Fähigkeiten, eigenständig Probleme zu lösen, erweitern ihre Wahlmöglichkeiten und die Arbeitszufriedenheit. Eine Aufgabe ist es daher, sinnvolle, relativ autonome Gruppen oder Institutionen zu bilden, die über die notwendigen Fähigkeiten und Kompetenzen der Selbstgestaltung und -lenkung verfügen, um innerhalb gegebener Grenzen ihre Funktion zu erfüllen. Die Entwicklung von Arbeitsgruppen besteht etwa in der Hinführung darauf, gleichartige Probleme selbst erkennen und lösen zu können und sich in neuartigen Situationen innovativ und aktiv zu verhalten. Diese Forderung bedingt die Förderung und Aufrechterhaltung entsprechender Fähigkeiten. Verschiedene Ansätze in der neueren Managementliteratur verfolgen eindeutig solche Ziele (vgl. zur Übersicht Probst, 1987; Kaspar, 1988).

Literatur

BECHTLER, T.: Management und Intuition, Zürich 1986.

DÖRNER, D.: Über die Schwierigkeiten menschlichen Umgangs mit Komplexität, in: Psychologische Rundschau, 7,1981, S. 163–179.

DÖRNER, D.: Die Logik des Mißlingens, Reinbeck 1989.

GOMEZ, P./PROBST, G.J.B.: Vernetztes Denken im Management, in: Die Orientierung, Nr. 89, Schweizerische Volksbank, Bern 1987.

HAYEK, F. A. von: Die Theorie komplexer Phänomene, Walter Eucken Institut, Bd. 36, Tübingen 1972.

KASPAR, H.: Die Prozeßorientierung in der Organisation, mim. Manuskript, Beitrag im Sammelband hrsg. von Prof. M. Hofmann, Universitat Wien, 1988.

MALIK, F.: Management-Systeme, in: Die Orientierung, Nr. 78, Schweizerische Volksbank, Bern 1982.

PROBST, G. J. B.: Regeln des systemischen Denkens, in: G. J. B. Probst/H. Siegwart: Integriertes Management, Bern 1985, S. 181–204.

PROBST, G. J. B.: Selbstorganisation, Berlin 1987.

RIEDL, R.: Biologie der Erkenntnis, Berlin 1980.

ULRICH, H./PROBST, G.J.B.: Anleitung zum ganzheitlichen Denken und Handeln, Bern 1988.

VICKERS, G.: The art of judgement, London 1965.

WATZLAWICK, P.: Die erfundene Wirklichkeit, München 1981.

Gifford Pinchot

Intrapreneuring

Intrapreneure sind „innerbetriebliche Unternehmer": Sie entwickeln mit Eigeninitiative, Erfindergeist und Gespür für den Markt neue Produkte und Dienstleistungen und sind gleichzeitig in der Lage, ihre Innovation im Markt zu etablieren. In diesem Buchauszug erläutert Gifford Pinchot, Gründer der Schule für Intrapreneure am Tarrytown Conference Center in New York, wo die Vorteile des „Unternehmers im Unternehmen" gegenüber dem selbständigen Unternehmer (Entrepreneur) liegen. Erhält ein potentieller Intrapreneur freie Hand, seine Ideen zu verwirklichen, werden das Unternehmen und der Mitarbeiter von dieser Entscheidung profitieren. Das Buch ist ein Leitfaden für Unternehmer und Manager, Menschen mit Ideen und Initiative gezielt zu fördern. Gleichzeitig macht es Intrapreneuren Mut, sich gegen innerbetriebliche Konventionen aufzulehnen, und stellt nützliche Tips bereit.

Intrapreneure sind „Träumer, die handeln". Sie übernehmen die praktische Verantwortung für die Umsetzung von Innovation innerhalb einer
Organisation. Der Intrapreneur kann Schöpfer oder Erfinder sein, aber er
ist immer der Träumer, der Ideen so realisiert, daß sie Gewinn bringen.

Entrepreneure erfüllen die Aufgabe eines Intrapreneurs außerhalb der
Organisation.

Ein Wort an die Unternehmensleitung

Dieser Beitrag ist nicht an Sie als Leiter eines Unternehmens gerichtet. Er
wird vielmehr von Mitarbeitern gelesen, die durchaus auch ohne Sie die
Revolution beginnen können. Diese bevorstehende Revolution wird dazu
führen, daß viele Mitarbeiter fast ganz allein für sich innerhalb des Unternehmens arbeiten werden. Wird das bedeuten, daß sie mit weniger Begeisterung für Sie arbeiten werden? Ganz im Gegenteil. Zum ersten Mal
werden Sie in der Lage sein, rasche, gewinnbringende Innovationen anzuregen und in die richtige Richtung zu lenken. Deshalb ist es auch für Sie
von Interesse, diesen Beitrag zu lesen.

Wenn Sie selbst oder irgendein anderer Unternehmensleiter nach mehr
Innovation ruft, geschieht im allgemeinen sehr wenig. Dies liegt nicht
daran, daß es an guten Ideen mangelt, sondern daß die Mitarbeiter
Schwierigkeiten bei ihrer Durchführung haben. Wenn Sie nichts von guten Ideen hören, liegt das daran, daß sie blockiert oder abgewürgt werden,
bevor sie bis zu Ihnen durchdringen. Noch schlimmer ist folgendes:
Wenn Ihre Mitarbeiter ihre guten Ideen nicht verwirklichen können, werden sie wahrscheinlich Ihr Unternehmen verlassen, um ihre eigene Firma
zu gründen – und Ihnen damit Konkurrenz machen.

Die Stagnation der Innovation in Großunternehmen ist das fast
zwangsläufige Ergebnis der Analyse- und Kontrollsysteme, die heute
überall in Mode gekommen sind. Dieser Beitrag zeigt eine andere Möglichkeit, wie Innovation gesteuert werden kann. Diese Möglichkeit ist
sparsamer und effektiver zugleich, weil sie darauf abgestimmt ist, wie Innovation tatsächlich geschieht.

Wenn ich mir erfolgreiche Innovation in Unternehmen ansehe, die so
vielfältig sind wie Hewlett-Packard, General Motors, Bank of California,
3M, General Mills, Du Pont oder AT&T, finde ich immer kleine, unab-
hängige Gruppen von ideenreichen, tatkräftigen Leuten. Sie sind damit
beschäftigt, die formellen Systeme zu umgehen oder sogar zu sabotieren,

die angeblich die Innovation lenken sollen. Diese mutigen Leute bilden Untergrund-Teams und Netzwerke, die ständig die Ressourcen ihres Unternehmens insgeheim zweckentfremdet verwenden oder sich die Arbeitszeit „stehlen", um an ihren selbstgestellten Aufgaben zu arbeiten. Sie führen Neuerungen durch, während diejenigen, die versuchen, über den offiziellen Weg zu innovieren, immer noch auf die Erlaubnis warten, anfangen zu dürfen.

In ihrer Risikobereitschaft haben diese Mitarbeiter sehr viel Ähnlichkeit mit Entrepeneuren. Sie nehmen persönliche Risiken auf sich, um neue Ideen durchzuführen. Der Unterschied liegt darin, daß sie innerhalb großer Organisationen arbeiten, nicht außerhalb. Ich nenne sie „Intrapreneure" – mein Kürzel für den „Intracorporate Entrepreneur".

Intrapreneuring ist ein revolutionäres System, das die Innovation innerhalb von Großunternehmen beschleunigen soll, indem unternehmerisches Talent besser genutzt wird. Durch dieses System können Sie Ihre besten Innovatoren halten, denn es bietet ihnen die Chance, ihre Ideen durchzuführen, ohne das Unternehmen verlassen zu müssen.

Intrapreneuring bietet eine gute Chance, auf die wirtschaftlichen Herausforderungen der achtziger Jahre und darüber hinaus zu reagieren. Der neue Wettbewerb im eigenen Lande wie im Ausland zeigt die dringende Notwendigkeit, daß unsere Großunternehmen innovieren müssen oder zum Untergang verurteilt sind. Gerade da jedoch, wo die Innovation zur wichtigen Wettbewerbswaffe geworden ist, werden viele Großunternehmen in ihrer Innovationskraft durch eine neue Art von Wettbewerb gefährdet – den Wettbewerb um die Intrapreneure.

Venture-Kapitalgeber und andere Investoren werben Ihre besten Innovatoren ab und nehmen Ihnen damit auch die Möglichkeit, gute Ideen in neue Gewinne umzusetzen. Zum Glück ist es nicht so schwer, die Intrapreneure zu halten, wie es auf den ersten Blick aussieht.

Wenn Ihre Mitarbeiter diesen Beitrag lesen, werden sie wissen, wie sie intelligentere Anforderungen an Sie und Ihr Unternehmen stellen können. Sie werden Sie bitten, sich für vernünftigere Systeme einzusetzen, die den Intrapreneuren größere Freiheit geben. Sie meinen vielleicht, Sie hätten Ihren Geschäftsbereichen bereits strategische und finanzielle Autonomie gewährt und die Macht Ihrer Unternehmensstäbe eingeschränkt. Unternehmensleiter, die die Dezentralisierung fördern, meinen oft, sie hätten nun ihren Beitrag geleistet, und alles übrige sei Aufgabe der Geschäftsbereichsleiter. Sie sollten jedoch daran denken, daß die künftigen Intrapreneure in Ihrem Unternehmen, wie abhängig denkende Menschen überall, eine Bedrohung für diejenigen darstellen, die sich nur mit dem Status quo zufriedengeben. Sie müssen eine Umgebung schaffen, die Freiheit nicht nur für die Leiter der Geschäftsbereiche ermöglicht, sondern auch für die Mitarbeiter weit unten in der Hierarchie, deren praktische Innovationsversuche von den heute so populären Analyse- und Kontrollsystemen oft blockiert worden sind. Wenn Sie Ihren „Baronen" nicht ausdrücklich sagen, daß sie den Intrapreneuren mehr Freiheit geben sollen, werden diese es weiterhin für ihre Pflicht halten, die Management-Instrumente anzuwenden, die Ihre Intrapreneure entmachten.

Intrapreneure werden ausschlaggebend dafür sein, ob Ihr Unternehmen Erfolg hat oder nicht. Der Verlust eines Entrepreneuring-Talents kommt das Unternehmen teuer zu stehen, denn er bedeutet mehr als den Verlust eines fähigen Ingenieurs oder Marketing-Fachmanns. Intrapreneure sind die Integratoren, die die Fähigkeiten der Techniker und Marketing-Leute kombinieren, indem sie neue Produkte, Verfahren und Dienstleistungen entwickeln. Ohne sie bleibt die Innovation auf der Strecke, oder sie bewegt sich im Schneckentempo der bürokratischen Prozesse und ist somit dem steigenden Wettbewerb durch Entrepreneuring-Unternehmen nicht mehr gewachsen.

Was müssen Sie tun, wenn Ihre Mitarbeiter diesen Beitrag lesen und erkennen, daß sie selbst Intrapreneure sein können? Versuchen Sie folgendes:

1. Bringen Sie Ihre Vision von der Zukunft des Unternehmens klar zum Ausdruck, damit Ihre Intrapreneure Innovationen hervorbringen können, die sich unmittelbar auf die Strategie des Unternehmens beziehen.
2. Suchen Sie auf allen Ebenen nach Intrapreneuren mit Ideen - nicht nur nach Ideen: Eine Idee, für die sich niemand begeistert, ist unfruchtbar.
3. Ersetzen Sie Bürokratie durch Verantwortung.
4. Belohnen Sie Intrapreneure durch neue Karrieremöglichkeiten, die ihren Bedürfnissen angemessen sind.
5. Geben Sie Ihren Managern zu verstehen, daß in dem Spiel häufiger Positionenwechsel, das durch die Beseitigung von unnötigen Management-Ebenen verursacht wird, für sie im Intrapreneuring größere Sicherheit und größere Chanchen bestehen.

Ihr Unternehmen steht kurz vor einer Revolution. Sorgen Sie dafür, daß sie mit Ihnen beginnt.

Warum Intrapreneuring besser sein kann als Entrepreneuring

„Ich habe in meinem Leben nur beschränkt Zeit zur Verfügung, und ich will innerhalb dieser Zeit so viel wie möglich schaffen. Ich kann hier bei 3M schneller arbeiten, und deshalb kann ich mehr tun", sagt Intrapreneur Art Fry von 3M. Großunternehmen verfügen über Ressourcen, die die Entwicklung einer neuen Idee für einen Intrapreneur viel leichter machen können als für einen selbständigen Entrepreneur. Trotz aller Bürokratie und Trägheit von Detroit erwiesen sich die Hindernisse, ein Traumauto außerhalb von General Motors zu bauen, als weit größer, als es John Z. DeLorean vorhersah.

Wenn Ihre Situation folgende Merkmale aufweist, kann Intrapreneuring für Sie eindeutig besser sein als Entrepreneuring:

- Wenn Sie eine leidenschaftliche Vision haben, die im wesentlichen mehr fürs Intrapreneuring als fürs Entrepreneuring geeignet ist (zum Beispiel, wenn Ihre Idee die Möglichkeit bietet, auf das Geschäft Ihres Unternehmens aufzubauen oder es zu verbessern).
- Wenn Sie etwas Neues machen möchten, aber Ihr Wunsch, die freundschaftlichen Kontakte und die Sicherheit, die Ihnen das Unternehmen bietet, zu erhalten, stärker ist als Ihr Wunsch, viel Geld zu verdienen.
- Wenn sich das Kapital für Ihre Idee leichter innerhalb des Unternehmens beschaffen läßt als außerhalb.
- Wenn Sie üben wollen, intern ein Geschäft aufzubauen, bevor Sie extern eigene Geldmittel aufs Spiel setzen wollen.
- Wenn Sie vom Namen oder den Vertriebswegen des Unternehmens abhängig sind, um den Umfang oder die Erfolgschancen Ihres Intraprise zu fördern.
- Wenn Sie ständig Zugang zur patentrechtlich geschützten Technologie des Unternehmens haben müssen, um wettbewerbsfähig zu bleiben.

Die Vorteile von Großunternehmen

Die Wettbewerbsvorteile, die Unternehmen ihren Intrapreneuren bieten, haben sich verändert. Finanzielle Schlagkraft und die für eine wirtschaftliche Produktion notwendige Größe haben an Bedeutung verloren, während der Zugang zu unternehmenseigenen Informationen wichtiger geworden ist. Auch ein schlagkräftiges Marketing ist nach wie vor ein wichtiger Faktor.

- Ein schlagkräftiges Marketing

Als Alfred Chandler die Konsolidierung der Automobilindustrie in ihren frühen Jahren untersuchte, kam er zu einem überraschenden Schluß. Der größte Vorteil der Großkonzerne war nicht die traditionelle Kostendegression in der Produktion, sondern vielmehr im Marketing, im Vertriebsnetz und Kundendienst. Ein starkes Marketing ist oft ein gutes Argument für das Intrapreneuring.

Selbst wenn der Intrapreneur die bestehenden Vertriebswege des Unternehmens umgehen muß, ist der Name des Unternehmens ein wichtiger Faktor. Der IBM-PC war ein gutes Gerät, aber P.D. Estridge und sein Team hätten ohne den Namen IBM nicht innerhalb von zweieinhalb Jahren nach Einführung des Produkts einen Marktanteil von 23,4 Prozent erreichen können. Der Name IBM übte eine magische Wirkung auf die Software-Häuser aus, die alles andere fallen ließen, um Software für den neuen PC zu schreiben. Er beruhigte die Einkäufer in den Unternehmen, die wegen der Fülle der von kleinen Firmen angebotenen Produkte nervös geworden waren. Er sprach die Händler an, die auf die Zuverlässigkeit und Kontinuität von IBM vertrauten.

Und den Individualkunden gefiel der Name ebenfalls. Er gab ihnen die Sicherheit, daß das Gerät und seine Bauweise auf Jahre hinaus aufrechterhalten würden.

Ein Entrepreneur, der sein eigenes Geschäft gründet, steht vor der gewaltigen Aufgabe, seine Kunden zu überzeugen, daß er wirklich für sein Produkt geradestehen wird. Das kostet Geld. Wenn Procter & Gamble ein neues Produkt einführt, stellen die Supermärkte Regalplatz zur Verfügung, weil es eben ein Produkt von Procter & Gamble ist. Ein weniger bekannter Unternehmer müßte für genau das gleiche Produkt mehr Werbung treiben, um es gut verkaufen zu können und die Händler davon zu überzeugen, daß sie das Produkt genauso gut behandeln.

Die Kostendegression im Marketing und Vertrieb zeigt, daß – um es mit den Worten von Norman Macrae, dem Stellvertretenden Chefredakteur des London Economist zu sagen – das Unternehmen der Zukunft ein Verbund von Intrapreneuren sein wird. Dieser Verbund wird vielleicht in erster Linie zu dem Zwecke geschlossen, eine Kostendegression im Marketing, im operativen Bereich und im Kundendienst zu erzielen, während kleine Intrapreneuring-Einheiten Produkte entwerfen und herstellen werden.

• Die technologische Basis

Der zweite bedeutende Vorteil der Großunternehmen ist die technologische Basis. Als Lammot du Pont, der damalige Chairman von Du Pont, in den dreißiger Jahren in einer Antitrust-Untersuchung gefragt wurde, ob er große Unternehmen aufkaufe, um den Wettbewerb auszuschalten, antwortete er, seine Absicht sei eine ganz andere. Du Pont kaufe Unternehmen in unterschiedlichen Branchen, um die Ergebnisse seiner Forschung irgendwo unterbringen zu können.

Großunternehmen können einen größeren Ertrag von ihrer Grundlagenforschung erwarten als kleine Unternehmen, weil niemand mit Sicherheit weiß, in welches Geschäftsfeld die Forschungsergebnisse führen werden. Je größer und diversifizierter das Unternehmen, desto größer die Chance, daß die Forschungsergebnisse in einen Geschäftszweig passen, in dem sich das Unternehmen bereits betätigt oder zumindest kompetent genug ist, um darin einzutreten. Folglich können es sich Großunternehmen leisten, mehr Grundlagenforschung zu betreiben.

So logisch diese Theorie auch sein mag, es haben sich dabei zwei Probleme gezeigt. Da nur wenige große, forschungsorientierte Unternehmen effektive Systeme haben, um das Intrapreneuring zu fördern, verwirklichen sie selten mehr als einen winzigen Bruchteil der guten Möglichkeiten, die durch neue, intern entwickelte Technologien geschaffen werden. Folglich gerät die Forschungsfunktion oft selbst in Mißkredit. Trotz vieler technischer Pionierleistungen können die Labors nicht auf genügend gewinnbringende Ergebnisse aus ihrer Forschung hinweisen, um die F&E-Ausgaben zu rechtfertigen. Noch schlimmer ist, wenn Intrapreneure die technischen Pionierleistungen innerhalb des Unternehmens nicht kommerzialisieren können, die Firma verlassen und die neuen Technologien mitnehmen. Die Folge sind Neugründungen von Konkurrenzunternehmen, die vor dem Unternehmen, das ursprünglich für die Entwicklung bezahlt hat, die neue Technologie in klingende Münze umwandeln. Das betroffene Unternehmen ist verärgert und verliert die Lust an der Forschung. Dadurch, daß ein Großunternehmen seinen Intrapreneuren mehr Macht gibt, kann es ihm gelingen, den wirtschaftlichen Vorteil zurückzugewinnen, den es aus seiner technologischen Basis erzielen sollte.

Das Großunternehmen, das seine ureigene Technologie hütet und gleichzeitig Intrapreneuring fördert, schafft damit ein gewichtiges Argument für das Intrapreneuring im Vergleich zum Entrepreneuring. Für Intrapreneure, die die Grenzen der einzelnen Bereiche überschreiten, kann ein Großunternehmen ein „Supermarkt" hochentwickelter Technologie sein. In vielen Unternehmen können sich Technologen frei von einem Labor zum anderen bewegen und so die Informationen sammeln, die für die Herstellung eines neuen Produktes notwendig sind. Alec Feiner zum Beispiel ist einer der besten technischen Intrapreneure von AT&T. Er hat es geschafft, daß seine Ideen auch produziert wurden, und das innerhalb eines Systems, in dem zwar zahlreiche Erfindungen gemacht, aber nur wenige jemals von AT&T produziert werden. Er ist der Intrapreneur des Ferreed-Schalters, des Horizon PBX und des Systems 75. „Der Intrapreneur muß insofern ein Opportunist sein, als er lernen muß, wie man innerhalb des Systems vorgeht", sagt er. „Man muß den Fuß in jede Tür stellen, die aufgebrochen wird, und schnell die Möglichkeiten beim Schopfe packen, um sie in die Tat umsetzen zu können."

Im Jahre 1959 arbeitete Alec an der Idee, die Zentralvermittlungsstellenfunktion der Telefongesellschaft zu verteilen. Im alten System mußte ein Drähtepaar von der Zentralvermittlungsstelle zu jedem einzelnen Telefon verlaufen. Die Zahl der erforderlichen Drähte war enorm, und stets waren die meisten von ihnen nicht in Gebrauch. Feiner dachte: „Was wäre, wenn wir ein ferngesteuertes Schaltsystem bauen könnten, das 100 Linien bedienen könnte, wobei nur 20 Linien zurück zum Zentralbüro gehen würden" Um dieses neue ferngesteuerte Schaltsystem zu bauen, brauchte er einen Schalter mit speziellen Eigenschaften, den es noch nicht gab.

Ein Teil von Feiners Begabung ist sein Selbstvertrauen oder, wie er es nennt, „ein naiver Glaube, daß der menschliche Intellekt alle Schwierigkeiten überwinden kann, daß es immer die Möglichkeit einer eleganten und einfachen Lösung gibt." Seine Erfindung bestand aus zwei dünnen Metallrohren, die von magnetischen Spulen bewegt werden. Die magnetischen Spulen biegen die Rohre aufeinander zu, so daß sie einen Kontakt herstellen und damit einen Kreis bilden, oder voneinander weg, so daß sie den Schalter öffnen. Die Erfindung wurde „Ferreed" genannt, da zusätzlich zu den magnetischen Reeds ein Stück Ferrit benutzt wurde, um das Gerät mit einem Speicher zu versehen.

Alecs erster Schritt bestand nun darin, einen Tag lang vorbereitende Kalkulationen anzustellen und sich selbst zu überzeugen, daß das Konzept gut war. Nachdem er seine Idee ein oder zwei Tage lang im Geiste kritisch überprüft hatte, sprach er erst eimal mit einigen guten Freunden bei AT&T darüber. Die Idee nahm Formen an, und er begann, neben der technischen Durchführbarkeit auch die wirtschaftlichen Faktoren zu prüfen. „Um so etwas durchzuführen, muß man die Dinge umfassend sehen", sagt er. „Man kann sich von den Realitäten des Marktes nicht abschotten. Obwohl die Entwicklung nur ein winziges Rädchen in einer riesigen Maschinerie ist, muß man wissen, wer das neue Produkt benutzen wird, wie man es benutzen wird und wer die Konkurrenten sind."

Als er zu der Überzeugung gekommen war, daß das Gerät Vorteile hatte, begann er mit dem Bau. Er benötigte ein Material mit Eigenschaften, auf die er noch nie gestoßen war, ein „Ferrit mit einer Koerzitivkraft von vierzig Oersted." Einer der Vorteile, bei Bell System zu arbeiten (wie die Firma vor der Entflechtung hieß), war der Zugang zu anderen Wissenschaftlern und anderen Technologien. Alec reiste in ein anderes Labor in Murray Hill, wo er mit Frank Chegwidden zusammentraf, der gerade ein solches Material entwickelt, aber noch keinen Verwendungszweck dafür gefunden hatte. Von dort ging er zu einer Relais-Gruppe in den New Yorker West Street Labors, die ihm half, das neue Material auf die genauen Maße zurechtzuschneiden und den ersten Prototyp des Ferreed-Schalters herzustellen. Innerhalb weniger Wochen nach seinem Einfall hatte er einen funktionstüchtigen Prototyp.

• Menschen, denen man vertrauen kann

Als ein Intrapreneur Intel verließ, um seine eigene Firma zu gründen, fragte ich ihn, weshalb er gegangen sei und was er am meisten vermißt habe. Er antwortete, daß er gegangen sei, weil er keine Unterstützung für sein Intraprise bekommen habe. Besonders überraschend für ihn war, wieviel Unterstützung die Venture-Kapitalgeber leisteten. Sie stellten ihm keineswegs nur Geld zur Verfügung, sondern halfen ihm auch, alle Probleme durchzuarbeiten, die bei der Gründung eines neuen Venture auftauchten. Er war zu der Ansicht gelangt, daß ein Unternehmen seinen Mitarbeitern intern mehr Unterstützung gewähren sollte, als sie von außerhalb bekommen konnten.

Obwohl er es der Muttergesellschaft Intel sehr übelnahm, daß sie ihn bei seinen Innovationsversuchen nicht unterstützt hatte, bedeutete der Weggang für den ehemaligen Intrapreneur einen Verlust. Was er hinter sich gelassen hatte, waren Mitarbeiter und Kollegen. Innerhalb von Intel gab es eine Menge Leute, denen er vertraute, die Fragen beantworten konnten, die das taten, was er sagte, und die etwas zum Funktionieren brachten. Er konnte sich mit seinem Problem an jeden einzelnen wenden, und er brauchte sich keine Gedanken über vertrauliche Behandlung zu machen, weil alle zur Intel-Familie gehörten. Informationsquellen sind für den Intrapreneur von großem Wert, und für den selbständigen Unternehmer waren sie nun nicht mehr verfügbar.

Jedes große Unternehmen sucht möglichst viele Daten und Fakten über die Zukunft von Märkten in Erfahrung zu bringen, auf denen es tätig ist. Intrapreneure, die zur Wertschöpfung in diesen Märkten und in deren Umfeld beitragen, sind den Entrepreneuren mitunter um Jahre voraus, da sie Zugang zu den Plänen, Prognosen und Märkten ihres Unternehmens haben.

So war es zum Beispiel sehr wertvoll für die Intrapreneure des Blasenspeichers von Intel, daß sie die Pläne für die konventionellen Speicher des Unternehmens kannten. Sie kannten zukünftige Preise, neue Technologien und zukünftige Entwicklungen. Keine Gruppe von Entrepreneuren hätte die Chance gehabt, all diese Informationen so leicht zu beschaffen.

• Der Vorteil eines begrenzten Netzes

Es mag auf den ersten Blick so aussehen, als ob Entrepreneure in der Lage sein müßten, ein Netz von Informationen zu entwickeln, das ebenso effektiv ist wie das Netz innerhalb eines Großunternehmens. Immerhin ist ihr Netzwerk unbegrenzt: Sie können sich an die besten Leute in jedem Gebiet in der ganzen Welt wenden, während das interne Informationsnetz eines Unternehmens begrenzter ist. Jedoch zeigt es sich, daß große Firmen einen größeren Vorteil haben, eben weil diese Netze beschränkt sind. Sie können Betriebsgeheimnisse frei mit Insidern austauschen, weil sie wissen, wo die Grenzen liegen, während Entrepreneure, die mit anderen Entrepreneuren zu tun haben, keine klaren Grenzen für unternehmenseigene Informationen haben. Dadurch wird die Kommunikation beeinträchtigt.

Da Unternehmen ihre Betriebsgeheimnisse streng vertraulich behandeln, damit sie nicht in die Hände der Konkurrenten fallen, ist es für Entrepreneure äußerst schwierig, Zugang zum neuesten Stand der Technik zu bekommen, wie es für Alec Feiner bei AT&T möglich war. In gewisser Weise ist das nicht überraschend. Im Informationszeitalter kann effizientere und synergistischere Nutzung von Information der primäre Kostendegressionsfaktor und deshalb der Hauptgrund für die Existenz von Großunternehmen sein.

• Pilotanlagen und Teilzeit-Produktion

Wenn ein Intrapreneur bei 3M ein neues Produkt herstellen will, das auf Beschichtungstechnik beruht, so kann er einfach zu einem der 3M-Betriebe gehen und darum bitten, einen Versuchslauf fahren zu dürfen, mit dessen Kosten die andere Abteilung belastet wird. Das System ist so eingerichtet, daß dies möglich ist. Wenn das Produkt hergestellt wird, stehen immer modernste Anlagen und Geräte zur Verfügung, und die Produktion bemüht sich auch darum, daß der Versuch erfolgreich abgeschlossen wird. Art Fry meint dazu:

> Wenn ich ein neues Produkt testen will, gibt es bei 3M irgendwo immer eine Abteilung, die es herstellen kann. Es kostet vielleicht etwas mehr, und ich muß vielleicht überall probieren, wo man es mir machen kann, aber für den Testmarkt reicht es. Wenn die Tests abgeschlossen sind, können wir eine Anlage konstruieren, um es richtig herstellen zu können, und das endgültige Verfahren ist dann sehr effizient.

Als Rolf Westgard, der Verkaufsmanager für ein Trockenentwicklungs-Mikrofilmsystem, als Intrapreneur eine neue Verwendungsmöglichkeit für das Trockensilberverfahren von 3M entwickelte, stellte er ein „bootlegging"-Team, mit dem er insgeheim erste Pläne entwarf, zusammen, dem der Erfinder des Verfahrens und ein guter Produktionsfachmann angehörten. Sie stellten das Produkt auf Teilzeit-Basis auf drei verschiedenen Anlagen in zwei anderen Sparten her. Eine solche Flexibilität ist für den Entrepreneur nur sehr schwer erreichbar, ohne Zulieferer von außerhalb heranzuziehen und somit die Kontrolle über die Technologie zu verlieren.

Der Intrapreneur in einem Großunternehmen hat eher die Chance, daß seine Erfindung auf einer Anlage innerhalb des Unternehmens produziert wird, die nicht voll ausgelastet ist und deshalb darauf bedacht ist, etwas Neues zu erproben. Natürlich kommt dieser Vorteil, der sich in der Theorie gut anhört, nur in einigen wenigen Firmen zum Tragen, wo Intrapreneure die Grenzen zwischen den Sparten auf der Suche nach dem, was sie brauchen, nach Belieben überschreiten können.

Wenn Toffler und andere Futuristen recht haben, entfernen wir uns von den Massenmärkten und bewegen uns auf Produkte zu, die auf engere Nischen zugeschnitten sind. Unter diesen Bedingungen wird man den Intrapreneuren vermutlich mehr Zeit in den Produktionsanlagen zugestehen müssen, um marktspezifische Produkte herzustellen.

- Finanzen

Großunternehmen können natürlich Intrapreneure mit finanziellen Ressourcen ausstatten, aber dies trifft zunehmend auch auf die Venture-Kapitalgeber zu. Die Fähigkeit, Finanzmittel in gewaltigem Umfang zur Verfügung stellen zu können, war einst ein bedeutender Vorteil großer Firmen, ist aber heute nicht mehr nur ihnen vorbehalten. Trotzdem gibt es bestimmte Arten von Ventures, bei denen die „tiefen Taschen" eines Konzerns für den Intrapreneur sehr von Vorteil sein können: Hierzu zählen:

- Arten von Ventures, die bei den Venture-Kapitalgebern nicht en vogue sind, aber für Großunternehmen durchaus interessant sind. Zum Beispiel investieren nur wenige Venture-Kapitalgeber in chemische Spezialprodukte, aber fast jeder größere Chemiekonzern tut dies.
- Akquisitionen – Intrapreneure in Unternehmen können hier wahrscheinlich besser mitmischen, als wenn sie auf sich selbst gestellt wären.
- Interne finanzielle Spielereien wie das Leasing-Venture von General Electric, das steuerliche Abschreibungen ermöglichte, durch die GE von der Zahlung von Einkommenssteuern (für Kapitalgesellschaften) befreit wurde.

In einigen Branchen spricht allerdings die Kostendegression in der Produktion immer noch gegen das Entrepreneuring. Kein Syndikat von Venture-Kapitalgebern hat bisher den Mut und die Beharrlichkeit besessen, einen Entrepreneur bei der Entwicklung und Einführung eines neuen Polymers zu unterstützen, bei dem es über ein Jahrzehnt dauern kann, bis bei Kosten von 100 bis 600 Millionen Dollar die Rentabilitätsgrenze erreicht ist.

Intrapreneure, die Träumen in dieser Größen- und Zeitordnung nachhängen, müssen sich mit den ganzen Auswirkungen der Bürokratie von Großunternehmen abfinden, die sich verständlicherweise gegen Hundert-Millionen-Dollar-Fehlschläge abzusichern versucht. Ein solcher Hürdenlauf ist aber immer noch der Weg des geringsten Widerstandes, wenn man Großes zu erreichen sucht.

Im allgemeinen ist die finanzielle Unterstützung des Großunternehmens als Vorteil des Intrapreneuring gegenüber dem Entrepreneuring durch den Zufluß von Venture-Kapital neutralisiert worden. Die wichtigsten Vorteile liegen heute in der Schlagkraft des Marketing, der Technologie, der Mitarbeiter und Informationsquellen.

Drei Vorteile des Entrepreneuring

* Entschlossenheit

Für viele Entrepreneure besteht der größte Vorteil der Selbständigkeit darin, daß sie der Unentschlossenheit des Großunternehmens den Rücken kehren konnten. Wenn Venture-Kapitalgeber erst einmal ihre Investition – vielleicht nach langem anfänglichen Zögern – getätigt haben, sind die Entrepreneure ihrer Unterstützung sicher. Venture-Kapitalgeber investieren kein „nervöses Geld". Wenn sie einmal eingestiegen sind, gehen sie davon aus, daß ihnen der Erfolg sicher ist.

* Kompetente Investoren

Der hochqualifizierte Venture-Kapitalgeber ist ein bedeutender Vorteil des Entrepreneuring. Kompetente Venture-Kapitalgeber beschränken sich nicht auf das „Geld geben". Ein Venture-Kapitalgeber bemerkt hierzu, daß er seine Zeit wie folgt einteilt:

– Auswahl von Investitionen – 15 Prozent
– Hilfe bei Ventures, in die er zur Zeit investiert hat – 65 Prozent
– Gang an die Börse und anderer Verkauf von erfolgreichen Ventures – 20 Prozent

In diesen 65 Prozent der Zeit, die er mit der Unterstützung der Firmen in seinem Portfolio verbringt, gibt der Venture-Kapitalgeber oft hochqualifizierte Ratschläge für die Durchführung von Neugründungen, Ratschläge, die es innerhalb der meisten Großunternehmen nicht gibt. Dort stellt das Sponsorship von Intrapreneuren nur selten eine eigenständige Karriere dar. Deshalb können bei Neugründungen nur wenige so gut beraten wie der Venture-Kapitalgeber, der sich ausschließlich dieser Aufgabe widmet.

• Eigentum

Einer der wichtigsten Vorteile des Entrepreneuring ist das Eigentum. Eigentum kann, wie bereits zuvor erwähnt wurde, zu Wohlstand und Freiheit führen. Nur wenige Firmen bieten dem Intrapreneur Belohnungen, die Freiheiten oder einen Lebenstil ermöglichen, der auch nur entfernt mit dem des erfolgreichen Entrepreneurs vergleichbar wäre.

Die Entscheidung für das Intrapreneuring

Ob die Vorteile des Entrepreneuring die des Intrapreneuring aufwiegen, muß jeder für sich selbst entscheiden. Dick Nadeau versuchte beides und wurde schließlich Intrapreneur. „Ich kann nicht gut in einem Hinterhof arbeiten. Ich brauche die Umgebung und die Ressourcen des Großunternehmens. Ich glaube nicht, daß das automatische klinische Analysegerät in einer Garage hätte entwickelt werden können."

Für die richtige Person ist das Intrapreneuring ebenso reizvoll wie fesselnd, da es die Ressourcen und die Sicherheit eines Großunternehmens mit der Freiheit und Kreativität des Entrepreneurs verbindet.

Die zehn Gebote für Intrapreneure

1. Komme jeden Tag mit der Bereitschaft zur Arbeit, gefeuert zu werden.
2. Umgehe alle Anordnungen, die Deinen Traum stoppen können.
3. Mach alles, was zur Realisierung Deines Ziels erforderlich ist – unabhängig davon, wie Deine eigentliche Aufgabenbeschreibung aussieht.
4. Finde Leute, die Dir helfen.
5. Folge bei der Auswahl von Mitarbeitern Deiner Intuition, und arbeite nur mit den besten zusammen.
6. Arbeite solange es geht im Untergrund – eine zu frühe Publizität könnte das Immunsystem des Unternehmens mobilisieren.
7. Wette nie in einem Rennen, wenn Du nicht selbst darin mitläufst.
8. Denke daran – es ist leichter, um Verzeihung zu bitten als um Erlaubnis.
9. Bleibe Deinen Zielen treu, aber sei realistisch in bezug auf die Möglichkeiten, diese zu erreichen.
10. Halte Deine Sponsoren in Ehren.

Human Resources

Adrian P. Menz

Menschen führen Menschen

Motivierte Mitarbeiter sind das wichtigste Potential eines funktionierenden Unternehmens. Wo sich Mitarbeiter entwickeln und entfalten können, identifizieren sie sich mit ihrer Aufgabe und suchen nach neuen, kreativen Lösungen. Anhand von vier Gedanken zeigt Adrian P. Menz, welche zwischenmenschliche Umgangsweise es ermöglicht, unser kreatives Kapital zu erkennen und zu aktivieren. Dieser Beitrag ist dem Buch Menschen führen Menschen *entnommen, das sich damit beschäftigt, wie Unternehmen menschlicher, Vorgesetzte vorbildlicher und Mitarbeiter unternehmerischer werden können. Adrian P. Menz lebte einige Jahre in Japan, um Kultur, Sprache und Arbeitsformen zu studieren. Nach seiner Rückkehr war er zunächst Marketingleiter und Projektmanager bei mehreren Schweizer Firmen. Seit 1981 ist Menz Unternehmensberater und seit 1989 Geschäftsleiter des Beratungsunternehmens Hay Management Consultants in Zürich mit dem Schwerpunkt Human Resources Development.*

Menschen haben mich angeregt: Vorgesetzte und Mitarbeiter, Kunden und Klienten, Gebildete und Geriebene, Weise und Wirre, Frauen und Männer. Mit der Zeit kam ich zu Ansichten. Arbeit in Japan und in der Schweiz, Erfahrung auf verschiedenen Ebenen, Bücher und Gespräche führten weiter zu ersten Ideen. Durch das Werk von Carl Rogers kam ich zu ersten Einsichten: nur gutes Zuhören führt zu gutem Verstehen. Einige Jahre habe ich zuhören gelernt. Die personenzentrierte Gesprächsführung und die humanistische Psychologie von Carl Rogers wurden zu wichtigen Bezugspunkten. Sie waren auch hilfreich bei Beratungstätigkeit, Mitarbeiterführung und Kommunikation. Hilfreich und gewinnbringend. Mit der Zeit begann ich zu schreiben. Aus losen Notizen wurden Texte, aus verschiedenen Entwürfen bildete sich eine Struktur. Nichts Endgültiges: Die Aufzeichnungen sind unterwegs entstanden, und sie sind Einladung zum Gespräch.

Vier Gedanken sind zentral:

- Menschen entwickeln sich im Mittelpunkt.
- Bewußte Kommunikation beginnt in Gesprächen.
- Sinn ist hoch motivierend.
- Ideen sind Kapital.

Die Grundgedanken sind in den Thesen knapp dargestellt. In den Themenkreisen werden sie weiterentwickelt und auf den wirtschaftlichen Rahmen bezogen, in dem wir hier und jetzt arbeiten. Die Themenkreise sind Humanismus, Kommunikation, Motivation und Innovation. Das sind große Themen, die in kurzen Kapiteln kaum erschöpfend zu behandeln sind. Erschöpfung ist auch nicht die Absicht in diesem kleinen Werk – schon eher soll es anregend wirken. In diesem Sinn ergänzen Techniken die Themenkreise und leiten über zur Praxis.

Zur Zeit wandelt sich die Wirtschaft global: Elektronik, weltweite Vernetzung und Synergie zwischen verschiedenen Kulturen führen zu neuen Werten, Kommunikationsmustern, Arbeitsformen. Vor allem wächst der Einfluß der Frauen. Was vor 25 Jahren noch undenkbar war, ist heute selbstverständlich: man spricht über Gefühle, Intuition, Charisma, holistisches Denken. Allmählich dringt die Erkenntnis durch, daß Menschen die wichtigsten Faktoren sind im Unternehmen. Nach dieser Maxime richten sich hervorragende Firmen und Führungspersönlichkeiten schon lange. Sie handeln danach. Wissenschaftlich werden „Human Resources" und „Human Resource Strategies" erst seit den 80er Jahren systematisch erforscht. Gesicherte Erkenntnisse liegen noch nicht vor, verschiedene Forschungsrichtungen führen zu widersprüchlichen Resultaten.

So erstaunlich ist das nicht: Menschen sind sehr verschieden, verändern sich der Zeit und den Situationen entsprechend, bleiben wohlweislich undefinierbar. Wir werden also noch einige Zeit auf die eigene Erfahrung und die eigene Menschlichkeit angewiesen sein, um Menschen zu verstehen. In diesem Bereich ist Entwicklung möglich – in jedem Unternehmen, das weiter in die Zukunft blickt, spüren wir heute schon, daß Entwicklung notwendig wird.

Aus diesem Grund schreibe ich hier für Menschen, die sich in der Arbeit, im Beruf und im Unternehmen entwickeln wollen. So konzentriert wie nur möglich sind Einstellungen und Techniken dargestellt, die näher zur menschlichen Essenz führen. Ein subtiler Bereich, der nur in der Erfahrung spürbar wird.

Leistungskraft, Fachkönnen, organisatorisches Geschick, Lernfähigkeit, Gespür für Chancen und Situationen setzte ich beim geneigten Leser voraus – ohne dieses Rüstzeug wird niemand zu Erfolg und Entwicklung kommen. Zum Vergleich: einem freundlichen Koch, der nicht kochen kann, ist der Ruin sicher; ein guter Koch, der erst noch freundlich die Gäste empfängt, wird sich überall eine goldene Mütze verdienen. Vergleiche hinken nicht immer: Wenn wir Menschen wirklich in den Mittelpunkt stellen, machen wir gute Geschäfte. Kunden und Mitarbeiter sind es wert, mit Aufmerksamkeit und Achtung behandelt zu werden. Ihre Gedanken, Gefühle und Anregungen sind wertvoll. Aus diesem Grund will ich die Essenz des Buches in einer Vision zusammenfassen:

Unternehmen werden menschlicher,
Vorgesetzte werden vorbildlicher,
Mitarbeiter werden unternehmerischer,
gute Unternehmen erzielen Sinn und Gewinn.

In Abbildung 1 habe ich versucht, die Essenz grafisch darzustellen.

Menschen entwickeln sich im Mittelpunkt

Der Mensch steht im Mittelpunkt. Dieser Satz ist wirklich sehr bekannt: Wer hat nicht schon bei Firmenjubiläen, in Vorlesungen und Vorträgen gehört, aus was für guten Gründen sich der Mensch an jenem guten Ort aufhält? Der Satz ist leider nur Phrase geworden. Das ist bedenklich. Nun kann man sich innerlich einen Ruck geben und zurückdenken an die Renaissance, an den neuen Humanismus, an den idealen Menschen von

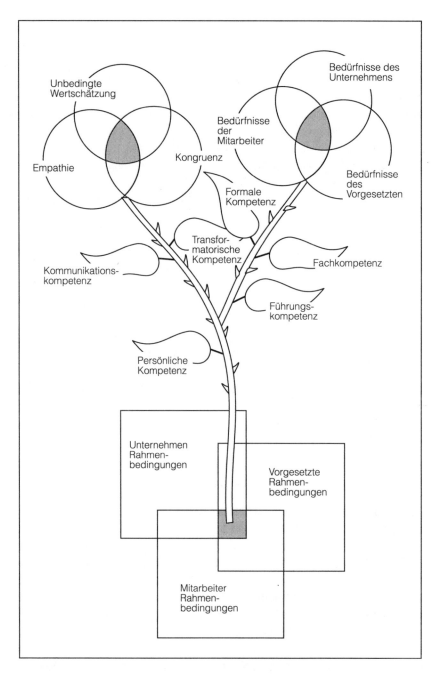

Abbildung 1:   Essenz eines humanistischen Managements

Leonardo. Doch hilft dieser Ruck manchmal nicht weiter, vor allem dann, wenn man einigermaßen bewußt in der Gegenwart lebt: Der langsame Zusammenbruch des ökologischen Systems, die Nord-Süd-Problematik und auch die Automatisierung der Arbeitswelt lassen Zweifel daran aufkommen, ob der Mensch seinen Ort schon gefunden hat. Doch werden uns Zweifel schon gar nicht weiterhelfen. Beginnen wir also mit einigen genauen Fragen; nur so können wir auf genaue Antworten und brauchbare Ergebnisse hoffen. Genau und brauchbar für Menschen.

Der Mensch steht also im Mittelpunkt. Doch was ist der Mensch? Wo ist der Mittelpunkt, in dem jener Mensch steht? Der Mittelpunkt von was? Warum steht der Mensch? Wer auf der Suche nach gedruckten Antworten nun einfach schwungvoll weiterliest, verpaßt vielleicht einen seltenen Augenblick des stillen Staunens – einen Augenblick, in dem Fragen offen sind. So beginnt Philosophie – und sie endet nicht unbedingt in Büchern, wo Antworten schwarz auf weiß gedruckt sind. Wesentlicher sind die Antworten, die wir uns selbst geben. So beginnt die Verantwortung, die wir im Leben und in der Arbeit übernehmen. Was ist der Mensch? Woher kommen wir? Was sind wir? Wohin gehen wir? Was sollen wir tun? Auf was können wir hoffen? Die Fragen sind so alt und so jung wie die Menschheit – und sie sind heute aktueller denn je. Gerade in der Wirtschaft müssen wir uns der drängenden Aktualität dieser Fragen stellen, vor allem dann, wenn wir führen wollen. Denn hier geht es um Geld, Gewinn, Arbeit und Menschen – um uns selbst und um andere.

Daß Fragen sich in einfachen Worten stellen lassen, bedeutet nicht, daß sie auch in einfachen Worten zu beantworten sind. Nur wer nicht betroffen ist, sucht leicht einen Ausweg in der Sprache. Nur findet man hier nicht eigene Antworten, sondern die Worte und Wörter der anderen. Die Inflation an Worten aus zweiter, dritter und vierter Hand ist zur Zeit gewaltig – und ebenso gewaltig ist der Mangel an Bedeutung und Sinn. Mit der Angst vor der eigenen Antwort beginnt die Lüge. Aus der Angst vor der eigenen Erfahrung wächst die Lust an den Ideologien und an ihrer Kehrseite, dem blanken Zynismus. Diese Lust aus zweiter, dritter, vierter Hand ist gefährlich – nicht zuletzt für unsere eigene Entwicklung und Lust.

Wesentlicher als eine geschliffene Antwort ist die Haltung, die wir jenen einfachen Grundfragen gegenüber einnehmen, eine Haltung, die sich im Leben, in der Arbeit und im Gespräch ausdrückt, eine Haltung, die spürbar wird in dem, was wir tun und lassen. Für diese Haltung gibt es nur ein Maß: Aufrichtigkeit. Sind wir, was wir scheinen, oder machen wir uns selbst und anderen etwas vor? Mut zur eigenen Erfahrung und zur eigenen Entscheidung, Offenheit für die Erfahrungen und für die Entscheidungen der anderen – auf diesen zwei Fundamenten ist eine menschliche Haltung möglich.

Auf dem Weg zu einem neuen Humanismus kommen wir nicht weiter, wenn wir bei einem abstrakten Verständnis des Menschen stehenbleiben, der selbst irgendwo im Mittelpunkt steht. Gehen wir lieber einen Schritt weiter und beginnen wir damit, uns selbst und andere verstehen zu lernen. Das ist dynamischer und realistischer. Doch wie beginnen? Hören wir anderen zu. Hören wir auf das, was sie sagen und auch auf das, was sie vielleicht nicht zu sagen wagen. Versuchen wir zu verstehen, was andere uns mitteilen, was sie wollen, was sie brauchen, was sie fühlen, was sie sind.

Dieser erste Schritt bringt uns doppelt so weit, als wir im ersten Moment denken: denn wir lernen dabei die anderen und uns selbst besser zu verstehen. Das eine geht nicht ohne das andere. Wir lösen uns von Vorurteilen, Vorverständnissen, vorgeprägten Wahrnehmungsmustern, wenn wir andere zu verstehen suchen. Es ist ein Prozeß, der auf Gegenseitigkeit beruht: wenn wir uns als Menschen besser verstehen, verhalten wir uns auch menschlicher, für uns selbst und für andere.

Im Zuhören ist eine Dynamik verborgen, die uns über die Grenzen des gegenwärtigen Verstehens und Verhaltens hinausführt. Das gilt besonders für die innere Motivation, für die geistige Flexibilität und die Innovationskraft jedes einzelnen. Was diese Faktoren zusammengefaßt für ein Unternehmen bedeuten, ist kaum zu ermessen. Wichtiger ist es wohl, sie zu fördern, wo es nur geht – bei uns selbst und bei anderen.

Wenn wir Menschen begegnen, die wirklich zuhören können, haben wir die Chance, uns selbst von neuem zu verstehen, intensiver zu erfahren und über die Grenzen des Bekannten hinauszugehen. In diesem Sinn ist auch die These zu verstehen: Menschen entwickeln sich im Mittelpunkt, im Punkt, wo Ich und Du sich erkennen, begegnen und auf ein Ziel hin arbeiten.

Frage
Was ist für mich der Mensch?

Bewußte Kommunikation beginnt
in Gesprächen

Communicare bedeutete ursprünglich: sich besprechen. Wie die Zeiten haben sich auch die Bedeutungen geändert. Neue Medien, künstliche Intelligenzen und Satelliten erweitern den Horizont und ändern unsere Wahrnehmung. Kommunikation ist heute beinahe grenzenlos. Das ist eine Chance und eine Gefahr. Wir können global zu einer Verständigung kommen – ebenso global können wir auch in der Informationsüberflutung untergehen. Von anderen Fluten ganz zu schweigen. In unserer Situation ist Kommunikation entscheidend. Das gilt für Unternehmen im kleinen und für den Planeten Erde im ganzen.

Der Ursprung der Kommunikation ist im Gespräch zu finden – auch heute. Es lohnt sich, über die Qualität unserer Gespräche nachzudenken. Sie spiegelt sich im gegenseitigen Verständnis. Noch lohnender ist es freilich, die Qualität unserer Gespräche zu verbessern. Hier werden die Einsichten und Forschungsergebnisse von Carl Rogers herausfordernd. Viele Gespräche scheitern daran, daß kaum jemand richtig zuhört. Die personenzentrierte Gesprächsführung von Rogers beginnt mit der Kunst des genauen und offenen Zuhörens. Diese Kunst muß gelernt und geübt werden, denn sonst verfallen wir immer wieder auf automatische Reaktionsmuster und bewerten zum Beispiel eine Aussage, obwohl eine Bewertung gar nicht nötig ist. Es ist nur ein (unbewußter) Versuch unsererseits, das Gespräch in eine bestimmte Richtung zu lenken, die unserem Vorverständnis am besten entspricht. Solche Automatismen verhindern Verständnis: auf diese Weise werden wir kaum je erfahren, was andere uns mitteilen wollen.

Nach einigen Jahrzehnten intensiver Forschung hat Rogers mehrere Störquellen ausfindig gemacht, die Gespräche ungünstig beeinflussen. Im weiteren hat er einen Gesprächsstil entwickelt, der solche Störquellen systematisch ausschließt. Dieser Stil ist keine äußerliche Art des Redens, sondern eine innere Haltung, die man dem Gesprächspartner gegenüber einnimmt. Echtheit, Einfühlung und unbedingte Wertschätzung sind die drei Merkmale der personenzentrierten Gesprächsführung. Rogers nennt sie Variablen, weil sie in jedem Gespräch verschieden stark ausgeprägt sind und sich ständig ändern, je nach Situation und Gesprächspartner.

Echtheit ist die Fähigkeit, sich so zu geben, wie man ist: zu seinen eigenen Gedanken, Gefühlen und Erfahrungen stehen und sie auch unverfälscht ausdrücken im Gespräch. Es sind nicht nur Worte, die für Echtheit bürgen. Auch der Klang der Stimme, die Gesten und die Haltung können echt sein – oder uns selbst widersprechen.

Einfühlung ist eine sehr subtile Art, die Erfahrungen eines anderen zu vergegenwärtigen, als ob man in seiner Situation wäre. Individuelle Unterschiede werden dabei nicht mit Gefühlen vernebelt, sie bleiben gewahrt in der feinen Distanz, die Raum läßt für Verständnis.

Unbedingte Wertschätzung ist die Haltung, in der man Menschen so annimmt und achtet, wie sie sind. In der personenzentrierten Gesprächsführung ist Wertschätzung an keine Bindung geknüpft. Gefördert wird beim Gesprächspartner dadurch Offenheit und Mut zu sich selbst.

Alle drei Variablen sind ausgerichtet auf die Entwicklung des Gesprächspartners – genauer zielen sie auf seine Selbstentwicklung. Nach einer Grundüberzeugung der humanistischen Psychologie nutzen die meisten Menschen das Potential nicht, das ihnen gegeben ist, weil sie nie eine Chance erhalten oder sich selbst systematisch behindern. Ungenutztes Potential verkümmert mit der Zeit. Das ist schlecht für Menschen und für Unternehmen, in denen solche Menschen arbeiten.

Was wir heute brauchen, sind Menschen, die in der Arbeit ihr Potential entwickeln und leistungsfähiger, kreativer, bewußter und menschlicher werden. Kommunikation mit ihren unendlich vielen Facetten ist ein Medium in diesem Prozeß. Wir können damit konstruktiv oder destruktiv umgehen, wir können für die Menschheit arbeiten oder die Menschen belügen, für dumm verkaufen oder zu Idioten degradieren. Was wir tun und lassen, ist immer eine Frage von Bewußtsein und Gewissen.

In diesem Sinne beginnt bewußte Kommunikation in Gesprächen. Wenn wir aufrichtig, offen und achtend unseren Gesprächspartnern begegnen, werden wir ihre Bedürfnisse, Wünsche und Potentiale rasch und genau erkennen. Das schließt gute Geschäfte nicht aus, sondern macht sie erst möglich: man erfährt so zum Beispiel einiges über die Bedürfnisse von Kunden und Zielgruppen, das beim scheinbar so objektiven Testen verloren geht. In einem weiteren Horizont arbeiten wir dabei mit am Prozeß der Kommunikation: bewußt oder unbewußt ist heute die ganze Menschheit daran beteiligt.

Fragen
Wie spreche ich mit anderen?
Wie spreche ich mit mir?
Wie höre ich anderen zu?
Wie höre ich auf meine innere Stimme?

Sinn ist hoch motivierend

Zur Zeit wandeln sich Werte schnell und gründlich. Alte Sicherheiten zerfallen, neue Zeitalter entstehen – in der Zwischenzeit freilich gehen wir arbeiten: gestern, heute und morgen.

Von der großen Entwicklung bleiben wir in der täglichen Arbeit nicht unberührt. Wir fragen: Was soll das Ganze? Was mache ich hier? Was wollen wir? Was können wir besser machen? Die Fragen klingen verschieden.

Wer in einer Führungsposition ist, kennt wahrscheinlich die Motivationsebenen, auf denen so verschieden gefragt wird (Maslow-Pyramide). Nur, hilft die Kenntnis weiter, wenn Mitarbeiter höher zu motivieren sind? Wir kommen zum Sinn: Kenntnisse sind dann sinnvoll, wenn wir sie in die Tat umsetzten können. Damit das in der Motivationsarbeit möglich wird, brauchen wir Sinn für Menschen, Sinn für Kommunikation, Sinn für Entwicklung.

Sinn für Menschen: jeder Mensch hat einen positiven und evolutionären Kern. Von diesem Zentrum her sind Menschen fähig, selbst die beste Lösung für ihre Aufgaben, Fragen und Probleme zu finden im Rahmen ihrer Funktion und Kompetenz. Auf verschiedenen Stufen der Hierarchie sind Aufgaben verschieden komplex, das menschliche Prinzip aber bleibt das gleiche. Wer Mitarbeiter ermutigt, nach eigenen Lösungen zu suchen, erhöht ihre Motivation und fördert Identifikation mit der Aufgabe. Wer aber auf alle Fragen schon eine Antwort hat und für alle Probleme eine Lösung weiß, hindert sich selbst und andere daran, auf neue Ideen zu kommen.

Sinn für Kommunikation: jede Form der Kommunikation kann motivieren, wenn sie auf Bedürfnisse und Wünsche der Empfänger abgestimmt ist. Aufmerksamkeit und Einfühlen öffnen hier Türen. Im bewußten Zuhören erfährt man genau, wo die anderen stehen, was sie bewegt und was sie behindert. Allerdings braucht man zuerst den Mut, die eigene Tür zu öffnen: Mitarbeiter sollen wissen, daß man wirklich Zeit und Aufmerksamkeit für sie aufbringt. Schon dieses Wissen motiviert – stärker als große Worte.

Sinn für Entwicklung: Motive und Wünsche ändern sich. Was heute neu und erregend wirkt, ist morgen Schnee von gestern. Das ist Abwechslung, aber keine Entwicklung. Weit interessanter sind Bedürfnisse, die sich in der Arbeit verfeinern. Die Suche nach Qualität, Perfektion und Sinn gehört zu den Bedürfnissen. Sie sind so positiv und evolutionär wie das Wesen der Menschen. Daß sie in der Arbeit doch eher selten verwirklicht sind, macht deutlich, wieviel wir noch zu lernen haben.

Wo beginnen wir am besten? Wenn wir kurz davon absehen, daß jeder den eigenen Sinn und Stil erarbeiten muß, um überzeugend zu wirken, will ich in diesem Buch drei Methoden integrieren: sie nützen in der Motivationsarbeit mit anderen und bieten genügend Raum, um den eigenen Stil zu erproben. Ich hoffe, daß Sie mit der Zeit darin auch Sinn finden. In jedem Fall entsprechen die drei Methoden den „drei Sinnen", die wir brauchen, um uns selbst und andere zu motivieren.

Die drei Methoden bilden eine funktionale Einheit: in der *Zielvereinbarung* kann jeder Mitarbeiter lernen, seine Aufgabe bewußter, zielgerichteter und selbständiger zu erfüllen. Für den Erfolg ist Kommunikation mit dem Vorgesetzten wesentlich: *personenzentrierte Gesprächsführung* bietet hier einen transparenten und entwicklungsfördernden Rahmen. Entscheidend ist die Fähigkeit des Vorgesetzten, in Arbeit, Kommunikation und Entwicklung *Vorbild* zu sein. Damit kommt Individualität ins Spiel. Das menschliche Element bewahrt die beiden anderen Methoden davor, zu Techniken zu erstarren.

Motivation ist im Grunde natürlich, sie entwickelt sich, wenn wir es zulassen. Statt krampfhaft zu „motivieren", ist es weiser und effizienter, freien Raum zu schaffen. So wird Arbeit sinnvoller- und es macht Spaß, nach neuen und besseren Lösungen zu suchen. Wer den Mut hat, auf die natürlichen Fähigkeiten der Menschen zu vertrauen, braucht sich über den Wertewandel nicht den Kopf zu zerbrechen. Die neuen Worte werden vergehen, die neuen Werte aber geschaffen – genauer vielleicht: von Menschen erarbeitet. Das gleiche gilt für den Sinn. In diesem Sinne ist Sinn hoch motivierend.

Fragen
Wie motiviere ich andere?
Wie motiviere ich mich selbst?
Wie demotiviere ich andere?
Wie demotiviere ich mich selbst?

Ideen sind Kapital

Zeit ist Geld, und Ideen sind Kapital – vor allem in unserer Zeit. Epochale Innovationsschübe verändern Wirtschaft und Technik, Forschung und Kommunikation gehen über alle bekannten Grenzen hinaus, Kulturen und Systeme verschmelzen. Doch auch Probleme werden global: Nord-Süd-Konflikt, Hochrüstung, Hunger und eine kollabierende Biosphäre. In allen Bereichen sind wir auf neue Methoden und neue Horizonte angewiesen. Nun sind Ideen unser kostbarstes Kapital.

Wir können Lösungen finden, wenn wir Kreativität, Kommunikation und menschliche Motivation auf allen Ebenen fördern. Das meiste Potential ist hier noch nicht erschlossen. Ein Beispiel liegt sehr nahe: das Hirn. 10.000.000.000 Nervenzellen enthält ein menschliches Gehirn ungefähr. Diese Zahl erstaunt – noch erstaunlicher ist allerdings die Anzahl der möglichen Wechselverbindungen zwischen den Zellen: 10^{800}, eine Zahl mit 800 Nullen, größer als die Zahl der Atome, die unser Universum enthält. Den größten Teil dieses Potentials nutzen wir nicht, weil wir stets in denselben Bahnen denken.

Mehr noch: Seit den siebziger Jahren ist bekannt, daß wir eine Hälfte unseres Hirns planmäßig vernachlässigen. Die rechte Hirnhälfte, die ganzheitlich, räumlich und intuitiv denkt, mit Gefühl für Analogien und Nuancen – diese Hälfte kommt kaum je auf die volle Leistung. Dafür funktioniert die linke Gehirnhälfte um so besser: sie verarbeitet Informationen linear und analytisch, in logischen Schritten. Für klar definierte Aufgaben eignet sich die geradlinige Methodik hervorragend; die Erfolge der modernen Technologie beweisen dies eindrücklich. Wenn Probleme aber sehr komplex werden, wenn Wechselwirkungen, unbekannte Faktoren, Feedback-Effekte und Vernetzungen das Bild bestimmen, dann reicht der analytische Modus nicht mehr aus; die sozialen und ökologischen Nebenwirkungen der modernen Technologien weisen uns auf diesen Mangel hin.

Für neue und stimmige Lösungen brauchen wir Analyse und Intuition; in ihrem Zusammenspiel blitzen jene Ideen auf, die wir für weitere Entwicklungen benötigen: im Unternehmen etwa für Produktinnovation, neue Dienstleistungen, Organisationsformen, Einsparungen und – last but not least – für optimale Kommunikation. Ideen sind Kapital – wir können beides vermehren, wenn wir planmäßig und mutig investieren. Allerdings ist es leichter, neue Ideenquellen zu erschließen, denn Ideen entstehen überall dort, wo ein Gehirn ausgeglichen arbeitet – überall also, wo Menschen konsequent und kreativ geführt werden.

Hier wird eine Analogie nützlicher als logische Ausführungen: Betrachten wir die Organisation eines Unternehmens einmal als Gehirn. Sie besteht aus zwei Hemisphären: eine ist auf möglichst rationale Abwicklung aller Prozesse bedacht. Hierarchien, Funktionen, Kompetenzen sind klar geregelt, Information fließt transparent über verschiedene Stufen und treibt die Produktivität an. In jedem Unternehmen entwickelt sich aber eine andere Form der Organisation: hier herrschen die uralten Kräfte der Sympathie und Antipathie, hier bilden sich Cliquen und Koalitionen, Kommunikation beginnt zu knistern, Geschichten sind wichtiger als Argumente, wir finden uns plötzlich im Dschungel.

Wenn beide Hemisphären der Organisation auseinanderklaffen, werden Atmosphäre und Hierarchie innovationsfeindlich. Lippenbekenntnisse und Appelle fruchten nichts mehr. Nur Kommunikation, die beide Organisationsformen vereinigt, kann auf längere Frist ein innovationsfreundliches Klima erhalten. Offene Gespräche, Quality Circles, Kommunikationskultur zeigen die Richtung an, in der wir organisieren können, wenn wir auf die Zukunft unseres Unternehmens Wert legen. Produktinnovationen, neuartige Dienstleistungen und eine ideensprühende Unternehmenskultur sind insgesamt ein Vorsprung, der nicht so schnell aufzuholen ist. Auch hier sind Ideen Kapital.

Fragen
Wie komme ich auf neue Ideen?
Wie kommen andere auf neue Ideen?
Wie reagiere ich auf neue Ideen der anderen?
Wie reagieren andere auf meine neuen Ideen?
Was blockiert mich am meisten?

Gerhard Schwarz

Konfliktmanagement

Die Fähigkeiten, Konflikte zu analysieren und Konflikte zu steuern, werden für Führungskräfte immer wichtiger, denn rasche Veränderungen in der betrieblichen Umwelt und in der inneren Organisationsstruktur erhöhen das Konfliktpotential nachhaltig. „Ich wünsche Ihnen viele schöne Konflikte" – mit diesen Worten endet das Buch Konfliktmanagement *von Gerhard Schwarz. Der Autor unterscheidet zwischen Pannen, die es zu vermeiden gilt, und notwendigen Konflikten, die gepflegt werden müssen, denn sie haben eine Reihe von Funktionen für das Überleben und Weiterentwickeln von Individuen, Gruppen und Organisationen. Er stellt sechs Grundmodelle der Konfliktlösung vor und vermittelt dem Leser neue Erkenntnisse und Anregungen für den Umgang mit Konflikten im privaten wie im beruflichen Bereich. Auf den folgenden Seiten macht der Autor den Sinn von Konflikten deutlich. Dr. Gerhard Schwarz ist Universitätsdozent für Philosophie (Wien) und Gruppendynamik (Klagenfurt). Er beschäftigt sich seit über zwanzig Jahren mit Konfliktmanagement und hat namhafte Unternehmen bei Konflikten beraten.*

Bei meinen Seminaren über Konfliktmanagement werde ich immer wieder gefragt, ob ich ein System der „Ursachen" von Konflikten hätte. Ich muß dies immer verneinen. Dies hängt damit zusammen, daß man den klassischen Kausalitätsbegriff „Ursache – Wirkung" hier sicher nicht erfolgreich anwenden kann. Statt dessen fragt man besser nach dem Sinn der Konflikte. Dabei wird rasch deutlich, wieso es Konflikte gibt und wozu sie gut sind.

Allerdings kommt man sofort in Kontroverse zu unserer Logik, wenn man den Sinn von Konflikten überlegt. Sind Konflikte, so wie viele meinen, nur Pannen, die besser vermieden werden sollten? Oder sind sie, wie andere meinen, notwendig für das Zusammenleben, etwa die Weiterentwicklung von Individuen, Gruppen und Organisationen?

Ist diese Unterscheidung sinnvoll, dann könnte man als Maxime ableiten: Pannen müssen vermieden werden, notwendige Konflikte müssen entwickelt und gepflegt werden. Wie unterscheidet man aber Pannen von notwendigen Konflikten? Die Erfahrung lehrt, daß es besonders dort zu großen Problemen kommt, wo Pannen gepflegt und Konflikte vermieden werden.

Das erste Kriterium für die Unterscheidung von Pannen und Konflikten ist die Überlegung, welchen Sinn Konflikte haben, wenn sie auch positiv sein sollen. Bei der Frage nach dem positiven Sinn von Konflikten stoßen wir aber bereits an die Grenzen unseres Weltbildes und unserer Logik.

Es ist meines Erachtens eine der großen Schwächen Europas und gleichzeitig natürlich auch eine der großen Stärken, daß eine Logik entwickelt wurde, mit der möglichst viele Bereiche des Lebens analysiert werden können. Diese Logik ist allerdings eine sehr einseitige Logik. Sie ermöglicht in einzelnen Dimensionen, speziell im Bereich der Naturerkenntnis, große Einsichten in die Zusammenhänge und liefert sehr brauchbare Modelle. Dafür zahlen wir aber den Preis, daß in anderen Bereichen diese Einsicht in Zusammenhänge verschlossen bleibt.

Zu diesen letzteren Bereichen gehören sehr viele Dimensionen des menschlichen Zusammenlebens, unter anderem Konflikte. Ich habe an anderer Stelle (siehe „Die Heilige Ordnung der Männer", Kapitel 3.5 Die Universalität der Heiligen Ordnung) auf die Alternativen zu unserer Logik und ihre vermeintliche Universalität hingewiesen. Die Europäer neigen dazu, ihre Logik für die einzig mögliche zu halten, in der man überhaupt denken kann. Dies stimmt nun aber nicht, im Gegenteil, viele Aspekte des menschlichen Zusammenlebens lassen sich mit dieser Logik gerade nicht verstehen.

Das 2. Axiom, der Satz des zu vermeidenden Widerspruchs, lautet: „Von zwei einander widersprechenden Aussagen ist mindestens eine falsch", und unsere Logik verlangt nach diesem Axiom, daß man sich bei Widersprüchen dafür entscheidet, welcher der beiden einander widersprechenden Aspekte der richtige und welcher der falsche ist. Andere Logiken, wie etwa asiatische Logiken, zum Beispiel die von Laotse im Tao-Te-King entwickelte, sehen die Sache ganz anders: Nur wenn man die widersprüchlichen Aspekte einer Sache gleichzeitig vor Augen hat, hat man die volle Wahrheit. Begreift man nur eine Seite eines Widerspruchs, so kennt man nur einen Teilaspekt, und man muß sich bemühen, nach der zweiten Seite zu suchen. Ein Europäer hingegen bemüht sich, nur eine Seite zu sehen. Sieht er dennoch zwei einander widersprechende Seiten, glaubt er, eine davon eliminieren zu müssen. Es kann für ihn nicht etwas wahr sein und sein Gegenteil ebenfalls.

Dies hat für die Naturerkenntnis auch positive Aspekte und erreicht etwa in der Mathematik einen Höhepunkt. In der Mathematik wird eine These dadurch widerlegt, daß sie in Widerspruch zu den Voraussetzungen gebracht wird. Dies nennt die Mathematik, die als die exakteste aller Wissenschaften gilt, einen Beweis. Alles andere sind nur Hypothesen. Die Anwendung unserer Logik auf Konflikte oder die Anwendung des Satzes vom Widerspruch auf den Sinn von Konflikten führt dazu, daß Konflikte grundsätzlich als etwas zu Vermeidendes angesehen werden müssen. Damit wäre es sinnvoll, so schnell wie möglich zu entscheiden, wer recht hat und wer unrecht. Untersucht man nun aber den Sinn der Konflikte, dann stellt sich heraus, daß wir jeweils einander widersprechende Dimensionen als sinnvoll, den Sinn von Konflikten erklärend, anerkennen müssen. Dies soll im folgenden gezeigt werden.

Der Sinn von Konflikten liegt im Bearbeiten der Unterschiede

Der Sinn von Konflikten besteht darin, vorhandene Unterschiede zu verdeutlichen und fruchtbar zu machen. Konflikte können schon im Tierreich mit dem Sinn verbunden werden, einen Selektionsprozeß einzuleiten und durchzuführen. Ein Konflikt bringt Unterschiede hervor, und damit tritt die Frage auf: Wie unterscheide ich mich von dem andern? Wer ist wofür zuständig? Wer ist besser?

Solange die Natur den Individuen bestimmte Rollen zuteilt (aufgrund der verschiedenen Aufgaben der Geschlechter bei der Fortpflanzung, der Aufzucht der Jungen, der Nahrungsbeschaffung, der Versorgung der Alten), gibt es in diesem Sinne keinen reflektierten Umgang mit Unterschieden. Mit der „Menschwerdung" der ersten „Menschentiere" wird aus der naturhaft instinktiven Rollenteilung die erste Form der Arbeitsteilung überhaupt: nämlich die zwischen Männern und Frauen. Im Verlaufe der Weiterentwicklung wird diese Arbeitsteilung zunehmend von Normen geregelt.

In der ursprünglichen, archaischen Funktion liegt dieser Normierung die Frage zugrunde: Wer garantiert das Überleben des einzelnen, der Gruppe, des Stammes am besten? Oder: Wer von zwei einander bekämpfenden Individuen, Gruppen oder Stämmen siegt, wer wird vernichtet?

In der etwas weiterentwickelten zivilisatorischen Form heißt dies dann: Wer von zwei miteinander Streitenden hat recht? Das heißt, der Unterlegene verliert nicht mehr sein „Leben", sondern nur sein „Recht-Haben". Das führt zu einer neuen Form von Arbeitsteilung: der Sklaverei. Hier wird der Unterlegene dem Überlegenen untergeordnet. Damit entsteht eine Rangordnung, die durch den Ausgang des Kampfes festgelegt wird – es sei denn, er wird wieder aufgenommen. Man weiß, wer sich im Falle eines Unterschiedes unterzuordnen hat und wer nicht. Sehr oft wird dies gleichgesetzt mit „unrecht haben" – der Übergeordnete hat immer „recht".

Durch diese Rangordnung kommt es in der Folge viel seltener zu Konflikten. Die Etablierung einer Rangordnung hat sich ganz besonders in der Kulturentwicklung nach der neolithischen Revolution, durch die Seßhaftwerdung der Menschen, als Arbeitsteilung bewährt.

Arbeitsteilung ist besonders dann sinnvoll, wenn durch die Spezialisierung insgesamt Arbeitszeit eingespart werden kann. Dazu muß natürlich derjenige, der eine bestimmte Tätigkeit durchführt, sie besser beherrschen als alle anderen. Wichtig ist daher herauszufinden, wer etwas besser kann. Man läßt zwei um die Wette laufen, um zu sehen, wer schneller läuft.

Dieses Um-die-Wette-Laufen (lat. concurrere) hat dem Prinzip den Namen gegeben: Konkurrenz. Sie ist ein notwendiges Instrument der Selektion. Man setzt nicht den Blinden auf Ausguck oder den Schwerhörigen auf Horchposten, sondern man versucht herauszufinden, wer jeweils der Beste ist. Allerdings ist der „Beste" der Sieger nur in solchen Konflikten, die Konkurrenz zum Inhalt haben. Sie haben also den Sinn, die in einer

Gruppe oder einer Organisation vorhandenen Unterschiede zu erfassen und für die Zuweisung von Tätigkeiten nutzbar zu machen. Dieser Sinn von Konflikten wird sehr oft unterschätzt.

In vielen hierarchisch aufgebauten Organisationen kommt es dem Vorgesetzten mehr darauf an, Einheit in der Gruppe herzustellen, als Unterschiede zuzulassen. Andersdenkende werden nicht ermutigt, sondern bekämpft. Dies hat oft zur Folge, daß verschiedene Meinungen und Aspekte gar nicht zum Durchbruch kommen und oft gar nicht in die Entscheidungen des Managements eingehen können, weil sie schon ausgeschieden werden, bevor man sich „höheren Orts" damit beschäftigen kann. Das Ertragen-Können von Widersprüchen wird dagegen heute mehr und mehr zu einer „Management-Tugend".

Viele Vorgesetzte fühlen sich durch die ständig auftauchenden Konflikte gestört, was mit dem Prinzip der Arbeitsteilung zusammenhängt. So kann etwa das Entlohnungssystem eine ständige Quelle von Konflikten sein. Verschärft wird dieses Prinzip der Arbeitsteilung durch die Konkurrenz etwa um Marktanteile, um Kundenzahlen, um Verkaufsziffern, was sich in den gängigen Provisionssystemen, Prämien oder Akkordsystemen ausdrückt. Dies kann die Leistung der einzelnen anheben, aber es kann auch passieren, daß durch die Übertreibung der Konkurrenz die Einheit verlorengeht, Verkäufer sich etwa gegenseitig Kunden wegnehmen oder Neid und Eifersucht das Klima so vergiften, daß die Gruppe insgesamt nicht mehr kooperationsfähig erscheint.

Nach meiner Erfahrung ist allerdings die Gegenwart in vielen Organisationen dadurch geprägt, daß die Reglementierung und die Sanktionierung von abweichenden Meinungen derartig stark sind, daß sich niemand mehr traut, seine anders geartete Meinung dem jeweiligen Vorgesetzten oder der Gruppe öffentlich oder auch nur in kleiner Gruppe zur Kenntnis zu bringen.

Die Ruhe, die man hier vorfindet, ist eher eine Friedhofsruhe als Harmonie. Ich habe mehr als einmal Vorstände von Firmen beraten, bei denen die Sitzungen immer nach einem stereotypen Muster abgelaufen sind: Der Vorstandsvorsitzende eröffnete die Vorstandssitzung, indem er zu den einzelnen Punkten jeweils seine Meinung sagte, natürlich mit der anschließenden Frage: „Gibt es dazu eine Gegenmeinung?" Ganz selten gab es dazu eine solche; wenn doch, dann wurde zwar darüber diskutiert, meist konnten sich aber die Kollegen demjenigen mit der Gegenmeinung nicht anschließen: Sie ließen ihn „im Regen stehen". Das führte in Zukunft dazu, daß Unerwünschtes noch seltener geäußert wurde.

Ich habe einmal eine Geschäftsleitung erlebt, in der sich dieses System so weit eingespielt hat, daß mein Vorschlag an den Generaldirektor, seine Meinung erst zum Schluß zu äußern, nicht den geringsten Erfolg brachte, denn die Direktoren forderten ihren Chef dann auf, doch seine Meinung zu sagen, damit sie eine Orientierungshilfe hätten. Das muß nicht immer so weit gehen wie in einem konkreten Fall, in dem der Generaldirektor, der auf meinen Rat hin seine Meinung zunächst zurückhielt, um die Meinung der anderen zu hören, diese dennoch nicht zu hören bekam. In einer Sitzungspause erkundigten sich die Direktoren bei der Sekretärin, was der „Alte" wohl dazu meinte. Sie wußte es natürlich, teilte dies mit, und schon beschloß die Gruppe wieder, das zu tun, was der Generaldirektor für richtig hielt.

Demgegenüber ist festzuhalten, daß eine sinnvolle Entscheidung erst dann möglich ist, wenn alle unterschiedlichen Aspekte und Dimensionen eines Problems auch tatsächlich ausgesprochen sind, sozusagen auf dem Tisch liegen. Fehlen wichtige Aspekte, hat eine Entscheidung nicht genug Realitätsbezogenheit, kann sie dann im Zuge der Durchführung von den Andersdenkenden hintertrieben werden.

Das Wesentliche im Umgang mit Konflikten liegt darin, sie rechtzeitig zur Sprache zu bringen und austragen zu lassen. Werden sie in den ersten Entscheidungsinstanzen vermieden, weil Unterschiede nicht zugelassen werden, dann treten sie für das Unternehmen im Kontakt mit den Kunden wieder zutage. Konflikte, die auf Unterschiede aufbauen, garantieren damit auch so etwas wie den Realitätsbezug von Personen, Gruppen und Organisationen. Der Sinn von Konflikten kann somit im Zulassen und Bearbeiten von Unterschieden gesehen werden.

Konflikte stellen die Einheitlichkeit der Gruppe her

Sinn von Konflikten ist das Herstellen einer Gruppeneinheit. Man versteht die unterschiedsverstärkende Funktion von Konflikten nicht, wenn man nicht auch die gegenteilige Funktion dazu betrachtet. Konflikte sind auch dazu da, die Unterschiede zu überwinden und die Einheit einer Gruppe zu bewirken. Das geschieht im allgemeinen dadurch, daß Gruppenmitglieder, die eine von der Gruppe abweichende Meinung äußern, unter sehr starken Druck geraten, unter Umständen sogar negativ sanktioniert werden. Außenseiter lösen Konflikte aus und können mit Hilfe der Konfliktbearbeitung wieder in die Gruppe integriert werden.

Sogar meist so negativ besetzte Haltungen wie Neid und Eifersucht kann man unter diesem Aspekt positiv interpretieren. Die damit verbundenen Konflikte sorgen nämlich dafür, daß abweichendes Verhalten wieder der Gruppe angepaßt wird. Auch wer überdurchschnittlich gut ist, gefährdet den Erfolg einer Gruppe, weil er die Einheit der Gruppe in Frage stellt. Neid, Eifersucht oder Mitleid gegenüber Über- oder Unterdurchschnittlichkeit bremsen nicht nur den Guten, sondern spornen auch den Schwachen zu steigender Leistung an: „Jetzt muß ich auch einmal zeigen, daß ich das kann." In diesem Sinn wird die Einheit der Gruppe durch Konflikte gewährleistet. Dieser Konflikt hat wohl folgenden Hintergrund: Jeder, der eine von der Gruppe abweichende Meinung vertritt, gefährdet damit auch den Gruppenstandard, der ja die Sicherheit der Gruppe darstellt, und so leiten abweichende Meinungen den unangenehmen Zustand der Verunsicherung ein.

Eine Verunsicherungsphase, die im Extremfall sogar die Handlungsfähigkeit der Gruppe zerstören kann, muß nun durch Sicherheit wieder abgelöst werden. Diese Sicherheit wird erst durch die einheitsstiftende Funktion der Konflikte gegeben. Es muß „ausgestritten" werden, wer recht hat und was daher zu tun ist. Es muß Klarheit darüber herrschen, wer dazugehört und wer so anders ist, daß er zu viel Unsicherheit bringt, sich nicht integrieren läßt, womöglich ausgeschlossen werden muß. Der Sinn dieser Konflikte ist: alle sind gleich, Bestrafung des Andersartigen, Einordnung aller Beteiligten.

Betrachtet man nun die beiden bisher beschriebenen Sinnaspekte, so sieht man, was mit dem Widerspruchsprinzip gemeint ist. Konflikte haben sowohl einen selektiven Sinn – sie erzeugen Unterschiede – als auch den Sinn, die Einheit der Gruppe herzustellen. Es ist nicht möglich zu sagen: Was ist nun das „Wichtigere" oder was davon ist das „Wahre"? Für welche der beiden Seiten, die einander offensichtlich widersprechen, muß man sich nun entscheiden?

Wenn man Konflikte verstehen will, muß man wohl zur Kenntnis nehmen, daß unsere Denkgewohnheiten hier umgestoßen werden, daß also der Sinn der Konflikte sowohl in der einen Funktion als auch in der gegenteiligen liegt. Man kann sogar hier mit Laotse formulieren: Nur wenn beide Aspekte des Sinnes von Konflikten zusammengenommen werden, ist es überhaupt möglich, Konflikte zu verstehen. Sie nur auf Unterschiede und Konkurrenz hin als positiv zu bewerten, ist genauso falsch, wie sie nur auf Einheit zu bewerten. Ein Gedankenexperiment soll dies verdeutlichen:

Eine Gruppe oder ein Vorgesetzter, eine Abteilung eines Unternehmens wäre schlecht beraten, wenn grundsätzlich nur die Unterschiede betont werden, man also nie Wert darauf legt, daß es auch zu einer Einheit, zu einer gemeinsamen Aktion kommt. Eine solche Gruppe hat zwar sicher eine große Differenzierung in ihren Anschauungen, aber gleichzeitig wird sie keine gemeinsame Aktion starten können. Das Umgekehrte gilt also auch: Wenn alle abweichenden Meinungen immer sofort normiert und eingeordnet werden, wenn jeder Abweichende bestraft wird, dann wird es eine verordnete Scheinharmonie geben. Es gibt dann zwar eine Einheit der Gruppe, aber sie wird nicht mehr leisten, als unter gleichen Umständen eine einzelne Person leisten könnte.

Sinnvoll scheint es eher, daß zu verschiedenen Zeiten Schwerpunkte in dieser gegensätzlichen Bedeutung von Konflikten gesetzt werden. Daß es also unter bestimmten Umständen Zeiten gibt, in denen man diskutiert und die verschiedenen Meinungen sammelt, dann eine Entscheidung trifft; und hinterher, wie das etwa in unserer Demokratie der Fall ist, müssen auch diejenigen, die vorher eine abweichende Meinung vertreten haben, sich der nun getroffenen Entscheidung der Mehrheit beugen.

Nach einer Entscheidung diese wiederum in Frage zu stellen, ist oft nicht mehr sinnvoll. Das erste Prinzip der Selektion und das zweite Prinzip der Einheit als Sinn von Konflikten widersprechen einander, sind aber nur gemeinsam für das Verständnis von Konflikten gültig, ermöglichen nur gemeinsam das Verständnis von Konflikten. Ähnlich ist es mit den folgenden vier Aspekten des Sinnes von Konflikten: Komplexität, Gemeinsamkeit, Veränderung, Erhaltung des Bestehenden. Man könnte sie auch als Differenzierung dieser beiden ersten polaren Gegensätze – Unterschiede und Einheitlichkeit – betrachten, von denen jeder seine Berechtigung hat, wie eben gezeigt wurde.

Der Sinn von Konflikten liegt in der Komplexität

Der Sinn der Konflikte liegt in der Entwicklung der Komplexität. „Streiten muß man mit dir, damit man etwas erfährt" – diesen Ausspruch hört man gelegentlich anläßlich einer konfliktträchtigen Auseinandersetzung. Wenn man ihn in unserem Zusammenhang interpretiert, dann heißt das, daß Konflikte auch den Sinn haben, die Vielfalt und Verschiedenheit von Sach- und Personenverhalten herauszuarbeiten. Es werden durch Konflikte mehr und verschiedenartige Elemente Berücksichtigung finden. Das sind Elemente, die ohne Konflikt vielleicht zu sehr eingeordnet oder unterdrückt waren und nicht zum Tragen kommen konnten. In dieser Dimension liegt der Sinn der Konflikte vor allem darin, Bedürfnisse zu differenzieren und Individualität herauszuarbeiten.

Jeder, der sich mit seinen Bedürfnissen zu sehr eingeschränkt und unterdrückt fühlt, rebelliert gegen das ihn unterdrückende (Leistungs-) System oder die ihn unterdrückende Autorität. Er stellt deutlich sein Bedürfnis heraus und sagt, was er eigentlich möchte. Wenn das alle Beteiligten machen, ergibt dies eine größere Breite und Vielfalt der einzelnen Aspekte und Dimensionen als ohne den Konflikt. Demgegenüber ist auch das Gegenteil durch Konflikte erreichbar, nämlich: Gemeinsamkeit.

Konflikte garantieren Gemeinsamkeit

Im allgemeinen erreicht man nur durch Konflikte Gemeinsamkeit. Das Sprichwort „Allen Menschen recht getan, ist eine Kunst, die niemand kann" deutet diese Schwierigkeit an. Die Maxime „Das Ganze hat Vorrang vor den Teilen" gibt ebenfalls eine Richtlinie für Konflikte, die durch zu große Komplexität entstehen. Die Sonderinteressen müssen sich dem Allgemeininteresse unterordnen. Die Vielfalt stört. Die klare Linie, das Wesentliche muß hervortreten. Das allgemeine Ziel rangiert hier vor den individuellen Bedürfnissen und Wünschen.

Bedürfnis und Leistung, Individualität und allgemeines Ziel, Komplexität und Simplizität widersprechen einander wiederum; beide sind aber jeweils durch Konflikte gewährleistet. Man kann sogar sagen: nur durch Konflikte gewährleistet. Letztlich muß jeder seine Bedürfnisse auch mit einer gewissen Härte und Aggressivität gegen das Allgemeine durchsetzen, so wie auch das Allgemeine sich mit einer gewissen Härte und Aggressivität gegen zu große Individualität durchsetzen muß. Wenn man immer nur Vielfalt und Verschiedenheit der Meinungen berücksichtigen würde, käme man nie zu einer Übersicht und einer Überschaubarkeit. Wenn man immer nur auf die komplexen Bedürfnisse der einzelnen Rücksicht nimmt, kommt man nicht zu einer Gemeinsamkeit. Läßt man umgekehrt aber die Bedürfnisse der einzelnen außer acht, so verliert man das Vertrauen der Mitglieder einer Gruppe und wird auch keine Gemeinsamkeit zustande bringen. Hier könnte man sogar die paradoxe Formulierung riskieren:

- Nur durch die Komplexität kann die gemeinsame Einheit erreicht werden, nur durch die gemeinsame Einheit kann auf die Komplexität eingegangen werden.
- Nur durch die Berücksichtigung der Bedürfnisse kommt man zu einer Leistung, nur durch die gemeinsame Leistung können die Bedürfnisse befriedigt werden.

Die einzelnen Dimensionen sind also in ihrer Widersprüchlichkeit aufeinander angewiesen. Ähnlich verhält es sich mit den letzten beiden Sinndimensionen der Konflikte: „Verändern" und „Erhalten".

Konflikte garantieren Veränderung

Der Sinn der Konflikte liegt auch in der Veränderung. Ganz wenige Veränderungen in der menschlichen Geschichte sind nicht auf Konflikte oder das Resultat von konfliktträchtigen Auseinandersetzungen zurückzuführen. Weiterentwicklung von Gruppen und Organisationen, vor allem aber das Finden von Identität geht immer mit Konflikten einher. Weiterentwicklung und Veränderung steht in der Spannung von Gut und Böse – und wird in allen Kulturen und Mythen in irgendeiner Form abgewandelt.

Man kann dies von verschiedenen Seiten her betrachten. Einen interessanten Aspekt liefert die Verhaltensforschung. Sie weist nach, daß es zunächst das Normensystem ist, das das Überleben der Menschen sichert, indem es die Anpassungsfähigkeit an die Umwelt fordert. Mit Hilfe der Verhaltensregeln vollzieht der aus dem Instinktkreislauf von Reiz-Reaktion befreite Mensch seine Anpassung an die Umwelt. Das Einhalten und Überliefern von Verhaltensweisen, Verhaltensnormen ist eines der ganz wichtigen und mit vielen verschiedenen Absicherungen festgelegten Prinzipien menschlichen Überlebens.

Eine Änderung der Verhaltensweise etwa aufgrund einer Umweltänderung kann sich nie so abspielen, daß alle Mitglieder einer Gemeinschaft sich gleichzeitig eine neue Verhaltensweise zulegen: Es werden einzelne, meistens zunächst am stärksten Betroffene die veränderte Verhaltensweise probieren und dadurch mit dem alten Normensystem in Konflikt geraten.

Wenn es sich wirklich um eine notwendige Verhaltensänderung handelt, dann werden immer mehr Mitglieder der Gesellschaft gegen das Traditionelle Sturm laufen, bis sich irgendwann einmal die neue Verhaltensweise, sehr oft auch mit revolutionären Umwälzungen in der Gesellschaft, durchsetzt.

Ein Beispiel dafür ist die Situation der minoischen Kreter, die durch das Abholzen der sehr langsam wachsenden Zedernholzwälder ihre eigene Existenzgrundlage zerstörten. Es gab damals die Ideologie, daß die Häuser der Lebenden aus Holz, die Häuser der Toten aus Stein gebaut werden müßten. Die Vorschläge einiger Weitsichtiger, doch auch die Häuser der Lebenden aus Stein zu bauen, bevor die Wälder, die für den Schiffbau existenznotwendig waren, vernichtet wären, wurde von den damaligen Normen-Hütern, den Priestern, nicht aufgegriffen. Nachdem die Wälder schließlich abgeholzt waren, blieb nichts anderes übrig, als auch die Häuser der Lebenden aus Stein zu bauen. Gleichzeitig verloren die Minoer ihre Dominanz im Mittelmeer, die sie durch Schiffbau, Holz- und Harzexport seinerzeit errungen hatten, und kamen so unter die Oberherrschaft der Mykener. Der Konflikt, der durch die veränderten Umstände neue Normen mit den alten konfrontieren sollte, wurde nicht ausgetragen. Dadurch konnte kein Anpassungsprozeß erfolgen; der Lernprozeß setzte zu spät ein.

Das Motto der auf Veränderung ausgerichteten Konflikte lautete: Das Alte hat ausgedient, das unsichere Experiment des Neuen muß gewagt werden. Schon bei den Primaten gibt es eine sogenannte aggressive Trotzphase der Jungen, die der Ablösung von den Alten vorhergeht. Diese Trotzphase – dieses Wort wird auch beim Menschen angewandt – ist eine phänomenologische Beschreibung aus der Sicht der Erwachsenen. Für die Kinder und Jugendlichen müßte man diese Zeit „Identitätsfindungsphase" nennen. Solange ein Kind ausschließlich die Meinung der Mutter oder des Vaters reproduziert, kann es nicht sicher sein, eine eigene Meinung zu haben. Erst über das „Nein" zur Autorität wird die Sicherheit vermittelt, auch „Ja" sagen zu können. Ablösungskonflikte geben daher erstmals im Leben eines Menschen oder einer Gruppe so etwas wie ein Gefühl der eigenen Identität. Gleichzeitig wird aber der bisherigen Autorität ihre diesbezügliche Identität genommen, und es wird dadurch ein Prozeß eingeleitet, der neue Identität ermöglicht.

Dieses Grundprinzip der Identitätsgewinnung über Konflikte kann man aus vielen Mythen der Völker ebenfalls herauslesen. So ist in der jüdisch-christlichen Tradition etwa die Menschwerdung des Menschen nach der

Erschaffung zunächst noch nicht gewährleistet; erst nach dem Essen vom Baum der Erkenntnis, indem der Mensch gegen ein Verbot Gottes verstößt, wird ihm von diesem die wahre Menschlichkeit in Form von Gottähnlichkeit zugesprochen („Siehe, der Mensch ist worden wie unsereiner", Genesis 3,22).

Auch Prometheus, der von den Göttern das Licht raubt und es den Menschen bringt (Lucifer = Lichtbringer), tritt in einen Konflikt mit den Göttern ein: Das Licht erhalten die Menschen gegen die Entscheidung der Götter. Das Böse im Sinne des Sündenfalls und nicht der „Sünde" als Vergehen gegen das Prinzip der Liebe ist hier als Prinzip der Zerstörung des Alten angesehen worden, um Neues zu ermöglichen.

Es ist sehr wichtig, daß dieses Prinzip des Bösen sogar als unversöhnbar mit dem Prinzip des Guten angesehen wird, denn diese Unversöhnlichkeit hat den Sinn, den Widerspruch aufrechtzuerhalten und sich dadurch flexibel entwickeln zu können. In den philosophischen Systemen der Neuzeit ist dieser dann etwa bei Hegel unter dem Namen Dialektik so ausgeführt worden: Es kommt immer zur Setzung einer Gegenthese, die dafür sorgt, daß sich das Ganze weiterentwickelt. In der Psychologie kennt man die Auffassung, daß sich Seelisches nur in polaren Spannungsverhältnissen entwickeln kann. Der Versuch, dieses Spannungsverhältnis aufzuheben, würde Stillstand = seelischen Tod bedeuten.

Dies gilt aber nicht nur für die Mythen und Religionen, sondern für jede Art von Organisation. So fungiert etwa der Markt in vielen Unternehmen als Widerspruch, den die Verkaufsorganisation etwa gegen die Produktion aufrechterhält. Dürfen die einen nur das produzieren, was die anderen im Markt absetzen können, oder müssen die Verkäufer alles im Markt absetzen, was produziert wird? Die Unterordnung des einen Bereiches, zum Beispiel des Verkaufs, unter den anderen, zum Beispiel die Produktion, würde zwar den Widerspruch aus der Welt schaffen, dies würde aber auf Kosten der Entwicklungsfähigkeit der Organisation gehen. Man kann hier dieselbe Regel, wie sie in den Religionen gilt, aufstellen: Je mehr Widersprüche („Böses") eine Organisation verträgt, ohne ihre Funktionsfähigkeit einzubüßen, desto besser kann sie sich weiterentwickeln, zum Beispiel rascher an Umweltänderungen anpassen. So lösen etwa neue Technologien notwendige Konflikte aus, deren Austragung erst Weiterentwicklung garantiert.

Wir kennen dieses Prinzip auch aus der Gruppendynamik. Wie ich auch aus eigenen Forschungen weiß, sind Gruppen, in denen es zur Autorität jeweils eine Gegenposition gibt, insgesamt erfolgreicher als Gruppen, die sozusagen „unbesehen" ihrem Führer folgen. Allein die Tatsache, daß es jemanden gibt, der bei den Vorschlägen (Anordnungen) der Autorität zunächst widerspricht (er muß dabei gar nicht recht haben), zwingt die Gruppenmitglieder zu überlegen, wer nun wohl wirklich recht habe: die Autorität oder der „Geist, der stets verneint". Diese Überlegungen (und nicht der Widerspruch allein) verbessern die Leistung einer solchen Gruppe gegenüber einer, in der Opposition unbekannt ist.

Bei Sozialinterventionen erkundige ich mich daher nicht nur nach dem Chef („Wer ist hier die Autorität?"), sondern auch immer nach der Person in der Oppositionsrolle. Eine durch Opposition „gestärkte" Autorität trifft bessere Entscheidungen (nicht leichtere) als eine Autorität ohne Opposition.

Konflikte erhalten das Bestehende

Der Sinn der Konflikte liegt im Erhalten des Bestehenden. Besonders zum eben beschriebenen Punkt der Weiterentwicklung ist natürlich das Gegenteil sofort anzuführen: Konflikte sichern die Identität durch Erhalten des Bestehenden. Immer wieder zeigt man sich überrascht, welche Aggressivität gegen Neudenker und Normabweicher entwickelt wird. Das Schicksal vieler Erfinder und weit vorausblickender Genies muß hier erwähnt werden. Konflikte garantieren daher auch die Stabilität der Organisationen, indem man sozusagen das „Böse" festmacht, meistens an bestimmten Personen, an bestimmten von den Normen abweichenden Verhaltensweisen, und es mit ihnen eliminiert. Konflikte, die sich auf bestimmte Personen oder Abteilungen konzentrieren, halten das übrige Gebilde dadurch stabil.

Das Bestehende allein ist schon Beweis für die Daseinsberechtigung; bisherige Errungenschaften müssen auf Dauer gestellt und gegen die Anwandlungen des Tages geschützt werden. Deshalb kann man auch davon ausgehen, daß nur bewältigte Konflikte zur Installation eines neuen Kommunikationssystems führen, das die ursprünglich kontroversen Standpunkte zu einer Einheit bringt und deshalb wieder den Bestand des Gesamtsystems sichert. Verändern und Erhalten ist also wiederum ein Gegensatz, der einen Sinnaspekt von Konflikten ausmacht.

Ulf Plessen/ Werner W. Wilk

Coaching

Wir kennen den Begriff des „Coaching" bereits aus der Welt des Sports. Erfolgreiche Tennisspieler zum Beispiel haben einen Coach, der meist im Hintergrund wirkt und doch sehr wichtig für die Leistungsfähigkeit ist. Coaching für Manager entwickelte sich aus demselben Motiv – Erhaltung und Steigerung der Leistungsfähigkeit. Vertreter verschiedener Disziplinen bieten sich unter dem Stichwort Coaching mit Rat und Tat an. Erfahrungsgemäß ist die erforderliche professionelle, psychologische Kompetenz nicht immer gegeben, wenn es mit dem Beratungsbedürfnis des ratsuchenden Managers an die „psychische Substanz" geht. Die Psychologen Ulf Plessen und Werner W. Wilk begründen, warum es an der Zeit ist, eine professionelle Standortbestimmung zu dieser Frage vorzunehmen (aus Gablers Magazin 4/90). Professor Dr. Ulf Plessen ist Gesellschafter und Ressortleiter für Personalauswahl der GMP Gesellschaft für Management-Psychologie mbH, Bielefeld, Werner W. Wilk ist Ressortleiter für Organisationsentwicklung und Coaching.

Sowohl Veröffentlichungen in den einschlägigen Fachzeitschriften der letzten zwei Jahre als auch unsere eigenen Erfahrungen mit Coaching-Klienten machen immer deutlicher:

Beim Coaching geht es nicht mehr nur um die zentralen Fragen der Berufsausübung. Stärker als bisher sind Fragen der Lebensführung und auch des privaten Lebensbereichs von Führungskräften in den Vordergrund getreten. Im Coaching kommen also auch die menschlichen Probleme oder Krisen dieses Personenkreises intensiver als bisher zur Sprache. Daraus ergibt sich für uns, daß bei einer Coaching-Beratung, die also den gesamten Persönlichkeitsbereich einer Führungskraft einbezieht, in der auch notwendigerweise die empfindliche Seite des Menschen, seine „psychische Struktur" zum Gegenstand von Reflexionen wird, eine fachlich qualifizierte Beratung und Unterstützung gefordert ist. Auf den angesprochenen Fragenkreis kann unserer Auffassung nach in erster Linie nur die wissenschaftlich abgesicherte Psychologie eine Antwort geben. Dies ist möglich geworden, weil in den letzten Jahren eine praxisbezogene Entwicklung der Psychologie stattgefunden hat. Im Vordergrund dieser Entwicklung steht eine Auflösung von den starren Betrachtungen und Sichtweisen einzelner Theorien und Konzepte hin zu einer theorieübergreifenden integrativen Anwendung, bezogen auf den Arbeits- und Lebensraum des Menschen. So verändert, bietet sich die Psychologie mit ihren Fachvertretern zunehmend als ein ernstzunehmender Ansprechpartner für die Lösung zwischenmenschlicher, persönlicher Probleme und Krisen an. Dies soll nun nicht heißen, daß die Psychologie ein Alleinvertretungsrecht im Coaching für sich beansprucht.

Unser Anspruch ist es, daß da, wo es um psychologische und psychische Probleme von Führungskräften geht, die vorhandene psychologische Fachkompetenz zu Rate gezogen werden sollte.

Von der Couch zum Coaching

Fälschlicherweise wurde über Jahrzehnte hinweg und wird auch heute noch vielfach die wissenschaftliche Psychologie mit der Psychoanalyse von 1900 gleichgesetzt. Die Assoziation zur Couch Sigmund Freuds herrscht auch in unserer heutigen Zeit noch als Bild in den Köpfen von vielen Führungskräften vor.

Fällt der Begriff Psychologie, wissen viele immer noch nicht, wie sie dem Fach oder deren Vertretern, den Psychologen, begegnen sollen.

Die Begriffe „Psychologie – psychologisch" werden zwar im Alltag häufig von Führungskräften verwendet, stoßen aber bei einer fachlich gezielten Anwendung in der Arbeits- und Berufswelt immer noch auf erhebliche Vorurteile und Widerstände. Insidern ist jedoch längst klar, daß ohne das spezifische Wissen, die Konzepte und Methoden der Psychologie heute im Bereich der Unternehmensführung, Organisationsentwicklung und Mitarbeiterführung nichts mehr denkbar ist.

Psychologisches Wissen und die daraus entwickelten Methoden haben längst allgemein akzeptierten Eingang in den gesamten Bereich der Fort- und Weiterbildung von Führungskräften und Mitarbeitern gefunden. Es läßt sich kein Seminar oder Training (Kommunikationstraining, Streßbewältigungstraining, Bewerbertraining, Problemlösetechnik) mehr denken und durchführen, das nicht auf psychologischem Know-how aufgebaut ist oder darauf zurückgreift.

Coaching im Rahmen von Organisationsentwicklung

Immer häufiger setzen sich im Bereich der Organisationsentwicklung und der individuellen Persönlichkeitsentwicklung die Angebote der Psychologie mit ihren klar definierten Konzepten zur Möglichkeit menschlicher Veränderung und zum persönlichen Wachstum im Sinne einer Entwicklung der persönlichen Kompetenz durch.

Sie verdrängen damit zunehmend die buntschillernden Angebote von Seminaren zur ziellosen Selbsterfahrung oder esoterisch anmutenden Persönlichkeitsveränderung.

Auch im Bereich des Coaching zeigt sich deutlich, daß die psychologischen Sichtweisen, die scheinbar bisher noch wenig Beachtung gefunden haben, wenn auch unter anderen Namen oder Bezeichnungen längst Einzug in die Chefetagen gehalten haben.

Sichtbar wird dies auch in den einschlägigen Veröffentlichungen, in denen zwar psychologisches Vokabular gebraucht, aber nicht oder nur unzureichend erläutert wird, was nun damit gemeint ist. So wird zum Beispiel von Einsichten in psychologische Zusammenhänge geschrieben, von Psychohygiene, individueller Analyse, psychologisch kompetent geführten intensiven Klärungsgesprächen, Klärung und Hilfe bei persönlichen Problemen. Dem Fachmann ist klar, daß hier psychologische Sachverhalte angesprochen sind.

Allerdings bedeutet diese Verwendung eines psychologisch-psychologisierenden Vokabulars noch nicht, daß dahinter auch die kompetente Umsetzung psychologischer Erkenntnisse auf die Problemlage des ratsuchenden Managers erfolgt.

Wenn man, wie es die Psychologen tun, den Menschen als Mittelpunkt einer Organisation sieht, muß sich dies auch auf Dauer in der Unternehmenskultur einer Organisation niederschlagen. Dies wird dann zur Folge haben, daß die notwendigen Veränderungsprozesse einer Organisation in erster Linie Veränderungen bei ihren Mitgliedern erforderlich machen.

Denkt man ein solches Veränderungsmodell konsequent zu Ende, dann ist Coaching als individuelle Entwicklungs- und Förderungsmaßnahme auch auf den unteren Führungsebenen im Rahmen von Organisationsentwicklung eine überaus notwendige und anzustrebende Maßnahme.

Besonderheiten eines psychologisch fundierten Coachings

Psychologisches Coaching zeichnet sich in erster Linie durch ein theoretisch fundiertes, auf die individuellen persönlichen Belange der Führungskraft eingehendes konzeptuelles Vorgehen aus, in dem der Manager prozeßhaft die für ihn anstehenden persönlichen Konfliktfelder bearbeitet und mit Hilfe seines Coaching-Beraters zu selbstbestimmten Lösungen kommt.

Die Konfliktfelder ergeben sich aus dem, was die Führungskraft aufgrund ihrer Persönlichkeit an persönlicher Kompetenz mitbringt und zu leisten vermag. Im Vordergrund stehen dabei die Anforderungen, die der Arbeitsprozeß und ihr Privatleben an sie stellen. Von besonderer Wichtigkeit ist in diesem Zusammenhang die Klärung, ob nicht auch die Arbeitssituation oder die Organisation psychologische Störfelder und Konflikte aufweist, die zum Beispiel langfristig zu unerwünschten Persönlichkeitsveränderungen oder gar Deformationen einer Führungskraft führen. Manager, deren Ehe durch überhöhte Arbeitsbelastungen und Dauerstreß zerrüttet oder gescheitert ist, geraten in der Regel in persönliche Lebens- und Arbeitskrisen, die erhebliche Auswirkungen für das entsprechende Unternehmen haben können. Von zunehmender Bedeutung sind unseres Erachtens in diesem Zusammenhang auch Fragen, die die Rolle von Frauen als Partnerinnen von Managern betreffen. Ebenfalls zunehmend an Bedeutung gewinnt das Coaching von weiblichen Führungskräften.

Geschlechtsspezifisches Coaching, Frau coacht Frau oder aber auch Frau coacht Mann, wird in der Zukunft, bei zunehmenden Zahlen von weiblichen Führungskräften unseres Erachtens sogar zu einem „Muß" für Führungskräfte werden, damit z.b. Männer effektiver mit Frauen in Führungspositionen kooperieren können. Entsprechende Coachingkonzepte und Trainingsmaßnahmen, die psychologische Hemmschwellen und Sperren sichten und überwinden helfen sollen, werden derzeit speziell dafür von uns entwickelt.

Die bis zu diesem Punkt offen gebliebene Frage: „Was ist denn nun das Besondere an einem psychologisch fundierten Coaching?", läßt sich zu einigen konkreten Kernaussagen zusammenfassen:

Psychologisches Coaching beinhaltet für den Coaching-Klienten zum einen das Erlernen von psychologischem Wissen sowie dessen Anwendung auf die eigene Person, das heißt, es wird zunächst mit dem Coaching-Berater das bestehende Problem anhand psychologischer Kategorien beschrieben und definiert, anschließend bearbeitet und gelöst. Wichtiger und entscheidender Schritt bei der Bearbeitung und Lösung des Problems ist das exemplarische Kennenlernen und Trainieren eines psychologischen Grundlösungsmusters individuellen Zuschnitts. Mit dieser Art der Problemlösung ist der Manager nach dem Coaching in der Lage, auch in der Zukunft sich zeigende Probleme und Krisen nach einem für ihn entwickelten individuellen Lösungsmuster zu erkennen und zu lösen. Darin liegt die Spezifität des psychologischen Coaching-Ansatzes.

Weitere Merkmale eines psychologisch fundierten Coachings

– Der Coaching-Berater verfügt über eine theoretische und praktische Weiterbildung in psychologischer Beratung. Er ist speziell mit den psychologischen Feinheiten von menschlicher Veränderung und deren Gegebenheiten vertraut. Dies beinhaltet, daß eine klare inhaltliche und methodische Abgrenzung zur Psychotherapie stattfindet. Der Coaching-Klient kann also sicher sein, daß er sich im Verlauf des Coaching-Prozesses nicht auf einmal in einer psychotherapeutischen Behandlung wiederfindet.

– Gegebenenfalls kann ein entsprechend ausgebildeter Psychologe gemeinsam mit dem Coaching-Klienten einen Psychotherapiebedarf feststellen, denn auch Führungskräfte können in psychische Not geraten.

Alkoholabhängigkeit, Psychopharmakamißbrauch sowie Angst- und Herzneurosen sind bei Führungskräften, wie man weiß, keine Seltenheit. Manager tun sich in der Regel jedoch meist noch schwer damit, hilfreiche professionelle Unterstützung in Anspruch zu nehmen. In einem solchen Fall wäre jedoch dann ein Coaching-Auftrag beendet.

- Die Ziele des Coachings bezüglich einer gewünschten Problembearbeitung und/oder Persönlichkeitsveränderung werden einvernehmlich miteinander definiert und vorläufig fixiert. Das heißt, daß die Transparenz von Problemlösungs- oder Veränderungsprozessen innerhalb des Coachings durch den Coaching-Berater fortwährend gewährleistet wird.

- Die Durchführung eines Coachings durch einen Psychologen sowie seine gesamte Tätigkeit findet einen Rahmen durch die berufsethischen Richtlinien sowie durch die Berufsordnung des Berufsstandes der Psychologen, Berufsverband Deutscher Psychologen (BDP). Dies ist aus unserer Sicht besonders wichtig bei der Gewährleistung der Schweigepflicht. Lassen Sie sich dies ruhig innerhalb des Coaching-Vertrags schriftlich fixieren!

- Psychologisch fundiertes Coaching zeichnet sich durch eine wissenschaftliche Konzeptualisierung aus, deren erfolgreiche Überprüfung in der Praxis abgesichert ist. Die Qualität einer solchen Coaching-Beratung wird auf Dauer durch eine ständige Weiterentwicklung wissenschaftlich abgesicherter psychologischer Beratungskonzepte gewährleistet.

- Darüber hinaus sollte der Coaching-Berater für den Bereich des psychologischen Coachings einige Persönlichkeitsmerkmale aufweisen, die aus psychologischer Sicht unverzichtbar erscheinen:

  - Er sollte über ein hohes Ausmaß an menschlicher Wertschätzung und Akzeptanz gegenüber dem Coaching-Klienten und seinen Problemen verfügen.

  - Eine überdurchschnittliche Fähigkeit, den beruflichen und persönlichen Bezugsrahmen des Coaching-Klienten zu erfassen und zu verstehen, ist unabdingbar.

  - Das Schaffen einer vertrauensvollen Gesprächsatmosphäre sowie Diskretion und eine fachliche, vertraglich abgesicherte Schweigepflicht sind ebenfalls wichtige Merkmale.

– Psychologisches Coaching erfordert vom Coaching-Berater, daß er die Fachkompetenz anderer Disziplinen wahrt, das heißt sich auf Beratungsgebiete beschränkt, auf denen er wirklich kompetent ist.

Bei der Auswahl eines Coaching-Beraters sollte sich ein Coaching-Klient Zeit und Ruhe lassen, um die erforderlichen Merkmale zu überprüfen. Sollten diese Grundmerkmale in Frage gestellt sein, sollte der Coaching-Klient ruhig einen weiteren Coaching-Berater aufsuchen, der seinen Anforderungen entspricht.

Die von uns vorgestellten Überlegungen für ein psychologisch fundiertes Coaching lassen sicherlich viele Fragen offen. Es bleibt für die Zukunft abzuwarten, welche Formen des Coachings sich weiterentwickeln und durchsetzen werden. Wir gehen davon aus, daß sich das Angebot von psychologisch fundiertem Coaching für Führungskräfte in den nächsten Jahren erweitern wird. Mitbestimmend dafür ist das Beratungsbedürfnis von Führungskräften sowie sich abzeichnende Neuorientierungen in der Unternehmenskultur. Die in diesem Zusammenhang stehenden Fragen einer Fort- und Weiterbildung zukünftiger Coaching-Berater stehen jetzt zur Diskussion an.

Quellenverzeichnis

BENÖLKEN, H./GREIPEL, P.: Strategische Optionen, aus: Benölken, Heinz/Greipel, Peter: Dienstleistungsmanagement, 1990, S. 170–184.

BERGEN, H. von: New Marketing, aus: Gablers Magazin, 4, 1990, S. 30–35.

BÖCKMANN, W.: Intuitives Denken, aus: Böckmann, Walter: Vom Sinn zum Gewinn, 1990, S. 64–81.

HEINTEL, P./KRAINZ, E.: Projektmanagement, aus: Heintel, Peter/Krainz, Ewald E.: Projektmanagement, 2. Aufl., 1990, S. 9–23.

HENZLER, H.A.: Vision und Führung, aus: Henzler, Herbert A. (Hrsg.): Handbuch Strategische Führung, 1988, S. 19–33.

KAPPLER, E.: Unternehmenskontinuität, aus: Gablers Magazin, 7, 1990, S. 10–14.

KELLER, I.: Das CI-Dilemma, aus: Keller, Ingrid: Das CI-Dilemma, 1990, S. 20–34.

MANN, R.: Das visionäre Unternehmen, aus: Mann, Rudolf: Das visionäre Unternehmen, 1990, S. 16–35.

MEFFERT, H.: Marketing-Strategien, aus: Strategische Unternehmensführung und Marketing, 1988, S. 48–50, 391–398.

MENZ, A.P.: Menschen führen Menschen, aus: Menz, Adrian: Menschen führen Menschen, 1989, S. 1–13.

PINCHOT, G.: Intrapreneuring, aus: Pinchot, Gifford: Intrapreneuring, 1988, S. 7–12, 43, 115–125.

PLESSEN, U./WILK, W.W.: Coaching, aus: Gablers Magazin, 4, 1990, S. 16–18.

PROBST, G.J.B.: Vernetztes Denken, aus: Probst, Gilbert J.B./Gomez, Peter (Hrsg.): Vernetztes Denken, 1989, S. 231–238.

RALL, W.: Organisation für den Weltmarkt – Herausforderung und Chance, aus: Küpper, Hans-Ulrich u.a. (Hrsg.): Unternehmensführung und Controlling, 1990, S. 147–164.

SCHNEIDER, J.: Synergiemanagement, aus: Gablers Magazin, 3, 1990, S. 18–22.

SCHWARZ, G.: Konfliktmanagement, aus: Schwarz, Gerhard: Konfliktmanagement, 1990, S. 13–26.

SOMMERLATTE, T.: Hochleistungsorganisation, aus: Little, Arthur D. (Hrsg.): Management der Hochleistungsorganisation, 1989, S. 3–19.

STEINMANN, H./SCHREYÖGG, G.: Unternehmenskultur, aus: Steinmann, Horst/Schreyögg, Georg: Management, 1990, S. 532–552.

VOIGT, J.F.: Die vier Erfolgsfaktoren, aus: Voigt, Jörn F.; Die vier Erfolgsfaktoren, 1988, S. 9–15.

WICKE, L.: Umweltmanagement, aus: Gablers Magazin, S. 1988, S. 14–19.

Alle Werke sind erschienen im Betriebswirtschaftlichen Verlag Dr. Th. Gabler, Wiesbaden.